기업지배구조와 ESG
: 대리인 이론에서 이해관계자 자본주의까지

– 코스피 5000을 위한 지속가능한 거버넌스와 ESG 전략 –

글·그림 **최종원**

신영사

머리말

본서는 기업지배구조와 ESG를 통합적이고 통찰력 있게 다루는 이론적 · 실무적 안내서로서, 학부 및 일반대학원, MBA 과정 등 다양한 교육 현장에서 교재로 활용될 수 있도록 집필되었다. 아울러 기업의 임직원, 정부 및 공공기관 종사자, 그리고 ESG와 지속가능경영에 관심을 지닌 일반 독자들도 기업지배구조와 ESG에 대한 이해의 폭을 넓힐 수 있도록 가능한 한 명료하고 간결한 문체로 서술하였다.

우리나라에서 기업지배구조의 중요성이 본격적으로 조명되기 시작한 계기는 1997년 IMF 외환위기였다. 대기업과 금융기관의 연쇄적인 도산, 경영자의 도덕적 해이, 분식회계, 횡령 및 배임 등 고질적인 구조적 문제들이 일시에 표면화되었다. 이로 인해 기업의 경영 투명성과 책임성 확보를 위한 제도적 대안으로서 기업지배구조에 대한 관심이 급격히 확산되었다. 외환위기 이후 지난 20여 년간 정부와 민간 차원에서 다양한 제도 개선과 실천 노력이 이어졌고, 그 결과 '기업지배구조'라는 개념은 학술 담론을 넘어 일반 사회에서도 널리 통용되는 용어가 되었다.

그러나 오늘날 기업지배구조가 직면한 과제는 단순히 대리인 문제의 통제를 넘어, 다양한 이해관계자와의 관계 속에서 지속가능한 기업경영을 어떻게 구현할 것인가로 확대되고 있다. 2020년대에 자본시장과 기업경영에 핵심 의제로 부상한 ESG(Environmental, Social, Governance)는 더 이상 선택적 경영철학이나 홍보 수단에 그치지 않는다. 그것은 자본시장에서 요구하는 신뢰의 기반이며, 나아가 기업의 지속가능성과 미래 경쟁력을 좌우하는 핵심 지표로 자리매김하였다. 특히 ESG의 세 축 중 지배구조(G)는 환경(E) 및 사회(S) 이슈에 대한 기업의 대응 역량을 근본적으로 결정한다는 점에서, 지배구조는 ESG의 컨트롤 타워로서의 위상을 가진다.

이에 본서는 대리인 이론에 기반한 전통적 기업지배구조 논의를 출발점으로 삼되, 이를 토대로 이해관계자 자본주의(stakeholder capitalism)로의 이행, ESG 정보의 공시와 그 신뢰성 확보, 나아가 ESG 전략과 기업지배구조의 유기적 통합에 이르는 흐름을 체계적으로 조망하고자 하였다. 특히, 우리나라 자본시장의 특성과 정책 환경을 고려하여, 코스피5000 시대로의 도약을 준비하는 데 있어 실질적인 방향성을 제시할 수 있는 '한국형 지속가능 기업지배구조 모델'의 정립에 주안점을 두었다.

오늘날의 기업지배구조와 ESG는 더 이상 기업만의 문제에 머무르지 않는다. 그것은 자본시장과 사회 전반의 신뢰 회복, 포용적 성장의 촉진, 그리고 기후위기 시대의 생존 전략과도 직결된다. 이러한 맥락에서 본서는 학문적 엄밀성과 실천적 유용성을 아우르는 디

딤돌의 기능을 하고자 하며, 기업과 정책당국, 시민사회가 지속가능한 미래를 함께 모색하는 출발점이 되기를 기대한다.

끝으로, 저자가 학문적 여정을 걷는 데 있어 든든한 학문적 등대가 되어주신 은사이신 연세대학교 이경태 교수님께 깊은 감사의 마음을 전한다. 본서의 기획과 집필 과정에서 소중한 조언을 아끼지 않으신 한국회계학회 김갑순 회장님, 지속가능성위원회 전규안 위원장님, ISSB 백태영 위원님, 한국회계기준원 이한상 원장님 · 이웅희 상임위원님 · 조형진 센터장님, 한국윤리경영학회 민순홍 회장님, 그리고 이상철 · 한종수(이화여대), 강평경(서강대), 김범준(카톨릭대), 손혁(계명대), 선우희연(세종대), 정준희(대구대), 한승수(고려대), 현석 · 이상수 · 이호영(연세대) 교수님들께도 따뜻한 격려와 조언을 받았던 만큼, 이 자리를 빌려 진심으로 감사의 뜻을 표한다.

무더운 여름, 책 출간을 위해 각자의 자리에서 힘을 보태준 연구실원들(승환, 창훈, 재영, 유나, 서현)에게도 고마움을 전한다. 그리고 책을 집필하는 모든 과정에서 언제나 곁에서 응원과 지지를 아끼지 않은 사랑하는 아내와 두 아들 서진, 서준에게도 진심 어린 고마움을 전하고자 한다.

2025년 여름

연세대학교 교정에서

최종원

차 례

제 I 부 대리인 이론과 기업지배구조

제1장 대리인 이론과 기업지배구조의 이론적 기반

제2장 인센티브와 보상계약 : 보상을 통한 대리인 문제 해결

제 II 부　자본주의의 감시자들

제3장　이사회의 역할 : 경영진 감시 기능과 전략적 통제

제4장　회계정보와 외부감사 : 정보의 신뢰성과 감시 기능

제 5 장 애널리스트와 투자은행 : 시장의 눈

제 6 장 기관투자자와 외국인투자자 : 소유구조와 기업 감시 강화

제7장 채권자와 금융기관 : 금융계약을 통한 외부통제

제8장 주주행동주의와 소액주주 보호 기능

제Ⅲ부 ESG와 기업지배구조의 전환

제12장 ESG 정보의 공시

제13장 ESG 공시의 신뢰성 확보와 기업지배구조와의 연계성

PART

I

대리인 이론과 기업지배구조

CHAPTER

1

대리인 이론과 기업지배구조의 이론적 기반

❖ 본장에서는 다음과 같은 내용을 다룬다.

- 자본주의와 주식회사제도
- 대리인 이론
- 기업지배구조
- 기업지배구조의 분류

자본주의와 주식회사제도

자본주의는 기업이 이윤추구를 목적으로 자본투자를 하는 사회로, 산업혁명을 거쳐서 성립된 경제제도이다. 자본주의에서 근간을 이루는 기업은 이윤추구를 목적으로 인적자원과 물적자원을 결합하여 재화를 생산 또는 재생산하여 고객에게 인도하거나 서비스를 제공하는 조직이라 할 수 있다.

자본주의 사회에서 가장 대표적인 기업의 유형은 주식회사이다. 물론 자본주의 사회에서 가장 많은 수를 차지하고 있는 기업의 유형은 개인기업이다. 그러나 자본주의 사회의 대표적 기업 유형을 주식회사로 보는 이유는 자본주의 사회에서 주식회사가 창출하는 이윤이 전체 기업이 창출하는 이윤의 약 90%의 비중을 차지하고 있기 때문이다.[1]

〈표 1.1〉 기업 유형별 차이

	소유주	법적 책임	자본조달의 용이성	위험분산	소유와 경영의 분리
개인기업	1인	무한책임	×	×	×
파트너십	2인 이상	무한책임	×	×	×
주식회사	주주	유한책임	○	○	○

오늘날과 같은 자본주의의 발달은 주식회사제도와 함께 이루어온 산물이다. 주식회사는 다른 형태의 기업 유형에 비해서 다음과 같은 장점을 지닌다.

첫째, 주식회사의 주주는 회사의 파산시에 자신이 출자한 금액 한도 내에서만 책임을 지니는 유한책임(limited liability)을 지닌다. 주식회사의 주주는 회사가 지닌 손실에 대한 부담이 한정되어 있다. 즉 주식회사의 주주는 자신이 투자한 금액만큼만 책임을 지니면 된다. 반면 개인기업의 소유주나 파트너십의 파트너는 자신이 투자한 금액 이외에도 자신의 사유재산까지도 손실의 책임을 갖게 되는 무한책임(unlimited liability)을 지닌다.

예를 들어 백만원의 부채가 있는 주식회사에 십만원을 투자한 주주가 있다고 가정해보자. 주식회사가 파산할 경우, 주주는 백만원 모두를 갚아야 할 책임을 지니는 것이 아니라, 자신이 투자한 십만원에 한정해서만 책임을 지면 된다. 반면 개인기업의 소유주나 파트너십의 파트너는 투자한 금액뿐만 아니라 자신의 사유재산까지 손실의 책임을 져야 한다. 즉 개인기업의 소유주나 파트너십은 백만원 모두를 갚아야 한다.

둘째, 주식회사는 자본조달이 용이하고 대규모 자본 형성이 쉽다. 주식회사의 소유권은 소규모 금액인 주식으로 분할되어 있기 때문에, 투자자들은 소액의 자금만으로도 주식회사에 투자가 가능하다. 대규모 자본을 지닌 단체는 물론 일반 대중도 주식에 대한 투자가 쉽게 접근가능하므로 상대적으로 자본조달이 용이하다.

예를 들어 회사 설립을 위해 1억원의 자본조달이 필요하다면, 개인기업의 경우 자신 또는 주변의 지인으로부터 1억원을 조달하기 위한 노력을 기울여야 하지만, 주식회사는 주식 발행을 통해 일반 대중으로부터 자본조달을 받을 수 있다. 또한 1억원을 혼자서 모두 투자하는 것보다 여럿이서 나누어 투자하는 것이 더 쉬우므로 대규모 자금조달이 용이하다.

셋째, 위험분산이 가능하다. 개인기업처럼 한 사람이 자본을 모두 투자하여 위험을 지게 되는 것이 아니라, 주식회사는 다수의 주주가 함께 투자함으로써 위험을 분산시킬 수 있다.

과거 동인도회사가 대표적인 예이다. 인도로 가는 바닷길을 개척하기 위한 사업에 한 사람이 자본을 모두 투자했다가 사업이 실패할 경우 감당하게 될 위험은 매우 컸다. 이에 다수의 투자자들을 모아서 함께 투자함으로써 위험을 분산시켰다. 이 과정에서 설립된 회사가 동인도회사이다. 주식회사는 주식을 다수의 투자자들에게 매각함으로써 위험을 분산한다.

[그림 1.1] 위험분산가능

자본주의의 대표적인 기업 유형인 주식회사제도는 앞서 살펴본 바와 같이 다른 기업 유형에 비해 뚜렷한 장점을 지닌다. 그러나 주식회사제도에도 단점이 존재한다. 가장 대표적인 단점은 본서에서 다루고자 하는 소유와 경영의 분리에서 나타난 기업지배구조 문제(governance problem)이다. 오늘날 자본주의 사회는 주식회사제도와 함께 발전해 왔으나, 주식회사제도는 많은 병폐와 추문(scandal)을 양산시켰다.

본서에서 다루는 주식회사제도의 기업지배구조 문제는 다양한 이론적·학문적 틀에서 발전해 왔으나, 가장 대표적인 이론은 대리인 이론이다. 본서는 대리인 이론의 관점에서 기업지배구조 문제를 논하고자 한다.

대리인 이론

대리인 이론(Agency Theory)은 젠센(Jensen)과 메클링(Meckling)에 의해서 처음 제기된 이론이다.[2] 대리인 관계(the agent relationship)는 한 사람 이상의 사람들이 자신이 보유한 의사결정권을 다른 사람에게 위임함으로써 성립된다. 즉 주인(the principal)과 대리인(the agent) 간의 관계를 의미한다. 이러한 대리인 관계하에서 대리인들이 자신의 사적 이익을 극대화하기 위한 기회주의적인 의사결정을 하면서 수없이 다양한 문제들을 발생시킨다. 예를 들어 대리인들은 주인의 이익을 위해 최선을 다하지 않을 수 있다. 또한 대리인들은 주인의 가장 최선의 이익이 아닌 부분적인 이익에만 관심을 둘 수 있다. 이와 같은 주인과 대리인 관계에서 발생하는 다양한 문제를 대리인 문제(agency problem)라고 한다.

대리인 이론을 자본주의 사회에서 가장 대표적인 기업의 형태인 주식회사에 적용하면, 대리인 관계의 주인은 주주이며 대리인은 경영자이다. 즉 주주는 위탁자(委託者), 경영자는 수탁자(受託者)가 된다. 주식회사에 투자한 대다수의 주주들은 자신이 직접 경영에 참여하기에 어려움이 있으므로 자신을 대신할 경영자를 필요로 한다. 그런데 문제는 경영자는 주주의 기대만큼 열심히 일하지 않는다는 것이다.

[그림 1.2] 대리인 문제

벌리(Berle)와 민즈(Means)는 주식회사에서 발생하는 대리인 문제의 근본적인 원인은 소유와 경영의 분리(the separation of ownership and control)에서 기인한다고 하였다.[3] 주식회사 구조처럼 투자자(주주, 주인)와 그를 대신하여 경영하는 경영자(대리인)가 분리되는 경우 필연적으로 대리인 문제는 발생할 수밖에 없다는 것이다.

대리인 문제가 발생하는 요인은 크게 두 가지로, 첫째는 목적불일치(goal incongruent)이고, 둘째는 정보비대칭성(information asymmetry)이다.

주인과 대리인은 서로 다른 목적을 지닌다. 주인은 대리인에게 "대리인이 주인의 경제적 이익의 극대화를 위해 일해줄 것"을 기대한다. 그러나 대리인은 주인의 경제적 이익이 아닌 "대리인 자신의 경제적 이익의 극대화"를 위해 일한다. 젠센(Jensen)과 메클링(Meckling)은 주주의 이익과 경영자의 이익이 항상 일치하지는 않으므로 대리인 문제는 발생할 수밖에 없다고 설명한다. 인간은 누구나 타인의 이익이 아닌 자기 자신의 이익을 우선시한다는 관점이다.

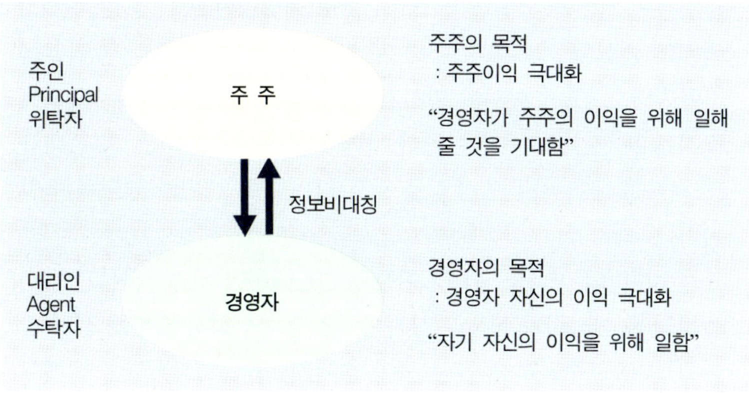

[그림 1.3] 대리인 문제

물론 이상적으로 선량한 경영자가 있다면 주주의 이익을 우선시할 수도 있지만, 각자의 이익을 추구하는 것이 인간의 기본 속성이라 할 수 있다. 오늘날 자본주의 사회에서 주주와 경영자 간의 목적이 불일치함으로써 발생하는 대리인 문제의 다양한 예는 매우 쉽게 찾아볼 수 있다.

〈표 1.2〉 목적 불일치로 발생하는 다양한 대리인 문제의 예

- 경영자가 주주의 이익이 아닌 자신의 이익을 우선시하는 경우
- 경영자가 자신의 가족, 친인척 등을 고용하는 경우
- 경영자가 자기 자리에 안주하여 위험을 회피하는 투자안을 선호하는 경우
- 경영자가 자신의 야망을 위해 사업을 무리하게 확장하는 경우

사례 1.1 경영자가 주주의 이익이 아닌 자신의 이익을 우선시하는 경우

한진해운과 현대상선이 최근 수조원대의 적자를 기록한 상황에서 사주들이 수십억원대의 보수를 챙긴 것은 어처구니없는 일이다. 한진해운의 최은영 전 회장은 2013, 2014년 2년간 회사가 1조 8,000억원의 손실을 기록한 가운데 보수와 퇴직금 명목으로 97억원을 수령했다고 한다. 회사야 망하건 말건 자기 이익만 챙기는 도덕적 해이는 눈 뜨고 봐주기 힘들다. 경영권을 넘겨주었다곤 하나 대규모 적자를 내고 아무런 책임을 지지 않는 것은 대단히 부도덕한 일이다.

보수뿐만이 아니다. 최 전 회장은 한진해운이 채권단공동관리(자율협약)를 신청하기 직전 자신과 두 딸 소유의 회사 지분을 전량 팔아치웠다. 선주들과 전임 선장이 승객을 버리고 침몰하는 배에서 탈출했다면 비난받아 마땅하다. 경영난에 처한 회사에 도움을 주기

는커녕 자율협약과 구조조정을 앞둔 상황에서 자기만 살겠다고 소유 주식을 매각하는 것은 극심한 모럴 해저드다. 만에 하나 미공개 내부정보를 이용해 지분을 매각했다면 이는 도덕적 해이를 넘어 범법행위에 해당된다.

현대그룹 현정은 회장도 현대상선과 현대엘리베이터가 최근 3년간 1조 6,000억원의 순손실을 기록했으나 자신의 보수로 모두 73억원을 받았다. 그나마 현 회장은 현대상선 자구계획에 사재 300억원 출연을 약속해 도의적 책임을 지는 모습을 보여 주었다. 반면 최은영 회장으로부터 경영권을 넘겨받은 한진그룹 조양호 회장은 경영권 포기각서를 제출하면서 터미널, 사옥 매각 등 4,112억원의 자구계획을 포함시켰으나 사재 출연에 대해서는 한마디 언급이 없는 상태다.

정부 당국은 조선, 해운 등 구조조정 대상 기업의 사주와 경영자의 도덕적 해이에 대해 철저하게 단속해야 한다. 해당기업들의 극심한 경영난이 세계적인 불황에 기인한 것이긴 하지만 그렇다고 부실경영의 책임이 사라지는 건 아니다. 사주와 경영진이 기업 회생의 의지조차 보이지 않는다면 구조조정과 정부 지원이 효력을 발휘하기 어렵게 된다. 이런 점을 감안하면 도덕적 해이에 대해 일벌백계해야 마땅하다. 금감위는 약속대로 철저한 조사를 통해 책임을 물어야 할 것이다.

출처 : 국제신문, "회사 망하건 말건 제 이익만 챙기는 도덕적 해이," 2016.4.26

사례 1.2 경영자가 자신의 가족, 친인척 등을 고용하는 경우

불법 의료생협·재단을 설립한 뒤 일명 '사무장 병원'을 문어발식으로 확장하면서 국민 세금으로 지원되는 요양급여 1천352억원을 빼돌린 일당이 경찰에 붙잡혔다. 이들은 자녀나 친인척을 직원으로 허위로 올려 고액 월급을 주는가 하면 법인 명의로 고가 외제차량을 사서 운행하고 법인카드도 사적으로 유용한 것으로 드러났다. 병원 1개 이상을 개설할 수 없는 의사와 달리 다수 병원을 만들 수 있는 의료생협의 특성을 노려 A씨와 D씨는 문어발식으로 병원을 확장해 수익을 올렸다. 특히 A씨는 한국 국적을 포기한 자녀 2명에게 법무팀장, 원무과장 직책을 주고 일주일에 몇 번 출근하지도 않는데도 매달 500만~600만원씩 5년여간 모두 7억원 넘게 지급했다. 또 법인 명의로 산 9천만원짜리 아우디 차량을 자식에게 이전해주기도 했다고 경찰은 전했다. B, C씨도 친인척을 직원으로 허위 등재해 고액 급여를 주고 법인 명의로 산 벤츠, BMW 등 고급 외제차를 운행하기도 했다. 경찰이 A, B, C씨의 법인카드 사용처를 조사해보니 해외여행 경비, 유흥업소, 식사, 백화점 쇼핑 등 사적인 지출 내역도 상당수 나왔다. 또한 자식의 월세, 법인 차량의 교통범칙금 등을 국민 세금인 국민건강보험공단 요양급여로 지출했다.

출처 : 연합뉴스, "불법 '사무장병원' 문어발식 확장… 세금으로 '호의호식'," 2018.10.29

사례 1.3 경영자가 자기 자리에 안주하여 위험을 회피하는 투자안을 선호하는 경우

"주력기업의 경영자들이 관료가 돼버렸습니다. 반짝이는 아이디어도 보고라인을 타고 올라가는 사이에 빛을 잃어버립니다."

19일 서울경제신문 회의실에 모인 산업 전문가들은 기업가 정신을 잊은 경영자들이 산업 부실을 자초하고 있다고 진단했다. 이종우 IBK투자증권 리서치센터장은 "기업은 본래 하이 리스크 하이 리턴을 하는 존재"라며 "외환위기의 트라우마 탓인지 경영자들이 리스크를 안 짊어지려는 경향이 강하다"고 짚었다. 이어 "경영자들이 수조원을 들여 부동산을 사거나 주주를 달래기 위해 배당률을 높이는 행보를 보이고 있다"며 "고도성장을 이끌었던 기업가 정신을 완전히 망각한 것"이라고 우려했다.

전문가들은 경쟁국가의 추격을 뿌리치기 위해 기업가 정신을 반드시 회복해야 한다고 강조했다. 신승관 한국무역협회 국제무역연구원장은 "시장이 큰 중국은 규모의 경제가 작용하기 때문에 범용제품에서는 우리가 뒤질 수밖에 없다"며 "과감한 투자로 초격차 기술을 확보하지 않는다면 결국 중국에 잠식당할 것"이라고 경고했다. 문승욱 산업통상자원부 산업혁신성장실장은 "큰 내수시장은 중국에 기회이자 독"이라며 "품질이 떨어지더라도 시장에서 자국제품을 사주니 현실에 안주할 수 있다"고 했다. 문 실장은 "'배수의 진'을 치고 성장해온 우리는 분명 다르다"며 "삼성전자나 SK하이닉스가 보인 과감한 투자 행보를 참고할 필요가 있다"고 말했다.

유환익 한국경제연구원 혁신성장실장은 "반도체 라인 하나 까는데 조 단위의 투자가 들어가는데 중국 빼고는 이 정도 투자를 결정할 수 있는 곳이 많지 않다"고 했다. 유 실장은 "우리는 선제적으로 투자를 진행한 만큼 기업가 정신을 되살려 적시에 투자만 이어간다면 경쟁력을 유지할 수 있을 것"이라고 말했다.

출처 : 서울경제, "경영자가 관료로… 고도성장 이끌었던 기업가 정신 회복을," 2018.7.19

사례 1.4 경영자가 자신의 야망을 위해 사업을 무리하게 확장하는 경우

카카오는 그간 인수·합병(M&A)과 기업 공개(IPO)를 중심으로 공격적인 확장을 이어왔다. '100인의 최고경영자(CEO)를 육성하겠다'는 김 위원장의 경영 철학 아래 계열사를 지속적으로 늘려왔다. 그러나 '문어발식'이라 불리는 무리한 사업 확장이 골목상권 침해 등 사회적 문제를 야기하면서 결국 오너인 김 위원장 구속이라는 파국을 맞았다.

카카오는 국민 메신저 '카카오톡'으로 성공을 거둔 뒤 카카오톡을 연계한 플랫폼을 잇달아 내세우며 사업 영역을 확대해왔다. 간편 결제 서비스 '카카오페이'와 택시 호출 서비스 '카카오T' 외에도 쇼핑, 골프, 대리운전, 배달, 운수, 미용, 부동산 등 여러 서비스가 우후죽순 쏟아졌다.

실제로 카카오의 문어발식 확장은 계열사 수의 급격한 증가로 이어졌다. 지난 2014년 다음커뮤니케이션과 합병 이후 꾸준히 몸집을 불려온 카카오는 36개에 달하던 계열사를 9년 만에 211개(상장사 10개, 비상장사 201개)로 늘렸다. 이후 각종 논란으로 계열사 축소를 약속했으나, 여전히 계열사는 124개(올해 2월 기준)로 100개가 넘는 상태다.

카카오는 보통 기업과 달리, 50년 된 기업도 한 60개밖에 안 되는데 150개(계열사)까지 급성장하며, 끊임없는 파생 성장을 해왔다. 이러한 급격한 성장은 기업 내부통제 시스템이 제대로 작동하지 못하는 결과를 낳았다. 이러한 구조는 위기 상황에서 제대로 대응하지 못한다는 문제가 있다.

한편, 김 위원장의 구속으로 인해 전날 카카오 그룹 주가도 급락했다. 카카오, 카카오뱅크, 카카오페이, 카카오게임즈 모두 외국인과 기관의 동반 매도가 쏟아졌다. 하루 동안 외국인들은 카카오 그룹 주에 556억원 규모의 순매도를 기록했고, 기관도 4종목에 걸쳐 448억원 규모의 주식을 매도해 총 1,000억원이 넘는 카카오 그룹 주식이 매도됐다.

김 위원장 구속은 단순한 경영진의 문제를 넘어 기업가치에도 직접적인 영향을 미치는 위기로 볼 수 있다. 창업자 구속으로 인한 신뢰도 하락은 앞으로 카카오의 해외 투자 유치에 어려움을 줄 것으로 예상된다.

일각에서는 이번 사태를 계기로 카카오의 기업지배구조 개선 필요성이 대두되고 있다.

출처 : 뉴스핌, "[카카오, 최대 위기] 문어발식 확장 전략이 불러온 위기," 2024.7.24

대리인 문제가 발생하는 다음 요인은 정보비대칭성이다. 경영자는 주주에 비해 정보우위(information superiority, information dominance)를 지닌다. 경영자는 우월한 정보를 이용하여 얼마든지 사적 이익을 추구할 수 있다.

예를 들어, 주인이 대리인을 대신 보내서 건물을 구입한다고 하자. 이때 건물에 대한 정보는 대리인이 주인에 비해 월등하게 지니

[그림 1.4] 정보비대칭성

게 된다. 건물의 실제가격이 5억원이고 대리인만이 실제가격을 알고 있을 때, 대리인은 주인에게 6억원에 구매했다고 거짓으로 이야기하고 1억원을 횡령할 수도 있다. 결국 대리인은 주인에 비해 정보우위에 있고, 이를 이용한 사적 이익을 취할 수 있다.

주식회사 사례에서도 지금과 같은 정보비대칭성으로 발생하는 여러 문제들이 발생한다.

〈표 1.3〉 정보비대칭으로 발생하는 다양한 대리인 문제의 예

- 경영자가 주주가 투자한 돈을 개인적 용도로 사용하는 경우
- 경영자가 기업의 내부정보를 이용하여 주식거래를 통해 사적 이득을 추구하는 경우

사례 1.5 경영자가 주주가 투자한 돈을 개인적 용도로 사용하는 경우

200억원대 횡령 및 배임 혐의로 기소된 홍원식 전 남양유업 회장의 아내와 두 아들도 총 37억원 상당의 회사 자금을 유용한 혐의로 재판에 넘겨졌다. 홍 전 회장 일가의 횡령 및 배임 관련 금액은 총 256억원으로 늘어나게 됐다.

16일 동아일보 취재를 종합하면 서울중앙지검 공정거래조사부 공소장에는 "이 전 고문 등 남양유업 오너 일가가 회사 자금을 개인적인 용도로 사용했다"는 내용이 적시됐다. 공소장에 따르면 이 전 고문 등은 회사 자금으로 명품 브랜드인 에르메스 제품을 50여 차례 구매했다. 검찰은 이들이 명품뿐만 아니라 해외여행 경비와 TV, 청소기 등 가전제품, 소파와 자전거 등 생활용품 구매까지 회사 자금으로 처리한 것으로 보고 있다.

검찰 조사 결과 홍진석, 홍범석 두 전 상무 부인들의 휴대전화 요금, 호텔 피트니스 클럽 연회비까지 남양유업 자금으로 결제됐다.

검찰은 이들 가족을 위한 전용 차량과 운전기사 등을 포함해 유용된 회사 자금이 총 37억원에 달하는 것으로 파악했다.

홍 전 회장은 지난해 12월 특경가법상 횡령 및 배임, 배임수재, 식품표시광고법 위반 등 혐의로 구속 기소됐다. 2000년부터 2023년 4월까지 친인척 운영 납품업체를 중간에 끼워넣어 '통행세'를 받거나 현금 리베이트를 받는 등 남양유업에 171억원 상당의 손해를 끼친 혐의다. 홍 전 회장은 2005년부터 2021년 6월까지 거래업체 4곳으로부터 43억 7,000만원을 받고, 사촌 동생을 납품업체에 취업시켜 급여 6억원을 취득하도록 한 혐의도 받고 있다.

검찰은 홍 전 회장이 모친 지모 씨의 요청에 따라 이 같은 방법으로 친인척의 생활자금을 지원한 것으로 의심하고 있다. 홍 전 회장은 또 지 씨를 위해 2010년 3월부터 회사 소유 벤츠 S600 차량을 제공하고, 주유비와 세차비, 통행료, 수리비 등 약 3억 8,517만원을 회삿돈으로 지급한 것으로 조사됐다. 지 씨는 남양유업 명의 법인카드를 4년 6개월가량 사용하면서 회사에 약 2,518만원의 손해를 끼쳤다는 게 검찰의 판단이다.

출처 : 동아일보, "[단독] 檢, 남양유업 홍원식 부인-두 아들도 기소… '회삿돈으로 에르메스 제품 50차례 쇼핑'," 2025.1.18

사례 1.6 내부정보를 활용한 주식거래를 통해 사적이익 추구

① 주가하락으로 인한 손실을 회피하기 위해 미공개 정보를 이용, 주식을 팔아넘긴 혐의로 기소된 최은영 전 한진해운 회장(현 유수홀딩스 회장)에게 실형이 확정됐다. 대법원 3부(주심 김재형 대법관)는 최 전 회장이 제기한 상고를 기각하고 원심을 확정했다고 29일 밝혔다. 이로써 최 전 회장은 징역 1년 6개월, 벌금 12억원, 추징금 4억 9,000만원을 물게 됐다. 최 전 회장은 2016년 한진해운이 사실상의 구조조정에 해당하는 자율협약을 신청

한다는 미공개 정보를 입수해 두 딸과 함께 보유한 주식을 모두 팔았다. 당시 최 전 회장 모녀가 미공개 정보를 활용한 주식 매도로 회피한 손실은 약 10억원에 달한다. 재판부는 "미공개 중요 정보를 매매 · 거래하는 행위는 기업 공시제도를 훼손하고 기업 운영과 유가증권거래시장의 투명성 · 건전성을 저해해 주주 등 일반 투자자에게 예상치 못한 손해를 입힌다"고 판결했다.

② 에코프로비엠은 지난 2020년 2월 SK이노베이션과 2조 7,000억원 규모의 계약을 체결했다. 이동채 회장 등은 이런 기업의 미공개 내부정보를 주식거래에 불법적으로 이용해 약 11억원에 달하는 부당 차익을 취한 것으로 알려졌다. 대량의 주식거래를 위해 차명계좌를 이용한 혐의도 얻고 있다. 불법 내부자 거래는 정보의 불공정한 이점으로 인해 내부자 이익만이 존재하는 주식거래이다. 그 결과 일반 투자자들은 피해를 입고 주식시장 전반의 효율적이고 공정한 기능이 훼손된다.

내부자는 정보를 악용한 기회주의적 행위를 통해 상당한 주식차익을 실현할 수 있다. 내부자는 호재 정보가 공개되기 전에 주식을 대량으로 구매하기 때문에 기업에 이유 불명의 주가 상승을 가져온다. 이런 주가 상승은 정보가 미공개 상태라면 다시 0으로 되돌아온다. 즉, 일시적으로 주가가 인위적으로 변화하고 적절한 기업/주식 가치 평가를 어렵게 한다.

불법 내부자 거래는 개인 도덕성 문제뿐 아닌, 기업지배구조부터 조직 관리 전반의 문제를 반영한다. 불법 내부자 거래를 만든 기업 환경 및 관계자가 있다. CEO를 비롯한 경영진, 이사회 구성원들은 내부정보를 활용하는 주식거래에 가장 적극적이고, 불법일 가능성도 높다.

기업 내부통제가 허술하고 재무보고의 정확성과 투명성이 결여된 상태에서 발생한 미공개 중요 내부정보는 도덕성이 낮은 개인이 불법을 저지를 기회를 제공하게 된다.

출처 : ① 중앙일보, "'미공개 정보 주식 매매' 최은영 한진해운 전 회장 징역형 확정," 2018.10.29
② 인포스탁데일리, "[평판체크] 이동채 전 회장 등 에코프로 내부 정보 불법거래는 조직적 주가조작," 2022.5.31

앞서 살펴본 바와 같이, 주식회사제도는 소유와 경영의 분리에서 기인한 대리인 문제가 심각하게 발생한다. 오늘날 자본주의 사회에서 나타나는 많은 추문과 병폐들은 결국 대리인 문제와 직간접적으로 연관되어 있다. 따라서 이러한 문제들을 해결하기 위해서는 대리인 문제의 구조적 요인—즉 목적의 불일치와 정보의 비대칭성—을 해소할 수 있는 방안을 모색해야 한다.

〈표 1.4〉 대리인 문제 해결방법의 예

- 인센티브 계약(Incentive Contract)
- 모니터링(Monitoring)

대리인 문제를 해결하기 위한 대표적인 접근은 두 가지로 요약할 수 있다. 첫째는 "인센티브 계약(Incentive Contract)"이고, 둘째는 "모니터링(Monitoring)"이다.

첫 번째 방법인 인센티브 계약이란 주주와 경영자 간의 목적 불일치를 해소하기 위한 수단으로, 보상체계를 설계하여 경영자의 경제적 이익이 주주의 부의 증대와 연동되도록 하는 방식이다. 경영자가 열심히 일할수록 자신의 보상이 증가하도록 유인구조를 설계함으로써, 주주의 이익과 경영자의 이익을 일치시키려는 것이다. 이때 사용되는 대표적인 수단으로는 스톡옵션, 성과급, 장기 인센티브 계약 등이 있다.

대리인 문제를 해결하기 위한 두 번째 방법은 "모니터링(Monitoring)"이다. 모니터링은 정보비대칭성을 해소하기 위한 수단으로, 주주가 경영자의 행동을 감시할 수 있는 다양한 통제 메커니즘을 말한다. 외부감사, 감사위원회, 이사회 내 독립이사제도(구 사외이사제도), 공시제도, 시장기제 등이 이에 포함된다. 주주와 경영자가 목적이 다르다고 하여 대리인 문제가 발생하는 것이 아니다. 만약 주주들이 경영자의 행동을 적절히 감시할 수 있다면, 경영자는 주주의 이익에 위배되는 행동을 할 수가 없다. 경영자들이 주주를 위해 열심히 일하고 있는가에 대하여 적절한 감시가 이루어진다면, 대리인 문제는 감소된다.

이와 같은 두 가지 해결방법은 대리인 이론의 발전과정 속에서 각각의 이론적 분파가 강조한 핵심 논점을 실천적으로 구현한 것이다. 대리인 이론은 1976년 Jensen과 Meckling에 의해 정형화되었지만, 그 이론적 토대는 이미 Coase(1937)의 거래비용 이론에서 시작되었다고 볼 수 있다.[4] Coase는 시장과 조직의 경계를 설명하면서 계약의 내부화와 위임의 경제성을 논의하였고, 이는 후속적으로 대리인 관계의 본질에 대한 이해로 이어졌다.

이후 대리인 이론은 두 가지 방향으로 이론적 발전을 보였다. 하나는 계약 설계와 유인 정렬을 중심으로 하는 계약론적 분파(contract-based school)이며, 다른 하나는 지배구조적 장치와 제도적 감시를 중시하는 지배구조적 분파(governance-based school)이다. 전자는 효율적인 계약구조를 통해 대리인의 행동을 유도하고자 하며, 후자는 이사회 구성, 외부감사, 주주권 보호제도 등 제도적 장치를 통해 대리인의 기회주의를 억제하는 데 초점을 둔다. 따라서 인센티브 계약과 모니터링은 각각 이 두 분파의 핵심전략이라 할 수 있으며, 오늘날 기업지배구조 설계의 실천적 기반이 되고 있다.

이와 같은 인센티브 계약과 모니터링의 설계는 필연적으로 일정한 비용을 수반하며, 이는 '대리인 비용(agency cost)'이라는 개념으로 정의된다. 대리인 비용은 기업 내 감시 시스템과 보상체계를 설계하는 데 있어 핵심 변수로 작용하며, 일반적으로 세 가지로 구분된다. 첫째, 모니터링 비용은 주주가 경영자의 행위를 감시하기 위해 지출하는 비용으로, 이사회 운영, 내부감사, 외부감사 등이 이에 포함된다. 둘째, 유인 비용은 경영자가 자신의 이익과 주주의 이익을 일치시키기 위해 성과급 계약을 체결하거나 경영지표를 공개하는 데 소요되는 비용이다. 셋째, 잔여손실(residual loss)은 어떠한 유인과 감시 설계에도 불구하고 완전히 해소되지 않는 이해 불일치로 인한 가치 손실을 의미한다. 예컨대, 엔론 사태와 같이 회계정보를 조작하여 단기성과를 극대화하려는 경영자의 행위는 대표적인 잔여손실의 사례라 할 수 있다.

기업지배구조

기업지배구조(Corporate Governance)는 기업 경영활동의 통제 시스템(control system)을 의미한다. 넓은 의미로 기업지배구조는 기업을 둘러싼 여러 이해관계자들 간의 관계를 조정하는 하나의 메커니즘이라 할 수 있다. 그러나 기업지배구조를 좁은 의미로 보면, 경영자를 통제하는 메커니즘으로 본다. 즉 기업가치 극대화를 위한 통제 시스템, 특히 경영자에 대한 통제 시스템이 기업지배구조이다.

대리인 이론 관점에서 기업지배구조란 주주 이익을 극대화할 수 있는 경영자에 대한 통제장치이다. 즉 대리인 문제를 감소시키기 위한 모니터링 시스템이 기업지배구조이다. 모니터링을 통해서 대리인 문제를 해결하고자 하는 것이다.

주식회사는 소유와 경영의 분리로 인하여 대다수의 주주는 경영에 직접 참여하지 않고 경영자에게 위임한다. 따라서 기업지배구조는 경영자에게 주어진 경영권을 모니터링함으로써, 경영자가 주주의 이익을 위해서 일할 수 있도록 하는 것이다.

2001년 미국의 대기업인 엔론과 월드컴, 타이코 등의 연속적인 도산이 발생하면서, 기업지배구조의 유효성에 대한 심각한 문제제기가 일어났다. 엔론 및 월드컴의 최고경영자는 수년에 걸쳐 분식회계를 해왔으며, 도덕적 해이가 만연했다는 사실은 실로 충격적인 사건이었다. 특히 최고경영자를 모니터링할 수 있는 기업 내부와 외부의 유효한 통제장치가 제대로 갖춰지지 않았다는 지적이 제기되었다.

엔론의 기업지배구조의 문제점은 다음과 같다.[5]

① 기업 내부에서 모니터링을 해야 할 이사회의 독립성이 결여되어 있었다.
② 기업 외부에서 모니터링을 해야 할 외부감사인의 독립성이 결여되어 있었다.
③ 최고경영자를 포함한 경영진에 대한 과도한 보상이 발생했다.
④ 정보공시절차에 문제점이 있었다.
⑤ 특별이해관계인과의 이해가 상충된 부당내부거래가 존재했다.
⑥ 위험이 높은 회계처리를 하고 있었다.

미국에서 일곱 번째로 큰 대기업인 엔론의 몰락이 우리에게 시사하는 바는, 미국처럼 투자자보호제도가 잘 마련되어 있는 자본주의 사회에서도 대리인 문제가 심각하게 발생하고 있고, 대리인 문제는 회계부정과 함께 나타나며, 기업지배구조 문제에서 발생한다는 점이다.[6]

우리나라에서 기업지배구조와 관련된 이슈가 실질적으로 부각된 시점은 1997년 IMF 외환위기 이후이다. 1997년의 외환위기를 겪으면서 우리나라 사회 전반에서 기업지배구조의 중요성이 중요한 문제로 인식되기 시작하였다. 우리나라의 주요 대기업들과 금융기관들이 도산하는 과정에서 경영자의 도덕적 해이(moral hazard)와 분식회계, 횡령, 배임 등 뿌리 깊은 병폐와 추문들이 세상을 향해 터져

〈표 1.5〉 우리나라의 기업지배구조 순위(아시아 국가 비교 자료)

CG Watch 2023 market rankings and scores

Market	Previous ranking	2023 (%)	2020 (%)	Change vs 2020 (ppt)
1. Australia	1	75.2	74.7	+0.5
2. Japan	=5	64.6	59.3	+5.3
=3. Singapore	=2	62.9	63.2	−0.3
=3. Taiwan	4	62.8	62.2	+0.6
5. Malaysia	=5	61.5	59.5	+2.0
=6. Hong Kong	=2	59.3	63.5	−4.2
=6. India	7	59.4	58.2	+1.2
8. Korea	9	57.1	52.9	+4.2
9. Thailand	8	53.9	56.6	−2.7
10. China	10	43.7	43.0	+0.7
11. Philippines	11	37.6	39.0	−1.4
12. Indonesia	12	35.7	33.6	+2.1

출처 : ACGA. CG Watch 2023 : Sustainability is key (India Chapter), 2024.10.2

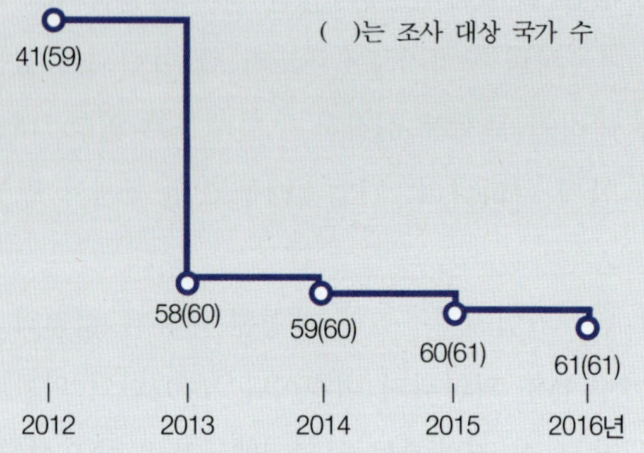

자료 : 스위스 국제경영개발대학원(IMD), 기획재정부
출처 : 동아닷컴, "막장까지 간 회계투명성… 한국, 61개국 중 꼴찌," 2016.6.3

[그림 1.5] 우리나라의 회계투명성 순위

나왔다. 이로 인해 기업지배구조 개선을 위한 노력이 정부의 주도 아래 이루어졌다.

IMF 외환위기를 불러온 대기업과 금융기관 경영자들의 도덕적 해이, 분식회계, 횡령, 배임 등은 결국 주식회사제도의 소유와 경영의 분리에서 기인한 대리인 문제이며, 정부와 민간에서 대리인 문제를 기업지배구조 개선이라는 통제 시스템을 통해 해결하고자 하였던 것이다.

IMF 외환위기 이후 경영투명성을 높이기 위한 정부와 민간의 노력들이 계속 이루어졌다. 그런데 경영투명성은 결국 회계투명성과 밀접한 관련성을 지닌다. 경영투명성 확보를 위해서는 회계투명성이 함께 이루어져야 한다. 그리고 회계투명성은 다시 기업의 지배구조 개선과 관련성을 보인다. 결국 IMF 외환위기 이후 정부와 민간의 노력들은 경영투명성을 높이기 위함이었고, 이것은 회계투명성을 높이는 것이며, 기업지배구조 개선을 통한 노력이었다.

기업지배구조의 분류

소유와 경영의 분리로 인한 대리인 문제를 효과적으로 통제하기 위한 기업지배구조는 크게 내부지배구조와 외부지배구조로 나뉜다. 기업의 내부지배구조는 이사회가 대표적이며, 이사회 내의 감사위원회 및 독립이사(구 사외이사)가 있다. 기업의 외부지배구조는 외부감사인, 기관투자자, 애널리스트, 투자은행, 채권자, 신용평가기관, 정부, 적대적 M&A, 증권집단소송 등이 있다.

기업의 내부지배구조

기업의 내부지배구조는 기업 내부에서 경영진을 효과적으로 모니터링하기 위한 통제장치를 의미한다. 대표적인 내부지배구조는 이사회이며, 이사회 내의 감사위원회 및 독립이사의 역할이 중요성을 지닌다.

이사회는 기업의 조직구조(corporate hierarchy)에서 가장 상층부에 있는 조직이라는 점에서 경영자를 통제하는 데 가장 중요한 내부통제장치로 볼 수 있다. 이사회는 주주를 대신하여 경영진을 감독하는 내부통제장치로, 경영진에 대한 선임, 해임, 평가를 하고, 경영진이 제안한 중요한 재무적 · 영업적 의사결정에 대한 결의를 하며, 경영진에게 조언과 자문을 제공하는 기능을 수행한다. 이사회가 기업의 조직구조에서 가장 상층부에 있으며, 경영진을 감독하는 기능을 수행한다는 점에서 가장 중요한 내부통제장치로 볼 수 있다.

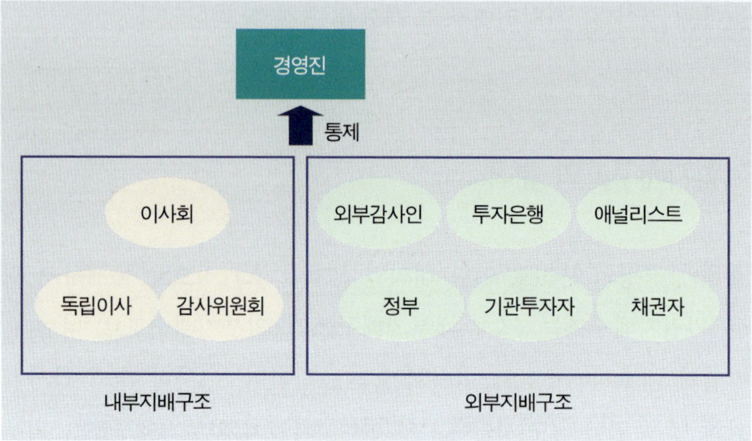

[그림 1.6] 기업을 둘러싼 다양한 지배구조

또한 기업의 내부지배구조로 이사회 내의 감사위원회와 독립이사의 역할도 매우 중요하다. 감사위원회는 재무보고와 내부통제에 대한 업무를 관리 감독함으로써 실제적으로 최고경영자를 모니터링하는 역할을 수행하게 된다. 또한 독립이사는 경영진으로부터 독립된 지위에서 이사회의 의사결정에 참여하는 이사로서 경영자와 이사의 직무집행에 대한 감시와 감독을 수행하고 경영의사결정 과정에서 전문적인 조언과 자문을 제공하는 기능을 담당함으로써 기업 내부에서 통제기능을 수행한다. 즉 독립이사는 전문성과 독립성을 지닌 이사가 이사회 내에 위치함으로써 경영자의 감시와 감독, 조언과 자문 등을 담당하는 기능을 지닌다. 국내 상법은 그간 이사회 내 외부인사를 '사외이사(outside director)'로 규정해 왔으며, 이는 기업 이사회의 독립성을 확보하기 위한 제도적 장치로 기능해 왔다. 그러나 '사외이사'라는 용어가 외부성과 독립성을 혼동할 소지가 있다는 지적과 함께, 국제적으로 통용되는 '독립이사(independent director)' 용어와의 정합성 확보 필요성이 제기되었다. 이에 따라 2025년 7월 3일 국회 본회의를 통과한 상법 일부개정법률안(공포 : 2025년 7월 22일, 시행 : 2026년 1월 1일 예정)은 '사외이사'라는 명칭을 '독립이사'로 변경하였다. 따라서 본서에서는 개정된 상법의 용어에 따라 '독립이사'를 중심으로 서술하되, 해당용어는 과거 '사외이사'가 지칭하던 기능과 요건을 포괄하는 개념이다.

기업의 외부지배구조

기업의 외부지배구조는 기업 내부가 아닌 외부에서 경영진을 효과적으로 모니터링하기 위한 통제장치를 의미한다. 기업의 외부지배구조로는 외부감사인, 기관투자자, 애널리스트, 투자은행, 채권자, 신용평가기관, 정부, 적대적 M&A, 증권집단소송 등이 존재한다.

외부감사인은 기업의 재무제표의 신뢰성을 검토하여 주주에게 의견을 제공한다. 주주는 경영자에게 제공받은 재무제표를 통해서 경영자의 행동을 평가하고 모니터링한다. 주주가 재무제표를 통해서 경영진을 올바로 평가하고 모니터링하기 위해서는 관련 정보에 대한 신뢰성 검증이 반드시 필요하다. 따라서 재무제표가 공시되기 이전에 독립된 제3자인 외부감사인으로부터 외부감사를 받는 과정을 통해서 경영자가 작성한 정보에 대한 신뢰성 검증 및 모니터링이 이루어지고 있다.

기관투자자는 기업과 경영진을 감시하는 데 필요한 우월한 정보수집능력과 전문적인 분석력을 지니고, 높은 모니터링 인센티브를 가지며, 또한 높은 지분을 보유하고 있어 기업에 대한 영향력 행사가 가능하다는 점에서 경영진의 기회주의적 행동에 대한 견제기능을 수행할 수 있다.

투자은행은 기업과 투자자들 사이에 정보의 흐름을 연결해주는 중개기관이다. 투자은행이 전달하는 정보는 증권의 가격 형성에 중요한 영향을 미치게 된다. 투자은행이 자본시장에 전달하는 정보는 신규 증권이 발행되기 이전에 높은 영향력을 지니게 되며, 투자자는 관련 정보를 이용하여 의사결정을 수행하게 된다. 특히 투자은행은 IPO과정에서 상장을 원하는 후보기업들을 모니터링하게 된다. 투자은행은 IPO과정에서 필요한 모든 절차에 대한 전문성을 지니고 있고, 후보기업의 성과와 가치에 대한 평가와 분석을 직접 수행하고 있으며, 투자기회를 자본시장에 제공하는 과정에서 누구보다 많은 정보를 지니고 있으므로, 후보 기업을 모니터링할 수 있는 최상의 위치에 있다.

애널리스트는 투자자들에게 기업의 이익을 예측하고 목표주가를 제시하며 주식을 추천하는 일을 수행한다. 애널리스트는 기업에 대한 양질의 정보와 전문적인 분석능력을 갖추고 있으며, 기업의 성과와 미래에 대한 정보를 주식시장의 참여자들에게 제공하고 있다는 점에서 기업지배구조 관점에서 기업의 감시자 중 하나로 볼 수 있다. 시장 참여자들은 애널리스트의 분석 자료를 활용하여 주식거래와 관련된 다양한 의사결정에 도움을 받을 수 있다.

채권자에 의한 모니터링이 갖는 가장 큰 장점은 감시주체가 소수이며, 기업과 지속적이고 안정적인 관계를 통한 통제가 이루어진다는 점이다. 채권자는 대출계약조건을 이용하거나, 대출금 조기 회수 요청이나 추가대출 거부, 파산과정 개입과 같은 다양하고 막강한 형태의 견제수단들을 지니고 있고, 기업과 관련된 양질의 정보를 보유하고 있어 기업 경영진을 모니터링하는 데 유리할 수 있다.

정부는 일반 투자자들을 보호하기 위하여 기업을 규제하거나 정책을 만들어 공표한다. 또한 정부의 기관 및 공무원들은 경영진들의 행태를 감시한다.

기업의 내부 및 외부 지배구조는 주주의 이익을 보호하기 위한 통제장치이며, 각 지배구조간에는 밀접한 연관성을 갖고 전체적인 시스템으로 움직여 간다. 본서는 다양한 기업의 내부 및 외부 지배구조를 검토함으로써 각 지배구조의 모니터링 기능과 문제점에 대해서 논의하고자 한다.

요 약

자본주의의 대표적 기업 유형인 주식회사제도는 여러 장점에도 불구하고 소유와 경영의 분리로 인한 대리인 문제를 발생시킨다. 대리인 문제는 결국 경영자의 도덕적 해이, 분식회계, 횡령, 배임 등의 형태로 자본주의 사회의 병폐와 추문들을 양산시킨다. 이러한 대리인 문제의 해결방안으로 인센티브 계약과 모니터링 시스템이 존재하며, 1997년 IMF 이후에 우리나라는 모니터링 시스템의 일종인 기업지배구조 개선을 통한 경영투명성 향상에 노력을 기울여 왔다. 또한 경영투명성은 회계투명성과 밀접한 관련성을 지닌다. 본서는 대리인 문제 해결을 위한 방안으로 기업지배구조를 다양한 측면에서 논의한다.

복습문제

(1) 자본주의 사회의 가장 대표적인 기업의 유형은 무엇인가?

(2) 주식회사제도의 장점과 단점은 무엇인가?

(3) 유한책임과 무한책임은 무엇인가?

(4) 대리인 이론 관점에서 주식회사의 주인과 대리인은 각각 누구인가?

(5) 벌리(Berle)와 민즈(Means)가 강조한 주식회사에서 문제가 발생하는 근본적인 원인은 무엇인가?

(6) 대리인 문제가 발생하는 요인 두 가지는 무엇인가?

(7) 대리인 문제를 해결하기 위한 방법은 무엇인가?

(8) 기업지배구조는 무엇인가?

(9) 엔론의 기업지배구조 문제는 무엇인가?

(10) 주주와 경영자 간의 목표가 불일치함으로써 나타나는 대리인 문제는 무엇인가?

(11) 주주와 경영자 간의 정보비대칭이 발생함으로써 나타나는 대리인 문제는 무엇인가?

토론문제

01 우리나라에서 발생하는 다양한 대리인 문제의 사례를 제시하고 심각성을 논의해보자.

02 미국에서 발생한 엔론의 분식회계 사례와 마찬가지로, 국내에서 발생한 분식회계 사례들은 어떤 것들이 있는지 사례를 제시하고 기업지배구조 문제를 논의해보자.

◈ 참고문헌

1 Megginson, William L.(1997), *Corporate Finance Theory*, Addison Wesley.

2 Jensen, Michael C. and William H. Meckling(1976), *Can the Corporate Survive?,* University of Rochester.

3 Berle, Adolf A. and Gardiner C. Means(1967), *The Modern Corporation and Private Property*, Macmillan.

4 Coase, Ronald H.(1937), "The Nature of the Firm," *Economica*.

5 김준기(2003), "Enron의 기업지배구조의 실패와 미국의 Sarbanes-Oxley Act of 2002," 『기업지배구조연구』.

6 정기웅(2004), "한국의 기업지배구조에 대한 연구 - 미국의 기업지배구조와 비교분석을 중심으로," 『경상논총』.

CHAPTER

2

인센티브와 보상계약 : 보상을 통한 대리인 문제 해결

❖ 본장에서는 다음과 같은 내용을 다룬다.

- 경영자 보상의 목적과 유형
- 회계성과에 근거한 보상체제
- 주식시장에 근거한 보상체제
- 보상유형별 대리인 비용 감소 효과

경영자 보상의 목적과 유형

본장에서는 대리인 문제 해결을 위한 방법으로 기업지배구조를 논의하기에 앞서, 인센티브 보상계약을 먼저 살펴본다. "인센티브 보상계약(Incentive Contract)"은 주주의 부(wealth)와 경영자의 부를 일치시키기 위한 유인을 보상계약에 포함시키는 것이다. 즉 주주와 경영자 간의 목적을 일치시키기 위한 보상계약을 설계하는 것이다.

일반적으로 보상계약의 목표는 기업에게 유익한 경영자의 행동에 대한 적절한 보상을 함으로써 경영자의 행동과 기업의 목표를 일치시키는 것이다. 즉 경영자가 열심히 일할수록 경영자에게도 이익이 되고 또한 주주에게도 이익이 될 수 있도록 하는 것, 소위 목적일치성(goal congruence)이다. 주주와 경영자 간의 목적일치를 위한 다양한 경영자 보상계약에 대해 본장에서 논의하고자 한다.

경영자 보상은 단순한 금전적 보상의 차원을 넘어서, 주주와 경영자 간 대리인 문제를 완화하는 핵심적인 기업지배구조 메커니즘으로 기능한다. 특히 인센티브 설계는 경영자의 의사결정과 행동을 전략적 방향성과 일치시키기 위한 장기적 수단으로 활용되며, 이는 곧 기업가치의 극대화를 위한 핵심 수단이 된다. 이러한 맥락에서 경영자 보상은 단순한 성과의 사후적 보상이 아니라, 경영행위 자체를 유도하는 행동유인(behavioral incentive)을 구조화하는 계약으로 이해된다.

이러한 보상계약의 이론적 기초는 경제학과 회계학에서 발전해온 계약이론(contract theory)에 기반을 둔다. 대표적으로 홀스트롬(Holmström, 1979)은 경영자의 노력이 외부에서 관찰될 수 없는 상황에서, 보상계약이 어떻게 유인을 제공하면서도 효율성을 달성할 수 있는지를 이론적으로 모형화하였다.[1] 그는 정보비대칭성과 행동의 비가시성이라는 현실적 제약 속에서도, 관찰가능한 성과지표(performance signals)를 활용하여 경영자에게 적절한 보상을 제공함으로써 효율적인 계약이 가능하다는 점을 제시하였다. 이러한 논의는 성과 기반 보상(incentive pay)의 이론적 정당성을 뒷받침하며, 이후 경영자 보상 관련 연구의 중요한 출발점이 되었다.

또한 그로스맨과 하트(Grossman and Hart, 1983)는 불완전계약이론(incomplete contract theory)을 통해, 현실에서는 모든 조건을 계약서에 명시하는 것이 불가능하다는 점에 주목하였다.[2] 이들은 소유권, 통제권, 잔여권한의 배분이라는 관점에서, 기업 내 의사결정 구조와 보상체계의 설계가 경영자의 장기적 행동에 어떻게 영향을 미치는지를 설명하였다. 경영자가 장기적인 가치창출을 위한 의사결정 책임을 지는 동시에, 그 결과가 자신의 보상에 반영되도록 설계된 인센티브 구조가 필요하다는 점을 강조하였다. 이러한 이론은 결국 오늘날 스톡옵션, RSU, PSU 등 다양한 주식 기반 보상제도의 도입배경을 설명하는 이론적 근거가 된다.

이상의 이론적 틀을 바탕으로, 경영자 보상체계는 실무적으로 다양한 형태로 설계되고 있다. 대표적인 유형으로는 기본급, 회계성과에 근거한 보너스, 주식시장(주가)에 근거한 보상 등이 있으며, 이러한 보상들은 일반적으로 이사회 또는 이사회 내 보수(보상)위원회(compensation committee)를 통해 결정된다.

기본급

경영자의 보상도 일반적인 직업들처럼 일정금액의 연봉이 포함된다. 가장 기본적인 보상유형인 기본급(base salary)은 흔히 벤치마킹방법

(benchmarking method)에 의해 결정된다. 기본급의 경우 동종산업에 속한 다른 경쟁기업들의 경영자 급여를 기준으로 삼아 결정함으로써 경쟁력을 유지한다.

사례 2.1 경영자 보상의 유형

뱅크 오브 호프 주요 경영진 2017년 보수 및 주식보유 현황

이 름	기본급	주식기준 보상	보너스 · 인센티브	총 보수	보유 주식	주식가치
케빈 김 행장	80만 3,654달러	97만 4,734달러	41만 1,033달러	225만 2,422달러	74만 356주	1,331만 9,004달러
데이빗 멀론 수석전무(COO)	26만 9,544달러	27만 5,868달러	17만 4,000달러	73만 2,603달러	2만 678주	37만 1,997달러
김규성 수석전무(SEVP)	35만 3,330달러	8만 1,138달러	14만 1,150달러	61만 1,446달러	1만 9,700주	35만 4,403달러
알렉스 고 전무(CFO)	32만 1,452달러	6만 4,910달러	12만 4,000달러	54만 3,046달러	1만 9,749주	35만 5,285달러
유 민 전무(CRO)	32만 2,055달러	8만 1,318달러	9만 9,000달러	53만 1,896달러	7,102주	12만 7,765달러

한미은행 주요 경영진 2017년 보수 및 주식보유 현황

이 름	기본급	주식기준 보상	보너스 · 인센티브	총 보수	보유 주식	주식가치
금종국 행장	65만 1,750달러	1,090달러	60만 7,500달러	134만 6,558달러	27만 6,104주	826만 9,315달러
바니 이 수석전무(COO)	34만 8,639달러	1,090달러	16만 7,200달러	56만 266달러	8만 4,044주	251만 7,118달러
론 샌타로사 수석전무(CFO)	31만 1,044달러	29만 90달러	15만 2,000달러	78만 9,356달러	3만 7,391주	111만 9,860달러
진 임 전무(CRO)	25만 5,365달러	10만 7,940달러	6만 5,559달러	46만 3,133달러	4만 6,255주	138만 5,337달러
매튜 펄 전무(CCAO)	24만 4,231달러	29만 6,590달러	6만 3,750달러	63만 5,369달러	1만 8,414주	55만 1,499달러

자료 : 은행 프락시, 31일 종가 기준

미주한인 1, 2위 은행인 뱅크 오브 호프와 한미은행 등 두 상장 은행의 행장들이 지난해 100만 달러 이상을 훌쩍 번 것으로 나타났다. 또 전무급 주요 간부진도 지난해 총 보수가 최고 80만 달러에 달한 것으로 나타났다.

지난주 각각 주총을 가진 뱅크 오브 호프와 한미은행이 프락시(proxy)를 통해 공개한 주요 경영진 보수 현황에 따르면 뱅크 오브 호프의 케빈 김 행장이 지난해 받은 총 보수는 225만 2,422달러에

달했다.

김 행장이 받은 지난해 총 보수에는 기본급 80만 3,654달러 외에도 주식기준 보상(stock awards) 97만 4,734달러, 보너스·인센티브 41만 1,033달러 등이 포함됐다. 김 행장의 기본급은 2016년 70만 5,000달러에서 2017년에는 80만 3,654달러로 약 14% 인상됐다. 케빈 김 행장의 2017년 총 보수는 2015년 136만 9,043달러, 2016년 211만 7,176달러와 비교해도 큰 폭으로 오른 것이다. 2015년에는 주식기준 보상이 없었지만 2016년에 42만 9,500달러에 이어 2017년에도 97만 4,734달러를 받으면서 2년 연속 총 보수가 200만 달러를 훌쩍 넘었다.

한미은행 금종국 행장은 지난해 총 보수로 134만 6,558달러를 받은 것으로 나타났다. 여기에는 기본급 65만 1,750달러, 주식기준 보상 1,090달러, 보너스·인센티브 60만 7,500달러가 포함돼 있다. 금 행장의 기본급도 2016년 61만 달러에서 2017년에는 65만 1,750달러로 약 7% 올랐다. 금 행장은 2015년에 총 보수로 118만 2,594달러, 2016년 216만 2,301달러를 각각 받았는데 2016년 총 보수의 경우 주식기준 보상 가치로 91만 5,843달러를 받으면서 껑충 뛰었다.

수석전무와 전무급 등 주요 경영진의 경우 두 은행 모두 지난해 총 보수 규모가 적게는 46만 달러에서 많게는 79만 달러에 달한다. 뱅크 오브 호프의 경우 데이빗 멀론 수석전무(COO·최고운영책임자)가 73만 2,603달러로 가장 많았으며 이어 김규성 수석전무 겸 지역사장이 61만 1,446달러, 알렉스 고 전무(CFO·최고재무책임자) 54만 3,046달러, 유 민 전무(CRO·최고리스크책임자) 53만 1,896달러 순이었다.

한미은행의 경우 론 샌타로사 수석전무(CFO·최고재무책임자)가 78만 9,356달러로 가장 많았으며 이어 매튜 펄 전무(CCAO·최고크레딧관리책임자) 63만 5,369달러, 바니 이 수석전무(COO·

최고운영책임자) 56만 266달러, 진 임 전무(CRO · 최고리스크책임자) 46만 3,133달러 순이었다.

전무급 이상 경영진 역시 행장과 마찬가지로 기본급 외에 주식기준 보상과 보너스 · 인센티브를 받는다. 전무급의 총 보수도 기본급은 꾸준하지만 주식기준 보상과 보너스 · 인센티브를 얼마나 받느냐에 따라 매년 변동이 있을 수 있다. 한 예로 한미은행 바니 이 수석전무의 경우 올해 총 보수 56만 266달러는 지난해 총 보수 98만 1,667달러에 비해 대폭 줄었는데, 이는 지난해에 45만 7,921달러 어치의 주식기준 보상을 받았기 때문이다.

또한 행장의 경우 추가로 자동차 관련 경비 보조, 골프 클럽과 피트니스 멤버십, 출장 경비, 보험 혜택 등 각종 '특전'(perks)을 받는데, 케빈 김 행장의 경우 지난해 받은 특전의 가치는 8만 6,218달러에 달했으며 금종국 행장의 경우 5만 7,789달러에 달했다. 전무급도 행장과 비교하면 적지만 일정부분의 특전 혜택을 받는다.

또한 행장 등 주요 경영진의 경우 매년 많은 주식을 무료(stock grant)로 받거나 저렴한 가격에 매수할 수 있는 스톡옵션(stock option)을 받기 때문에 보유한 주식만 수백만 달러 규모다. 케빈 김 행장이 보유한 은행주식 74만 356주는 31일 종가 기준(17.99달러)으로 1,332만 달러에 달한다. 금종국 행장이 보유한 27만 6,104주도 31일 종가 기준(29.95달러)으로 823만 달러 규모다.

은행권에 따르면 상장 한인은행들의 이 같은 2017년 주요 경영진 보수 규모는 동급 주류 은행에 비해서도 많으면 많았지 결코 적지 않은 수준인 것으로 분석된다.

한편 상장 은행의 경우 매년 프락시를 통해 행장과 최고재무책임자(CFO)를 비롯, 총 보수가 가장 많은 3명 이상의 '지정 경영진'(NEO) 보수 현황을 공개한다.

출처 : 한국일보, "케빈 김 행장 225만 달러 · 금종국 행장 135만 달러," 2018.6.1

사례 2.2 보상 결정시 고려사항

보상이란 '인적자원을 활용한 대가로 근로자에게 제공하는 모든 형태의 반대급부'이다. 보상은 인적자원의 형성, 인적자원의 배치, 인적자원의 활용, 그리고 인적자원의 유지 등 오로지 기업경영의 차원에서만 가능한 논의의 대상이 아니고 물가, 생산성뿐만 아니라 노사관계의 안정, 사회안정 등 거시적인 국민경제 차원에서도 중요시되고 있다. 보상정책은 구성원을 유지하는 원천일 뿐 아니라, 구성원 동기부여 및 우수 핵심인력의 확보 등 미치는 영향이 크다.

낮은 수준의 불공정한 보상정책은 구성원의 생산성 저하를 초래하고 지속시 결근, 파업, 이직의 원인이 된다. 최근 기업의 보상원칙은 보상 경쟁력 확보, 내부 공평성, 성과지향, 장기적 보상으로 살필 수 있다. 동종업체에 비해 총보상의 수준을 높임으로써 구성원의 확보 및 유지, 안정적 기반의 가치창출을 도모하고 있다. 고정급 중심에서 성과에 따른 변동급의 비중을 높여가고 있으며, 같은 직급 같은 직무에 종사하면 같은 보상을 받는 연공적 내부 공정성에서 시장가치와 개인의 역량 및 성과 차이를 인정하는 보상제도를 가져가고 있다. 단기 보상에서 장단기 보상의 조합을 통해 구성원의 장기근무를 유도하며, 인사부서 중심의 운용에서 현장 조직장에게 예산 배분권을 줌으로써 현장중심형 보상운영이 이루어지도록 가져가고 있다.

임금인상의 결정요인과 프로세스 임금인상은 물가상승에 따른 생계비 보전을 기본으로 하고, 회사의 지불능력과 대외경쟁력 그리고 내부보상 정책과 전략에 의해 결정된다.

회사의 지불능력은 전년도 경영성과, 사업의 실적, 매출 및 영업이익 규모, 목표 달성률, 현 보상 수준 및 최근 3개년의 인상 실적, 인건비 구조 등을 종합하여 판단한다.

대외경쟁력 측면은 우수인력의 확보와 유지관리의 관점에서 동

종업계의 보상 수준과 임금인상의 실적을 비교하여 업계 우위 또는 최상의 수준을 결정한다.

주요 거시지표는 통상 기본 생계비 보전의 측면에서 소비자 물가 인상률과 최저임금인상률을 검토한다.

내부 정책이나 전략은 단기, 중장기 보상의 정책이나 전략 반영, 사업 및 직무 특성, 인상 재원의 배분 계획(예를 들어 기본급 인상, 승진, 성과급의 규모 등), 인력분포 등을 감안하여 결정한다.

출처 : 한국경제, "2019년 임금인상 결정시 고려사항," 2018.11.15

회계성과에 근거한 보상체제

전통적으로 기업은 기업 전체 또는 사업부서별로 회계성과를 측정하여 개인의 보상에 연동시킴으로써 개인의 행동과 기업의 목표를 일치시키고자 하였다. 많은 기업들이 회계성과에 근거한 보상체제(Accounting-Based Compensation)를 널리 활용하고 있다.

현금보너스

회계성과에 근거한 보상체제 중 가장 대표적인 보상의 형태가 현금보너스(cash bonus)제도이다. 현금보너스는 성과에 기초하여 현금을 지급받는다. 현금보너스는 차기에 지급될 경영자의 기본급에는 포함되지 않는 일회성 보상이다. 현금보너스는 경영자의 성과가 사전에 설정된 목표를 초과했을 때 일정액이 현금으로 지급되거나, 목표와 성과의 차이에 비례하여 금액이 차등적으로 지급된다.

경영자에 대한 보상체제에 보너스제도를 이용한 유인보상계약

[그림 2.1] 회계성과에 근거한 보상체제

(incentive compensation contracts)을 확립시킨 대표적인 인물은 슬론(Alfred Sloan)이다. 슬론은 보너스제도를 통해 GM을 미국을 대표하는 기업 중 하나로 성장시켰다는 평가를 받는다.

슬론은 회계성과에 근거한 보너스제도는 기업 내 다양한 구성원에게 유인을 제공한다고 하였다. 특히 보너스의 대상이 아닌 구성원들에게 보너스를 받기 위해 상당한 노력을 기울이도록 유인을 제공한다고 하였다. 또한 구성원이 본인과 기업의 발전에 대해 인식하는 계기도 제공한다고 하였다.

회계성과에 근거한 보너스제도에 대한 장점은 다음과 같다.

첫째, 회계성과에 근거한 보상체제는 주로 단기성과이므로 장기성과에 비해 상대적으로 측정이 용이하고 보상과 연계시키기에 편리하다. 경영자들은 매년 말 회계성과에 근거한 현금보너스를 받는다. 현금보너스는 보통 과거연도의 매출액, 영업이익과 같은 전형적인 회계이익에 근거한다. 단기성과 측정치인 매출액, 영업이익과 같은 지표들은 보상과 연계하기 쉽다. 그러나 장기성과의 경우에는 중간과정을 어떤 지표로 측정할 것인가를 결정하기가 쉽지 않고 보상과의 연계도 어렵다. 특히 멀리 있는 장기성과 지표에 비해 단기성과 지표는 경영자가 자신의 이익을 높이기 위한 자신의 노력을 특정 지표에 집중시키기에 매우 용이하다.

둘째, 회계성과에 근거한 보상체제는 이미 실현된 과거 성과에 대한 일회성 보상이라는 점에서 장점을 지닌다. 회계이익은 과거지향적인 지표이다. 미래의 이익을 반영하고 있는 것이 아니라, 과거에 이미 실현 완료된 성과를 반영한다. 결국 현금보너스는 과거에 이미 발생한 성과에 대한 경영자의 일회성 보상이므로 미래의 미실현된 성과가 보상에 포함되지 않는다.

이와 반대로 급여인상은 미래의 미실현된 성과가 급여에 영구적으로 영향을 미치게 된다는 점에서 단점을 지닌다.

반면 회계성과에 근거한 보너스제도에 대한 비판도 존재한다.

첫째, 회계성과에 근거한 보상체제는 경영자가 기업가치 및 기업의 장기적 성과에 관심을 갖는 대신 단기적인 성과에 집중하게 한다. 페퍼(Jeffrey Pfeffer)를 비롯한 많은 학자들은, 회계성과에 근거한 보너스 계약이 경영자가 기업의 장기성과를 희생시키고 단기성과에만 집중을 하게 된다는 점을 비판한다. 비판의 중심은 결국 경영자가 자신의 보너스를 극대화하기 위해서 단기성과를 추구하는 과정에서 기업의 장기성과를 희생시킨다는 것이다. 예를 들어, 경영자 보상이 단기적 회계이익에 기초하게 된다면, 경영자는 단기이익을 높이기 위한 원가절감을 위해서 상당한 노력과 시간을 기울일 수 있다. 예를 들어 경영자는 원가절감을 위해서 값싼 재료를 구입하거나 미숙련된 노동자를 고용하여 제품의 원가를 낮출 수 있고, 설비에 대한 유지보수 비용을 줄일 수 있다. 이러한 경영자의 근시안적인 의사결정은 단기적 비용감소에 효과를 가져와 기업의 단기이익 증가를 가져오고 경영자는 상당한 보너스를 받을 수 있다. 그러나 값싼 재료나 미숙련된 노동자를 활용하여 생산한 제품은 품질저하로 이어져 장기적으로는 기업의 평판을 저하시키고, 고객만족의 감소로 이어져 결국 미래 기업의 가치를 감소시킬 것이다. 또한 유지보수 비용의 감소는 미래에 설비고장을 일으켜 더 큰 장기적 비용을 발생시킬 수 있다.

미국 금융기업의 경우, 전체 보수에서 이익에 따른 성과급이 차지하는 비중이 높다. 이러한 현상은 고위층으로 갈수록 더욱 두드러지며, 경영자의 경우에 수천만 달러 이상의 막대한 보너스를 받는 경우도 있다. 특히 대다수의 금융기업들이 분기별 실적을 이용하여 성과급을 결정한다. 따라서 미국 금융기업의 경영자들은 기업의 장기적 가치가 아닌 단기적 이익에 보다 집중하여 의사결정을 내리고 있다는 비판도 있다.

결국 경영자에게 회계성과에 근거한 보상체제를 적용할 경우, 이는 단기간의 업적만을 평가하게 됨으로써, 경영자가 기업의 미래가치를 고려하지 않고 단기이익만을 높여서 성과급을 받기 위한 노력만을 기울이게 한다는 비판이 있다.

둘째, 경영자는 위험회피에 우선을 둔 의사결정에 집중하게 된다.

단기적인 회계이익에 근거한 보상체제는 구성원들이 위험을 감수하지 않게 만든다는 비판도 있다. 행동경제학은 손실회피(loss aversion)의 개념으로 이를 설명한다. 경영자가 단기적인 회계이익에만 집중함으로써, 미래의 이익을 높이기 위한 위험을 짊어지려 하지 않는다는 것이다. 즉 기업의 장기적인 이익을 높이기 위해서는 경영자가 새로운 투자를 하고 위험을 감수해야 하지만, 자신의 성과평가가 단기적인 회계이익에 의해 결정될 경우에는 위험을 회피하고 기존 이익을 보호하기 위한 노력에 우선한다는 것이다. 즉 도전과 혁신보다는 현상을 유지하려는 성향(Status quo Bias)이 나타난다.

셋째, 경영자는 기업의 장기적 가치 증가를 위한 투자를 회피하는 경향을 지닌다. 회계이익을 높이기 위해 연구개발 및 시설에 대한 투자를 줄일 수 있다. 연구개발 및 시설투자를 포기함으로써 단기적인 이익을 높여 자신의 보상을 극대화하고, 기업의 미래가치는 포기하는 경향이 나타난다.

넷째, 경영자는 단기적인 회계이익을 높이기 위한 이익조정을 시도할 수도 있다. 경영자는 보너스를 받기 위해 이익을 조정할 수 있다. 예를 들어 현 시점의 보너스 계약 기준을 달성할 수 없으면 미래로 현재의 이익을 옮길 수도 있다(big bath). 이러한 관점은 회계학에서 연구되어 온 보너스제도가설(bonus plan hypothesis)에 기초한다. 경영자가 자신의 보상을 극대화하기 위한 이익조정을 한다는 가설이다. 힐리(Healy)는 경영자 보상이 기업의 경영성과에 따라 결정되므로 경영자는 회계이익을 조정할 유인을 지니게 된다고 설명하였다.[3]

요약하면, 회계성과에 근거한 보상체제는 주주와 경영자의 목적 일치성을 가져오기 어렵다. 그 이유는 회계성과는 과거에 이미 발생된 단기성과 측정치이기 때문이다. 반면 주주의 이익은 기업의 장기적인 가치, 주가와 밀접하게 연계되어 있다. 따라서 회계성과에 근거한 보상체제가 지닌 가장 큰 문제점은 경영자가 기업가치에 기반을 둔 주주의 이익을 위해 일하는 대신, 자신의 이익을 높이기 위해 단기적인 이익 추구에 더 관심을 두게 된다는 점이다.

사례 2.3 기업의 성과급

사람인이 기업 505개 사를 대상으로 '연말 성과급 지급 계획'에 대해 조사한 결과, 72.5%가 연말 성과급 지급 계획이 없다고 답했다. 이는 6년 내 가장 높은 수치로 지난해 대비 3.9%p 증가한 것이다. 구체적인 수치로는 2018년 62.6%, 2017년 68.0%, 2016년 63.4%, 2015년 64.6% 등이었다.

'성과급 지급 계획이 없다'고 답한 366개 사에게 그 이유를 묻자, '회사 재정 상태가 좋지 않아서(51.1%, 복수응답)'를 1위로 꼽았다. 계속해서 '올해 목표 실적 달성에 실패해서(29.8%)', '다른 상여금을 지급했거나 계획 중이라서(13.7%)', '선물 등으로 대체하고 있어서(6.3%)' 등을 답했다.

'성과급을 지급한다'고 답한 기업은 139개 사로, 전체의 27.5%를 기록했다. 이들이 지급하는 성과금은 평균 198만원으로 지난해 192만원보다 6만원 증가했다. 기업 규모별로는 대기업이 294만원으로 182만원의 중소기업보다 1.6배 많았다.

이들 기업이 성과급을 지급하는 이유로는 '직원들의 사기 진작을 위해서(64.7%, 복수응답)'가 가장 많았다. 이 밖에 '목표 실적을 달성해서(46.8%)', '정기 상여금으로 규정되어 있어서(10.1%)', '인재관리 차원에서(10.1%)', '회사 재정 상태가 좋아져서(2.9%)' 등의 순이었다.

성과급 지급 방식은 '부서 또는 개인별 실적에 따라 차등 지급(46.0%)'이 1위를 기록했고, 이 밖에 '회사 실적에 따라 동일 지급(32.4%)', '직급에 따라 차등 지급(21.6%)' 등이었다.

출처 : 매거진한경, "기업 10곳 중 7곳 연말 성과급 없다… 재정상태 안 좋아," 2020.11.24

주식시장에 근거한 보상체제

앞서 살펴본 바와 같이 회계성과에 근거한 보상체제는 주주와 경영자의 목적일치성을 가져오기 어려우므로, 주식시장에 근거한 보상체제(Market-Based Compensation)에 대한 논의를 하고자 한다.

주식시장에 근거한 보상체제의 핵심은 경영자들이 기업의 주가를 높이기 위해 일할 수 있도록 보상체제를 주가에 연동시키는 것이다. 결국 보상이 주가에 의해 결정됨으로써 경영자의 목적과 주주의 목적을 일치시킬 수 있으며, 소유와 경영의 분리로 인한 대리인 문제의 해결방안으로 적합할 수 있다.

스톡옵션

주식시장에 근거한 보상체제의 가장 대표적인 유형이 스톡옵션(stock option)제도이다. 스톡옵션제도란 정해진 미래의 행사기간에 사전에 미리 정한 가격(행사가격)으로 정해진 수량에 대해서 자사의 주식을 매수할 수 있는 권한을 의미한다. 일정기간 후에 주가가 상승되면, 경영자는 현재 시세보다 낮은 가격으로 주식을 매수함으로써 차액만큼의 이익을 얻게 된다. 따라서 경영자는 정해진 기간(보유기간)

[그림 2.2] 주식시장에 근거한 보상체제

동안 주가 상승을 위해 노력하게 된다.

미국은 1920년대에 스톡옵션제도를 처음 도입하여, 1980년대에 스톡옵션제도를 활성화하였다. 1980년에는 미국 100대 기업 중 83%가 스톡옵션 보상을 활용하는 것으로 나타났다.[4] 1984년에는 경영자의 전체 보상 중 스톡옵션이 차지하는 비중이 20%였고 1990년에는 35%로 나타났다.[5] 머피(Murphy)는 1990년대 초에 경영자의 전체 보상에서 가장 큰 비중을 차지하는 보상이 스톡옵션제도라 하였고, 미국기업의 상위 200 기업 집단에 대해 조사한 결과 스톡옵션에 따른 보상의 가치가 전체 보상 중 절반 이상을 차지한다고 하였다.[6] 이처럼 1980년대와 1990년대 미국기업들에서 스톡옵션을 통한 경영

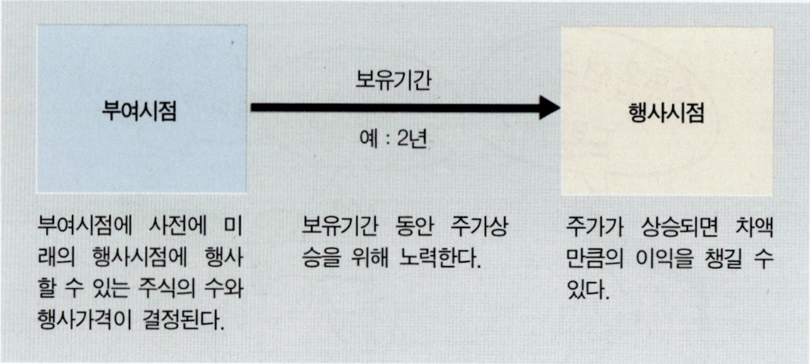

[그림 2.3] 스톡옵션제도

자 보상은 매우 중요했다. 우리나라에서는 1997년 4월 증권거래법 개정 이후에 스톡옵션제도가 처음 도입되었다. 그 후 2000년부터 기업들의 스톡옵션 부여가 시작되었고, 2003년부터 스톡옵션 행사가 이루어졌다.

스톡옵션제도의 장점은 다음과 같다.

첫째, 스톡옵션 보상을 받는 경우 주주와 경영자의 목적이 일치될 수 있다. 경영자가 스톡옵션 보상을 받는 경우에는 주주와 경영자 간의 이해가 일치됨으로써 경영자는 주주의 이익을 높이기 위해 장기적인 의사결정을 수행하게 된다. 따라서 경영자에게 스톡옵션을 부여하는 경우 대리인 문제가 감소하고 기업가치가 증가될 수 있다.[7]

둘째, 신생기업과 같이 유능한 인재 확보를 위한 충분한 현금 보상을 할 수 없는 경우에는 보상의 일부를 스톡옵션으로 활용할 수 있다. 신생기업이 스톡옵션 보상제도를 이용하면, 유능한 인재를 유치할 때 지급해야 할 현금 보상의 일부를 스톡옵션으로 대신 지급할 수 있다. 신생기업은 스톡옵션제도를 통해 기업 경영에 필요한 부족한 현금을 절약할 수 있고, 이와 함께 우수한 인력을 확보할 수 있다. 실제 IT기업에서 유능한 인재 유치를 위해 스톡옵션 보상계약을 많이 활용해왔다.

그러나 스톡옵션제도에도 단점이 존재한다.

첫째, 스톡옵션을 부여받은 경영자들은 때때로 위험이 더 높은 경영전략을 선호한다. 스톡옵션을 부여받은 경영자들은 주가 상승을 위해 더 높은 위험을 지닌 사업안에 많은 투자를 집중할 가능성이 있다. 경영자가 보유하고 있는 스톡옵션 보상의 크기가 증가할수록 미래 수익의 변동성과 부채비율이 증가되고, 스톡옵션 부여 이후에 주가수익률의 변동성이 스톡옵션 부여 이전보다 더욱 커진다는 보고들이 있다.8

둘째, 스톡옵션 부여시점 이후에 시장의 주가가 큰 폭으로 하락하여 행사가격을 크게 밑돌게 될 경우에는 인센티브로서의 유인을 지니지 못한다. 스톡옵션 부여 이후에 주가가 행사가격보다 턱없이 낮은 상황이 발생하면 스톡옵션은 더 이상 경영자에게 인센티브 보상이 될 수 없다. 스톡옵션 부여 이후에 불안정한 경제상황이 발생하여 주가가 큰 폭으로 떨어진 상황이 발생하면 경영자의 노력만으로 주가를 상승시킬 가능성이 없게 된다. 이 경우 경영자는 스스로 스톡옵션 행사를 포기하게 되므로 더 이상의 유인이 될 수 없다.

셋째, 경영자가 스톡옵션의 행사시점을 고려하여 회계이익을 조정함으로써 주가를 높이기 위한 시도를 할 수 있다. 스톡옵션을 부여받은 경영자들은 부여시점에서 결정된 행사가격과 행사시점에서의 주가의 차이에 의해 자신의 보상이 결정된다. 행사시점의 주가와 행사가격의 차이가 자신이 받게 될 보상의 규모를 결정하므로 경영자는 자신의 이익을 높이기 위해서 회계이익을 조정할 유인을 갖게 된다. 즉 경영자는 부여시점 이전에는 주가를 낮추어 행사가격을 낮추기 위한 이익조정을 시도할 수 있으며,[9] 행사시점 이전에는 주가를 높이고자 이익조정을 시도할 수 있다.[10] 실제 2002년과 2003년 미국의 엔론과 월드컴 등의 기업 회계부정사건의 경우, 경영자가 스톡옵션 보상을 받기 위해 회계이익을 조정했던 사실이 있다.

넷째, 스톡옵션을 부여받은 경영자들은 주주들에게 배당을 주는 것을 원하지 않는다. 기업은 벌어들인 이익 중의 일부를 다시 주주에게 돌려주는 배당을 실시할 수 있다. 그러나 주주에게 배당을 주게 되면, 그만큼의 기업 내 현금이 감소하게 된다. 이는 결국 자산의 감소이므로 기업의 가치인 주가 역시 감소하게 되는 현상이 발생한다. 이를 흔히 배당락이라 한다. 결국 스톡옵션을 부여받은 경영자는 주가의 상승을 통한 스톡옵션 행사를 원하므로 주주에게 배당을 주기보다는 기업 내 현금을 보유하는 의사결정을 더 선호할 수 있다.

다섯째, 스톡옵션에는 숨겨진 비용이 존재한다. 스톡옵션의 부여시점에는 비용이 발생하지 않지만, 부여기간 이후에 행사시점에 경영자가 스톡옵션을 행사할 경우에는 시장가격과 행사가격 차이만큼을 기업이 보상해주어야 한다. 따라서 스톡옵션에는 숨겨진 비용이 존재한다.

여섯째, 주식가격은 경영자의 노력으로만 결정되는 것이 아니라 기업이 통제할 수 없는 수많은 요인에 의해 결정된다. 앞서 제시한 스톡옵션 보상의 장점, 즉 주식시장에 근거한 보상체제의 장점은 근본적인 문제점을 내포하고 있다. 스톡옵션 보상이 인센티브로서의 제 역할을 발휘하려면 경영자의 노력과 기업의 가치가 연결되어야 한다는 전제가 성립되어야 한다.

그러나 근본적인 문제점은 주가는 외부 요인에 의해 많은 영향을 받고 있으며, 기업의 성과나 경영자의 노력이 반드시 주가와 일치하는 것은 아니라는 것이다. 주가에는 거시경제 변수와 같은 경영자의 통제 가능성을 벗어나는 수많은 요인들이 포함된다. 이와 같은 통제불가능한 요인들은 주가에 매우 큰 영향을 준다. 특히 우리나라 주가는 주변국가들의 영향을 받게 되는 경우가 흔히 발생한다. 미국과 중국 간의 무역전쟁, 유럽증시의 변동, 환율의 변화 등에 따라 주가는 크게 상승 또는 하락한다.

사례 2.4 스톡옵션 부여

코스닥 기술 특례 상장사 기준 시가총액 1, 2위에 나란히 자리한 알테오젠과 리가켐바이오사이언스(이하 리가켐바이오)가 임직원 보상제도를 강화하고 있다. 알테오젠은 임직원 20명에게, 리가켐바이오는 임직원 61명에게 각각 약 70억원대 규모의 주식매수선택권(스톡옵션)을 부여했다.

알테오젠과 리가켐바이오는 최근 주가 상승과 함께 스톡옵션을 통해 수억대 연봉자를 배출하며, '보상과 기업가치 동반 성장'이라는 성공 사례를 써내려 가고 있다. 이번 스톡옵션이 더욱 주목받는 이유다.

1일 금융감독원에 따르면, 알테오젠과 리가켐바이오는 지난달 31일 열린 정기 주주총회를 통해 나란히 임직원 스톡옵션 부여에 관한 안건을 통과시켰다. 우선 알테오젠은 총 20명의 임직원을 대상으로 75억 9,000만원 규모 스톡옵션을 부여했다. 총 부여 주식수는 1만 9,800주로, 알테오젠은 최상락 알테오젠 부사장에게 7,000주를, 19명의 임직원에게 1만 2,800주를 부여했다. 이번 스톡옵션의 행사가는 38만 3,500원으로 이날 알테오젠의 종가(35만 6,000원) 대비 7.7% 높은 수준이다. 스톡옵션 행사 가능 기간은 오는 2028년 3월 말부터 2031년 3월 말까지다.

리가켐바이오도 총 61명의 임직원에게 70억 8,000만원 규모의 스톡옵션을 부여했다. 총 부여 주식수는 6만 7,320주이며, 행사가격은 10만 5,200원이다. 이는 이날 리가켐바이오의 종가(9만 4,900원) 대비 10.9% 높다. 스톡옵션 행사 가능 기간은 2028년 3월 말부터 2030년 3월 말까지다. 회사는 "장기 근속과 우수 인재를 대상으로 부여한 건"이라고 설명했다.

알테오젠과 리가켐바이오는 코스닥 기술 특례 상장사 기준 시총 1, 2위를 차지하고 있는 바이오기업이다. 지난달 31일 기준 시총은 알테오젠 18조 9,815억원, 리가켐바이오의 경우 3조 4,743억원을 기록 중이다. 코스닥 시장 전체 기업으로 늘리더라도 알테오젠은 1위, 리가켐바이오는 11위에 해당하는 규모다.

연구개발(R&D) 비용에 대한 투자가 지속돼야 하는 바이오기업 입장에선 스톡옵션은 현금을 바로 지출하지 않고도 직원들에게 보상을 강화할 수 있는 요인이다. 스톡옵션을 부여받은 직원들은 '회사의 가치 상승이 곧 개인의 이익과 직결'된다.

출처 : 더바이오, "억소리 나는 직원 '스톡옵션'… 알테오젠 · 리가켐바이오, 인재 보상 '톡톡'," 2025.4.1

사례 2.5 스톡옵션 부여 후 주가가 큰 폭으로 하락한 경우

올해 상반기 네이버, 카카오 임직원의 스톡옵션 행사량이 급감했다. 최근 주가가 큰 폭으로 떨어지며 스톡옵션 행사가를 밑돌았기 때문이다. IT 업계 임직원에게 '대박'의 기회로 여겨졌던 스톡옵션이 천덕꾸러기로 전락했다.

17일 각사 반기보고서에 따르면 올 상반기 네이버 임직원의 스톡옵션 행사량은 4만 923주다. 지난해 상반기 11만 4,075주와 비교하면 36% 수준으로 쪼그라들었다. 같은 기간 카카오 임직원의 스톡옵션 행사량은 55만 9,994주로 전년 동기 대비 24% 줄었다.

스톡옵션 행사량이 급감한 건 주가 하락으로 스톡옵션 가치가 사실상 휴지 조각이 됐기 때문이다. 스톡옵션은 일정기간 후 회사 주식을 행사가격으로 매수할 수 있는 권리다. 행사가보다 주가가 오르면 차익을 얻을 수 있어 사업 전망이 좋은 기업일수록 스톡옵션의 매력이 높아진다. 이직이 잦은 IT 업계에선 인재를 영업하고 임직원의 동기를 부여하는 수단으로 활용해 왔다. 특히 2021년 코로나 팬데믹 기간 역대급 실적을 거두고 개발자 확보전이 치열해지면서 스톡옵션을 대거 부여했다.

하지만 주가가 행사가격 아래로 떨어지면서 스톡옵션 물량은 무용지물이 됐다. 네이버 스톡옵션 행사가격은 2019년 약 13만원, 2020년 약 18만원, 2021년 약 36만~38만원 수준이었다. 지난 16일 기준 네이버 주가는 15만 7,500원까지 떨어졌다. 네이버 주가가 최고치(45만 5,000원)를 기록하던 2021년 지급분은 주가가 2배 이상 올라야 차익을 거둘 수 있다. 사실상 가치가 없어진 것이다.

카카오도 마찬가지다. 임직원에게 부여한 스톡옵션 가격은 2019년 약 12만원, 2021년 약 11만원 수준이었다. 그러나 카카오 주가가 2021년 최고가 17만 3,000원을 찍은 후 내리막길을 걸으며 3만 6,550원까지 하락했다. 2021년분 스톡옵션 행사가격의 3분의 1 수준이다.

힘 빠진 스톡옵션의 가치는 임직원 평균 급여에서도 드러난다. 올 상반기 네이버 임직원 1인당 평균 급여액은 7,600만원이다. 스톡옵션 행사 차익을 제외해도 차이가 없다. 2년 전인 2022년 상반기 스톡옵션 차익을 반영하면 평균 급여가 7,100만원에서 8,400만원으로 뛰었던 것과 대조적이다. 카카오의 경우 올 상반기 스톡옵션 차익을 반영한 평균 급여는 5,700만원으로 차익을 제외한 급여보다 300만원 높았다. 2년 전 스톡옵션 덕에 1인 급여가 5,000만원에서 9,400만원으로 2배가량 높아진 것과 비교하면 미미한 수준이다.

직원들 사이에선 불만이 나온다. 최근 주가 흐름을 보면 일종의 인센티브로 받은 스톡옵션으로 언제 차익을 거둘 수 있을지가 미지수이기 때문이다. 아예 스톡옵션을 포기하고 퇴사를 선택하는 직원들도 있다. 카카오는 지난 14일 직원 46명이 퇴사하면서 스톡옵션 부여를 취소한다고 공시했다. 네이버는 지난해 12월 직원 83명이 퇴직 등으로 스톡옵션 일부 부여를 취소한다고 밝혔다.

출처 : 아시아경제, "'잭팟'은 옛말… 네카오 임직원 스톡옵션 행사 3분의 1토막," 2024.8.17

사례 2.6 스톡옵션 부여에 대한 비판

지 전 부사장은 지난 2016년 4,500원 행사가로 받은 스톡옵션 주가가 10만 3,000원일 때 행사했다. 스톡옵션은 일정기간이 지난 후 자사주를 사전에 약정된 가격으로 살 권리를 주는 인센티브제도다. CEO나 임직원들의 동기부여를 위해 도입한 제도지만 해당 임직원에게 지나치게 큰 보상을 해줘 주주 이익이 침해된다는 비판을 받기도 한다.

이번 신라젠의 경우도 경영성과를 내기 전 스톡옵션 행사에 맞춰 대거 신주를 발행, 지분 가치 희석 및 향후 오버행(대량 매물 출현) 우려가 있다는 점에서 문제가 많다는 지적이 나오고 있다. 결국 주주들이 피해를 볼 수밖에 없기 때문이다.

회사 상황도 스톡옵션 파티를 벌일 만큼 녹록하지 않다. 신라젠이 사활을 걸고 있는 간암 항암제 펙사벡이 임상3상 시험중으로 그 결과는 2019년에 나온다. 신약 개발이 100% 성공한다는 보장이 없고, 성공한다 해도 가시적인 매출이 나오기까지 몇 년이 걸린다.

신라젠의 경영상황은 정상적인 회사라고 보기 어려울 정도다. 바이오 업종 특성상 계속 투자가 이어져야 하지만 영업손실이 심상찮다. 신라젠은 2015년 238억원, 2016년 468억원, 2017년 506억원의 영업손실을 냈다. 반면 지난해 말 기준 매출은 68억 6,484만원에 불과하다. 누적되는 적자를 감당하기 위해선 유상증자 등 투자 유치가 필요한데, 이 또한 쉽지 않다는 게 업계의 분석이다.

출처 : 인사이트코리아, "신라젠 과장급이 스톡옵션 50억… 소액주주들 뿔났다," 2018.8.22

양도제한조건부주식보상

주식시장에 근거한 보상체제 중 다른 유형으로 양도제한조건부주식보상(Restricted Stock Unit, RSU)이 있다. RSU는 일정한 조건이 충족되었을 때 기업의 주식을 무상으로 지급받을 수 있는 권리를 의미한다. RSU는 주식 그 자체가 즉시 부여되는 것이 아니라, 경영자가 일정기간 회사에 재직하거나 성과목표를 달성하는 등의 목표달성요건(vesting)을 충족해야만 실제 주식이 확정되고 양도가 가능해진다.

RSU는 주가 상승 여부와 무관하게 주식이 부여된다는 점에서, 스톡옵션(stock option)과 구별된다. 스톡옵션은 행사시점의 주가가 행사가격보다 높아야만 경제적 이익을 얻을 수 있으나, RSU는 조건만 충족하면 일정수량의 주식을 무상으로 확보할 수 있다는 점에서 보다 경영자에게는 안정적인 인센티브 수단으로 간주된다.

RSU의 장점은 다음과 같다. 첫째, RSU는 주식보상의 가치가 확정적으로 제시되므로, 경영자는 명확한 동기부여를 받을 수 있다. 둘째, 행사가격이 존재하지 않기 때문에 주가 하락시에도 일정수준의 보상가치를 유지할 수 있어, 리스크 회피적인 경영자에게도 유효한 유인수단이 된다. 셋째, RSU는 목표달성요건에 따라 중도퇴사시 보상 자체가 무효화될 수 있어, 장기근속을 유도하는 장치로 활용될 수 있다. 예를 들어, 어떤 기업이 RSU 3,000주를 부여하면서 "5년 이상 근속"이라는 조건을 붙일 경우, 수령인이 5년 이내 퇴사할 경우 해당주식을 받을 수 없다. 이와 같은 방식은 유능한 인재의 확보 및 유지 수단으로 효과적일 수 있다.

회계학적으로는 RSU가 부여시점 기준으로 공정가치를 산정하여 비용으로 인식한다. 보통 부여시점의 주가를 기준으로 RSU의 총 가치를 계산하고, 이를 목표달성요건에서 정한 기간에 걸쳐 체계적으로 비용화한다. 이는 주식 기반 보상의 회계처리기준(K-IFRS 제1102호, Share-based Payment)에 근거하여 실무적으로 수행된다.

그러나 RSU에도 단점이 존재한다. 첫째, RSU가 주가 상승 여부와 무관하게 주식이 부여된다는 점은 결국 주가 상승에 대한 유인을 경영자에게 제공하는 계약이 아니다. 따라서 경영자가 기업가치 제고에 대한 노력을 기울일 필요가 없다는 단점이 존재한다. 둘째, 무상으로 주식이 제공되기 때문에 경영자는 수동적 자세를 취할 가능성도 존재한다. 셋째, 과도한 RSU 지급은 기존 주주의 주식가치를 희석(dilution)시킬 우려가 있으며, 장기적으로 주주 이익에 반할 수 있다는 지적도 있다.

실제 글로벌 기술기업들이나 금융회사 등에서는 경영진에게 기본급 및 현금보너스 외에 RSU를 보상으로 제공하며, 이는 특히 중간관리자급 이상 인재의 유치 및 유지(retention)를 위한 전략적 수단으로 활용되고 있다. RSU는 기업이 시장의 단기적 주가 변동에 의존하지 않고, 보다 안정적으로 인센티브를 부여할 수 있다는 점에서,

스톡옵션의 한계를 보완하는 대체적 수단으로 간주될 수 있으나, 주주와 경영자 간의 목적일치성을 가져오기 어렵다는 명확한 단점도 존재한다.

성과연계주식보상

주식시장에 근거한 보상체제 중 또 다른 유형으로 성과연계주식보상(Performance Share Unit, PSU)이 있다. PSU는 일정한 성과목표(Performance Condition)의 달성을 조건으로 하여 기업이 주식을 부여하는 인센티브 보상 방식이다. PSU는 단순히 주가 상승 여부만을 조건으로 하지 않고, 기업의 수익성, 시장성과, 지속가능성과 같은 다양한 지표를 성과조건으로 활용할 수 있다는 점에서 기존의 스톡옵션(stock option)이나 양도제한조건부주식보상(RSU)과 구별된다. 대표적인 성과지표로는 자기자본이익률(ROE), 총주주수익률(Total Shareholder Return, TSR), 상각전영업이익(EBITDA) 등이 있으며, 최근에는 ESG 관련 지표—예컨대 Scope 1 탄소배출량, 여성임원 비율, 지속가능한 공급망 비율 등—도 성과평가 기준으로 활용되고 있다.

PSU제도의 가장 큰 특징은 주주의 관점에서 보상성과를 평가할 수 있다는 점이다. 특히 글로벌 기업들은 상대적 총주주수익률(Relative TSR, r-TSR)을 활용하여, 해당기업의 성과를 경쟁기업과 비교함으로써 거시경제 환경으로 인한 왜곡을 방지하고, 보다 공정한 보상체계를 구축하고 있다. r-TSR은 일정한 성과평가 기간 동안 주가 상승뿐 아니라 배당 등을 포함한 주주의 전체 수익률을 기반으로 하여, 경영자의 보상을 주주가치와 직접적으로 연동시키는 장치를 제공한다.

PSU는 일반적으로 2년에서 5년 정도의 성과측정기간(performance period)을 설정하며, 평가기간 종료시점에 성과목표 달성 여부 및 달성 수준에 따라 주식이 차등적으로 지급된다. 예를 들어 ROE 기준 12% 이상 달성시 100%의 PSU가 지급되며, 10% 이상 12% 미만일 경우 75%, 8% 이상 10% 미만일 경우 50%가 지급되고, 성과가 기준치 미달시에는 지급되지 않는 구조를 취할 수 있다. 이와 같이 성취율에 따라 주식 수량이 조정되는 구조는 경영자에게 명확한 목표를 제시함과 동시에, 보상의 투명성과 타당성을 확보하기 위한 수단이 된다.

PSU는 사전에 정의된 성과지표와 경영자의 실질적 행동이 일치할 수 있도록 설계되어야 하며, 이를 통해 경영자의 노력이 기업의 장기적 성과 및 전략 방향성과 정합성을 가지도록 유도할 수 있다. 이러한 맥락에서 PSU는 단기성과 중심의 회계기준 보상체계를 보완하며, 경영자의 전략적 의사결정에 영향을 미칠 수 있다.

회계학적으로는 PSU도 부여시점의 공정가치를 기준으로 하여 비용을 인식하며, 성과조건의 유형에 따라 그 회계처리 방식이 구분된다. 성과조건이 시장기준(Market Condition)일 경우—예컨대 r-TSR과 같은 외부비교지표를 활용할 경우—조건 충족 여부와 관계없이 부여시점의 공정가치로 비용을 인식한다. 반면 비시장기준(Non-market Condition), 즉 내부 경영성과 지표(예 : 매출액, ROE 등)를 사용하는 경우에는 조건 충족 가능성에 따라 인식되는 비용이 조정된다. 이는 K-IFRS 제1102호(Share-based Payment)의 주식 기반 보상 회계기준에 따라 실무적으로 처리된다.

PSU의 장점은 다음과 같다. 첫째, 경영자가 특정 성과지표를 달성해야만 보상을 받을 수 있으므로, 경영자의 의사결정에 명확한 방향성을 부여하고 동기부여 효과를 기대할 수 있다. 둘째, 주가 외에도 다양한 비재무적 성과(예 : ESG 지표)를 반영함으로써 기업의 전략적 목표와 장기 지속가능성의 연계가 가능하다. 셋째, PSU는 스톡옵션과 달리 과도한 위험추구의 가능성을 낮추고, 실질적인 성과지표 중심의 보상설계가 가능하다는 점에서 대리인 문제를 보다 효과적으로 완화할 수 있다.

그러나 PSU에도 단점은 존재한다. 첫째, 성과지표가 자의적으로 설정될 경우 보상의 공정성과 객관성에 대한 비판이 제기될 수 있다. 예를 들어 성과지표가 불투명하거나 측정기준이 일관되지 않을 경우, 외부 이해관계자들이 보상의 정당성에 의문을 제기할 수 있다. 둘째, 측정기간이 길어질수록 평가 기준의 유지, 외부 공시의 복잡성, 감사가능성 등의 문제가 발생할 수 있으며, 이는 외부감사 및 IR(Investor Relations) 활동에도 부담이 될 수 있다. 셋째, 다양한 성과조건이 동시에 부여된 복합형 PSU의 경우, 경영자가 전체 평가구조를 정확히 이해하지 못하거나, 오히려 성과지표 간 균형을 잡기 어려워 보상의 실효성이 떨어질 수 있다.

PSU는 결과적으로 단순한 주가 상승 유인을 넘어서, 기업의 장기적 성과 창출 및 전략적 가치지향성을 강화하는 보상수단으로 발달하고 있으며, 향후에는 ESG 중심의 비재무성과 연계형 보상제도로서 활용될 수 있다.

사례 2.7 주식시장에 근거한 보상 현황

2022년 1월~2024년 6월 누적 주식보상 규모 상위 10곳

(단위 : 십억원)

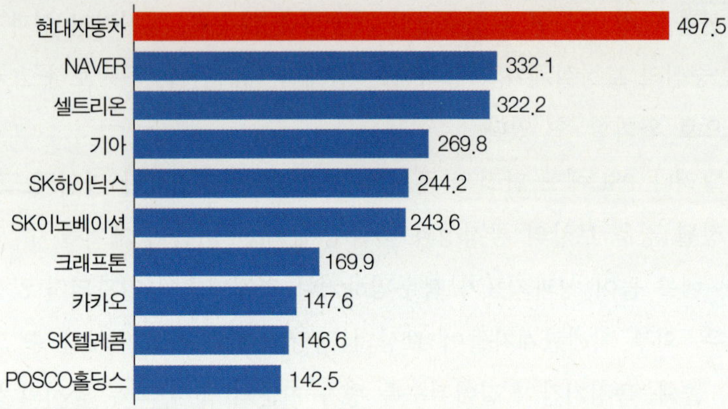

자료 : CEO스코어

국내 시가총액 상위 500대 기업이 최근 2년 반 동안 임직원에게 부여한 주식기준보상 규모가 4조원이 넘는 것으로 나타났다. 전체 주식기준보상의 80%는 대기업집단 상장사에서 이뤄졌다.

현대자동차의 주식기준보상이 4,975억원으로 가장 많았다. 매년 하반기 임금협상에 따른 주식을 지급하는 현대차는 올 하반기 역대 최대 금액인 5,601억원 규모의 주식을 지급한 것으로 나타났다. 이어 네이버가 3,321억원으로 2위를 차지했고 셀트리온(3,222억원), 기아(2,698억원), SK하이닉스(2,442억원)가 그 뒤를 이었다.

주식기준보상은 임직원에게 성과보상 등을 목적으로 주식을 지급하는 걸 뜻한다. 크게 주식매수선택권, 스톡그랜트, RSA · RSU, PSU 등이 있다. 주식매수선택권은 행사기간에 정해진 행사가격으로 주식을 매수할 수 있도록 부여한 권리를 말한다. 스톡그랜트는 성과급을 현금 대신 주식으로 지급, 부여와 동시에 대상자에게 지급한다. RSA · RSU, PSU는 성과급 또는 연봉의 일정비율에 해당

하는 금액을 가득조건 충족시 주식(또는 그에 상응하는 현금)으로 지급한다.

2022년 1월~2024년 6월 시총 500대 기업 주식보상 규모 현황

(단위 : 십억원)

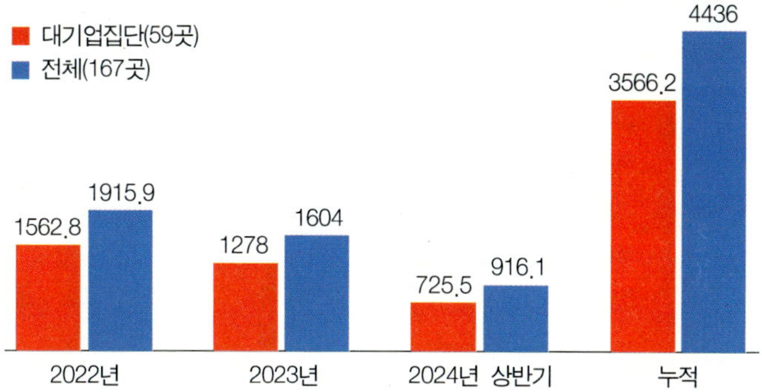

자료 : CEO스코어

최근 2년 반 동안 500대 기업의 주식기준보상 현황을 살펴보면 대기업집단 상장사(59곳)가 임직원에게 부여한 주식기준보상 누적 규모는 3조 5,662억원으로 집계됐다. 2022년 1조 5,628억원, 2023년 1조 2,780억원, 2024년 상반기 7,255억원 등이다. 스톡그랜트, RSU, PSU 등 주식매수선택권 외 주식기준보상 규모가 1조 6,295억원(45.7%)으로 가장 많았다.

반면 대기업집단 외 상장사(108곳)가 2년 반 동안 임직원에게 부여한 주식기준보상 규모는 8,697억원으로 나타났다. 2022년 3,531억원, 2023년 3,259억원, 2024년 상반기 1,907억원이다. 주식기준보상은 주식매수선택권이 6,109억원(70.2%)으로 가장 많았다.

출처 : CEO스코어, "대기업 주식보상, 최근 2년 반 동안 4조 넘어… 현대차 '최대'," 2024.11.6

보상유형별 대리인 비용 감소 효과

보상유형	성과 연계성	대리인 비용 감소 효과	장 점	한계점
기본급 (Base Salary)	없음	매우 제한적	안정적 생계 보장	성과 유인 없음, 근로시간과 노력에 무관
회계성과 기반 보너스 (Cash Bonus)	단기 회계성과에 연계	일정수준의 단기 유인 제공	측정 용이성, 성과 직접 보상	장기성과 저해, 이익조정 유인
스톡옵션 (Stock Option)	주가 상승에 연계	장기 가치 창출 유인	주주가치 정렬 효과, 대리인 문제 감소	고위험 전략 선호, 조작가능성
양도제한 조건부주식 (RSU)	근속 또는 일정조건에 연계	인재 유지 및 중도 이탈 방지	안정적 보상, 리스크 회피자 유인	성과 연계성 낮음, 주가와 무관
성과연계주식 (PSU)	성과목표 달성시 지급	명확한 목표 유도 및 전략 정렬	장기성과 유인, ESG 연계가능	조건 설정 어려움, 공시 복잡성

표를 통해 확인할 수 있듯이, 각 보상유형은 서로 다른 성과 연계성과 유인구조를 가지고 있으며, 그에 따라 대리인 비용을 완화하는 방식과 효과 역시 상이하다. 일반적으로 기본급은 안정성과 예측가능성은 높지만 성과 유인 기능이 제한적이며, 반면 스톡옵션과 PSU는 성과 연계성이 강하나 위험추구나 조작 유인 등의 단점을 내포하고 있다.

이에 따라 실무적으로는 여러 유형을 혼합한 복합적 보상 설계(hybrid compensation design)가 널리 활용되고 있으며, 기업의 특성, 산업 환경, 경영전략에 따라 보상 포트폴리오를 조정하는 방식이 일반적이다. 특히 최근에는 ESG 요소까지 보상에 포함함으로써 지속가능성 기반의 인센티브 구조로 전환하려는 노력도 나타나고 있다.

경영자 보상은 구조와 설계 방식에 따라 대리인 비용의 크기와 기업성과에 미치는 영향이 본질적으로 달라질 수 있다.

요 약

대리인 문제를 해결하기 위한 하나의 방법으로 인센티브 보상이 있다. 인센티브 보상은 주주의 부와 경영자의 부를 일치시키기 위한 보상계약으로, 주주와 경영자 간의 목적을 일치시키기 위한 보상체제이다.

경영자 보상의 형태는 기본급, 회계성과 기반 보너스, 주식시장 기반 보상(스톡옵션, RSU, PSU) 등으로 구성되며, 각각의 보상유형은 서로 다른 방식으로 대리인 비용을 완화한다. 기본급은 안정성을 제공하나 성과 유인 기능이 미약하다. 회계성과에 근거한 보상체제는 주로 단기성과이므로 장기성과에 비해 상대적으로 측정이 용이하고 보상과 연계시키기에 편리하며, 이미 실현된 과거 성과에 대한 일회성 보상이라는 점에서 장점을 지닌다. 그러나 회계성과에 근거한 보상체제는 주주와 경영자의 목적일치성을 가져오기 어렵다는 단점이 있다. 회계성과에 근거한 보상체제를 적용하면 경영자는 단기간의 업적만으로 평가받게 됨으로써, 경영자가 기업의 미래가치를 고려하지 않고 단기이익만을 높여서 성과급을 받기 위한 노력만을 기울이게 되는 문제점을 초래할 수 있다.

주식시장에 근거한 보상체제는 경영자들이 기업의 주가를 높이기 위해 일할 수 있도록 보상체제를 기업의 가치, 주가에 연동시키는 것이다. 결국 보상이 주가에 의해 결정됨으로써 경영자의 목적과 주주의 목적이 일치될 수 있으며, 소유와 경영의 분리로 인한 대리인 문제의 해결방안으로 적합할 수 있다.

주식시장에 근거한 보상체제 중 가장 대표적인 유형이 스톡옵션이다. 스톡옵션 보상은 주주와 경영자의 목적을 일치시킬 수 있고, 신생기업이 유능한 인재 확보를 위한 주요 수단으로 이용가능하다는 장점을 지니고 있어 1990년대부터 많은 기업들이 활용해왔다. 그러나 스톡옵션을 부여받은 경영자들이 위험이 높은 경영전략을 선호하고, 스톡옵션 부여시점 이후에 주가가 큰 폭으로 하락할 경우 인센티브로서의 기능을 지니지 못하며, 경영자가 스톡옵션을 행사하기 위해 회계이익을 조정하는 사례가 발생하는 등 많은 문제점 또한 지니고 있다. 특히 주가는 경영자의 노력으로만 결정되는 것이 아니라 통제불가능한 수많은 거시경제적인 요인에 의해 결정된다는 한계가 있다.

이 외에 RSU(Restricted Stock Unit)는 경영자의 근속요건을 조건으로 일정수량의 주식을 무상 부여하는 보상 방식으로, 주가 하락 위험을 회피하려는 경영자에게도 유효한 인센티브로 작용하며, 인재 확보 및 유지 수단으로 활용된다. 그러나 주가와의 연계성이 없으므로 주가를 높이기 위해 일할 인센티브를 부여하지 못한다. PSU (Performance Share Unit)는 일정한 성과조건을 충족할 경우 주식을 지급하는 방식으로, 성과기준을 정량적으로 설정함으로써 경영자의 행동을 보다 명확하게 통제하고, 기업의 전략적 목표 및 ESG성과와 연계될 수 있는 장점을 지닌다. 그러나 조건 설정에 어려움이 존재하고 공시의 복잡성을 지닌다는 한계가 있다.

결국 인센티브 보상은 여러 가지 문제점으로 인해 대리인 문제의 명확한 해결책이 될 수는 없다. 이에 본서에서는 이후부터는 대리인 문제의 해결을 위한 다른 방법으로 기업지배구조적인 측면에서의 해결책을 논의하고자 한다.

복습문제

(1) 경영자에게 현금보너스를 부여하는 경우 장점은 무엇인가?

(2) 경영자에게 현금보너스를 부여하는 경우 단점은 무엇인가?

(3) 대리인 이론 관점에서 기업들이 스톡옵션제도를 도입하는 논리적 근거는 무엇인가?

(4) 신생기업이 스톡옵션제도를 활용하면 얻게 되는 장점은 무엇인가?

(5) 회계성과에 근거한 보상체제와 주식시장에 근거한 보상체제는 경영자가 위험을 수반한 의사결정과정에서 각각 어떠한 영향을 미칠 수 있는가?

(6) 스톡옵션 부여 이후에 주가가 큰 폭으로 하락할 경우에는 어떤 문제점이 발생할 수 있는가?

(7) 스톡옵션 부여 이후에 경영자는 배당과 관련된 기업의사결정에서 어떤 입장을 취할 가능성이 있는가?

(8) 스톡옵션을 부여받은 경영자는 회계이익을 조정할 유인이 발생될 수 있다. 부여시점 이전과 행사시점 이전에 경영자는 각각 어떤 이익조정을 할 유인이 존재하는가?

(9) 주식가격에 근거한 보상체제의 근본적인 문제점은 무엇인가?

(10) 다음 중 양도제한조건부주식보상(RSU)의 설명으로 옳지 않은 것은?

① RSU는 주식이 즉시 부여되는 것이 아니라 일정조건 충족 후 확정된다.

② RSU는 행사시점의 주가가 행사가격보다 높아야 보상이 이루어진다.

③ RSU는 스톡옵션에 비해 하방 리스크가 적은 보상수단이다.

④ RSU는 일정 근속기간이나 성과목표 달성을 조건으로 부여된다.

(11) 다음 중 PSU(Performance Share Unit)의 특징으로 적절하지 않은 것은?

① PSU는 특정 성과목표 달성 여부에 따라 보상 규모가 결정된다.
② PSU는 단기성과 유인을 극대화하기 위해 보너스와 함께 지급된다.
③ PSU는 ESG 관련 비재무성과 지표를 성과조건으로 활용할 수 있다.
④ PSU는 상대적 성과(TSR 등)에 기반한 평가가 가능하다.

토론문제

01 우리나라의 경영자 보상에 대한 사례를 제시하고, 어떤 특징이 있는지 논의해보자.

02 우리나라의 경영자 보상과 미국의 경영자 보상은 어떤 차이점이 있는지 논의해보자.

03 우리나라에서 성공적으로 스톡옵션제도를 도입한 기업의 사례를 제시하고, 어떤 장점이 있는지 논의해보자.

04 우리나라에서 스톡옵션제도를 폐지한 기업의 사례를 제시하고, 어떤 문제점이 있었는지 논의해보자.

05 스톡옵션제도를 폐지한 국내 기업 및 은행들은 "스톡옵션제도는 진보적인 제도이지만 주가에 지나치게 민감하여 제대로 된 성과를 반영하지 못한다"고 비판하고 있다. 이와 같은 비판이 발생한 이유에 대해 논의해보자.

06 RSU와 PSU는 모두 스톡옵션의 한계를 보완하기 위해 도입된 주식 기반 보상수단이다. 이 두 제도의 구조적 차이와 성과 유도 방식의 차이를 설명하고, 각 제도가 어떤 상황에서 더 효과적으로 작동할 수 있을지 비교해보자. 특히 기업의 전략적 목표나 ESG 성과 달성과의 정렬 측면을 중심으로 논의해보자.

07 다양한 보상유형(기본급, 보너스, 스톡옵션, RSU, PSU 등)은 각각 고유한 인센티브 구조를 가진다. 보상의 설계자가 대리인 비용을 최소화하고 기업의 장기적 가치를 극대화하기 위해 이러한 보상수단들을 어떻게 조합(hybrid design)할 수 있을지, 실제 기업 사례를 들어 설명하고 각 조합의 장단점을 논의해보자.

◈ 참고문헌

1 Holmström, Bengt(1979), "Moral hazard and observability," *The Bell Journal of Economics.*

2 Grossman, Sanford J. and Oliver D. Hart(1983), "An Analysis of the Principal-Agent Problem," *Econometrica.*

3 Healy, Paul(1985), "The Effect of Bonus Schemes on Accounting Decisions," *Journal of Accounting and Economics.*

4 DeFusco, Richard, Thomas Zorn, and Robert Johnson(1991), "The Association between Executive Stock Option Plan Changes and Managerial Decision Making," *Financial Management.*

5 Yermack, David(1995), "Do Corporations Award CEO Stock Options Effectively?" *Journal of Financial Economics.*

6 Murphy, Kevin(1998), "Executive Compensation," Working Paper, Marshall School of Business, University of Southern California.

Murphy, Kevin(1999), "Executive Compensation," *Handbook of Labor Economics 3.*

7 Haugen, Robert and Lemma Senbet(1981), "Resolving the Agency Problems of External Capital through Options," *Journal of Finance.*

Smith, Clifford and René Stulz(1985), "The Determinants of Firms' Hedging Policies," *Journal of Financial and Quantitative Analysis.*

Hirshleifer, David and Yoon Suh(1992), "Risk, Managerial Effort and Project Choice," *Journal of Financial Intermediation.*

Core, John and Wayne Guay(1999), "The Use of Equity Grants to Manage Optimal Equity Incentive Levels," *Journal of Accounting and Economics.*

8 Agrawal, Anup and Gershon Mandelker(1987), "Managerial Incentives and Corporate Investment and Financing Decisions," *Journal of*

Finance.

DeFusco, Richard, Robert Johnson, and Thomas Zorn(1990), "The Effect of Executive Stock Option Plans on Stockholders and Bondholders," *Journal of Finance.*

9 Yermack, David(1997), "Good timing: CEO stock option awards and company news announcements," *The Journal of Finance.*

Chauvin, Keith W. and Catherine Shenoy(2001), "Stock price decrease prior to executive stock option grants," *Journal of Corporate Finance.*

10 Bartov, Eli and Partha Mohanram(2004), "Private Information, Earnings Manipulations, and Executive Stock-Option Exercises," *The Accounting Review.*

PART

Ⅱ

자본주의의 감시자들

CHAPTER

3

이사회의 역할 : 경영진 감시 기능과 전략적 통제

✣ 본장에서는 다음과 같은 내용을 다룬다.

- 이사회의 기능
- 이사의 직무
- 이사의 책임과 의무
- 이사회의 구성
- 좋은 이사회가 되기 위한 조건
- 이사회가 지닌 잠재적인 문제점

이사회의 기능

본장에서는 대리인 문제 해결을 위한 기업지배구조 측면의 접근으로 기업 내부 이사회의 모니터링을 검토한다. 기업지배구조는 주주의 이익을 위해서 경영자가 일할 수 있는 통제장치로서의 기능을 수행한다. 경영자를 통제하기 위한 기업지배구조는 기업 외부에 외부감사인, 기관투자자, 채권자, 애널리스트, 투자은행, 정부, 적대적 M&A, 증권집단소송 등이 있고, 기업 내부에 이사회, 감사위원회 등이 있다. 이사회는 기업의 조직구조(corporate hierarchy)에서 가장 상층부에 있는 조직이라는 점에서 경영자를 통제하는 데 가장 중요한 내부통제장치로 볼 수 있다.

우리나라의 경우 1997년 외환위기 이후 정부가 주도한 기업지배구조 개혁과정에서 가장 시급하게 중점을 두고 개선된 부분이 바로 이사회 구조였다. 1999년 증권거래법 개정으로 상장법인은 이사회 내 4분의 1 이상을 사외이사로 선임하도록 강제화하였으며, 2000년 개정에서는 자산총액 2조원 이상의 상장법인에 대해 이사회의 과반수를 사외이사로 구성하고, 감사위원회 설치를 의무화하였다. 이러한 개혁은 이사회의 독립성을 강화함으로써 내부통제 기능을 제고하고, 궁극적으로 주주의 이익을 보호하기 위한 제도적 장치로 기능하였다.

이후에도 이사회 구성의 독립성과 실효성을 높이기 위한 제도 정비는 지속적으로 이어졌다. 특히 2025년 7월 개정 상법은 기존의 '사외이사(outside director)'라는 용어를 국제적 정합성을 고려하여 '독립이사(independent director)'로 전면 변경하였으며, 이에 따라 관련 법령 조문 전반에서 용어 일치를 위한 정비가 이루어졌다(상법 제400조

제2항, 제542조의4 제3항 등).

개정 법령은 독립이사의 선임 기준도 명확히 규정하고 있다. 모든 상장회사는 이사 총수의 3분의 1 이상을 독립이사로 구성하여야 하며, 자산총액 2조원 이상의 상장회사는 최소 3인 이상의 독립이사를 선임하여야 하며, 이사 총수의 과반수가 되도록 구성하여야 한다(상법 제542조의8). 이와 같은 규정은 이사회 내에서 독립된 견제 기능이 실질적으로 작동하도록 보장하기 위한 제도적 기초라 할 수 있다.

아울러, 독립이사의 자격 요건 또한 단계적으로 강화되어 왔다. 특히 2020년 상법 시행령 개정을 통해, 형식적 독립성보다는 실질적 독립성을 제고하기 위한 세부 기준이 신설되었다. 예컨대, 최근 3년 이내 해당회사의 계열회사에서 이사, 집행임원, 감사 등으로 재직한 경우(상법 시행령 제34조 제5항 제1호) 또는 해당회사에서 사외이사로 6년을 초과하여 재직했거나, 계열회사를 포함해 총 9년을 초과하여 사외이사로 재직한 경우(상법 시행령 제34조 제5항 제7호) 독립성이 결여될 것을 간주하여 독립이사 자격 요건에서 제외된다. 이러한 규정은 2025년 상법 개정에서 용어를 '사외이사'에서 '독립이사'로 일원화하는 과정에서 함께 적용되며, 독립이사제도의 실효성을 제고하는 기초를 형성한다.

감사위원회의 구성 요건 역시 이에 맞추어 정비되었다. 감사위원회는 이사회 내 상설 위원회로서 회계감사, 내부통제, 공시의 적정성 검토 등의 기능을 수행하는 합의제 기구이며, 개정법은 감사위원 중 일부를 반드시 독립이사로 구성하도록 하여 이 위원회의 독립성과 전문성을 강화하였다(상법 제542조의11).

이사회의 기능에 대해서 상법(제393조)에서는 "① 중요한 자산의 처분 및 양도, 대규모 재산의 차입, 지배인의 선임 또는 해임과 지점의 설치 · 이전 또는 폐지 등 회사의 업무집행은 이사회의 결의로 한다. ② 이사회는 이사의 직무의 집행을 감독한다"로 규정하고 있다.

이사회의 주요 기능은 다음과 같다. 이사회는 주주를 대신하여 경영진을 감독하는 내부통제장치로, 경영진에 대한 선임, 해임, 평가를 하고, 경영진이 제안한 중요한 재무적 · 영업적 의사결정에 대한 결의를 하며, 경영진에게 조언과 자문을 제공하는 기능을 수행한다.

〈표 3.1〉 이사회의 기능

- 경영진의 직무집행에 대한 감독
- 최고경영자에 대한 선임, 해임, 평가
- 기업의 주요 의사결정에 대한 결의
- 경영진에 대한 조언
- 경영진의 수탁책임 결과보고에 대한 확인

경영진의 직무집행에 대한 감독

상법(제393조 제2항)에 "이사회는 이사의 직무의 집행을 감독한다"로 규정되어 있다. 이는 이사회가 경영자 및 이사들에 대한 감독을 하는 내부통제장치임을 의미한다. 즉 이사회는 경영진들이 주주의 이익을 위해서 일하고 있는가에 대한 모니터링 장치로서의 기능을 수행해야 한다.

최고경영자에 대한 선임, 해임, 평가

상법(제389조 제1항)에 "회사는 이사회의 결의로 회사를 대표할 이사를 선정하여야 한다"로 규정되어 있다. 이사회는 최고경영자 및 주요 경영진에 대한 선임, 해임, 평가를 한다. 즉 이사회의 주요 기능

중 하나는 주주의 이익을 대변할 차기 최고경영자에 대한 물색 및 영입을 하는 것이다. 또한 경영자에 대한 평가를 수행하고, 경영자가 주주의 이익을 대변하지 못할 경우에는 해임을 하는 의사결정을 수행한다.

기업의 주요 의사결정에 대한 결의

이사회는 기업의 주요 의사결정에 대한 결의를 수행한다. 경영진이 마련한 영업제안서 및 재무의사결정과 관련된 사항들을 검토하고 결의한다. 즉, 주식 및 채권의 발행, 배당금의 지급, 주요 자산의 처분 및 양도, 대규모 자본투자 및 차입금의 조달 등은 이사회의 결의를 거쳐야 한다. 만약 경영자가 주주의 이익에 반하는 경영의사결정을 제안할 경우 이사회는 이를 부결해야 한다.

경영진에 대한 조언

이사회의 기능이 단순히 경영진이 제안하는 주요 영업 및 재무의사결정에 대한 결의를 수행하는 역할에서 그쳐서는 안 된다. 이사회의 구성원은 전문가로서 경영진에게 시의적절한 조언과 자문을 제공하는 기능을 수행해야 한다. 이사회는 급변하는 기업 외부환경의 기회 및 위협에서 경영진이 적절한 전략을 수립할 수 있도록 조언 및 자문을 제공해야 한다.

경영진의 수탁책임 결과보고에 대한 확인

이사회는 경영자가 수탁책임의 결과를 주주들에게 신뢰성 있게 보고하고 있는가에 대한 확인을 수행해야 한다. 이사회는 기업의 경영성과와 재무상태가 재무제표 등으로 주주에게 신뢰성 있게 전달되는가에 대한 확인을 한다.

사례 3.1 이사회의 권한

미국에서 한때 가장 존경받는 여성 경영자로 꼽히던 사람이 HP(Hewlett-Packard)의 CEO를 지낸 칼리 피오리나(Carly Fiorina)다. 1999년 CEO가 돼서 2005년 물러날 때까지 무려 6년 동안 미국 기업 서열 10위권의 거대기업 HP의 최고경영자를 지냈다는 것은 놀랄 만한 일이다. 그녀가 CEO가 되면서 AT&T 부사장직을 맡고 있던 남편이 유능한 아내를 돕기 위해 회사를 사직하고 집안일을 맡아 내조하기로 한 일도 유명하다. 이미 10년 이상의 시간이 흘렀지만 지금도 그녀는 유리천장을 깨뜨린 맹렬 여성의 대명사로 전 세계 수많은 여성들의 롤모델로 받아들여지고 있다.

AT&T에서 일하던 그녀를 HP로 스카우트한 주체가 바로 HP의 이사회였다. 그 정도로 이사회의 신뢰를 받던 그녀였지만 컴팩(Compaq)과의 합병을 주도한 후 그 여파로 다년간 실적 부진이 이어지자 이사회와 대립하게 된다. 그 결과 이사회는 2005년 그녀를 해고하고 새 CEO를 임명하는 식으로 CEO 자리에서 불명예스럽게 퇴진하도록 했다.

칼리 피오리나처럼 이사회가 경영자를 쫓아내는 일은 미국에서 그리 예외적인 상황이 아니다. 예를 들면 스티브 잡스(Steve Jobs)도 실적 부진과 독선적인 경영이 문제로 부각되면서 1985년 자신이 창업해 경영을 해오던 애플(Apple)에서 이사들의 반란으로 쫓겨난 바 있다. 물론 나중에 화려하게 CEO로 복귀하기는 했지만 말이다. 자신이 설립하고 상당한 지분의 주식까지도 보유한 CEO를 쫓아낼 정도라면 이사회의 힘이 얼마나 큰지 짐작할 수 있을 것이다.

이처럼 미국에서는 스타 CEO도 쉽게 내쫓을 만큼 사외이사 중심의 이사회가 갖는 권한이 막강하다. 이사회가 아니라 CEO 또는 CEO도 아니면서 이사도 아닌 뒷선에 숨어 있는 회장님이나 정부의 권한이 더 강한 한국과는 상당히 다르다. 우리나라는 이사회에서 CEO의 의견에 반대하는 일조차 매우 드물다. 2012년 말 어윤대 당시 KB 회장 주도로 KB에서 ING생명 한국법인을 인수하려고 했을 때 사외이사들의 반대로 인수 시도가 이사회에서 부결된 것이 거의 최초의 사례로 보인다.

출처 : 동아비즈니스리뷰, "제왕적 CEO보다는 집단지성이 더 우월, 제도보다 사람과 운영으로 승부하라," 2014.9.

이사의 직무

대부분의 이사회 복무규정에서 이사의 직무를 다음과 같이 규정하고 있다.[1]

- 기업의 전략, 계획, 예산에 대한 승인 및 기업의 실적 감시
- 주요 자본 지출 및 주요 사업부문의 매각 또는 인수에 대한 승인
- 자본구조, 배당정책, 재무제표의 정확성 및 투명성에 대한 승인
- 기업이 직면한 주요 위험 파악 및 관리 보장
- CEO의 선임과 평가, CEO 후임자 선정 계획 수립
- 고위 임원의 보수에 대한 승인
- 법과 공동체 규정의 준수, 회사를 위한 윤리규정 마련
- 주주총회의 소집결정(상법 제362조)

이사의 책임과 의무

이사회에 속한 최고경영자 및 이사들은 권한뿐만 아니라 법적 책임과 의무를 지닌다. 즉 이사는 수탁책임을 갖고 있으며, 충실의무, 선관주의의무, 비밀유지의무, 보고의무 등을 지닌다.

〈표 3.2〉 이사의 책임과 의무

■ 수탁책임	■ 충실의무
■ 선관주의의무	■ 비밀유지의무
■ 보고의무	

수탁책임

주식회사의 주인인 주주는 위탁자(principal)이고 대리인인 경영진은 수탁자(agent)이다. 이사회에 속한 최고경영자 및 이사들은 결국 주주로부터 위탁받은 재산을 관리하고, 주주의 이익을 증진시키기 위해 일해야 하는 수탁책임을 지닌다. 즉 수탁책임(fiduciary responsibility)이란 최고경영자 및 이사들이 언제나 주주의 이익을 위해서 행동해야 한다는 것을 의미한다.

이사의 충실의무

이사는 주주들을 대신하여 충실하게 자신의 직무를 수행해야 한다. 상법(제382조의3)에 따르면 "이사는 법령과 정관의 규정에 따라 회사 및 주주를 위하여 그 직무를 충실하게 수행하여야 한다"로 규정되어 있다. 이는 이사가 자신의 직무를 수행하는 과정에서 사적인 이익을 도모하지 않고 기업과 주주의 이익을 위해 충실하게 일해야 하는 의무가 있음을 의미한다. 즉 이사는 자신과 특정인의 이익이 아닌 기업과 주주의 이익이 우선하여 행동하여야 한다.

이사의 선관주의의무

선관주의의무란 이사가 선량한 관리자로서 주의의무를 기울여야 함을 의미한다. 상법(제382조 제2항)에 따르면 "회사와 이사의 관계는 민법의 위임에 관한 규정을 준용한다"로 규정되어 있다. 이는 이사가 주주로부터 권한을 위임받은 자이므로, 기업과 주주의 이익을 위해서 신중한 주의를 기울여 합리적인 경영상 판단을 내려야 할 의무가 있음을 의미한다. 즉 이사는 자신의 지위 및 직무에 따라 일반적으로 요구되는 정도의 주의를 기울여야 한다.

이사의 비밀유지의무

이사는 직무상 알게 된 회사의 비밀을 누설해서는 안 된다. 상법(제382조의4)에 따르면 "이사는 재임 중뿐만 아니라 퇴임 후에도 직무상 알게 된 회사의 영업상 비밀을 누설하여서는 아니된다"로 규정되어 있다.

이사의 보고의무

이사는 감사 또는 감사위원회의 요청에 따른 수동적인 보고의 의무뿐만 아니라, 회사의 손해가 예상될 때 적극적으로 나서서 보고해야 할 의무를 지닌다. 상법(제412조의2)에 따르면 "이사는 회사에 현저하게 손해를 미칠 염려가 있는 사실을 발견한 때에는 즉시 감사(또는 감사위원회)에게 이를 보고하여야 한다"로 규정되어 있다.

이사회의 구성

이사의 선임

이사회의 구성원은 이사이다. 주식회사의 이사의 선임은 주주총회를 통해 결정된다(상법 제382조 제1항). 주식회사의 이사회는 3인 이상의 이사를 두어야 하며(상법 제383조 제1항), 이사의 임기는 원칙적으로 3년을 초과할 수 없으나(같은 조 제2항), 정관으로 단축할 수 있고 재선임도 가능하다. 주주총회에서 이사의 선임은 발행주식총수의 과반 이상에 해당하는 주주의 출석으로, 출석인원의 과반수 이상의 동의가 필요하다.

주주총회에서 이사의 선임은 주주의 투표로 이루어진다. 주주총회에서의 투표는 주주가 직접적으로 기업을 통제할 수 있는 주요 수단이다. 주주총회에서 주주는 투표를 통해 의결권을 행사한다. 주주의 의결권(voting right)은 주주총회에서 이루어지는 의사결정과정에서 자신의 의사표시를 할 수 있는 지분적으로 참여가능한 권리를 의미한다.

이사회의 의장

이사회의 의장은 경영진을 감독하는 기능을 하는 이사회의 리더이다. 그런데 많은 수의 기업에서 이사회의 의장을 최고경영자가 겸임하고 있다. 최고경영자가 기업을 경영하고 있는 동시에, 이사회의 의장으로서 이사회를 소집하고 회의안건을 선정하는 절차를 수행하고 있다. 즉 최고경영자가 경영진의 리더인 동시에 이사회의 리더로서 함께 활동함으로써 동일한 사람이 기업의 주요 의사결정에 전반적인 영향을 미치고 있다.

앞서 살펴본 바와 같이 이사회의 주요 기능은 최고경영자에 대한 감독 및 선임, 해임, 평가에 있다. 그러나 이사회 의장을 최고경영자가 맡게 된다면, 이사회가 수행해야 할 최고경영자에 대한 감독의 기능이 제대로 수행될 것인가에 대한 의문이 제기된다. 즉 최고경영자가 의장을 맡고 있는 상황하에서, 이사회가 최고경영자에 대한 올바른 평가를 수행할 수 있을지, 주주에게 해를 끼친 경영진을 해임할 수 있을지, 그리고 최고경영자가 제안한 안건에 대해서 적절한 문제제기를 할 수 있을지에 대한 많은 비판이 제기된다.

〈표 3.3〉 최고경영자와 이사회 의장이 분리된 기업의 수와 비율

패널 A. 유가증권시장에서 최고경영자와 이사회 의장이 분리된 기업의 수와 비율

	2007년	2008년	2009년	2010년	2011년	2012년
기업 수	27	30	44	43	62	64
비율(%)	3.54%	3.50%	5.67%	4.49%	9.43%	8.59%

패널 B. 코스닥시장에서 최고경영자와 이사회 의장이 분리된 기업의 수와 비율

	2007년	2008년	2009년	2010년	2011년	2012년
기업 수	4	8	7	5	7	4
비율(%)	0.42%	0.79%	0.68%	0.52%	0.83%	0.45%

출처 : 한국기업지배구조원(현 한국ESG기준원), 기업지배구조 백서. 2012

이사회 내 소위원회

많은 수의 기업에서 이사회 내에 소위원회 제도를 적극 활용하고 있다. 즉 이사회의 업무 중 주요 의사결정과정에서의 능률과 전문성을 높이기 위해 전체가 아닌 소수가 작은 위원회로 모여 직무를 수행하

는 것이다. 특히 독립성이 요구되는 감사위원회, 보수위원회, 선임위원회 등은 독립이사를 중심으로 구성하고 있다.

감사위원회(audit committee)는 이사회 내 소위원회(상법 제415조의2)로 주식회사의 감사를 고유 직무권한으로 하는 합의제 의결기관이다. 감사위원회는 기본적인 감사 업무에 대한 검토의무를 지닌다. 감사위원회는 재무제표 감사를 위한 외부감사인을 선임하고, 외부감사인이 그 업무를 적절히 수행하고 있는지에 대한 검토를 한다. 감사위원회의 총원은 3명 이상의 이사로 구성하며, 3분의 2 이상은 독립이사이어야 한다. 이사회 내에서 감사위원회의 역할은 특히 중요하다고 할 수 있다. 그 이유는 감사위원회가 재무보고와 내부통제에 대한 업무를 관리 감독하므로 실제적으로 최고경영자를 모니터링하는 역할을 수행하기 때문이다.

미국에서는 1940년대에 증권감독위원회(SEC)가 감사위원회의 설치를 권장하였고, 1977년에는 뉴욕증권거래소(NYSE)에서 상장기업에 대해 감사위원회의 설치를 의무화하였다. 우리나라에서는 2000년 증권거래법 개정을 통해 자산총액 2조원 이상의 상장법인에 대해 감사위원회 설치를 의무화하였으며, 2020년에는 감사위원 중 1인을 분리선출(상법 제542조의12 제2항)하도록 하고 최대주주의 의결권을 3%로 제한(상법 제542조의12 제4항)하는 제도를 도입함으로써 감사위원회의 독립성과 기능을 지속적으로 강화하고 있다.

보수(보상)위원회(compensation committee)는 최고경영자를 포함한 이사들의 급여, 현금보너스, 스톡옵션 등에 대한 모든 보상을 기안하고 확정하는 책임을 지닌다. 기업이 보수위원회를 독립이사로 구성하는 이유는 최고경영자의 보수를 최고경영자가 직접 결정하지 못하도록 하기 위함이다.

선임위원회(nomination committee)는 주주총회에서 선출할 이사회의 구성원인 이사후보에 대한 추천에 대한 책임을 지닌다. 일반적으로 많은 기업에서 선임위원회는 최고경영자와 독립이사들로 구성한다.

ESG 위원회(ESG committee)는 환경(Environmental), 사회(Social), 지배구조(Governance) 이슈를 전략적으로 관리하기 위해 이사회 내에 설치되는 소위원회로, 지속가능성 관련 리스크와 기회를 종합적으로 점검하고 기업의 장기적 가치 창출을 지원하는 기능을 수행한다. 최근에는 ESG 경영의 중요성이 부각됨에 따라, ESG 위원회(ESG committee)를 설치하는 기업이 증가하고 있다. 일반적으로 ESG 위원회는 독립이사 중심으로 구성되며, 최고지속가능경영책임자(CSO) 등 관련 집행임원과의 협력체계를 통해 경영진에 대한 조언 및 감독

〈표 3.4〉 관련 법령에 따른 소위원회 유형

<table>
<tr><th colspan="2">관계법령</th><th>위원회 명칭</th><th>적용대상</th></tr>
<tr><td rowspan="2">상법</td><td>법 제542조의11</td><td>감사위원회</td><td rowspan="2">최근 사업연도 말 현재의 자산총액 2조원 이상인 상장회사</td></tr>
<tr><td>법 제542조의8</td><td>독립이사후보추천위원회</td></tr>
<tr><td rowspan="4">금융회사의 지배구조에 관한 법률</td><td>법 제16조</td><td>임원후보추천위원회</td><td rowspan="3">금융회사</td></tr>
<tr><td>법 제16조</td><td>감사위원회</td></tr>
<tr><td>법 제16조</td><td>위험관리위원회</td></tr>
<tr><td>법 제16조
법 제14조</td><td>보수위원회</td><td>최근 사업연도 말 현재의 자산총액이 5조원 이상인 금융회사</td></tr>
</table>

출처 : 자본시장연구원, "국내 상장회사의 이사회 내 위원회 설치 현황과 시사점 : 2015년부터 2022년까지," 2023.4.3

역할을 병행한다.

리스크관리 위원회(risk management committee)는 기업의 전사적 위험요소—예컨대 재무리스크, 사이버 보안, 공급망, 기후변화 등—를 식별하고, 이를 통제하고 관리하는 내부통제체계를 모니터링하는 역할을 한다. 특히 금융회사 및 복합기업집단에서의 설치 비중이 높으며, 회계 및 금융 전문성을 지닌 이사들로 구성되는 경우가 많다.

이 밖에도 기업들은 집행위원회, 재무위원회, 기업지배위원회 등을 이사회 내 소위원회로 두고 있다. 집행위원회(executive committee)는

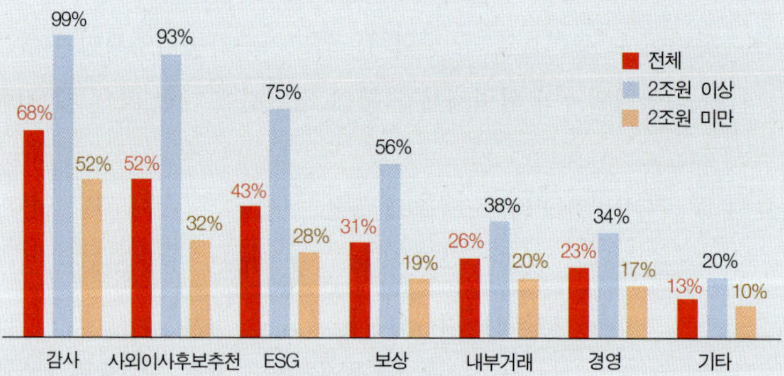

(1) ESG위원회 : 지속가능경영위원회, 지배구조위원회, 거버넌스위원회 등 포함
(2) 보상위원회 : 보수위원회, 평가보상위원회, 인사평가보상위원회 등 포함
(3) 경영위원회 : 투명경영위원회, 정도경영위원회, 안전경영위원회, 집행위원회, 전략운영위원회, 미래전략위원회 등 포함
(4) 기타 : 리스크위원회, 재무위원회, 윤리위원회, 소비자보호위원회, 해외사업위원회, 채널편성위원회 등 포함

출처 : 삼일pwc, 2024 이사회 트렌드 리포트

[그림 3.1] 이사회 내 소위원회 설치 현황
(2023 기업지배구조 보고서 공시 기업 대상)

이사회가 열리지 않는 기간에 이사회의 권한을 위임받아 활동하는 소위원회이고, 재무위원회(finance committee)는 회사의 재무적인 계획과 성과를 검토하고 평가하는 소위원회이며, 기업지배위원회(corporate governance committee)는 소위 이사회의 사무국 성격을 지니는 소위원회이다.

좋은 이사회가 되기 위한 조건

어떤 이사회가 좋은 이사회인가에 대한 논의는 학계와 실무계에서 매우 활발하게 진행되어 왔다. 기업지배구조 관점에서 좋은 이사회란 주주의 이익을 위해서 경영자가 일할 수 있는 통제장치로서의 기능을 원활하게 수행할 수 있는 이사회라 할 수 있다. 일반적으로 이사의 수가 적고 독립성과 전문성을 지니며, 이사들이 일정수준 이상의 주식을 보유하고 있으며 활발하게 활동하는 이사회가 좋은 이사회로 평가되고 있다.

이사의 수

이사회의 구성원인 이사의 수가 어느 정도가 되었을 때 가장 효과적인가에 대한 논의는 오래전부터 진행되어 왔다. 미국에서는 이사회 내의 이사의 수가 비교적 적을 때가 보다 효과적인 이사회로 보는 견해가 지배적이다. 이와 같은 견해는 "사공이 많으면 배가 산으로 올라간다(too many cooks spoil the broth)"라는 속담과 연계하여 이해할 수 있다. 어떤 일에 너무 많은 사람들이 관여하면 거꾸로 일을 망칠 수 있다는 것이다. 실제 미국에서는 과거 50년 전에 비해 상대적으로 이사회의 규모가 작아졌다. 우리나라 이사회도 미국과 마찬가지로 이사회 운영의 효율성을 높이기 위해 이사회 규모가 과거에 비해 축소되고 있는 추세이다. 적은 수의 이사로 구성된 이사회가 경영진을 모니터링하는 데 보다 효과적일 수 있고, 무임승차자 문제(free rider problem)에서도 보다 자유로울 수 있다는 것이다.

반대로 이사회의 수가 많은 경우가 더 효과적이라는 견해도 있다. 큰 이사회일수록 다수의 독립이사를 포함시킬 수 있고, 이사회에 요구되는 전문성을 갖춘 다양한 인물을 포함시킬 수 있다는 주장이다.

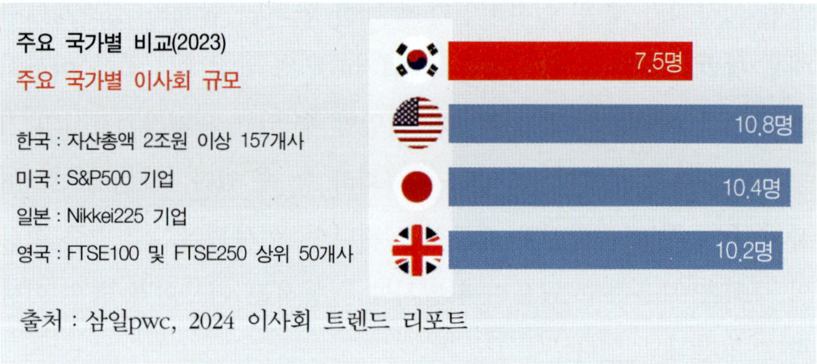

[그림 3.2] 주요 국가별 이사회 규모 비교

▌이사회의 독립성

이사회의 구성원 중 독립이사의 비중이 높을 때가 경영진을 감독하는 데 보다 효과적인 것으로 알려져 있다. 이사회의 가장 중요한 기능 중 하나가 경영진에 대한 감시와 감독에 있다. 그러나 이사회 구성원이 모두 사내이사로만 구성되어 있다면 경영진에 대한 감시와 감독을 하기에는 현실적으로 어려움이 있다. 예를 들어 이사회 내의 구성원이 모두 최고경영자와 관련성을 지닌 사내이사들로만 구성되어 있다면, 주주에게 불이익을 가져온 최고경영자를 해임하는 안건에 대해 결의하기가 쉽지 않을 것이다.

독립이사는 경영자와 이사의 직무집행에 대한 감시와 감독을 수행하고 경영의사결정 과정에서 전문적인 조언과 자문을 제공하는 기능을 수행함으로써 기업 내부에서 통제기능을 수행한다. 즉 독립이사는 전문성과 독립성을 지닌 이사가 이사회 내에 위치함으로써 경영자의 감시와 감독, 조언과 자문 등을 담당하는 기능을 지닌다.

우리나라에 독립이사제도(구 사외이사제도)가 처음 도입된 시점은 1998년 2월 증권거래소의 '유가증권상장규정'이 개정되면서부터이며, 2001년에는 증권거래법에 동 규정이 도입되었다. 독립이사제도는 외환위기 이후 기업경영의 투명성 확보와 투자자의 권익 보호를 목적으로 기업지배구조 개선을 위해 도입되었다.

〈표 3.5〉 독립이사(구 사외이사) 관련 법규

1998년 2월	증권거래소 '유가증권상장규정' 개정, 모든 상장기업은 총 등기이사 수의 4분의 1 이상을 사외이사로 선임하도록 요구함(유가증권상장규정 제48조의5 제1항)
1999년	'증권거래법' 개정, 자산규모 2조원 이상의 상장법인은 사외이사 수를 3인 이상으로 하며 총 등기이사 수의 4분의 1 이상 2분의 1 미만으로 사외이사를 두도록 함
2001년	'증권거래법' 개정, 주권상장법인과 협회등록법인은 이사 수의 4분의 1 이상을 사외이사로 선임해야 함 자산총액 2조원 이상인 상장 및 협회등록 법인은 총 등기이사 수의 2분의 1 이상, 최소 3인을 사외이사로 할 것을 요구함(증권거래법 제191조의16 제1항, 제54조의5 제1항, 동법 시행령 제84조의23 제1항, 제2항)
2003년	'증권거래법' 개정,

	감사위원회 구성과 사외이사의 활동 내용 공시를 의무화하고 사외이사후보추천위원회를 구성하는 등의 내용이 포함됨
2007년	'자본시장과 금융투자업에 관한 법률'(법률 8635호, 2007.8.3 공포, 2009.2.4 시행) 제정, 2009년 2월 「증권거래법」 폐지 대체됨
2009년	'상법' 개정, 상장회사에 대한 특례 신설(2009.1.30)
2011년 4월	'상법' 개정, 자산총액 2조원 이상인 상장회사는 사외이사후보추천위원회를 반드시 설치해야 하며, 해당 위원회의 구성원 중 과반수 이상을 사외이사로 구성해야 함(상법 제542조의8 제1항, 제4항) 또한, 이들 기업이 주주총회에서 사외이사를 선임하고자 할 경우, 사외이사후보추천위원회의 추천을 받은 자 중에서 선임해야 함(상법 제542조의8 제1항, 제5항)
2020년 1월	'상법 시행령' 개정, 사외이사의 자격 제한 요건이 강화되어, 해당 상장회사에서 6년을 초과하여 사외이사로 재직한 자 또는 해당 회사 및 그 계열회사에서 각각 재직한 기간을 합산하여 9년을 초과한 자는 사외이사로 선임될 수 없음(상법 시행령 제34조 제5항 제7호)
2025년 7월	'상법' 개정, 1. 사외이사 용어 변경 기존 '사외이사(Outside director)'라는 용어는 국제기준과의 정합성을 위해 2025년 상법 개정에서 '독립이사(Independent director)'로 변경됨(상법 제400조 제2항, 제542조의4 제3항, 제542조의8 제1항～제5항 등 관련 조문 개정) 2. 상장회사의 독립이사 선임 기준 명문화 상장회사는 이사 총수의 3분의 1 이상을 반드시 독립이사로 구성하여야 하며, 자산총액 2조원 이상의 상장회사는 독립이사를 최소 3인 이상 선임하여야 하며, 이사 총수의 과반수가 되도록 함(상법 제542조의8) 3. 감사위원회 관련 조문 정비 감사위원회(audit committee)는 이사회 내 상설 위원회로서, 회계감사, 내부통제, 공시의 적정성 등을 감독하는 합의제 의결기관임. 이번 개정에서는 감사위원의 자격 요건 중 일부가 '독립이사'로 변경되면서 관련 조문이 정비되었음(상법 제542조의11 제2항～제4항)

시가총액 20대 기업 사외이사 분석

기업	인원(명)	연봉(만원)	안건 찬성률
삼성전자	6	7800	100%
SK하이닉스	5	7800	100%
셀트리온	6	5800	100%
현대차	5	6900	100%
삼성바이오로직스	3	7800	100%
포스코	7	6200	100%
LG화학	4	6000	100%
네이버	4	6000	100%
KB금융	7	8500	100%
삼성물산	5	7800	100%
현대모비스	4	5300	100%
삼성생명	4	8100	100%
신한지주	10	6100	100%
SK	4	7900	98%
아모레퍼시픽	4	3000	100%
삼성SDS	4	7800	100%
SK이노베이션	5	9900	100%
SK텔레콤	5	8300	100%
LG전자	4	8400	100%
LG생활건강	4	7200	100%
합계	100	7130(평균)	-

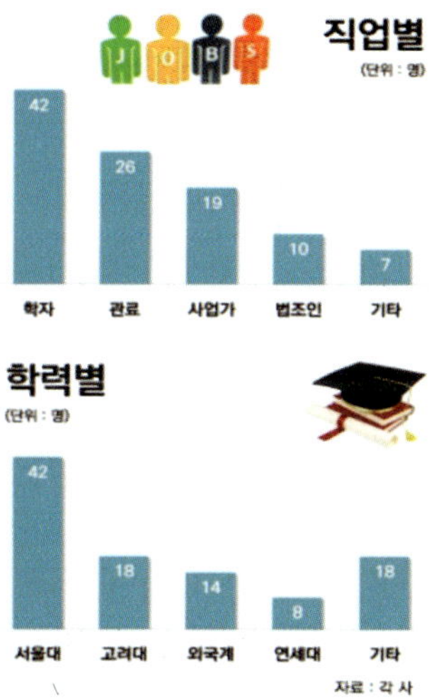

출처 : 인사이트, "[심층분석] 20대 기업 사외이사는 '거수기', 안건찬성률 99.9%," 2018.4.6

[그림 3.3] 거수기로 전락한 독립이사

사례 3.2 거수기로 전락한 독립이사

여전히 이사회 안건에 대한 사외이사의 견제 기능은 사실상 유명무실했다. 사외이사 전원이 모든 안건에 찬성한 기업은 무려 95.3%에 달했다. 전년(94.1%)보다 상승한 수치로, 특히 자산 2조원 이상 대기업에서 그 경향이 더 뚜렷했다. 상장사의 사외이사가 여전히 '거수기'에 머무르고 있다는 뜻이다.

류영재 서스틴베스트 대표는 "사외이사는 기업의 건전성과 투명성을 유지하는 핵심 기구"라며 "이들의 독립성과 실효성이 확보되지 않으면 주주와 투자자의 신뢰에도 영향을 미칠 수 있다"고 경고했다. 이어 "상법 개정안은 국내 기업 거버넌스의 구조적 한계를 보완할 수 있는 제도적 장치로, 자율 개선만으로는 코리아 디스카운트 해결이 어렵다"고 강조했다.

출처 : 한국경제, "이사회는 여전히 '거수기'… 상법 개정 절실," 2025.6.20

이사회의 전문성

이사회의 이사들은 해당 기업의 핵심사업분야에 대한 전문성을 지닌 인물들로 구성될 때 효과적인 이사회가 될 수 있다. 이사들은 경영진이 제안하는 주요 영업 및 재무의사결정에 대한 결의를 수행하고, 경영진에게 시의적절한 조언과 자문을 제공하는 기능을 수행해야 한다. 따라서 이사들이 자신의 역할을 수행하는 데 필요한 전문성을 지녀야 한다.

이사에게 요구되는 전문성은 주로 회계전문성, 재무전문성, 경영전문성 등이다. 회계전문성과 재무전문성을 지닌 이사가 이사회의 구성원일 때 회계보고의 품질이 향상되고 회계부정의 발생확률이 감소할 수 있으며, 경영전문성을 지닌 이사가 이사회의 구성원일 때

급변하는 기업 외부환경의 기회 및 위협에서 경영진이 적절한 전략을 수립할 수 있도록 조언 및 자문을 제공할 수 있다.

사례 3.3 전문성 있는 독립이사의 필요성

국내 상장사들이 규제로 인해 경영인 출신을 사외이사로 영입하는 데 애로를 겪는 것으로 나타났다. 사외이사 가운데 경영인 출신은 15%에 불과해 이사회의 전문성을 저해할 수 있다는 지적이 나온다.

대한상공회의소 조사에 따르면 지난해 기준 국내 상장기업 사외이사의 출신 직군은 학계가 36%, 공공 부문은 14%였다. 교수와 전직 관료가 절반을 차지한 것이다. 경영인 출신은 15%뿐이었다.

반면 미국 S&P500과 일본 닛케이225 상장기업의 사외이사는 경영인 출신이 각각 72%, 52%로 절반을 웃돌았다. 학계 출신 비중은 각각 8%, 12%였다. 대한상의는 "경영 · 산업에 대한 전문성이 없는 경우 이사회 안건에 반대하는 것이 쉽지 않다"고 지적했다.

한편 전국경제인연합회(전경련)는 설문조사에서 기업의 51.4%는 사외이사가 갖춰야 할 가장 중요한 역량으로 관련 사업에 대한 이해도, 지식 등 '전문성'을 꼽았다.

사외이사 선호 직업군 설문에서는 변호사 · 회계사 · 세무사 등 전문직을 선호한다는 답이 41.4%로 가장 많았다. 이어 기업인(28.7%), 교수(16.1%), 관료(13.8%) 순이었다.

사외이사 선임시 어려운 점으로는 50%가 '인력풀 부족'을 꼽았다. 그 다음으로는 등기, 공시 관련 법 규정에 따른 절차적 부담(24.3%)이나 외부 간섭(8.6%) 등이었다.

출처 : 동아일보, "국내 사외이사 15%만 경영인 출신… 전문성 부족 우려," 2025.5.8 ; 서울파이낸스, 전경련 "대기업 51%, 가장 중요한 사외이사 역량은 '전문성'," 2020.3.19

▌이사회의 다양성

이사회의 구성은 독립성과 전문성뿐 아니라, 다양한 배경과 관점을 반영하는 구조적 다양성을 확보할 때 보다 효과적인 의사결정과 경영진에 대한 모니터링이 가능하다고 평가된다. 이사회는 단일한 시각이나 이해관계를 반영하기보다, 다양한 인적 구성을 통해 다면적이고 균형 잡힌 판단을 내릴 수 있어야 한다. 특히 이사회의 다양성은 급변하는 외부환경에 대한 창의적이고 유연한 대응을 가능하게 한다는 점에서 중요성이 부각되고 있다.

이사회의 다양성은 일반적으로 성별, 연령, 인종, 국적, 경력, 전문 분야 등의 구성요소를 포함한다. 이러한 다양성은 경영진의 의사결정에 대한 다양한 시각의 검토를 가능하게 하며, 이해관계자들의 다양한 이해를 반영하는 데에도 기여할 수 있다. 특히 성별 다양성은 이사회 구성의 대표성을 높이고, 소비자와 투자자 등 외부 이해관계자와의 소통 효율성을 증진시키는 요소로 작용할 수 있다.

우리나라에서는 이사회의 구조적 다양성을 확보하기 위한 입법적 시도가 본격화되고 있다. 2020년 개정된 자본시장법 제165조의20(이사회의 성별 구성에 관한 특례)은 자산총액 2조원 이상인 상장회사가 이사회를 동일한 성(性)으로만 구성하지 못하도록 규정함으로써, 성별 다양성 확보를 제도적으로 의무화하였다. 해당규정은 2022년부터 시행되었으며, 일정규모 이상의 기업들이 여성 이사를 선임하도록 유도함으로써 이사회 내 성별 불균형을 해소하려는 목적을 가진다. 이러한 제도적 변화는 단순한 형식적 요건을 넘어, 기업의 이사회가 보다 대표성과 포용성을 갖춘 기구로서 기능하도록 유도하는 데 의의가 있다.

▌이사의 주식소유

이사회의 이사들이 일정수준 이상의 주식을 소유할 때 주주 이익 증진을 위하여 더 적극적일 수 있다. 젠센(Jensen)과 메클링(Meckling)은 경영진의 지분율이 상승할 때 경영자가 기업의 가치를 감소시키는 행위가 감소한다고 한다.[2] 경영진의 주식 소유가 증가하면 주주와 경영진 간의 이해가 일치되어 대리인 문제가 감소한다는 것이다. 물론 반대로 경영진이 주식을 소유했을 때 주가 상승을 위하여 회계부정 및 이익조정을 시도하는 문제점도 발생할 수 있다(제2장 참조).

▌이사회의 활동성

이사회가 열심히 활동하고 있다면 더 좋은 이사회로 볼 수 있다. 즉 이사회의 개최횟수, 회의시간, 이사들의 참석률 등은 이사회의 활동성을 가늠할 수 있는 주요 지표들이다. 물론 기업에 좋지 않은 문제가 발생할 경우에 이사회의 개최횟수와 회의시간 등이 영향을 받게 된다. 즉 이사회를 많이 개최하고 회의시간이 길다고 해서 반드시 기업에게 좋은 상황으로 볼 수는 없다. 그러나 이사의 회의 참석률은 이사가 자신의 직무를 충실히 수행하고 있는가에 대한 하나의 지표가 될 수 있다.

〈표 3.6〉 이사회 개최 횟수

구 분	이사회 평균 개최 횟수	안건 통지와 개최일 간 평균	평균 출석률
전체	11.7회	6.2일	96%

출처 : 삼일pwc, 2024 이사회 트렌드 리포트

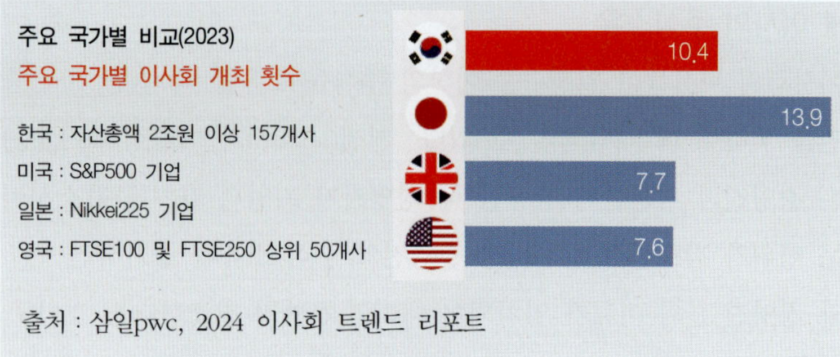

[그림 3.4] 주요 국가별 이사회 개최 횟수 비교

좋은 이사회와 경영성과의 관련성

학계에서는 경영진을 견제할 수 있는 좋은 이사회가 기업의 경영성과를 높일 수 있는가에 대한 다양한 연구를 수행하였다. 즉 이사회의 규모, 독립성, 전문성, 활동성 등이 기업의 성과에 어떠한 영향을 미치는가에 대한 많은 연구들이 진행되었다. 그러나 좋은 이사회가 반드시 좋은 경영성과를 가져온다는 부분은 결론을 명확하게 내리지 못하였다. 경영진을 모니터링하는 데 적합한 이사회가 기업의 성과를 향상시키는가에 대해서는 여러 혼재된 실증결과가 존재한다.

이사회가 지닌 잠재적인 문제점

이사회가 경영진을 감독할 수 있는 기업내부통제장치로 작동하기 위해서는 경영진으로부터의 독립성은 필수적인 요소이다. 만약 이사회의 독립성이 부족할 경우에는 이사회는 경영진에 대한 견제기능을 제대로 수행할 수 없을 것이다.

대다수의 기업에서 이사회의 의장을 최고경영자가 겸임하고 있다

최고경영자가 이사회의 의장을 겸임하고 있을 때 이사회의 경영진에 대한 견제기능은 감소할 것이다. 그러나 대다수의 기업들이 이사회의 의장을 최고경영자가 겸임하고 있다. 이사회에 대한 최고경영자의 통제가 큰 상황에서 이사회가 경영진을 제대로 감독하기란 결코 쉬운 일이 아니다. 최고경영자가 의장을 겸임하고 있는 이사회에서 최고경영자에 대한 올바른 평가를 수행할 수 있을지, 주주에 해를 끼친 경영진을 해임할 수 있을지, 그리고 최고경영자가 제안한 안건에 대해서 적절한 문제제기를 할 수 있을지에 대해 많은 우려가 발생한다.

설령 이사회의 의장이 최고경영자가 아니더라도 이사회의 독립성은 여전히 문제될 수 있다. 특히 경영진으로부터의 이사회의 독립성을 확보하기 위해 독립이사제도를 도입하고 이사회 내에 많은 독립이사들을 선임하였지만 여전히 독립성에 대한 비판의 목소리가 있다.

독립이사 중에는 최고경영자와의 연고관계가 있는 경우가 있다

많은 독립이사들이 최고경영자와 학연, 지연, 사업적인 관계로 연고관계를 맺고 있는 경우가 있다. 독립이사 중에는 최고경영자와 같은 지역이나 같은 고등학교 출신일 경우가 있다. 최고경영자와 어떠한 형태로든 연고관계가 있는 독립이사가 이사회 내에서 과연 경영진에 대한 견제기능을 제대로 수행할 수 있을지에 대한 의문이 제기된다.

사례 3.4 독립이사와 최고경영자의 연고관계

대한항공의 사외이사 대부분 조 회장과 개인적인 인연이 있는 인물들로 채워져 제대로 된 견제 역할을 하지 못하고 있다는 지적이 나온다. 대한항공 사외이사에는 안용석 변호사와 지난 3월 신규선임된 임채민 전(前) 보건복지부 장관(현 광장 고문) 등 현재 법무법인 광장 소속인 인물이 두 명이나 있다. 국내 3대 로펌 중 하나인 광장은 조 회장의 매형인 이태희 전 서울지법 판사가 설립한 곳이다. 이 전 판사는 1998년부터 2014년까지 대한항공 사내이사로 참여하기도 했다. 광장은 그간 대한항공 및 한진그룹의 각종 송사를 전담해 왔다. 한진칼과 대한항공 두 곳에서 모두 사외이사를 맡고 있는 이석우 법무법인 두레 변호사도 조 회장의 경복고 동문이다. 이 변호사는 2007년 대한항공과 처음 인연을 맺어 사외이사 선임기간이 10년을 초과했다. 또 대한항공 사외이사인 김재일 서울대 경영대 교수도 이미 2002년부터 2011년까지 대한항공 사외이사로 선임된 바 있어 독립성에 논란이 있는 인물이다.

출처 : 한국경제, "4년간 8억 받아간 대한항공 사외이사들, 대부분이 조양호와 '사적 인연'," 2018.4.25

독립이사 중에는 이사로서의 직무를 수행하는 데 필요한 전문성이 부족한 경우가 있다

이사회의 이사들은 해당 기업의 핵심사업분야에 대한 전문성을 지닌 인물들로 구성될 때 효과적인 이사회가 될 수 있다. 이사들은 경영진이 제안하는 주요 영업 및 재무의사결정에 대한 결의를 수행하고, 경영진에게 시의적절한 조언과 자문을 제공하는 기능을 수행해야 한다.

그러나 우리나라 주요 대기업들은 전문성을 갖춘 독립이사 대신

국세청, 공정거래위원회 등 권력기관 출신이거나, 최고경영자와 친분이 있는 교수 출신 독립이사를 보다 선호하면서 이들이 '거수기' 역할에만 그친다는 우려도 제기되고 있다. 이러한 독립이사들은 기업 경영 전반에 대한 이해와 전문성이 부족하여 형식적인 역할에 그치고 있다는 지적이 있다.

독립이사 중에는 너무 많은 일을 하고 있어서 이사로서의 직무를 수행하는 데 필요한 시간과 노력을 기울일 수 없는 경우가 있다

일부 독립이사들은 상당한 시간과 노력이 요구되는 자신의 직업들을 가지고 있고, 자신의 직업에서 이미 많은 시간들을 보내고 있어서 이사회 활동에 적극적이지 않다는 비판들이 있다. 또한 어떤 독립이사들은 복수의 기업 이사회에 관여하고 있어서 자신이 속한 이사회 활동에 충분한 시간과 노력을 기울이지 않는다는 문제점도 제기된다.

이 밖에도 이사회에 대한 비판 중에는 이사들이 기업의 주식을 거의 소유하고 있지 않음으로써 발생하는 문제와 이사회의 규모가 적정하지 않고 활동성이 낮다는 비판들도 있다.

이사 중에는 오랫동안 활동해왔음에도 기업의 주식을 전혀 또는 거의 소유하고 있지 않은 경우가 있다

이사회 내에 있는 이사 중에는 오랫동안 이사로 활동해왔음에도 기업의 주식을 전혀 또는 거의 소유하지 않은 경우가 있다. 기업의 주식을 전혀 또는 거의 소유하지 않은 이사들은 주주의 이익을 증진시키기 위한 의사결정에 적극적인 행동을 하지 않을 가능성이 있다.

이사회의 규모가 적정하지 않고 활동성이 낮아서 비효율적인 경우가 있다

여전히 이사회 내의 이사의 수가 너무 많거나 너무 적다는 지적이 제기되고 있다. 또한 이사들이 활동적으로 이사회 활동을 하고 있지 않아서 비효율적이라는 비판도 있다.

이사회가 경영진을 감독할 수 있는 기업내부통제장치로 작동하기 위해서는 경영진으로부터의 독립성은 필수적인 요소이다. 만약 이사회의 독립성이 부족할 경우에는 이사회는 경영진에 대한 견제기능을 제대로 수행할 수 없을 것이다. 그러나 대다수의 기업에서 이사회의 의장을 최고경영자가 겸임하고 있고, 독립성을 전제로 임명된 독립이사 중에 최고경영자와의 연고관계가 있는 경우가 다수 있는가 하면, 이사직을 수행하는 데 전문성이 없거나 시간과 노력이 부족한 경우도 있다. 또는 이사 중에는 오랫동안 기업에 근무하면서도 기업의 주식을 전혀 또는 거의 소유하고 있지 않거나, 이사회 활동에 참여율이 낮은 경우도 있다. 이러한 이사회 내에 존재하는 잠재적인 문제점들은 이사들을 거수기로 전락시키고 경영진을 견제하는 고유기능을 수행하는 데 장애물이 되고 있다.

사례 3.5 이사회의 잠재적인 문제점

교보생명 3개 계열사의 사외이사 11명 중 8명이 전문성이나 독립성에서 문제가 있어 검증이 필요한 것으로 나타났다. 이들은 계열회사 임원 출신과 우호주주로 대표이사를 비롯한 경영진의 업무집행에 대한 감독·감시라는 사외이사의 역할을 제대로 수행할 수 있는지에 대한 의문을 제기하고 있다.

삼성은 현재 이재용 부회장의 형사소송을 대리하고 있는 법무법인 태평양 변호사와 고문을 비롯해 소송·자문 관계가 있는 로펌과 고위공직자 출신이 많아 역시 검증이 필요하다는 지적이다. 신한금융은 일본계 주주를 비롯한 우호주주와 계열회사 출신, 기업은행계열은 친정권 정치활동 경력 인사, 미래에셋은 고위공직자 출신, 한화는 계열회사 전직 임원들이 많은 것으로 나타났다.

그만큼 금융회사에는 검증이 필요한 사외이사 다수가 포진해 있다는 얘기다. 경제개혁연구소가 3일 공개한 '금융회사 사외이사 분석(2018)' 결과를 보면 국내 93개 금융회사의 사외이사 373명 중 검증이 필요한 사외이사는 162명으로 거의 절반에 가까운 43%에 이르는 것으로 조사됐다.

경제개혁연구소는 국유회사, 금융그룹, 기업집단, 금융기업집단 소속 총 93개 금융사의 지난 3월말 현재 재임중인 사외이사 총 373명을 대상으로 조사했다고 밝혔다.

이들의 전공분야를 보면 사외이사 373명 중 91.2%인 340명이 금융업 관련 분야 종사자(전공자)이고 기타 분야는 33명인 것으로 나타났다. 경제개혁연구소는 이들을 △전문성 △고위공직자·금융연구원 출신 △친정권 정치활동 △장기재직 △겸직문제 △이해관계·이해충돌 △학연 및 기타 친분관계 등 7가지 항목에 따라 보다 검증이 필요하다고 판단되는 사외이사들 현황을 조사한 결과, 검증이 필요한 사외이사는 총 162명으로 43.4%에 달했다고 밝혔다.

이 연구소는 이 비율이 지난 2016년 조사 때의 47.9%에서 43.4%로 다소 줄었으나 7개 항목에 비추어 볼 때 겸직문제, 친정권 정치활동, 학연 등이 줄어든 대신 고위공직자·금융연구원 출신, 이해관계·이해충돌은 늘었다고 밝혔다.

고위공직자·금융연구원 출신은 상대적으로 연임 비율이 높을 뿐만 아니라, 2017년에 17명, 2018년에는 10명이 새로 선임됐다. 이에 대해 경제개혁연대는 "정권교체기에 규제 변화에 대비하기 위해 고위공직자 출신을 적극 영입했다는 추정이 가능하다"고 밝혔다.

올해 검증이 필요한 사외이사 162명을 소속그룹별로 보면, 교보생명(72.7%), 삼성(63.2%), 태광(60.0%), 신한금융(58.5%), 기업은행계열(57.1%), 미래에셋(54.5%), 한화(53.3%) 등으로 분석됐다.

경제개혁연대는 "2016년에 비해 검증이 필요한 사외이사의 비중이 다소 줄기는 했으나 전체적으로 개선이 되고 있다고 보기는 어렵다"며 "금융회사지배구조법 시행에 따라 의무적으로 해소해야 하는 겸직문제나 장기재직, 학연 등 문제가 감소한 반면, 사외이사 자격이 주로 논란이 되는 고위공직자 출신이나 이해관계 또는 이해충돌이 있는 사외이사의 비중은 높아졌다. 사외이사를 로비스트 또는 방패막이 목적으로 활용하거나 지배주주나 경영진에 우호적인 인사로 채우려는 경향은 오히려 강화되고 있다"고 밝혔다.

이어 "금융위원회는 외부감시 및 이해관계자 참여를 보다 활성화해 사외이사의 문제점을 개선하는 방향으로 제도개선을 추진하고 있으나, 근본적으로 사외이사의 독립성 확보 및 이해충돌 방지를 위해 선임과정에서 소액주주의 영향력을 강화시키거나 법적 자격요건을 보다 강화하는 방안을 함께 추진할 필요가 있다"고 강조했다.

한편 올해 금융회사들의 주총 등에서 교체된 사외이사 교체율(신규선임 비율)은 평균 27.9%로 나타났다. 국유회사들이 평균 66.7%로 사외이사의 3분의 2가 교체됐고 금융그룹은 29.3%, 금융기업집단 21.6%, 기업집단 20.4%의 신규선임 비율을 보였다.

사외이사 373명의 평균 재직기간은 해당 회사 548일, 과거 해당회사 및 계열회사 사외이사 경력을 합산할 경우 622일, 선임 당시 주어진 임기는 평균 1.6년인 것으로 나타났다. 373명의 사외이사 중 다른 회사 사외이사를 겸직하고 있는 이사는 총 65명이고, 법률 위반에 해당하는 경우는 없었다.

사외이사 373명의 직업 분포는 교수(29.8%), 경제관료(22.8%), 금융인(17.7%), 변호사(9.4%) 등의 순이었다. 사외이사들의 전공(종사)분야를 경제 · 경영 · 금융, 법률, 회계 · 세무, 정보기술 등 △금융업 관련 분야와 △기타 분야로 나누어 본 결과 사외이사 373명 중 91.2%인 340명이 금융업 관련 분야 종사자(전공자)이고 기타 분야는 33명이었다.

출처 : 금융소비자뉴스, "금융사 사외이사, '방패막이' 인사가 다수… 43%가 검증 필요," 2018.7.4

사례 3.6 이사회의 잠재적인 문제점 "독립이사의 전문성"

조현민 전 대한항공 전무의 '물컵 갑질' 사건이 조양호 한진그룹 회장 일가의 밀수 · 탈세 의혹으로 번지면서 사태가 일파만파 커지고 있다. 조 회장 일가 스스로도 문제가 많지만 경영진 전횡을 막고 감시 · 견제 역할을 해야 할 한진그룹 사외이사들에 대한 비판의 목소리도 크다. 사외이사들이 오너 눈치만 보면서 내부감시 시스템이 제대로 작동하지 않아 이런 사태를 불러왔다는 지적이 적잖다.

한진뿐 아니다. 한국 경제를 이끌어온 주요 대기업들이 전문성을 갖춘 사외이사 대신 국세청, 공정거래위원회 등 권력기관이나 오너와 친분이 있는 교수 출신 사외이사를 선호하면서 이들이 '거수기' 역할에 그친다는 우려도 나온다. 심지어 재계에서는 "참여정부 시절 요직을 맡았다면 대부분 기업 사외이사 직함 하나씩은 꿰차고 있다"는 얘기까지 나돌 정도다.

▶ 정권 따라 춤추는 사외이사 – 국세청 · 공정위 · 금융위 출신 포진

과거 사외이사 자리는 정권 핵심 관계자들이 '논공행상' 식으로 나눠먹는 행태가 빈번했다. 최근 사외이사는 정권이 직접 찍어 내려보내기보다 기업들이 현 정권과 인연이 깊은 인사들을 중심으로 진

용을 꾸리고 있다. 이명박·박근혜정부 시절에는 기업들의 애로사항을 전달해줄 '메신저'들이 인기였다면 문재인정부 들어서는 '방패막이'가 돼줄 인물들이 사외이사로 대거 선임됐다는 분석도 나온다.

대신지배구조연구소의 '2018년 주주총회 임원 선임 안건 분석' 보고서에 따르면 올해 주총에서 사외이사를 선임한 30대 그룹 상장기업(111개사)의 사외이사 198명 중 3대 권력기관 출신 비중이 무려 35.4%(48명)에 달했다. 대기업 사외이사 10명 중 3명 이상이 권력기관 출신이라는 의미다. 3대 권력기관은 국세청, 금융감독원, 공정거래위원회, 감사원, 금융위원회 등 '감독기관'과 검찰·법원 등 '사법기관,' 주요 부처 '장차관'을 의미한다. 권력기관 출신 비중은 2016년 31.8%에서 2년 새 3.6%포인트 높아지는 등 권력기관 선호 현상이 두드러졌다.

그룹별로 보면 롯데그룹에 권력기관 출신이 많았다. 롯데는 사외이사 7명을 올해 주총에서 뽑았는데 7명 모두 권력기관 출신이다. 2016년에도 권력기관 출신이 56.3%로 낮지는 않았지만 올해는 사외이사 전부를 권력기관 출신으로 뽑았다. SK그룹도 권력기관 출신 사외이사 비중이 2016년 주총(27.3%)보다 증가한 33.3%로 집계됐다. 안상희 대신지배구조연구소 본부장은 "권력기관 출신 사외이사가 많은 것은 기업들이 대관 업무를 강화하기 위한 목적이 크다. 특정분야 출신 사외이사 선임이 집중되면서 이사회의 다양성·전문성 확보에 부정적인 영향을 미칠 수밖에 없다"고 전했다.

10대 그룹으로 범위를 좁혀 보면 권력기관 출신 선호 경향이 더욱 뚜렷해진다. 재벌닷컴이 10대 그룹 상장사 신임·재선임 사외이사진을 분석한 결과에 따르면 132명의 사외이사 중 46명(34.8%)이 주요 부처 장차관과 기획재정부, 국세청, 금융감독원, 공정거래위원회 등 권력기관 출신이다. 이 가운데 장차관 출신이 12명으로 가장 많았다.

특히 '재계의 검찰'로 통하는 공정거래위원회 출신들을 '모셔가려는' 기업이 줄을 섰다. 총수일가가 지배구조상 약점이 있다고 평가받는 기업들에서 이런 경향이 뚜렷했다. 정의선 부회장 승계 문제가 매듭지어지지 않은 현대차가 대표적이다. 현대차는 이동규 전 공정위 사무처장을 사외이사로 재선임했고 기아차는 한철수 전 공정위 사무처장을 새 사외이사로 선임했다. 현대글로비스는 이동훈 전 공정위 사무처장을 사외이사로 재선임했다.

경제정책의 컨트롤타워 역할을 하는 기획재정부나 금융위원회 출신도 곳곳에 퍼져 있다. GS는 현오석 전 기획재정부 장관 겸 경제부총리를, 현대중공업은 권오규 전 재정경제부 장관 겸 부총리를 각각 사외이사로 신규 선임했다.

업종별로 보면 금융권에서 대선 캠프 출신이거나 문 대통령과 학연·지연 등이 있는 인물들의 영입이 두드러졌다.

IBK기업은행은 노조위원장 출신의 김정훈 민주금융발전네트워크 전문위원을 새 사외이사에 선임했다. 민주금융발전네트워크는 지난 대선 당시 금융권 최초로 문재인 대통령 후보 지지선언을 했던 시민단체다. 신한금융과 하나금융은 문 대통령의 사법연수원 동기(12기)인 박병대 전 대법관과 박시환 전 대법관에게 각각 사외이사 자리를 맡겼다.

건설업체들도 최근 권력기관 출신 사외이사를 대거 영입한 것으로 드러났다. 지주사 전환에 나선 현대산업개발은 올해 주총에서 기획재정부 1차관과 금융위원장을 지낸 경제관료 출신 신제윤 법무법인 태평양 고문을 사외이사로 영입했다. 창원지방법원 부장판사 출신인 김진오 법무법인 동인 변호사도 사외이사로 들였다. GS건설은 검찰총장 출신 정상명 변호사를, 계룡건설산업은 서울지방국세청장 자리를 거친 이병국 이촌세무법인 회장을 사외이사로 영입하는 등 권력기관 출신이 두각을 나타났다.

건설업계 관계자는 "업종 특성상 소송이 잦고 담합 등 정부규제에 시달리는 만큼 권력기관 출신 사외이사 선호 현상이 뚜렷해지는 중"이라고 전했다. 특히 논란의 중심에 선 한진그룹 사외이사들을 두고서도 말들이 많다. 금융감독원 전자공시 시스템에 따르면 한진그룹 지주사인 한진칼과 대한항공은 각각 3명, 5명의 사외이사를 뒀다. 이들은 조현아 전 부사장의 '땅콩 회항' 사건이 일어난 2014년부터 지난해까지 4년간 총 8억 4,397만원을 보수로 챙겨갔다. 한진칼과 대한항공이 이들에게 지급한 비용만 매년 2억 1,349만원에 달한다.

하지만 사외이사 대부분이 항공 산업 전문성은커녕 조 회장과 개인적인 인연이 있는 인물들로 채워졌다는 비판이 나온다. 대한항공 사외이사 중 안용석 변호사와 임채민 전 보건복지부 장관(현 법무법인 광장 고문) 등이 법무법인 광장 소속이다. 국내 3대 로펌 중 한 곳인 광장은 조양호 회장의 매형인 이태희 전 서울지방법원 판사가 설립한 곳으로 유명하다.

한진칼도 마찬가지다. 한진칼 사외이사 중 한 명인 김종준 법무법인 태평양 고문은 조 회장의 경복고 후배다. 한진칼과 대한항공 두 곳에서 사외이사를 맡아온 이석우 법무법인 두레 변호사도 조 회장의 경복고 동문이다. 이 변호사는 2007년부터 지난해까지 무려 10년간 대한항공 사외이사를 맡아왔다.

한진그룹 사외이사들은 화려한 스펙을 자랑하지만 정작 제 역할을 하지 못했다는 비판이 적잖다. 금감원 전자공시에 따르면 2013년부터 지난해까지 한진칼과 대한항공 이사회 의안에 대해 사외이사들이 반대 의견을 낸 경우는 단 한 건도 없었다.

▶ 사외이사, 그들만의 리그 – 거액 연봉에 차량 · 기사까지

사외이사들은 소속 기업 이사회가 올바른 의사결정을 하도록 관리감독할 책무가 있지만 제 역할을 못하고 있다는 지적이 끊이지 않는다. 이유는 명확하다. 재계에서 사외이사는 최고의 노후 재테크

수단으로 통한다. 주요 기업 사외이사들은 많게는 억대 연봉을 받고 있는 것으로 나타났다. 견제・감시해야 할 소속 기업으로부터 수천만원대 연봉을 받는 구조 아래서는 사외이사 기능이 제대로 작동할 수 없다고 전문가들은 입을 모았다.

지난해 사업보고서 기준 시가총액 상위 20대 기업의 사외이사는 총 100명으로 이들은 평균 7,130만원 연봉을 받는 것으로 나타났다. SK이노베이션이 9,900만원으로 가장 많았고 KB금융(8,500만원), LG전자(8,400만원), SK텔레콤(8,300만원), 삼성생명(8,100만원), (주)SK(7,900만원), 삼성전자(7,800만원) 등의 순이다.

주요 기업 경영진은 40대 CEO가 심심찮게 등장하지만 사외이사진은 60~70대가 적잖다. 시가총액 상위 20대 기업의 사외이사 평균 연령은 62세다. 검찰총장 출신으로 올해 68세인 송광수 삼성전자 사외이사는 두산 사외이사를 겸직한다. 그는 삼성전자에 연 9,000만원, 두산에 연 6,600만원을 받았다. 두 곳 연봉을 더하면 1억 5,600만원에 달한다.

가장 인기가 높다는 주요 금융지주 사외이사 처우는 입이 떡 벌어질 정도다. 매월 400만원가량의 기본급에 이사회 의장, 리스크관리위원장, 사외이사후보추천위원장, 감사위원장 등 직책 중요도에 따라 50만~100만원 정도의 수당이 추가된다. 회의에 참석할 때마다 '거마비' 성격인 수십만원의 수당은 덤이다. 회의가 열릴 때마다 차량과 기사가 제공되는 것은 물론이고 사외이사 본인은 물론 가족들까지 건강검진을 지원받는 사례도 부지기수다.

익명을 요구한 전직 사외이사는 "현행 상법상 상장사 사외이사는 최대 2곳까지 등기임원(이사・감사・집행임원) 겸직이 가능하다. 은퇴 후 상장사 2곳의 사외이사를 맡으면 비상근 겸직 만으로도 억대 연봉을 받을 수 있다. 주요 상장사 사외이사 자리는 대기표 받기가 하늘의 별 따기"라고 털어놨다.

▶ 이사회 중심 경영은 글로벌 트렌드 – 삼성전자, 이사진 다양성 강화 눈길

사외이사는 '거수기'에 불과하다는 재계 안팎의 눈총은 여전하다. 그럼에도 변화의 움직임은 분명히 있다. 다양한 배경과 전문성을 고루 갖춘 사외이사를 중용해 이사회 중심의 의사결정 구조를 정착시키려는 움직임이 차츰 확산되고 있다.

변화의 선봉에 선 곳은 삼성그룹이다. 삼성 주요 계열사는 2016년 초 정관 개정을 통해 대표이사 외 이사들 중에서 이사회 의장이 나올 수 있도록 했다. 덕분에 이사회가 대표이사의 영향력에서 벗어나 독립적으로 활동할 수 있는 단초가 됐다는 평가다.

한 예로 삼성전자는 최근 주총에서 김종훈 키스위 모바일 회장을 신임 사외이사로 선임했다. 김 회장은 한국계 미국인으로 미국 벨연구소 최연소 사장 출신이다. 미국에서 통신장비업체 유리시스템즈를 설립해 1조원대에 매각한 벤처 1세대 선두주자로 평가받는다. 삼성전자는 여성 최초 법제처장을 지낸 김선욱 전 이화여대 총장 역시 새 사외이사로 선임했다. 삼성전자 이사회에서 외국인과 여성이 사외이사로 동시에 활약하는 진풍경이 펼쳐지는 것은 이번이 처음이다.

사외이사진 운영 방식도 과거보다 한층 투명해졌다는 평가다. 현대차그룹은 그룹사 투명경영위원회의 주주권익 보호담당 사외이사 후보를 국내외 일반 주주들로부터 공모를 받아 선임한다. 주주권익 보호담당 사외이사는 이사회와 주주 간 소통 가교 역할을 담당한다. SK는 2016년부터 사외이사로만 구성된 거버넌스위원회를 만들어 운영 중이다.

그러나 이런 변화에서 멀찌감치 떨어져 있는 기업도 적잖다. 민간기업이면서도 정부 입김에서 자유롭지 못한 KT와 포스코가 대표적이다. KT는 참여정부 시절 핵심 인사였던 이강철 전 대통령비서실 시민사회수석비서관과 김대유 전 청와대 경제정책수석을 새 사외이사로 영입했다. 포스코는 참여정부 시절 대통령정책관리비서관, 산업정책비서관, 중소기업청장을 지낸 김성진 전 해양수산부 장관을 새 사외이사로 선임했다.

▶ 사외이사 독립 · 공정성 확보하려면 – 대표 영향력 배제… 주주위 활성화해야

사외이사 논란의 핵심은 독립성이다. 주요 선진국에서는 사외이사의 독립성 확보를 가장 우선순위에 둔다.

미국은 엔론 회계부정 사태 이후 도입됐던 '사베인스-옥슬리법'에 따라 사외이사후보추천위원회(사추위)에 CEO 참여를 원천봉쇄했다. 뉴욕증권거래소(NYSE)는 상장 규정에서 전원 사외이사로 구성된 사추위를 의무적으로 설치하도록 했다. 사외이사 자격 조건에 능력, 자질뿐 아니라 업무에 집중할 수 있는 시간도 중요 요건으로 고려하는 등 실질적인 독립성 확보에 주력한다는 점도 우리와 차이가 있다. 최근 우리나라 금융당국은 사외이사 추천에 CEO의 참여 배제 등을 골자로 한 지배구조 개선안을 추진 중이지만 선진국과 비교해 아직 갈 길이 멀다는 것이 다수 전문가 진단이다.

고동원 성균관대 법학전문대학원 교수는 "현행 사외이사제는 대표이사 입김이 커 사외이사가 된 사람도 대표이사 영향 아래 놓일 수밖에 없다. 사외이사 후보군을 금융협회 등 제3의 기관에서 관리할 필요가 있다"고 주장했다. CEO 인맥이 아닌 제3의 추천을 통해 사외이사의 공정성과 독립성을 담보할 수 있다는 논리다. 미국 변호사인 이지수 법과경제문제연구소장은 다 양한 사외이사 후보군을 적극 육성할 것을 제안했다. 이 소장은 "교수나 전직 관료 일색에서 벗어나 현업에서 경험을 쌓은 현장 전문가를 적극 중용하는 해외 사례를 참고할 필요가 있다"고 목소리를 높였다.

근본적으로 주주의 권한과 목소리를 강화할 필요가 있다는 주장도 나온다. 박경서 고려대 경영학과 교수는 "경영권 승계, 임원 선임 등 국내 기업들의 지배구조 문제는 주주 역할이 부재하기 때문"이라며 "정관상 1% 이상의 지분을 보유한 주주들이 참여하는 주주위원회 제도를 도입해 이사 후보를 추천하는 등 경영감시 역할을 해야 한다"고 제안했다.

이사회 운영도 보다 정교해질 필요가 있다는 지적이다. 황인태 중앙대 경영학부 교수는 "이사회 규모가 통상 10명 안팎으로 소규모라는 점을 고려하면 안건의 중요도에 따라 이사회 결의 방법에 차등을 둘 만하다"라며 "전문지식을 필요로 하는 위원회는 전문가들로 위원회를 구성하고 이사들간 이해상충이 되는 업무는 관련 이사를 미리 배제하는 등의 보완책이 필요하다"고 강조했다.

출처 : 매경이코노미, "30대 그룹 사외이사 해부해보니 참여정부×권력기관 전성시대," 2018.5.25

요 약

대리인 문제 해결을 위한 기업지배구조 측면의 접근으로 기업 내부 이사회의 모니터링이 있다. 이사회는 기업의 조직구조에서 가장 상층부에 있는 조직이라는 점에서 경영자를 통제하는 데 가장 중요한 내부통제장치로 볼 수 있다. 이사회는 주주를 대신하여 경영진을 감독하고, 경영진에 대한 선임, 해임, 평가를 하며, 경영진이 제안한 중요한 재무적 · 영업적 의사결정에 대한 결의를 하고, 경영진에게 조언과 자문을 제공하는 기능을 수행한다.

이사회가 경영진을 감독할 수 있는 기업내부통제장치로 제대로 작동하기 위해서는 경영진으로부터의 독립성은 필수적인 요소이다.

만약 이사회의 독립성이 부족할 경우에는 이사회는 경영진에 대한 견제기능을 제대로 수행할 수 없을 것이다. 그러나 대다수의 기업에서 이사회의 의장을 최고경영자가 겸임하고 있고, 독립성을 전제로 임명된 독립이사 중에 최고경영자와의 연고관계가 있는 경우가 다수 있는가 하면, 이사직을 수행하는 데 전문성이 없거나 시간과 노력이 부족한 경우도 있다. 또는 이사 중에는 오랫동안 기업에 근무하면서도 기업의 주식을 전혀 또는 거의 소유하고 있지 않거나, 이사회 활동에 참여율이 낮은 경우도 있다. 이러한 이사회 내에 존재하는 잠재적인 문제점들은 이사들을 거수기로 전락시키고 경영진을 견제하는 고유기능을 수행하는 데 장애물이 되어 왔다.

우리나라는 1997년 외환위기 이후 정부가 나서서 기업지배구조의 문제점을 개선하면서 가장 시급하게 중점을 두고 개선했던 부분이 바로 이사회에 대한 개선이었다. 그만큼 이사회는 기업지배구조적인 측면에서 경영진의 견제기능을 수행할 수 있는 가장 중요한 내부통제장치이기 때문이다. 물론 과거 정부가 제도적 개선을 통해 기업지배구조 개선에 나섰던 일은 매우 시의적절했다고 할 수 있다. 그러나 이사회가 제 기능을 발휘하기 위해서는 제도적 개선뿐만 아니라 기업 스스로가 자신의 기업에 맞는 이사회의 적절한 규모를 설정하고, 이사회의 독립성, 전문성, 활동성을 높이기 위한 자구적인 노력을 기울이는 것이 더 중요하다고 보인다.

참고 1 : 이사회 관련 「상법」 조항

제382조(이사의 선임, 회사와의 관계 및 사외이사) ① 이사는 주주총회에서 선임한다.

② 회사와 이사의 관계는 「민법」의 위임에 관한 규정을 준용한다.

③ 사외이사(社外理事)는 해당 회사의 상무(常務)에 종사하지 아니하는 이사로서 다음 각 호의 어느 하나에 해당하지 아니하는 자를 말한다. 사외이사가 다음 각 호의 어느 하나에 해당하는 경우에는 그 직을 상실한다. 〈개정 2011.4.14〉

1. 회사의 상무에 종사하는 이사 · 집행임원 및 피용자 또는 최근 2년 이내에 회사의 상무에 종사한 이사 · 감사 · 집행임원 및 피용자
2. 최대주주가 자연인인 경우 본인과 그 배우자 및 직계 존속 · 비속
3. 최대주주가 법인인 경우 그 법인의 이사 · 감사 · 집행임원 및 피용자
4. 이사 · 감사 · 집행임원의 배우자 및 직계 존속 · 비속
5. 회사의 모회사 또는 자회사의 이사 · 감사 · 집행임원 및 피용자
6. 회사와 거래관계 등 중요한 이해관계에 있는 법인의 이사 · 감사 · 집행임원 및 피용자
7. 회사의 이사 · 집행임원 및 피용자가 이사 · 집행임원으로 있는 다른 회사의 이사 · 감사 · 집행임원 및 피용자

제382조의3(이사의 충실의무 등) ① 이사는 법령과 정관의 규정에 따라 회사 및 주주를 위하여 그 직무를 충실하게 수행하여야 한다.

② 이사는 그 직무를 수행함에 있어 총주주의 이익을 보호하여야 하고, 전체 주주의 이익을 공평하게 대우하여야 한다. 〈전문개정 2025.7.22〉

제382조의4(이사의 비밀유지의무) 이사는 재임 중뿐만 아니라 퇴임 후에도 직무상 알게 된 회사의 영업상 비밀을 누설하여서는 아니된다.

〈본조신설 2001.7.24〉

제383조(원수, 임기) ① 이사는 3명 이상이어야 한다. 다만, 자본금 총액이 10억원 미만인 회사는 1명 또는 2명으로 할 수 있다. 〈개정 2009. 5.28〉
② 이사의 임기는 3년을 초과하지 못한다. 〈개정 1984.4.10〉
③ 제2항의 임기는 정관으로 그 임기 중의 최종의 결산기에 관한 정기주주총회의 종결에 이르기까지 연장할 수 있다. 〈개정 1984.4.10〉

제385조(해임) ① 이사는 언제든지 제434조의 규정에 의한 주주총회의 결의로 이를 해임할 수 있다. 그러나 이사의 임기를 정한 경우에 정당한 이유없이 그 임기만료 전에 이를 해임한 때에는 그 이사는 회사에 대하여 해임으로 인한 손해의 배상을 청구할 수 있다.
② 이사가 그 직무에 관하여 부정행위 또는 법령이나 정관에 위반한 중대한 사실이 있음에도 불구하고 주주총회에서 그 해임을 부결한 때에는 발행주식의 총수의 100분의 3 이상에 해당하는 주식을 가진 주주는 총회의 결의가 있은 날부터 1월내에 그 이사의 해임을 법원에 청구할 수 있다. 〈개정 1998.12.28〉

제386조(결원의 경우) ① 법률 또는 정관에 정한 이사의 원수를 결한 경우에는 임기의 만료 또는 사임으로 인하여 퇴임한 이사는 새로 선임된 이사가 취임할 때까지 이사의 권리의무가 있다.
② 제1항의 경우에 필요하다고 인정할 때에는 법원은 이사, 감사 기타의 이해관계인의 청구에 의하여 일시 이사의 직무를 행할 자를 선임할 수 있다. 이 경우에는 본점의 소재지에서 그 등기를 하여야 한다. 〈개정 1995.12.29〉

제389조(대표이사) ① 회사는 이사회의 결의로 회사를 대표할 이사를 선정하여야 한다. 그러나 정관으로 주주총회에서 이를 선정할 것을 정할 수 있다.
② 전항의 경우에는 수인의 대표이사가 공동으로 회사를 대표할 것을 정할 수 있다.

제390조(이사회의 소집) ① 이사회는 각 이사가 소집한다. 그러나 이사회의 결의로 소집할 이사를 정한 때에는 그러하지 아니하다.
② 제1항 단서의 규정에 의하여 소집권자로 지정되지 않은 다른 이사는 소집권자인 이사에게 이사회 소집을 요구할 수 있다. 소집권자인 이사가 정당한 이유 없이 이사회 소집을 거절하는 경우에는 다른 이사가 이사회를 소집할 수 있다. 〈신설 2001.7.24〉
③ 이사회를 소집함에는 회일을 정하고 그 1주간 전에 각 이사 및 감사에 대하여 통지를 발송하여야 한다. 그러나 그 기간은 정관으로 단축할 수 있다. 〈개정 1984.4.10〉
④ 이사회는 이사 및 감사 전원의 동의가 있는 때에는 제3항의 절차 없이 언제든지 회의할 수 있다. 〈개정 1984.4.10, 2001.7.24〉

제391조(이사회의 결의방법) ① 이사회의 결의는 이사과반수의 출석과 출석이사의 과반수로 하여야 한다. 그러나 정관으로 그 비율을 높게 정할 수 있다.
② 정관에서 달리 정하는 경우를 제외하고 이사회는 이사의 전부 또는 일부가 직접 회의에 출석하지 아니하고 모든 이사가 음성을 동시에 송수신하는 원격통신수단에 의하여 결의에 참가하는 것을 허용할 수 있다. 이 경우 당해 이사는 이사회에 직접 출석한 것으로 본다. 〈신설 1999.12.31, 2011.4.14〉

제391조의2(감사의 이사회출석 · 의견진술권) ① 감사는 이사회에 출석하여 의견을 진술할 수 있다.
② 감사는 이사가 법령 또는 정관에 위반한 행위를 하거나 그 행위를 할 염려가 있다고 인정한 때에는 이사회에 이를 보고하여야 한다.

제391조의3(이사회의 의사록) ① 이사회의 의사에 관하여는 의사록을 작성하여야 한다.
② 의사록에는 의사의 안건, 경과요령, 그 결과, 반대하는 자와 그 반대 이유를 기재하고 출석한 이사 및 감사가 기명날인 또는 서명하여야 한다. 〈개정 1995.12.29, 1999.12.31〉
③ 주주는 영업시간 내에 이사회의사록의 열람 또는 등사를 청구할 수 있다. 〈신설 1999.12.31〉
④ 회사는 제3항의 청구에 대하여 이유를 붙여 이를 거절할 수 있다. 이 경우 주주는 법원의 허가를 얻어 이사회의사록을 열람 또는 등사할 수 있다. 〈신설 1999.12.31〉

제412조의2(이사의 보고의무) 이사는 회사에 현저하게 손해를 미칠 염려가 있는 사실을 발견한 때에는 즉시 감사에게 이를 보고하여야 한다. 〈본조신설 1995.12.29〉

제542조의4(주주총회 소집공고 등) ① 상장회사가 주주총회를 소집하는 경우 대통령령으로 정하는 수 이하의 주식을 소유하는 주주에게는 정관으로 정하는 바에 따라 주주총회일의 2주 전에 주주총회를 소집하는 뜻과 회의의 목적사항을 둘 이상의 일간신문에 각각 2회 이상 공고하거나 대통령령으로 정하는 바에 따라 전자적 방법으로 공고함으로써 제363조 제1항의 소집통지를 갈음할 수 있다.
② 상장회사가 이사 · 감사의 선임에 관한 사항을 목적으로 하는 주주총

회를 소집통지 또는 공고하는 경우에는 이사·감사 후보자의 성명, 약력, 추천인, 그 밖에 대통령령으로 정하는 후보자에 관한 사항을 통지하거나 공고하여야 한다.
③ 상장회사가 주주총회 소집의 통지 또는 공고를 하는 경우에는 제542조의8 제1항의 독립이사 등의 활동내역과 보수에 관한 사항, 사업개요 등 대통령령으로 정하는 사항을 통지 또는 공고하여야 한다. 다만, 상장회사가 그 사항을 대통령령으로 정하는 방법으로 일반인이 열람할 수 있도록 하는 경우에는 그러하지 아니하다. 〈개정 2025.7.22〉

제542조의5(이사·감사의 선임방법) 상장회사가 주주총회에서 이사 또는 감사를 선임하려는 경우에는 제542조의4 제2항에 따라 통지하거나 공고한 후보자 중에서 선임하여야 한다.

참고 2 : 독립이사 관련「상법」조항

제542조의8(독립이사의 선임) ① 상장회사는 자산 규모 등을 고려하여 대통령령으로 정하는 경우를 제외하고는 이사 총수의 3분의 1 이상을 독립이사(제382조 제3항의 사외이사로서 사내이사, 집행임원 및 업무집행지시자로부터 독립적인 기능을 수행하는 이사를 말한다)로 하여야 한다. 다만, 자산 규모 등을 고려하여 대통령령으로 정하는 상장회사의 독립이사는 3명 이상으로 하되, 이사 총수의 과반수가 되도록 하여야 한다. 〈개정 2025.7.22〉

② 상장회사의 독립이사는 제382조 제3항 각 호뿐만 아니라 다음 각 호의 어느 하나에 해당되지 아니하여야 하며, 이에 해당하게 된 경우에는 그 직을 상실한다. 〈개정 2011.4.14, 2018.9.18, 2025.7.22〉

1. 미성년자, 피성년후견인 또는 피한정후견인
2. 파산선고를 받고 복권되지 아니한 자
3. 금고 이상의 형을 선고받고 그 집행이 끝나거나 집행이 면제된 후 2년이 지나지 아니한 자
4. 대통령령으로 별도로 정하는 법률을 위반하여 해임되거나 면직된 후 2년이 지나지 아니한 자
5. 상장회사의 주주로서 의결권 없는 주식을 제외한 발행주식총수를 기준으로 본인 및 그와 대통령령으로 정하는 특수한 관계에 있는 자(이하 "특수관계인"이라 한다)가 소유하는 주식의 수가 가장 많은 경우 그 본인(이하 "최대주주"라 한다) 및 그의 특수관계인
6. 누구의 명의로 하든지 자기의 계산으로 의결권 없는 주식을 제외한 발행주식총수의 100분의 10 이상의 주식을 소유하거나 이사·집행임원·감사의 선임과 해임 등 상장회사의 주요 경영사항에 대하여 사실상의 영향력을 행사하는 주주(이하 "주요주주"라 한다) 및 그의 배우자와 직계 존속·비속

7. 그 밖에 독립이사로서의 직무를 충실하게 수행하기 곤란하거나 상장회사의 경영에 영향을 미칠 수 있는 자로서 대통령령으로 정하는 자

③ 제1항의 상장회사는 독립이사의 사임·사망 등의 사유로 인하여 독립이사의 수가 제1항의 이사회의 구성요건에 미달하게 되면 그 사유가 발생한 후 처음으로 소집되는 주주총회에서 제1항의 요건에 합치되도록 독립이사를 선임하여야 한다.

④ 제1항 단서의 상장회사는 독립이사 후보를 추천하기 위하여 제393조의2의 위원회(이하 이 조에서 "독립이사 후보추천위원회"라 한다)를 설치하여야 한다. 이 경우 독립이사 후보추천위원회는 독립이사가 총위원의 과반수가 되도록 구성하여야 한다. 〈개정 2011.4.14, 2025.7.22〉

⑤ 제1항 단서에서 규정하는 상장회사가 주주총회에서 독립이사를 선임하려는 때에는 독립이사 후보추천위원회의 추천을 받은 자 중에서 선임하여야 한다. 이 경우 독립이사 후보추천위원회가 독립이사 후보를 추천할 때에는 제363조의2 제1항, 제542조의6 제1항·제2항의 권리를 행사할 수 있는 요건을 갖춘 주주가 주주총회일(정기주주총회의 경우 직전연도의 정기주주총회일에 해당하는 해당 연도의 해당일)의 6주 전에 추천한 독립이사 후보를 포함시켜야 한다. 〈개정 2011.4.14, 2025.7.22〉

[본조신설 2009.1.30] [제목개정 2025.7.22] [시행일 : 2026.7.23]

참고 3 : 감사위원회 관련 「상법」 조항

제415조의2(감사위원회) ① 회사는 정관이 정한 바에 따라 감사에 갈음하여 제393조의2의 규정에 의한 위원회로서 감사위원회를 설치할 수 있다. 감사위원회를 설치한 경우에는 감사를 둘 수 없다.

② 감사위원회는 제393조의2 제3항에도 불구하고 3명 이상의 이사로 구성한다. 다만, 사외이사가 위원의 3분의 2 이상이어야 한다. 〈개정 2009.1.30〉

③ 감사위원회의 위원의 해임에 관한 이사회의 결의는 이사 총수의 3분의 2 이상의 결의로 하여야 한다.

④ 감사위원회는 그 결의로 위원회를 대표할 자를 선정하여야 한다. 이 경우 수인의 위원이 공동으로 위원회를 대표할 것을 정할 수 있다.

⑤ 감사위원회는 회사의 비용으로 전문가의 조력을 구할 수 있다.

⑥ 감사위원회에 대하여는 제393조의2 제4항 후단을 적용하지 아니 한다. 〈신설 2009.1.30〉

⑦ 제296조 · 제312조 · 제367조 · 제387조 · 제391조의2 제2항 · 제394조 제1항 · 제400조 · 제402조 내지 제407조 · 제412조 내지 제414조 · 제447조의3 · 제447조의4 · 제450조 · 제527조의4 · 제530조의5 제1항 제9호 · 제530조의6 제1항 제10호 및 제534조의 규정은 감사위원회에 관하여 이를 준용한다. 이 경우 제530조의5 제1항 제9호 및 제530조의6 제1항 제10호 중 "감사"는 "감사위원회 위원"으로 본다. 〈개정 2009.1.30〉

[본조신설 1999.12.31]

참고 4 : 감사위원회 구성 관련 「상법」 조항

제542조의11(감사위원회) ① 자산 규모 등을 고려하여 대통령령으로 정하는 상장회사는 감사위원회를 설치하여야 한다.

② 제1항의 상장회사의 감사위원회는 제415조의2 제2항의 요건 및 다음 각 호의 요건을 모두 갖추어야 한다.

1. 위원 중 1명 이상은 대통령령으로 정하는 회계 또는 재무 전문가일 것
2. 감사위원회의 대표는 독립이사일 것

③ 제542조의10 제2항 각 호의 어느 하나에 해당하는 자는 제1항의 상장회사의 독립이사가 아닌 감사위원회위원이 될 수 없고, 이에 해당하게 된 경우에는 그 직을 상실한다. 〈개정 2025.7.22〉

④ 상장회사는 감사위원회위원인 독립이사의 사임 · 사망 등의 사유로 인하여 독립이사의 수가 다음 각 호의 감사위원회의 구성요건에 미달하게 되면 그 사유가 발생한 후 처음으로 소집되는 주주총회에서 그 요건에 합치되도록 하여야 한다. 〈개정 2025.7.22〉

1. 제1항에 따라 감사위원회를 설치한 상장회사는 제2항 각 호 및 제415조의2 제2항의 요건
2. 제415조의2 제1항에 따라 감사위원회를 설치한 상장회사는 제415조의2 제2항의 요건

[본조신설 2009.1.30] [시행일 : 2026.7.23]

제542조의12(감사위원회의 구성 등) ① 제542조의11 제1항의 상장회사의 경우 제393조의2에도 불구하고 감사위원회위원을 선임하거나 해임하는 권한은 주주총회에 있다.

② 제542조의11 제1항의 상장회사는 주주총회에서 이사를 선임한 후 선임된 이사 중에서 감사위원회위원을 선임하여야 한다. 다만, 감사위원회위원 중 1명(정관에서 2명 이상으로 정할 수 있으며, 정관으로 정한

경우에는 그에 따른 인원으로 한다)은 주주총회 결의로 다른 이사들과 분리하여 감사위원회위원이 되는 이사로 선임하여야 한다. 〈개정 2020.12.29〉

③ 제1항에 따른 감사위원회위원은 제434조에 따른 주주총회의 결의로 해임할 수 있다. 이 경우 제2항 단서에 따른 감사위원회위원은 이사와 감사위원회위원의 지위를 모두 상실한다. 〈개정 2020.12.29〉

④ 제1항에 따른 감사위원회위원을 선임 또는 해임할 때에는 상장회사의 의결권 없는 주식을 제외한 발행주식총수의 100분의 3(정관에서 더 낮은 주식 보유비율을 정할 수 있으며, 정관에서 더 낮은 주식 보유비율을 정한 경우에는 그 비율로 한다)을 초과하는 수의 주식을 가진 주주(최대주주인 경우에는 그의 특수관계인, 그 밖에 대통령령으로 정하는 자가 소유하는 주식을 합산한다)는 그 초과하는 주식에 관하여 의결권을 행사하지 못한다. 〈개정 2020.12.29, 2025.7.22〉

⑤ 상장회사가 주주총회의 목적사항으로 감사의 선임 또는 감사의 보수결정을 위한 의안을 상정하려는 경우에는 이사의 선임 또는 이사의 보수결정을 위한 의안과는 별도로 상정하여 의결하여야 한다.

⑥ 상장회사의 감사 또는 감사위원회는 제447조의4 제1항에도 불구하고 이사에게 감사보고서를 주주총회일의 1주 전까지 제출할 수 있다.

⑦ 제4항은 상장회사가 감사를 선임하거나 해임할 때에 준용한다. 〈신설 2020.12.29, 2025.7.22〉

⑧ 회사가 제368조의4 제1항에 따라 전자적 방법으로 의결권을 행사할 수 있도록 한 경우에는 제368조 제1항에도 불구하고 출석한 주주의 의결권의 과반수로써 제1항에 따른 감사위원회위원의 선임을 결의할 수 있다. 〈신설 2020.12.29〉

[본조신설 2009.1.30] [시행일 : 2026.7.23]

복습문제

(1) 경영자를 통제하는 데 이사회를 가장 중요한 내부통제장치로 보는 이유는 무엇인가?

(2) 이사회의 주요 기능은 무엇인가?

(3) 이사는 어떤 직무를 수행하는가?

(4) 이사는 어떤 법적 책임과 의무를 지니는가?

(5) 이사회 내 소위원회는 각각 어떤 역할을 수행하는가?

(6) 다음 중 「상법」 개정에 따라 자산총액 2조원 이상의 상장회사가 준수해야 하는 이사회 구성 관련 의무사항으로 옳지 않은 것은?
① 이사회 내 여성 이사 1명 이상 선임 의무
② 이사회 전원을 동일한 성(性)으로만 구성 불가
③ 성별 다양성은 이사회 대표성과 소통 효율성을 높일 수 있음
④ 이사회 구성에 있어 인종 다양성은 법적으로 명시된 의무사항임

(7) 이사회의 의장을 최고경영자가 겸임할 경우에 발생하는 문제는 무엇인가?

(8) 좋은 이사회가 갖추어야 할 조건들에는 어떤 것들이 있는가?

(9) 좋은 이사회는 기업의 성과에 긍정적인 영향을 미치는가?

(10) 이사회의 다양성과 관련된 설명으로 가장 적절한 것은?
① 이사회의 다양성은 경영진의 권한을 약화시키는 요소이다.
② 이사회의 성별, 연령, 인종, 국적은 전문성과는 관련이 없다.
③ 다양한 배경을 가진 이사진은 창의적이고 유연한 의사결정을 가능하게 한다.
④ 이사회의 다양성은 지배주주의 영향력을 제약하는 데 직접적인 영향을 미치지 않는다.

(11) 이사에게 요구되는 전문성에는 어떤 것들이 있는가?

(12) 현대사회에서 이사회가 지닌 잠재적인 문제점에는 어떤 것들이 있는가?

토론문제

01 우리나라의 이사회에 대한 사례를 제시하고, 지배구조적인 측면에서 논의해보자.

02 독립이사가 거수기로 전락했다는 비판들이 존재한다. 이와 같은 비판이 발생한 이유에 대해 논의해보자.

03 최고경영자가 이사회의 의장을 겸임한 경우와 분리된 경우에 각각의 장점과 단점이 무엇이 있을 수 있는지 논의해보자.

04 이사회의 성별 다양성 의무화는 형식적 요건 이상의 의미를 지닌다고 평가된다. 이러한 제도적 변화가 기업의 의사결정과정과 이해관계자 대응에 어떤 실질적 영향을 미칠 수 있는지 사례를 들어 논의해보자.

05 ESG 위원회와 위험관리위원회는 각각 어떤 측면에서 이사회 중심의 기업지배구조를 보완하며, 두 위원회가 기업의 장기적 가치 창출 및 위험 대응 능력에 어떻게 기여할 수 있는지 논의해보자.

06 이사회의 다양성과 전문성 간에는 종종 긴장이 존재할 수 있다. 예컨대, 다양성을 확보하는 과정에서 전문성이 상대적으로 약화될 수 있다는 우려도 제기된다. 이러한 균형 문제에 대해 여러분의 견해를 제시하고, 적절한 제도 설계 방향에 대해 논의해보자.

07 이사회의 이사들이 오랫동안 기업에 근무하며 주식을 전혀 또는 거의 소유하고 있지 않은 것에 대한 비판들이 존재한다. 이와 같은 비판이 발생한 이유에 대해 논의해보자.

08 경영진을 견제하기에 좋은 이사회가 반드시 좋은 성과를 내는 것은 아니라는 견해들도 존재한다. 이와 같은 견해가 발생한 이유에 대해 논의해보자.

09 우리나라 기업과 미국 기업을 비교하여 이사회의 구성이 서로 어떠한 유사점과 차이점이 발생하는지 논의해보자.

◈ 참고문헌

1 콜린 카터 외(2007),『이사회 원점에서 시작하라』, 보스턴컨설팅그룹 역, 쓰리메카닷컴.

2 Jensen, Michael C. and William H. Meckling(1976), "Theory of the Firm: Managerial Behavior, Agency Costs and Ownership Structure," *Journal of Financial Economics*.

CHAPTER

4

회계정보와 외부감사 : 정보의 신뢰성과 감시 기능

✤ 본장에서는 다음과 같은 내용을 다룬다.

- 회계정보의 기능
- 외부감사의 필요성
- 감사주체에 따른 분류 : 외부감사, 내부감사, 감사위원회
- 외부감사인의 독립성 문제
- 현대사회에서의 회계정보의 역할

회계정보의 기능

본장에서는 대리인 문제 해결을 위한 회계정보의 기능과 외부감사인을 통한 모니터링을 검토한다. 자본시장에서는 주주와 경영자 간의 정보비대칭성을 줄이기 위해서, 매 기간마다 경영자가 주주에게 기업의 주요 재무상태 및 경영성과와 관련된 회계정보를 제공하도록 강제하고 있다. 주주는 경영자로부터 제공받은 회계정보를 통해서 경영자의 행동을 평가하고 모니터링하게 된다. 그러나 회계정보가 이와 같은 기능을 수행하기 위해서는 신뢰성 확보가 반드시 필요하다. 이에 독립된 제3자인 외부감사인을 통해서 외부감사를 실시함으로써 경영자가 작성한 회계정보에 대한 신뢰성 검증과정을 갖는다. 기업지배구조 측면에서 외부감사인은 주주를 대신하여 경영자가 수탁책임의 결과로 보고하는 회계정보에 대한 모니터링을 하는 외부전문가로서 경영진이 자신의 이익을 위해 회계부정을 저지르지 않도록 감시하는 역할을 수행한다고 볼 수 있다.

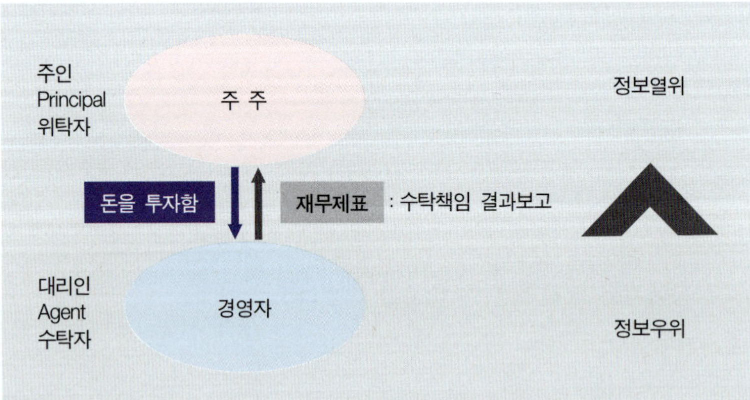

[그림 4.1] 회계정보의 기능

회계란 기업을 둘러싼 이해관계자에게 유용한 정보를 제공하는 것이다. 회계정보는 이해관계자에 따라 크게 재무회계정보와 관리회계정보로 구분된다.

재무회계정보의 기능

재무회계(financial accounting)는 외부 이해관계자들의 의사결정에 유용한 정보를 제공하는 것을 목적으로 한다. 여기서 외부 이해관계자란 주주(투자자), 채권자, 고객, 거래처, 정부(국세청) 등을 의미한다. 재무회계정보는 외부 이해관계자들의 투자를 위한 의사결정, 수탁책

[그림 4.2] 재무회계정보의 기능

임에 대한 평가, 모니터링을 위한 활동, 규제를 위한 활동 등에 널리 사용된다.

재무회계정보는 재무제표(financial statements)를 통해서 외부 이해관계자들에게 제공된다. 기업에 의해서 작성되는 재무제표는 신뢰성 확보가 가장 중요하다. 따라서 재무회계정보에는 재무적인 정보가 주로 포함되고 과거지향적인 성격을 지닌다. 또한 재무제표는 반드시 일반적으로 인정된 회계원칙(Generally Accepted Accounting Principles, GAAP)에 의해서 작성되어야 하며, 독립적인 외부감사인으로부터 감사를 받아야 한다.

관리회계정보의 기능

관리회계(managerial accounting)는 내부 이해관계자들의 의사결정에 유용한 정보를 제공하는 것을 목적으로 한다. 여기서 내부 이해관계자란 경영자, 관리자 등을 의미한다. 관리회계정보는 재무적이고 비재무적인 정보로서, 내부 이해관계자들의 계획, 통제, 의사결정과 관련된 정보이다. 경영자, 관리자가 사용하는 관리회계정보는 일반적으로 인정된 회계원칙에 영향을 받기보다는, 경영자, 관리자들이 어떠한 의사결정을 하는 데 필요한 정보인가에 따라 회계정보 작성자의 자율적 선택에 따라 여러 형태의 정보가 제공될 수 있다. 또한 관리회계정보는 의사결정의 목적적합한 정보로서 재무적인 정보뿐만 아니라, 비재무적인 정보도 함께 포함된다. 또한 관리회계정보는 주관적인 정보도 함께 포함될 수 있다. 관리회계정보는 과거의 내용도 기록하지만, 주로 미래에 발생될 사건들을 더 강조한다. 경영자들의 계획수립이나 의사결정을 위한 관리회계정보는 미래에 대한 내용들에 더 집중하게 된다.

〈표 4.1〉 재무회계정보와 관리회계정보의 차이[1]

	재무회계	관리회계
주요 정보이용자	• 외부 이해관계자(주주, 채권자, 거래처, 국세청 등)	• 내부 이해관계자(경영자, 관리자 등)
정보의 목적	• 외부보고 목적	• 내부관리 목적
작성원칙에 받는 영향	• 일반적으로 인정된 회계원칙(GAAP)을 반드시 따라야 한다.	• 자율적 선택이 가능하다.
주요 내용	• 재무제표 작성과 분석	• 계획, 통제, 의사결정 기법
정보의 유형	• 재무적인 정보	• 재무적인 정보, 비재무적인 정보
	• 객관적인 정보	• 객관적인 정보, 주관적인 정보
시간적 관점	• 과거지향적인 정보	• 미래지향적인 정보

외부감사의 필요성

소유와 경영의 분리로 인해 발생하는 대리인 문제는 주주(소유주)와 경영자 간의 정보비대칭에서 기인한다. 기업을 경영하는 경영자는 기업 외부에 있는 주주에 비해서 기업과 관련된 많은 정보를 지닌다. 이를 경영자의 정보우위(information superiority)라 한다.

자본시장에서는 주주와 경영자 간의 정보비대칭성을 줄이기 위해서, 일정기간이 경과될 때마다 경영자가 주주에게 기업의 주요 재무상태 및 경영성과와 관련된 정보를 제공하도록 강제하고 있다. 즉 경영자(수탁자)는 주주(위탁자)에게 수탁책임의 결과를 회계정보를 통해서 보고해야 한다. 또한 주주는 제공받은 회계정보를 통해서 경

[그림 4.3] 외부감사의 필요성

영자의 행동을 평가하고 모니터링하게 된다. 결국 회계정보는 주주와 경영자 간의 정보비대칭성을 줄이는 데 중요한 역할을 수행한다.

그러나 경영자가 제공하는 회계정보에는 다음과 같은 문제가 발생할 수 있다. 회계정보에서 발생가능한 문제점은 크게 오류와 부정으로 나뉜다.

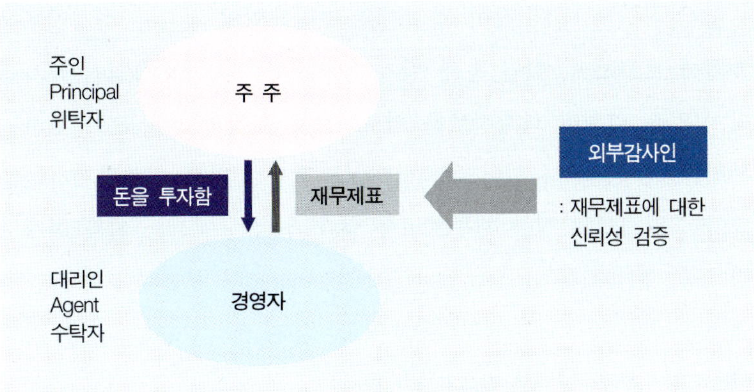

[그림 4.4] 외부감사의 필요성

첫째, 회계정보에 오류(error)가 포함되어 있을 가능성이 존재한다. 회계정보는 작성과정에서 계산착오나 실수가 발생할 수도 있다. 즉 회계정보의 오류란 재무제표의 금액이나 공시사항에 대한 비의도적인 왜곡표시를 의미한다. 재무제표 작성을 위한 자료 수집 및 처리과정에서의 오류나 측정, 인식, 분류, 표시, 공시와 관련된 회계원칙 적용에서의 오류가 발생가능하다.

또한 회계정보에는 작성자의 주관적인 판단이 영향을 미치는 경우가 존재한다. 회계정보 중에는 추정이 필요한 금액이 있으며, 추정과정에서 작성자의 편의나 동기가 개입될 수 있다. 예를 들면 매출채권의 대손충당금을 얼마로 설정해야 하느냐는 작성자의 주관적인 판단이 개입되어 결정되는 부분이다. 즉 재무제표에는 당기의 매출채권 중 얼마만큼의 금액은 못 받을 가능성이 있다는 대손충당금과 같은 추정금액도 포함된다. 작성자가 추정과정에서 특정사실을 간과하거나 해석의 착오를 범하여 추정오류를 범할 가능성도 있다.

둘째, 회계정보에 부정(fraud)이 포함되어 있을 가능성이 존재한다.

앞서 살펴본 바와 같이 경영진은 수탁책임의 결과를 회계정보를 통해서 보고하며, 이를 통해 평가받게 된다. 따라서 경영진이 자신의 이익을 위해서 회계정보를 의도적으로 조작하고 위조, 변조하는 부정을 저지를 가능성이 존재한다. 경영자가 외부 이해관계자들을 속이기 위해서 부정한 재무보고를 할 경우 실무에서는 이를 회계부정 또는 분식회계(window dressed accounting)라 부른다.

〈표 4.2〉 회계정보에서 발생가능한 문제점

	회계오류(accounting error)	회계부정(accounting fraud)
행위의 의도성	회계정보에 대한 비의도적인 왜곡이 발생한 경우	회계정보에 대한 의도적인 조작, 위조, 변조가 발생한 경우
발생 이유	회계정보의 수집, 처리과정에서 발생한 계산착오나 실수	경영진 등이 자신의 이익을 위해 저지른 기만행위

〈표 4.3〉 회계부정의 예

- 수익과 자산의 과대계상 : 회계기준에서 정한 인식시점에 비해 더 빠른 시점에 수익을 기록하거나, 실제 판매가 이루어지지 않은 상품이나 제품에 대한 가공매출을 기록하거나, 고객으로부터 반품받은 상품이나 제품에 대해서 매출에서 차감하지 않는 형태로 수익을 과대계상하는 경우가 있다. 또한 당기에 비용처리해야 할 연구비나 경상개발비를 자산화하거나, 수익적 지출을 자본적 지출로 처리하여 자산화하여 자산을 과대계상하는 경우가 있다.
- 비용과 부채의 과소계상 : 회계추정이나 기간배분을 달리하여 대손상각비나 감가상각비를 줄이는 방법을 통해 비용을 과소계상하는 경우가 있다. 또한 부채비율을 줄이기 위해 매입채무나 미지급금 같은 부채를 과소계상하는 경우가 있다.

감사원이 본 대우조선의 분식회계 수법

DSME

총예정원가 과소산정

▼

공사진행률(실제발생원가/총예정원가) 과다산정

▼

영업익 및 당기순익 과다산정

▼

산업은행 자금 추가지원 및 성과급 부당지급

출처 : 머니투데이the300, "대우조선, 해양플랜트 암세포 키우고 분식으로 덮어… 産銀 몰랐을까," 2016.6.15

[그림 4.5] 회계부정의 예(대우조선)

회계정보에 오류가 포함되어 있거나, 부정이 발생된 경우에 이해관계자는 이러한 정보를 이용하여 잘못된 의사결정을 내려 큰 손실을 볼 수도 있다. 이를 정보위험(information risk)이라 한다.

따라서 이와 같은 정보위험을 감소시키고 올바른 정보를 통해서 경영진을 평가하고 모니터링하기 위해서는, 관련 정보에 대한 신뢰성 검증이 반드시 필요하다. 즉 독립된 제3자인 외부전문가로부터 경영자가 작성한 정보에 대한 신뢰성 검증이 수행될 때, 보다 완전하고 객관적이며 오류가 없는 정보가 주주에게 제공될 것이다. 이러한 회계정보의 신뢰성 검증절차를 감사(audit)라고 한다. 감사과정에서 감사인은 회계정보에 부정과 오류가 포함되어 재무제표가 왜곡표시될 가능성이 있는가에 대한 철저한 검증을 수행한다.

외부감사인이 수행하는 가장 대표적인 감사는 재무제표감사라 할 수 있다. 우리나라에서는 주식회사 등의 외부감사에 관한 법률(외감법)에 따라 자산 120억원 이상 등의 기준에 해당되는 주식회사는 반드시 외부감사를 받도록 규정하고 있다.

감사주체에 따른 분류 : 외부감사, 내부감사, 감사위원회

감사인은 크게 외부감사인과 내부감사인으로 나뉜다.

외부감사

외부감사(external audit)란 기업의 외부인으로 구성된 감사인으로부터 감사를 받는 것을 의미한다. 외부감사인은 기업과 이해관계가 없는 독립적인 제3자이므로 공정한 감사결과를 기대할 수 있다. 특히 외부감사인으로부터 받게 되는 재무제표감사는 재무제표의 신뢰성을 확보하기 위한 중요한 검증절차이다. 우리나라에서는 기업의 직전년도 자산총액 등을 기준으로 하여 외부감사를 의무적으로 받도록 규정하고 있다(외감법).

외부감사인은 외부감사과정에서 경영진이 제공한 재무제표가 회계기준에 따라 적정하게 작성되었는가를 판단하기 위한 증거를 수집한다. 외부감사인은 증거수집을 통해 재무상태표상의 자산이 실제 존재한다는 것과 자산의 평가방법이 회계기준과 일치하는가에 대한 검증을 수행한다. 또한 기업의 모든 부채가 재무제표에 기록되었다는 것과 재무제표의 주석과 주기가 적절하게 공시되었는가도 검증한다.

외부감사의 전반적인 과정을 요약하면 '감사계획수립단계 → 거래유형의 테스트단계 → 계정잔액의 실증절차수행단계 → 감사의견형성 및 보고단계'로 이루어진다.[2] 첫째, 감사계획수립단계에서 외부감사인은 감사업무조건을 기업과 합의하여 수임여부를 결정하고, 효율적인 감사의 수행을 위한 계획수립 및 감사자원의 배분을 한다. 둘째, 거래유형의 테스트단계에서는 외부감사인은 왜곡표시위험의 식별 및 평가와 관련한 증거를 주요 거래유형별로 기업의 내부통제를 중심으로 수집하고, 왜곡표시의 금액(또는 올바른 거래금액)을 거래유형별로 검증한다. 셋째, 계정잔액의 실증절차수행단계에서 외부감사인은 실증적인 분석적 절차와 세부테스트를 통해서 계정잔액 표시의 공정성에 대한 감사의견형성을 위해 최종적인 실증적 증거를 수집한다. 이 과정이 감사인의 업무 중 가장 큰 비중과 시간이 투입되는 시점이다. 넷째, 감사의견형성 및 보고단계에서 외부감사인은 입수한 증거를 기반으로 하여 재무제표 공정표시의 종합적인 결론을 도출하고 감사보고서를 작성한다.

〈표 4.4〉 외부감사의 절차

■ 감사계획수립단계 ■ 거래유형의 테스트단계 ■ 계정잔액의 실증절차수행단계 ■ 감사의견형성 및 보고단계

내부감사

내부감사(internal audit)란 기업 내부인으로 구성된 감사인으로부터 감사를 받는 것을 의미한다. 내부감사인은 외부감사와 마찬가지로 업무수행을 위한 전문성이 요구되지만, 외부감사와 달리 독립성이 반드시 요구되지는 않는다. 내부감사는 주로 내부통제의 적정성과 효율성을 조사, 평가, 감시하는 기능을 수행한다. 내부감사를 기업이 의무적으로 실시해야 하는 것은 아니다. 그러나 많은 기업들이 내부감사인을 보유하고 있으며 내부감사를 통해 내부통제의 효과성을 확보하고 있다.

〈표 4.5〉 국제내부감사인협회 규정에 따른 내부감사인의 업무범위

- 재무활동 및 영업활동과 관련된 정보의 신뢰성(reliability)과 충실성(integrity)에 대한 검토를 수행하고, 관련 정보를 식별, 측정, 분류, 보고하는 데 사용된 방법의 적정성을 검토한다.
- 영업활동에 영향을 줄 수 있는 정책, 계획, 절차, 법률, 규제 등을 준수할 수 있는 내부통제가 설계되었는가를 점검하고, 이행여부(in compliance)를 검토한다.
- 자산을 보전하는 수단과 자산이 실제 존재하고 있는가를 검토한다.
- 자원 이용에 대한 경제성(economy) 및 효율성(efficiency)을 진단한다.
- 설정된 목표에 대한 올바른 계획이 수립되었는가를 점검하고, 업무와 계획이 계획된 대로 이행되고 있는가를 검토한다.

〈표 4.6〉 외부감사와 내부감사의 차이

	외부감사	내부감사
감사인 구성	• 기업 외부인	• 기업 내부인
주요 내용	• 재무제표의 신뢰성에 대한 검증	• 내부통제의 적정성과 효율성을 조사, 평가, 감시
전문성	• 전문성이 요구됨	• 전문성이 요구됨
독립성	• 독립성이 요구됨	• 독립성이 요구되지 않음
법률에 따른 의무	• 자산총액 120억원 이상 등의 조건을 충족하는 주식회사는 외부감사가 의무적으로 요구됨	• 의무적으로 요구되지 않음. 그러나 많은 기업들이 자율적으로 내부감사를 두고 있음

국제내부감사인협회(The Institute of Internal Auditors)는 내부통제의 적합성과 업무수행의 질을 평가하는 것을 내부감사로 규정하고, 조직의 효율성과 업적평가인 자문기능을 주요 내용으로 하여 업무감사의 성격을 강조하고 있다.[3]

감사위원회

감사위원회(audit committee)는 경영진의 업무수행과 관련된 감독과 회계감독권을 지닌 이사회 내 소위원회이다. 즉 감사위원회는 주주의 이익을 위해서 선임된 자로 경영진을 모니터링하고, 배당가능이익 산정의 정당성 및 재산의 보전상태 등을 감시하는 역할을 수행한다. 자산총액 2조원 이상의 상장법인 및 증권사들은 감사위원회를 반드시 설치하여야 하고, 감사위원회의 총원은 3명 이상의 이사로 구성하며, 3분의 2 이상은 독립이사이어야 한다.

감사위원회는 재무제표감사를 위한 외부감사인을 선임하고, 외부감사인이 그 업무를 적절히 수행하고 있는지에 대한 검토를 한다. 최근에는 감사위원회의 역할이 단순한 재무제표감사의 감독을 넘어, 기업의 내부통제 시스템의 적정성, 내부고발제도의 운영 실태, ESG 정보공시의 신뢰성 검토 등으로 확대되고 있다. 이에 따라 금융위원회와 한국거래소는 2023년 기업지배구조 보고서 공시 항목을 개편하였으며, 감사위원회의 구성, 역할, 활동 실적 등을 보다 구체적으로 공시하도록 의무화하였다. 이러한 조치는 감사위원회의 실질적 기능 수행을 촉진하고, 주주 및 기타 이해관계자의 감시 기능을 강화하기 위한 제도적 장치로 기능하고 있다. 외부감사인은 감사 종료 후에 감사보고서를 감사위원회에 제출해야 하며, 이사의 직무수행의 부정행위, 법령과 정관에 위반되는 행위, 회계처리 위반 사실 등을 발견했을 때에는 이를 반드시 감사위원회에 알려야 한다. 마찬가지로 감사위원회 역시 이사의 직무수행의 부정행위, 법령과 정관에 위반행위 등을 발견할 경우 이를 외부감사인에게 알려야 할 책임을 지닌다.

사례 4.1 외부감사인의 감사보고서

독립된 감사인의 감사보고서

삼성전자 주식회사
주주 및 이사회 귀중

우리는 별첨된 삼성전자주식회사(이하 "회사")의 재무제표를 감사하였습니다. 해당 재무제표는 2024년 12월 31일과 2023년 12월 31일 현재의 재무상태표, 동일로 종료되는 양 보고기간의 손익계산서, 포괄손익계산서, 자본변동표 및 현금흐름표 그리고 중요한 회계정책 정보를 포함한 재무제표의 주석으로 구성되어 있습니다.

재무제표에 대한 경영진과 지배기구의 책임
경영진은 한국채택국제회계기준에 따라 이 재무제표를 작성하고 공정하게 표시할 책임이 있으며, 부정이나 오류로 인한 중요한 왜곡표시가 없는 재무제표를 작성하는 데 필요하다고 결정한 내부통제에 대해서도 책임이 있습니다.

경영진은 재무제표를 작성할 때, 회사의 계속기업으로서의 존속능력을 평가하고 해당되는 경우, 계속기업 관련 사항을 공시할 책임이 있습니다. 그리고 경영진이 기업을 청산하거나 영업을 중단할 의도가 없는 한, 회계의 계속기업 전제의 사용에 대해서도 책임이 있습니다.

지배기구는 회사의 재무보고절차의 감시에 대한 책임이 있습니다.

재무제표감사에 대한 감사인의 책임

우리의 목적은 회사의 재무제표에 전체적으로 부정이나 오류로 인한 중요한 왜곡표시가 없는지에 대하여 합리적인 확신을 얻어 우리의 의견이 포함된 감사보고서를 발행하는 데 있습니다. 합리적인 확신은 높은 수준의 확신을 의미하나, 감사기준에 따라 수행된 감사가 항상 중요한 왜곡표시를 발견한다는 것을 보장하지는 않습니다. 왜곡표시는 부정이나 오류로부터 발생할 수 있으며, 왜곡표시가 재무제표를 근거로 하는 이용자의 경제적 의사결정에 개별적으로 또는 집합적으로 영향을 미칠 것이 합리적으로 예상되면, 그 왜곡표시는 중요하다고 간주됩니다.

감사의견

우리의 의견으로는 별첨된 회사의 재무제표는 회사의 2024년 12월 31일 및 2023년 12월 31일 현재의 재무상태와 동일로 종료되는 양 보고기간의 재무성과 및 현금흐름을 한국채택국제회계기준에 따라 중요성의 관점에서 공정하게 표시하고 있습니다.

우리는 또한 회계감사기준에 따라, 「내부회계관리제도 설계 및 운영 개념체계」에 근거한 회사의 2024년 12월 31일 현재의 내부회계관리제도를 감사하였으며, 2025년 2월 18일자 감사보고서에서 적정의견을 표명하였습니다.

서울특별시 강남구 테헤란로 152
삼정회계법인
대표이사 김교태

2025년 2월 18일

출처 : 삼정회계법인, "삼성전자의 감사보고서," 2025.3.11

외부감사인의 독립성 문제

외부감사는 경영진이 주장하는 재무제표의 신뢰성을 외부의 독립적인 제3자가 검토하는 것이다. 외부감사인이 재무제표에 대한 외부감사를 수행하는 데 요구되는 중요한 두 가지 특성은 전문성과 독립성이다.

▌외부감사인의 전문성

외부감사인에게 요구되는 전문성은 감사서비스를 제공하기에 합당한 수준의 전문적 지식과 기술을 보유하고 있어야 한다는 것이다(윤리기준 130.1). 외부감사업무를 수행하는 가장 일반적인 형태는 회계법인(CPA firm)으로, 회계법인은 공인회계사들로 구성된 전문가 집

〈표 4.7〉 외부감사인의 법적 책임

대우조선 회계부정 관련 제재 조치
▶ 대우조선해양
–과징금(회사 45억 4,500만원, 고재호 전 대표이사 1,600만원, 정성립 대표 1,200만원) –담당임원에 대한 해임 권고 –감사인 지정조치 : 2017～2019년(3년간)
▶ 삼정회계법인
–손해배상기금 50% 추가 적립 –대우조선해양에 대한 감사업무제한(3년) –소속 회계사에 주권상장, 지정회사 감사업무제한 등
▶ 안진회계법인 : 다음달 제재 결정

출처 : 매일경제, "금융당국, '분식회계' 대우조선해양에 솜방망이 과징금 45억원," 2017.2.24

단이다. 많은 나라에서 공인회계사(Certified Public Accountant, CPA) 제도를 갖추고, 공인회계사 자격을 갖춘 자들만이 외부감사를 수행하도록 규정하고 있다. 즉 나라에서 주관하는 전문자격시험을 통과하고 연수과정을 거친 자들에게만 공인회계사의 자격을 부여한다. 따라서 외부감사를 수행하는 공인회계사들은 나라의 전문자격시험을 통해 전문성이 확보된 자들이라 할 수 있다.

외부감사인의 독립성

외부감사인에게 요구되는 독립성은 감사절차를 수행하고 결과를 평가하며 감사보고서를 작성하는 모든 과정에서 정직하고 객관적인

[그림 4.6] 외부감사인의 독립성

자세 및 공정한 견해(unbiased viewpoint)를 유지하고 있어야 한다는 것이다.

외부감사인의 독립성은 크게 두 가지로 정신적 독립성과 외관상 독립성을 지녀야 한다. 정신적 독립성이란 감사인의 전문가적인 판단을 손상시키는 요인에 영향을 받지 않고 감사의견을 표명할 수 있는 정신적 상태이다. 외관상 독립성은 감사인이 독립적인 제3자로서 정신적 독립성이 훼손될 만한 기업 또는 경영진과의 이해관계를 갖고 있지 않은 것을 의미한다.

〈표 4.8〉 외부감사인의 정신적 독립성과 외관상 독립성의 관련성

- 본질적으로 정신적 독립성은 외관상 독립성보다 상위에 위치하는 개념이다. 즉 외관상 독립성을 갖춘 경우에도 정신적 독립성을 갖추지 못한 경우가 발생된다.
- 외관상 독립성이 의심되는 경우에는 정신적 독립성 여부에 관계없이 감사보고서의 신뢰성이 큰 폭으로 하락된다.
- 외관상 독립성을 갖춘 경우라도 정신적 독립성을 반드시 함께 갖추고 있는 것은 아니다.
- 외관상 독립성은 감사보고서의 신뢰성을 확보하기 위한 최소한의 필요조건이다. 따라서 감사보고서의 신뢰성 확보를 위해서는 외관상 독립성은 반드시 확보하여야 한다.

외부감사인의 비감사서비스 제공 문제

미국은 1933년 증권법(Securities Act of 1933)과 1934년 증권거래법(Securities Exchange Act of 1934)을 제정하여, 외부감사인에 의한 외부감사를 강제하였다. 1930년대와 1940년대에 미국경제의 호황 및 법인의 수 증가와 맞물려 외부감사인의 감사서비스에 대한 기업의

수요가 큰 폭으로 증가하고 회계법인의 수도 함께 증가하였다. 1930년대와 1940년대를 거치며 회계법인은 독립적인 제3자로 외부감시자로서의 역할을 효과적으로 수행하게 된다.

그러나 1970년대와 1980년대를 거치며 회계감사산업의 변화가 발생한다. 과거와 달리 경제성장이 둔화되고 기업의 수가 더 이상 증가되지 않음으로써 회계법인의 이익이 큰 폭으로 줄어들기 시작했다. 이에 회계법인들은 자신의 이익을 늘리기 위해 다른 회계법인으로부터 고객을 빼앗아 오기 위한 광고를 시작하였고 감사서비스의 수임료 인하 정책을 사용하였다.

또한 이 시기부터 회계법인들은 감사서비스 이외에 이익을 창출할 수 있는 비감사서비스를 기업에 제공하게 된다. 즉 기업들에게 회계처리방법에 대한 컨설팅, 세금절감을 할 수 있는 방법에 대한 컨설팅, 그리고 경영 및 사업 활동 전반에 대한 컨설팅서비스를 다양하게 제공하게 된다. 이와 같은 컨설팅서비스와 같은 비감사서비스의 제공은 회계법인의 새로운 수익원이 되었으나, 회계법인의 독립성을 저하시키는 상황을 만들게 된다. 즉 회계법인이 동일 기업에 대하여 감사서비스와 비감사서비스를 함께 제공할 때, 외부감사인이 과연 독립적인 위치에서 외부감사를 수행할 수 있을 것인가에 대한 의문이 제기된다.

회계법인이 기업에게 비감사서비스를 제공함으로써 막대한 수익을 창출하고 있는 상황에서, 재무제표에서 경영진이 주장하는 바를 공정하게 평가하고 검토할 수 있는가에 대한 문제가 존재한다. 만약 회계법인이 엄격한 감사를 통해 경영진이 주장하는 재무제표의 회계처리에 대해 의문을 제기한다면, 경영진은 더 이상 해당 회계법인에게 비감사서비스와 감사서비스를 의뢰하지 않을 것이다. 이는 회계법인에게 크나큰 경제손실을 가져올 수 있다. 이와 같은 이해상충이 존재하는 상황 속에서 회계법인에게 공정한 감사를 기대하기란 어려울 수 있다. 따라서 동일기업에 대한 감사서비스와 비감사서비스의 제공은 외부감사인의 독립성을 크게 훼손시킬 수 있다. 미국은 이에 2002년 사베인스 · 옥슬리법(Sarbanes-Oxley Act, SOX)을 제정하여, 외부감사인이 동일기업에 대해 감사서비스와 컨설팅서비스를 함께 제공하는 것을 금지시켰다. 이에 따라 외부감사인은 기업에게 감사서비스와 컨설팅서비스 중 하나만을 제공하게 되었다.

우리나라 외부감사제도의 제도적 전환

우리나라에서도 외부감사의 실효성을 제고하고 감사인의 독립성을 강화하기 위한 제도적 개편이 본격적으로 이루어지고 있다. 특히 2018년에 전면 개정되어 2019년부터 시행된 「주식회사 등의 외부감사에 관한 법률」은 외부감사제도의 근본적인 전환점을 형성하였다. 개정된 법률은 감사인의 독립성 확보 및 감사품질 제고를 주된 목표로 삼아, 기존의 형식적 · 절차 중심의 감사제도에서 벗어나 실질적 통제수단으로서의 외부감사를 제도화하려는 시도로 평가된다.

대표적인 제도 개편 내용 중 하나는 주기적 감사인 지정제도의 확대이다. 이는 일정기준 이상의 상장회사 및 일부 비상장회사에 대해, 기업이 아닌 금융감독원이 일정주기마다 외부감사인을 지정할 수 있도록 한 제도이다. 기존의 자율적 감사인 선임 방식은 장기 수임 관계로 인해 감사인의 독립성이 훼손되거나, 감사품질이 저하될 가능성을 내포하고 있었다. 이에 따라 감독당국이 감사계약 구조에 개입함으로써 감사인의 독립성과 객관성을 제도적으로 확보하고자 한 것이다.

또한 표준감사시간제(Standard Audit Hours)의 도입은 외부감사인이 기업의 재무상황, 산업군 특성, 내부통제 수준 등을 반영하여 일정 수준 이상의 감사 투입시간을 확보하도록 강제한 제도이다. 이 제도는 저가 수임에 따른 감사인의 시간 부족과 감사품질 저하 문제를 개선하고, 감사절차의 실질화를 유도하고자 도입되었다. 감사인이 표준감사시간 기준을 반복적으로 충족하지 못할 경우에는 감리대상으로 지정될 수 있으며, 이는 감사품질 확보를 위한 유인장치로 기능하고 있다.

아울러, 감사품질지표(Audit Quality Indicators, AQI)의 공시 의무화는 회계법인의 감사역량과 업무수행 수준을 정량적·정성적으로 평가할 수 있도록 지원하는 제도적 장치이다. AQI는 회계법인의 파트너 1인당 감사대상 수, 직원의 평균 감사시간, 교육훈련 이수시간, 이직률 등 다양한 항목을 포함하고 있으며, 이를 통해 외부감사인의 품질관리체계에 대한 이해관계자의 접근성과 투명성을 제고하고자 한다.

요컨대, 최근 우리나라의 외부감사제도는 단순한 기술적 보완을 넘어, 회계감사의 본질적 기능 회복과 회계정보의 신뢰성 제고를 위한 구조적 개혁의 방향으로 나아가고 있다. 이는 회계감사제도가 기업지배구조의 핵심 축으로 작동하도록 하기 위한 제도적 기반 마련으로서, 경영자의 수탁책임 이행에 대한 감시뿐만 아니라 자본시장의 신뢰성 제고에도 기여하는 바가 크다.

우리나라 또한 외부감사인의 책임성과 감사품질에 대한 사회적 관심이 높아짐에 따라, 감사인의 직무상 주의의무와 감사절차의 적정성을 확보하기 위한 제도적 강화가 이루어지고 있다.

특히 2018년 발생한 삼성바이오로직스의 회계처리 논란은 IFRS

해석의 재량성 문제와 함께 외부감사인의 판단 책임을 둘러싼 논란을 불러일으켰고, 옵티머스 자산운용 사건에서는 감사인이 운용자산 실재성을 확인하지 않은 채 감사보고서를 발행한 사실이 드러나, 감사인의 실질적 감사수행 여부에 대한 비판이 제기되었다.

이에 금융감독원은 감사인의 책임을 강화하기 위해 회계법인의 등록취소, 감사인 지정 배제, 감리 착수 등 보다 강도 높은 행정조치를 도입하였으며, 외부감사인의 감사계약 수주 및 품질관리 전반에 대한 감독 강도를 높이고 있다.

〈표 4.9〉 회계법인의 감사서비스 및 비감사서비스 현황

법인 구분			수입 구분				총 매출액	업무비중			
구 분	번 호	법인명	회계감사	세무자문	경영자문	기 타		회계감사	세무자문	경영자문	기 타
4대 법인	1	삼일	360,077	259,736	403,288	–	1,023,101	35.2%	25.4%	39.4%	0.0%
	2	삼정	289,349	145,345	417,844	–	852,538	33.9%	17.0%	49.0%	0.0%
	3	한영	220,911	63,387	196,127	–	480,425	46.0%	13.2%	40.8%	0.0%
	4	안진	152,562	99,463	263,000	–	515,025	29.6%	19.3%	51.1%	0.0%
	4대 법인 소계		1,022,899	567,931	1,280,259	–	2,871,089	35.6%	19.8%	44.6%	0.0%

출처 : 금융감독원, "2023사업연도 회계법인 사업보고서 분석결과," 2024.11.20

사례 4.2 우리나라 외부감사제도의 제도적 전환

2018년 외부감사법 전면 개정으로 회계개혁의 3대 축이라고 할 수 있는 '주기적 감사인 지정제, 표준감사시간제, 내부회계관리제도의 외부감사'가 모두 도입됐다.

회계개혁의 핵심은 기업의 회계투명성을 향상시키는 데 있다. '주기적 감사인 지정제'는 기업이 아닌 금융당국이 기업의 감사인을 지정하는 것이어서 기업과 감사인의 유착을 막고 감사인의 독립

성을 확보하는 기틀이다.

회계개혁(외부감사법 개정) 주요 내용

구 분	제 도	주요 내용
회사	외부감사 대상 확대	주식회사로 한정돼 있던 외부감사 대상을 유한회사까지 확대
	감사인 선임권한 변경	감사인 선임권한을 내부감사기구(감사 또는 감사위원회)로 이관 * 법 개정 전까지 경영진이 감사인 선임 결정
	내부회계관리제도	내부회계관리제도에 외부감사제도 도입 * 감독당국이 재무제표 감리시 내부회계관리제도 감리를 병행
감사인	주기적 감사인 지정제	모든 상장법인 및 소유·경영 미분리 비상장사에 대해 9년 중 3년 주기로 정부가 감사인 지정
	감사인등록제	상장회사 외부감사는 감사품질 관리체계 구축 등 일정요건을 충족하는 회계법인에만 허용
	표준감사시간제	공인회계사회가 표준감사시간을 정할 수 있는 권한 신설
제재	과징금제도 신설	분식회계 금액의 20% 이내에서 과징금 부과(절대금액 상한이 없음) 감사인은 감사보수 5배 이내
	회계법인 대표이사 제재	품질관리 소홀로 중대한 감사부실 발생시 회계법인 대표이사와 품질관리담당임원 해임권고와 직무정지 등 조치

표준감사시간제는 회사의 규모와 업종에 따라 필요한 감사시간을 한국공인회계사회가 정해서 감사의 질이 하락하는 문제를 방지하기 위한 조치다.

이와 함께 외부감사법은 기업 스스로 회계에 대한 내부통제 시스템을 강화할 수 있도록 내부회계관리제도를 외부감사인의 감사대상으로 규정했다.

주기적 감사인 지정제는 2020년 회계연도에 적용돼 자산규모가 큰 회사 220곳이 첫 대상이 됐다. 표준감사시간제는 2019년부터 적용돼 대상 기업이 점차 확대되고 있다. 내부회계관리제도에 대한 외부감사 시행시기는 자산 2조원 이상 기업은 2019년부터, 5,000억원 이상 기업은 2020년 적용된다. 전체 기업으로 확대되는 시기는 2023년부터다.

회계개혁의 영향은 기업에만 그치지 않고 있다. 회계업계도 회계개혁에 따른 변화에 직면했다. 감사인등록제 도입으로 상장회사의 감사를 맡기 위해서는 금융당국의 심사를 통과해야 한다. 금융당국은 감사품질 관리체계 구축 등 일정요건을 충족하는 회계법인에 한해서만 감사인등록을 허용해주고 있다.

외부감사법 개정으로 기업과 회계법인들에 대한 제재 수위도 크게 강화됐다. 외부감사법에는 회계부정에 대한 과징금제도가 신설됐다. 분식회계액의 20% 이내에서 과징금 부과가 가능해졌다. 절대금액의 상한이 없어 분식회계 규모가 클수록 과징금 규모는 늘어나게 된다. 회사 관계자에게도 부과 과징금의 10% 이내에서 과징금 처분이 가능해졌다. 감사인도 감사보수의 5배까지 과징금이 부과된다.

단순히 과징금 부과에 그치지 않고 민·형사상 책임도 져야 한다. 과거 외부감사법은 고의 회계부정과 관련해 회계사에게 징역 5년 또는 7년 이하의 징역형을 규정하고 있었지만 개정 법률은 징역 10년 이하로 강화됐다. 특히 재무제표상 회계기준 위반으로 변경된 금액이 1,000억원 이상(자산 1조원 이상 기업)이면 무기 또는 5년 이상의 징역에 처하도록 가중 처벌 조항을 두고 있어서 최대 무기징역까지 받을 수 있다는 분석도 있다.

또한 회계법인과 회계사들을 대상으로 한 손해배상소송 시효도 기존 3년에서 8년으로 연장됐다. 2018년 11월 1일 개정 법률 시행 이후 발생한 회계부정 사건에 대해 적용되기 때문에 회계사들은 상당기간 손해배상 위험에 노출될 수밖에 없다.

이 밖에도 금융당국은 회계부정에 대한 익명신고를 허용하고, 감사인이 품질관리기준 위반으로 개선권고를 받고도 중요사항을 다시 위반하면 이를 제재할 수 있는 근거를 마련했다.

금융당국 관계자는 "사실상 동원가능한 제도들을 모두 마련했다"며 "회계투명성 향상에 실제 어떤 영향을 미칠지 주목된다"고 말했다.

출처 : 내일신문, "회계개혁 3대 축 '감사인 지정제, 표준감사시간제, 내부회계관리제도'," 2020.6.17

현대사회에서의 회계정보의 역할

현대사회로 오면서 회계의 역할이 점차 변화되고 있다. 전통적으로 회계는 기업의 외부 또는 내부 이해관계자들에게 유용한 정보를 전달하는 역할을 수행해왔다. 물론 이와 같은 회계의 정보전달기능은 현대사회에서도 여전히 매우 중요한 부분이다. 현대사회로 오면서 추가된 회계의 역할은 회계부서에게 이익센터로서의 역할을 기대하기 시작했다는 점이다.

회계부서에게 요구되는 이익센터로서의 역할

현대사회로 오면서 회계부서는 전통적인 정보전달 역할에 더하여 이익센터로서의 역할을 추가적으로 수행할 것을 요구받게 된다. 이익센터(profit center)란 이익 창출을 위해서 노력해야 하는 책임이 있는 조직 단위를 의미한다. 이러한 관점은 회계를 예술임과 동시에 과학으로 보는 견해에서 비롯한다(Accounting can be classified as both an art and a science). 현대사회에서는 회계부서가 이익을 보고하는 과정에서 회계추정이나 회계처리방법의 선택을 통해서 기업의 이익증가에 일정부분 기여하여야 한다는 믿음이 존재한다. 즉 앞서 제2장에서 논의한 바와 같이 경영진과 기업의 구성원들은 내부적으로 정한 목표치에 의해서 자신의 보상이 결정되는 경우가 많다. 또한 연초에 재무분석가들에 의해서 자본시장에 발표되는 기업의 이익 예측치(외부 목표치)를 달성하지 않을 경우 기업의 주가하락이 발생할 위험도 존재한다.

기업의 구성원들은 매년 외부 및 내부의 목표치를 달성하기 위한 노력을 기울인다. 이 과정에서 회계부서의 구성원들도 외부 및 내부의 목표치 달성을 위한 노력을 함께 기울여야 한다는 것이다. 기업활동 중 존재하는 주관적인 부분과 회계기준이 허용하고 있는 작성자의 주관적인 판단을 이용한다면 얼마든지 다양한 회계처리방법의 선택이 가능하다. 회계부서가 어떠한 회계처리방법을 선택하느냐에 따라 보고이익은 달라질 수 있다.

이익유연화

이익유연화(이익평준화, income smoothing)란 기업이 보고이익의 변동성을 감소시키려는 노력 또는 그 현상을 의미한다. 즉 기업이 외부에 회계이익을 보고하는 과정에서 이익이 점진적으로 증가하도록 수익이나 비용을 조기 인식하거나 연기하는 방법을 통해 이익을 유연화시키는 것을 의미한다.

기업이 이익유연화를 시도하는 이유는 다음과 같다.

첫째, 이익유연화를 통해 기업위험(불확실성)에 대한 외부평가를 감소시키고자 한다.

기업이 이익유연화를 시도하는 가장 근본적인 이유는 이익유연화를 통해 주주와 같은 외부 이해관계자들에게 기업의 불확실성(위험)

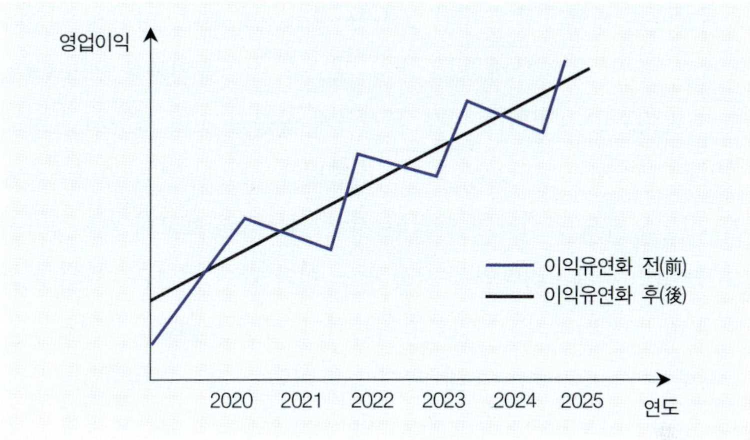

[그림 4.7] 이익유연화

을 감소시켜 기업가치에 대한 긍정적인 평가를 받기 위해서이다. 즉 외부 이해관계자는 변동성이 큰 보고이익을 보고하는 기업에 비해 점진적인 보고이익의 증가를 보고하는 기업의 위험이 상대적으로 더 낮다고 평가한다. 외부 이해관계자들의 기업위험에 대한 평가가 감소할 경우 이는 기업가치에 긍정적인 평가로 연결된다. 즉 안정적인 보고이익의 흐름은 미래기대이익에 대한 불확실성을 감소시켜줌으로써 외부 이해관계자들이 기업의 현재가치를 계산할 때 사용하는 할인율을 감소시키고 결국 기업가치 산정에 긍정적인 영향을 미친다.

둘째, 이익유연화를 통해 법인세를 감소시키고자 한다.

기업이 이익유연화를 시도하는 다른 이유는 이익유연화를 통해 법인세 절감을 하기 위해서이다. 기업은 장기적으로 법인세를 최소화하기를 원하기 때문에, 매년 보고되는 회계이익이 큰 변동성 없이 유지되기를 바란다. 만약 기업의 과세표준율이 급격하게 변동되면 조세당국은 해당기업에 대한 조사를 강화하게 된다. 따라서 기업은 과세표준율이 급격하게 변동하지 않도록 이익유연화를 시도한다. 즉 과세표준율이 전기에 비해 급격하게 상승될 것이 예상되면 보고이익을 감소시킬 수 있는 회계처리방법을 사용하거나, 과세표준율이 전기에 비해 급격하게 하락될 것이 예상되면 보고이익을 증가시킬 수 있는 회계처리방법을 사용한다. 이와 같이 기업은 이익유연화를 통해 조세당국의 주의를 감소시키기 위한 노력을 기울인다.

셋째, 이익유연화를 통해 경영자의 이익을 높이고자 한다.

보고이익이 주주의 기대보다 낮을 경우 주주는 경영자에게 그에 따른 책임을 물을 수 있다. 이에 경영자는 자신의 평가와 지위를 유지하기 위해서 이익유연화를 시도한다. 즉 보고이익이 주주의 기대에 비해 크게 낮을 것으로 예상될 경우에는 보고이익을 증가시키는 회계처리방법을 선택하고, 보고이익이 높을 것으로 예상될 경우에는 추후에 발생할 예측불가능한 손실을 회피하기 위해 보고이익을 이연시키는 회계처리방법을 선택한다.

이익조정과 이익조작의 경계의 모호성

회계부서는 기업의 내부와 외부의 목표를 달성하기 위해서 이익유연화와 같은 이익조정을 실시할 유인을 갖게 된다. 이익조정(earnings management)이란 "어떠한 사적인 이득을 얻기 위해서 외부에 재무보고를 하는 과정에 의도를 가지고 개입하는 것"으로 정의된다.[4] 예를 들어 경영자는 일시적으로 수익을 높이기 위해 가격할인을 단행하거나 연구개발비나 광고선전비를 조정해 이익을 늘릴 수도 있다. 또한 상품이나 제품의 매출시기를 조정하거나 유가증권을 처분하는 등의 방법으로 이익조정을 할 수 있다. 또한 회계수치에는 경영자의

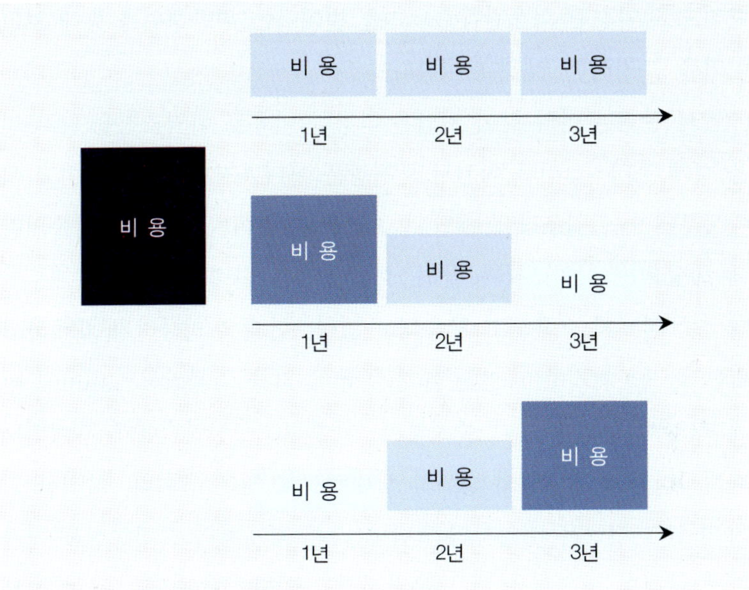

[그림 4.8] 이익조정활동

재량에 따라 결정되는 금액들도 존재한다. 건물의 감가상각비를 정액법으로 처리할 것인지 또는 정률법으로 처리할 것인지에 따라 매년 비용은 다르게 계산된다. 정액법은 해마다 동일한 금액으로 비용이 계산되고 정률법은 초기에 많은 비용이 계산되지만 시간이 지날수록 점차 적은 비용이 계산된다. 매출채권 및 미수금 등에 대한 대손상각비도 추정이 포함되는 비용이다.

이익조정과 이익조작의 개념을 구분하는 경우, 다음과 같이 구분하게 된다.[5] 이익조정은 일반적으로 인정된 회계원칙(GAAP)이 허용하고 있는 범위 내에서 재무활동이나 생산활동 등에 관한 의사결정을 조정하거나 회계추정이나 회계처리방법의 선택을 통하여 보고이익을 조정하는 것을 의미하고, 이익조작(earnings manipulation)은 일반적으로 인정된 회계원칙(GAAP)을 벗어나는 위반행위를 통해 보고이익을 조정하는 것을 의미한다.

앞서 살펴본 바와 같이 기업은 다양한 이유로 이익조정을 할 유인을 갖게 된다. 그러나 여기서 문제점은 어디까지가 이익조정이고 어디서부터가 이익조작에 해당되느냐 하는 것이다. 명백한 법률위반에 해당되는 이익조작과 달리, 이익조정은 현대사회에서 회계부서의 실무진에게 수용되고 활용되고 있다. 현재 우리나라가 채택하고 있는 국제회계기준(IFRS)은 과거의 규칙 기반 회계원칙(GAAP)에 비해 기업의 실질을 보다 중시하며, 이에 따라 경영진에게 부여되는 회계처리상의 재량권의 범위가 상대적으로 넓은 편이다. 이러한 원칙 중심적 접근은 경영자의 판단에 따른 회계처리의 적정성을 평가하는 과정의 중요성을 더욱 부각시키고 있다. 특히 ESG 관련 정보 등 비재무성과와 관련된 영역에서 회계적 추정이 요구되는 사례가 증가하면서, 회계정보의 신뢰성과 비교가능성을 확보하기 위해 이익조정의 동기와 수단, 그리고 그 정당성 여부를 정교하게 판별하려는 학문적 · 실무적 논의가 활발히 진행되고 있다.

〈표 4.10〉 이익조정과 이익조작의 차이

	이익조정(earnings management)	이익조작(earnings manipulation)
개 념	일반적으로 인정된 회계원칙(GAAP)이 허용하고 있는 범위 내에서 재무활동이나 생산활동 등에 관한 의사결정을 조정하거나 회계추정이나 회계처리방법의 선택을 통하여 보고이익을 조정하는 것	일반적으로 인정된 회계원칙(GAAP)이 허용하고 있는 범위를 벗어나는 위반행위를 통해 보고이익을 조정하는 것

그러나 이러한 재량의 확대는 경영자가 수행하는 이익조정이 정당한 관리적 판단인지, 아니면 회계기준을 악용한 이익조작에 해당하는지를 명확히 구분하기 어렵게 만들고 있다. 실제로 경영자가 이익조정과 이익조작을 하게 되는 동기가 반드시 상이하다고 보기도 어렵고, 두 방식이 초래하는 경제적 결과 역시 실무적으로 쉽게 식별되지 않는다는 점에서 중요한 쟁점이 되고 있다.

사례 4.3 이익조정과 이익조작

경영자의 '이익조정(earnings management)'에 대한 의견이 분분하다. 이익조정이란 개인적인 이익을 얻기 위해 외부에 재무제표를 보고할 때 의도적으로 개입하는 것(Schipper, 1989)을 의미한다. 다시 말해 기업회계기준 범위 내에서 재무나 생산에 대한 의사결정을 조정하거나 회계 추정이나 회계 처리방법의 선택을 통해 보고이익을 조정하는 것을 말한다. 반면에 '이익조작(earnings manipulation)'은 기업회계기준을 위반하는 이익조정을 말한다. 이익조작을 일반적으로 분식회계(window dressing), 회계부정(accounting fraud)이라고도 한다.

분식회계에서 분식이란 여성들의 화장용품인 분을 얼굴에 바른다는 의미로 얼굴을 치장해 본모습을 숨기고 꾸민다는 의미다. 사실 이익조정과 이익조작은 종잇장 차이일 수 있다. 실무적으로는 회계기준에서 어느 선까지 용인이 되는지가 모호하여 이익조정과 이익조작을 구분하기가 어려운 경우가 종종 발생한다. 명백히 범죄행위인 분식회계와 달리 이익조정은 실무적으로 수용되고 있는 개념이다. 우리나라가 채택하고 있는 국제회계기준(IFRS)은 기존의 회계원칙(GAAP)에 비해 회사의 실질을 중요시 여기며 경영진의 재량권 허용 정도가 높다. 예를 들면 감가상각비를 정액법으로 할 것인가, 정률법으로 할 것인가는 기업에 맞게 재량껏 선택하도록 하고 있다. 상대적으로 정액법은 해마다 동일한 금액으로 비용 처리하는 반면, 정률법은 초기에는 비용이 많이 나가고 점차 해를 거듭할수록 비용이 줄어든다.

이익조정과 또 다른 개념으로 이익평준화(이익유연화)가 있다. 이익평준화(income smoothing)란 보고이익이 회계기간 간에 심하게 변동하는 것을 방지하기 위해 보고이익을 목표이익에 근접하도록 조정하는 것을 의미한다. 한 기업이 올해 목표이익을 100억원으로 설정했다고 가정하자. 실제로 달성한 이익이 200억원일 때 경영자는 실제이익을 목표이익에 근접하게 조정(이익을 줄이는 조정)할 수 있다. 이렇게 실제이익을 줄이는 유인은 무엇일까? 내년도의 이익목표를 세울 때 올해의 이익을 토대로 세운다. 또한 내년도의 경기 상황이 어떻게 될지 모르기 때문에 이익을 내년으로 이연시킨다. 이익조정을 하면 이익의 변동폭이 커지지만 이익유연화는 이익의 변동폭을 줄이기 위해 시행한다.

이익을 조정하는 방법으로 경영자는 일시적으로 매출을 높이기 위해 가격 할인을 단행하거나 전년 대비 성과가 좋지 않으면 연구개발비를 줄이거나 광고선전비를 조정해 순이익을 늘릴 수도 있다. 연말에 매출 시기를 조정하거나 유가증권을 처분하는 등의 방법으로 순이익을 조정할 수 있다.

현재도 기업의 경영자는 이익을 조정하려 하고 실제로 이익조정을 하고 있다. 그러면 이익조정은 좋은 것인가, 나쁜 것인가? 이에 대한 대답은 간단하지 않다. 우리는 기업의 회계처리 변경으로 이익이 달라진다는 것을 알고 재무제표를 분석하면서 급격히 증감한 계정에 대한 주석 읽기를 게을리하지 말아야 한다.

출처 : 매일경제, "[너와 나의 회계고리] 이익조정과 조작, 비록 종이 한 장 차이지만…," 2017.9.7

사례 4.4 엔론의 분식회계와 사베인스 · 옥슬리법 제정

"경영자들은 실적보고서에 거짓이 드러나면 성과급을 반납한다" "기업들은 자사 경영자들에게 특혜대출을 할 수 없다" "회계법인의 파트너가 감사대상기업의 경영자로 직접 옮겨갈 수 없다"

회계부정과 부도덕성으로 뿌리째 흔들리고 있는 미국식 자본주의의 해결사로 등장한 '사베인스 · 옥슬리법(Sarbanes-Oxley Act, SOX)'의 주요 조항이다. 2002년 제정된 이 법안의 탄생은 미국 7위의 거대기업이던 엔론의 파산이 시초가 됐다.

영국의 이코노미스트 2002년 11월호에는 엔론 파산 이후 미국 자본주의의 현주소를 다음과 같이 진단했다.

▶ 누가 얼마나 잘못했나

먼저 회계법인들이다. 최악의 회계법인으로는 단연 아서 앤더슨이 꼽힌다. 이 회사는 엔론, 월드컴, 글로벌크로싱 등 회계부정 '3인방'의 회계를 나란히 맡았다. 아서 앤더슨은 2000년에 엔론으로부터 회계비용 2,500만 달러와 컨설팅 비용 2,700만 달러를 동시에 챙겼다. 이는 기업과 회계법인 간의 밀착을 불러왔고 부실회계가 속속 드러나면서 아서 앤더슨도 문을 닫았다. 이 밖에 제록스의 회계를 맡았던 KMPG, 증권거래위원회(SEC)와 미연방예금보험공사(FDIC)로부터 동시에 소송을 당한 Ernst & Young도 악명 높은 회계법인으로 유명하다.

두 번째 비난의 화살은 경영자들을 향한다. CEO들은 회사가 속으로 곪아가고 있는 와중에도 자기 배를 불리기 바빴다. 글로벌크로싱의 게리 위닉은 파산 2년 전에 보유중이던 회사주식을 팔아 5,000만 달러를 챙겼다. 엔론의 케네스 레이는 2,200만 달러를 벌어들였다. 월드컴의 최고재무관리(CFO)였던 스캇 설리반은 3,500만 달러를 받았고 비집행이사에 불과했던 엔론의 케니 해리슨도 7,500만 달러를 받았다.

믿었던 잭 웰치 GE 전 회장마저 이혼소송과정에서 치부가 드러났다. 그는 재직한 20년 동안 받은 총 5,000만 달러 외에 퇴직 후 매년 7,500만 달러의 연금을 받았고 회사 비행기와 맨해튼의 아파트를 무상으로 사용하고 있었다.

▶ 구원투수 '사베인스 · 옥슬리법'

회계스캔들이 잇따라 터져 나오자 2002년 7월 새로운 회계법안인 사베인스 · 옥슬리법이 제정됐다. 이 법안은 회계과정을 투명하게 하는 데 목표를 두고 있다. 회계법인들을 감시하는 기업회계조사위원회가 새롭게 설치됐고, 각 기업 감사위원회의 이사들은 독립성을 유지해야 한다.

SEC도 상장기업들에 대해 2년 안에 이사회의 과반수 이상이 사외이사로 채워지도록 하는 등 기업지배구조를 건전화하는 규정을 만들었다. 그러나 사베인스 · 옥슬리법은 시작부터 흔들리고 있다. 이 법안은 원안에 비해 상당히 후퇴한 것이다. 당초 안에는 5년마다 담당 외부감사법인을 바꾸도록 했지만 회계를 지휘하는 리더만 5년마다 교체하면 되도록 변경됐다. 회계사들의 정치력이 여전하다는 것을 알 수 있는 대목이다. 지난 6월 터진 월드컴 회계부정의 여파로 여론의 불신도 여전하다. 이달에는 하비 피트 SEC위원장과 윌리엄 웹스터 기업회계감독위원회 위원장이 인사문제로 나란히 사임, 회계개혁을 지휘해야 할 지도부부터 흔들리고 있는 상태다.

이 법안은 또 유럽인들로는 급조된 인상이 짙다는 비판을 받고 있다. 외국은행의 경우 자사 이사들에게 대출을 못하게 해놓고 미국 은행들에 대해서는 이를 면제해주는 이중성이 그 예다. 하나하나의 사안에 CEO와 CFO가 일일이 보증하게 함으로써 변호사들의 배만 불린다는 지적도 받는다.

▶ 집요한 질문으로 무장해라

정확하고 투명한 회계를 하는 일은 갈수록 어려워지고 있다. 기업의 경계가 모호해지고 있기 때문이다. 기업은 이제 법적으로나 물리적으로 닫혀 있는 조직이 아니다. 아웃소싱, 조인트벤처, 전략적 제휴 등을 통해 '느슨한 관계'들이 지속적으로 확대되고 있다. 대기업의 경우 최소 30개의 제휴업체가 있는 실정이다.

비교적 투명한 기업으로 인정받는 델컴퓨터조차도 모든 위험을 회계보고서에 기재하지는 못한다. 델컴퓨터에 들어가는 반도체가 만들어지는 대만이 지진다발 지역이라는 점은 회계장부에 어디에도 찾아볼 수 없다.

사베인스·옥슬리법이 냉정을 되찾은 투자자들을 다시 시장에 돌아오게 만들 수도 있을 것이다. 그러나 엔론으로부터의 진정한 교훈은 회계보고서가 '과학'이 아니며 경영자들은 대개의 경우 탐욕스럽다는 점을 기억하는 일이다. 완벽한 회계는 현실적으로 불가능하기 때문이다. 투자자들이 항상 의심과 집요한 질문으로 무장해야 하는 이유이기도 하다.

출처 : 머니투데이, "엔론 파산 1년이 주는 교훈," 2002.11.30

사례 4.5 분식회계로 인한 피해 및 문제점

한국경제가 연 10% 이상 계속 성장하던 1980~1990년대에는 당연도의 웬만한 분식회계 손실금액도 다음연도의 매출과 이익의 급성장이 소화해 주었다. 예를 들어 올해의 10억원 손실을 재고자산이나 외상매출금 등의 부실자산금액에 적당히 얹어 놓았다가, 내년에 30억원의 실질이익이 나면 그때 가서 분식재고 10억원을 원가로 떨고 회계상으로는 20억원만 이익으로 반영하면 그럴듯해 보인다.

이것은 그 시기에 기업재무경영전략의 하나이기도 하였다. 매출과 이익이 매년 들쭉날쭉하는 것보다는 꾸준히 증가하는 게 모양새도 좋아서 기간별 손익조정에 대해 비교적 관대한 기업내부 분위기가 있다.

그러나 2000년대 들어 한국경제성장이 한자릿수이고, 최근엔 세계평균치 3%에도 못 미치면서 한 번 손실은 영원한 손실이 되었고 과거손실을 미래이익이 흡수해주지 못하게 되었다. 업종별 불황이 극심하여 발생되는 거액의 손실을 재고나 채권자산으로 아무리 감추려 해도 언젠가는 한꺼번에 터진다.

분식회계사기의 피해승수효과는 천문학적이고 기하급수적이다. 미국 엔론사의 분식회계금액이 15억 달러인데 투자자 피해는 600억 달러로 40배나 되었다고 한다. 이는 최소투자수익률 2.5%를 적용한 추정치일 듯한데 실제 엔론사의 증권시장 시가총액이 600억 달러로 계산되었을 것이다. 이게 한순간 증발한 것이다.

대우조선해양도 수년간 손실을 이익으로 둔갑시켜 총 5조원(연평균 2조원)의 분식회계를 했으니 여기에 한국인의 기대투자수익률 약 5%로 환산하면 약 40조원이 날아간 것이다. 적게 잡아 세법상의 이익환원율 10%만 적용해도 약 20조원이 증발된 것이다.

실제 대우조선해양의 시가총액은 분식 전 18조원에서 2016년에는 1조원으로 폭락했다. 산업은행 등의 공적자금투입액도 벌써 10조원을 상회하여 국민연금은 수급자 70만명의 1년치 연금액이 소멸됐다고 한다.

이 밖에도 구조조정과 근로자 해고, 하청납품업체의 도산, 외국선주사의 선박발주 철회, 해외신용도 하락 등 직간접 피해액까지 더하면 분식회계금액의 최소 10배 내지 20배 공익피해금액은 어떤 경우에도 계략적으로 추정될 수 있다.

이 외에도 대우조선해양을 살리느라, 한진해운은 법정관리로 보내 청산에 이르게 하여, 수출로 먹고사는 우리나라의 구제해운항로를 송두리째 빼앗긴 기회손실도 엄청나게 크다.

1998년 IMF를 촉발한 대우그룹 전체의 분식회계규모가 41조원이고 그 이후 30대 재벌 중 한보 · 기아 · 동아건설 · 진로 등 16재벌이 분식회계로 기업주가 바뀌며 좌초했다. 이어지는 SK글로벌 · STX중공업 · 동양그룹 · 모뉴엘 · 대우건설 · 대우조선해양 등도 모두 천문학적 분식회계가 한꺼번에 터진 것이다.

분식회계사기는 대부분 한꺼번에 빵 터진 후에야 발견되었고 사전경고나 내부고발 등으로 예방된 경우는 사건화되지 않아서 그런지 거의 없다. 왜냐하면 분식회계사기의 속성상 일부분에서 몰래 일시에 저질러야, 분식회계주도자는 성공해서 일확천금을 거머쥘 수 있다. 회사의 물적 자산과 인적 자원을 동해 찔끔찔끔 분식하면 내부고발자로 인해 성공할 수 없고 사전에 발각되기 때문이다.

분식회계주도자는 매출과 이익을 부풀리고, 부실자산을 실질자산이라고 속이며, 부채규모를 축소하거나 부외부채로 숨긴다. 여기에 거액의 은행차입금을 빌리거나 외부주주의 할증증자로 불입시킨 후, 들어온 회사공금을 모두 횡령하여 해외로 도주한다.

회사내부에서 분식회계사기를 도와준 일부 실무자에게 몇 푼을 나누어주고 입을 막는다. 이러면 외국으로 도주하여 정착할 때까지 분식회계는 쉽게 발견되지 않는다. 1년 후 은행차입금의 만기가 도래하여 은행이 일부상환을 받거나 대출연장서류를 제출서명받는 순간 회사가 빈껍데기인 것을 알게 된다.

이때 주가가 폭락하여 수많은 투자자들의 주식이 휴지조각이 되고, 손실 입은 가정은 파탄을 겪는다. 외부감사인도 공금횡령 후 6개월 정도 지나야 중간감사나 연말감사를 착수하므로, 모든 게 끝난 후이다.

외부금융 차입금이나 외부주주 투자자금을 많이 조달하여 운영하는 회사일수록 외부감사는 매월 단위의 상시감사(concurrent audit)를 수행하여야 한다. 그런데 대우조선해양의 분식회계금액이 5조원이고 이로 인한 공익피해가 최소 20조원 이상인데, 이러한 분식회계를 예방할 모든 회계법인의 감사보수는 다 합해야 연 7천억원(=상장사 2,000개×평균 1억원+비상장사 23,000개×평균 2,200만원)에 불과하다.

휴업회계사 40%를 뺀 나머지 1만 2,000명으로 평균을 나누면, 회계사 1인당 연 매출액이 5,800만원(=7천억원÷12,000명)이고, 실비 30%를 뺀 70% 소득을 다 잡아도 연 순소득이 4,000만원이다. 이게 성공한 대형회계법인의 수습회계사 처음 연봉이다. 이 돈으로는 매월 상시감사는 꿈도 못 꾸고, 중간감사와 연말감사에 최소인원과 최소시간을 투입하기에 고작이다.

외부감사는 1만 2,000명 회계사의 연 4,000만원 연봉으로 수백만 투자자의 시가총액 1천조원 이상과 가계부채 1,300조원 및 국가의 세금재정 약 400조원을 감시보호해주는 절대적 공공재이다. 그러나 현행 외감법은 자유선입제이고 감사보수가격에도 아무런 법적 규정이 없는 무가격시스템이어서 무제한 덤핑경쟁이 난무하고 있다.

피감기업의 오너회장도 감사객체이지만 주인자격으로 감사주체인 회계법인을 입맛대로 골라 정신적 독립성이 침해된다. 혈 · 지 · 학연으로 감사인을 이미 내정한 상태인데도, 실무자를 통해 외부에서 더 낮은 견적서를 몇 장 더 제시받아 기존 감사가격마저도 마음대로 주물러서 물질적 독립성도 상실된다. 이래서 감사공영제나 지정감사제가 대안으로 논의되고 있고, 감사보수의 법정화도 절실한 것이다.

출처 : 조세일보, "분식회계 사기의 천문학적 공익피해," 2017.1.11

요 약

자본시장에서는 주주와 경영자 간의 정보비대칭성을 줄이기 위해서, 일정기간이 경과될 때마다 경영자가 주주에게 기업의 주요 재무상태 및 경영성과와 관련된 정보를 제공하도록 강제하고 있다. 즉 경영자(수탁자)는 주주(위탁자)에게 수탁책임의 결과를 회계정보를 통해서 보고해야 한다. 또한 주주는 제공받은 회계정보를 통해서 경영자의 행동을 평가하고 모니터링하게 된다. 결국 회계정보는 주주와 경영자 간의 정보비대칭성을 줄이는 데 중요한 역할을 수행한다.

그러나 회계정보에는 오류나 부정이 발생될 가능성이 존재하며, 이해관계자가 오류나 부정이 포함된 정보를 이용하여 잘못된 의사결정을 내리게 될 경우 큰 손실을 볼 수도 있다. 이와 같은 정보위험을 감소시키고 올바른 정보를 통해서 경영진을 평가하고 모니터링하기 위해서는 관련 정보에 대한 신뢰성 검증이 반드시 필요하다. 이에 따라 재무제표가 공시되기 이전에 독립된 제3자인 외부감사인으로부터 외부감사를 받는 과정을 통해서 경영자가 작성한 정보에 대한 신뢰성 검증이 이루어지고 있다.

외부감사인이 재무제표에 대한 외부감사를 수행하는 데 필요한 중요한 두 가지 특성은 전문성과 독립성이다. 미국의 경우 1970년대와 1980년대를 거치며 회계감사산업의 변화가 발생한다. 과거와 달리 회계법인의 이익이 큰 폭으로 줄어들기 시작하면서, 회계법인들은 감사서비스 이외에 이익을 창출할 수 있는 비감사서비스를 기업에게 제공하게 된다. 즉 기업들에게 회계처리방법에 대한 컨설팅, 세금절감을 할 수 있는 방법에 대한 컨설팅, 그리고 경영 및 사업활동 전반에 대한 컨설팅서비스를 다양하게 제공하게 된다. 이와 같은 컨설팅서비스와 같은 비감사서비스의 제공은 회계법인의 새로운 수익원이 되었으나, 회계법인의 독립성을 저하시키는 상황을 만들게 된다. 이에 미국은 2002년 사베인스·옥슬리법(Sarbanes-Oxley Act, SOX)을 제정하여, 외부감사인이 동일기업에 대해 감사서비스와 컨설팅서비스를 함께 제공하는 것을 금지시켰다.

현대사회로 오면서 회계의 역할이 점차 변화되고 있다. 전통적으로 회계는 기업의 외부 또는 내부 이해관계자들에게 유용한 정보를 전달하는 역할을 수행해왔다. 물론 이와 같은 회계의 정보전달기능은 현대사회에서도 여전히 매우 중요한 부분이다. 현대사회로 오면서 추가된 회계의 역할은 회계부서에게 이익센터로서의 역할을 기대하기 시작했다는 점이다. 이에 회계부서는 기업의 내부와 외부의 목표를 달성하기 위해서 이익유연화와 같은 이익조정을 사용하기 시작했다. 그러나 이익조정과 이익조작을 하게 되는 동기가 서로 다르다고 보기 어렵고 또한 이익조정과 이익조작이 가져올 경제적 결과도 쉽게 구분하기 어렵다. 이에 따른 문제점이 계속 지적되고 있다.

복습문제

(1) 재무회계정보의 기능은 무엇인가? 또한 어떠한 특성을 지니는가?

(2) 관리회계정보의 기능은 무엇인가? 또한 어떠한 특성을 지니는가?

(3) 소유와 경영의 분리로 인한 정보비대칭성과 관련하여 회계정보는 어떠한 역할을 수행할 수 있는가?

(4) 회계정보에 포함될 수 있는 오류에는 어떠한 것들이 있는가?

(5) 회계정보에 포함될 수 있는 부정에는 어떠한 것들이 있는가?

(6) 정보위험이란 무엇인가?

(7) 외부감사가 필요한 이유는 무엇인가?

(8) 외부감사의 절차는 어떻게 진행되는가?

(9) 내부감사의 기능은 무엇인가?

(10) 외부감사인이 재무제표에 대한 외부감사를 수행하는 데 요구되는 중요한 두 가지 특성은 무엇인가?

(11) 외부감사인의 정신적 독립성과 외관상 독립성은 상호간 어떠한 관련성을 지니는가?

(12) 외부감사인이 동일기업에 대한 감사서비스와 비감사서비스를 함께 제공하는 것은 어떠한 문제를 발생시키는가? 이는 감사품질에 어떠한 영향을 끼칠 것으로 예상되는가?

(13) 전통적인 회계의 역할과 현대사회가 요구하는 회계의 역할은 각각 무엇인가?

(14) 이익유연화의 동기에는 어떠한 것들이 있는가?

(15) 이익조정과 이익조작은 어떻게 구분되는가?

토론문제

01 기업들이 어떠한 방법을 통해 이익조정을 하고 있는지에 대한 사례를 제시하고, 문제점에 대해 논의해보자.

02 우리나라의 회계부정사건 사례를 제시하고, 사용된 회계처리방법에 대해 논의해보자.

03 주주의 입장에서 이익유연화는 과연 좋은 것인가? 나쁜 것인가? 주주의 입장에서 이익유연화의 장점과 단점에 대해 논의해보자.

04 우리나라에서 회계부정이 어느 정도 발생되고 있는가를 찾아보고, 우리나라의 재무제표 신뢰성에 대해 논의해보자.

05 우리나라에서 있었던 외부감사인과 관련된 이슈를 찾아 사례로 제시하고, 문제점에 대해 논의해보자.

06 우리나라에서 외부감사인의 독립성 확보와 관련된 규제에는 어떠한 것들이 있는지 찾아보고, 관련 규제의 도입배경에 대해 논의해보자.

07 외부감사인의 독립성을 향상시키기 위한 방법에 대해 논의해보자.

◈ 참고문헌

1 최종원(2018), 『관리회계원리』, 신영사.

2 이효익 · 김한수 · 이종은(2018), 『회계감사』, 신영사.

3 Institute of Internal Auditors(2012), *IIA's International Standards for the Professional Practice of Internal Auditing.*

4 Schipper, Katherine(1989), "Commentary on Earnings Management," *Accounting Horizons.*

5 권수영 · 김문철 · 손성규 · 최관 · 한봉희(2010), 『자본시장에서의 회계정보 유용성』, 신영사.

CHAPTER

5

애널리스트와 투자은행 : 시장의 눈

❖ 본장에서는 다음과 같은 내용을 다룬다.

- 투자은행의 기능
- 투자은행의 IPO 업무와 관련된 이슈
- 애널리스트의 기능
- 애널리스트 보고서의 신뢰성과 관련된 이슈
- 공정공시제도 도입과 애널리스트 보고서의 신뢰성

투자은행의 기능

자본시장에서 투자은행은 기업과 일반 투자자 사이를 연결해주는 중개자로서, 애널리스트는 기업과 일반 투자자에게 투자와 관련된 정보의 제공자로서 중요한 역할을 수행하고 있다. 본장에서는 대리인 문제 해결을 위한 투자은행과 애널리스트를 통한 모니터링을 검토한다.

상업은행(Commercial Bank)이란 개인이나 기업을 대상으로 예금을 받고 대출을 해주는 것을 주된 업무로 하는 은행이다. 즉 예금에 대해 지불하는 이자와 대출을 해줌으로써 받게 되는 이자의 차이를 수익으로 한다.

[그림 5.1] 투자은행의 기능

이와 달리 투자은행(investment Bank)은 장기적인 자본을 조달하고자 하는 기업과 자본을 소유한 투자자들을 서로 연결해주는 중개기관이다. 즉 기업은 신규 주식과 채권을 발행함으로써 장기적인 자본조달이 가능한데, 투자은행은 기업의 신규 주식과 회사채 발행을 돕는 역할을 수행한다. 투자은행은 기업의 장기적 자본조달에 대한 서비스를 제공해줌으로써 받게 되는 수수료를 수익으로 한다. 대표적인 투자은행으로는 메릴린치, 골드만삭스 등이 있다.

투자은행은 기업과 투자자들 사이에 정보의 흐름을 연결해주는 중개기관이다. 투자은행이 중개기관으로서의 역할을 수행함으로써 기업과 투자자 간의 연결이 발생하고, 투자가 발생하게 된다. 투자은행은 증권의 가격 형성과 관련된 정보를 수집하고 분석하며 이를 자본시장에 전달하는 역할을 한다. 효율적 자본시장에서 투자은행이 전달하는 정보는 증권의 가격 형성에 중요한 영향을 미치게 된다. 특히 투자은행이 자본시장에 전달하는 정보는 신규 증권이 발행되기 이전에 높은 영향력을 지니게 되며, 투자자는 관련 정보를 이용하여 의사결정을 수행하게 된다. 만약 투자은행이 제 역할을 수행하지 못한다면 투자자들은 해당증권이 어느 정도의 가치를 가지고 있는가에 대한 적절한 판단을 내릴 수 없으므로, 투자의 손실 또는 투자기회의 상실이 발생하게 된다.

〈표 5.1〉 상업은행과 투자은행의 차이

	상업은행(Commercial Bank)	투자은행(investment Bank)
주된 업무	개인이나 기업을 대상으로 예금을 받고 대출을 해주는 업무를 수행함	주식과 회사채의 인수, 증권의 위탁매매 등의 업무를 수행함

투자은행의 전통적인 핵심 업무는 주식과 회사채의 인수, 증권의 위탁매매 등이다. 그러나 현대사회로 들어서면서 투자은행의 업무는 소비자금융뿐만 아니라 단기 금융시장 업무, 선물옵션 · 파생금융상품 업무, 투자신탁 · 투자자문 업무, 부동산 관련 업무, 인수 · 합병(M&A) 등의 업무까지 점차 확대되고 있다. 최근 들어 투자은행이 은행, 보험사, 부동산회사 등 자회사를 두고 여러 복합 상품을 취급하는 종합금융서비스를 취급하는 형태로까지 진화하는가 하면, 기업간의 인수 · 합병(M&A)을 적극 개입하여 투자은행이 직접 인수대상기업을 사서 기업가치를 높인 후 되파는 일까지 발생하고 있다. 현대사회에서 투자은행이 지닌 자본사회의 파급력이 점차 확대되고 있는 상황에서 투자은행이 기업지배구조에서 차지하는 역할에 대한 논의는 중요성을 지닌다.

투자은행의 IPO 업무와 관련된 이슈

투자은행의 전통적인 핵심 업무 중의 하나가 IPO 업무이다. IPO (Initial Public Offering)란 중소형 개인기업이 최초로 외부투자자에게 주식을 공개 매도하는 것으로, 보통 유가증권시장이나 코스닥시장 등의 주식시장에 처음으로 상장하는 것을 의미한다. 개인기업이 영업활동만을 통해서 자본조달하는 데에는 많은 시간이 필요하고 조달가능한 자본규모에도 한계가 있다. 이에 IPO 절차를 통해 주식시장에 기업을 공개함으로써 기업의 성과와 가치를 평가받아 지속적인 성장을 위한 자본을 확충하고자 하는 것이다.

투자은행들은 IPO과정에서 중소규모의 개인기업을 주식시장에 상장하는 과정을 돕는다. 투자은행은 자본시장에 아직 알려지지 않은 기업들을 발굴하고 평가하여 투자자들에게 연결시켜줌으로써 자본시장의 부가가치 창출에 기여하는 역할을 수행한다. 신규상장되는 기업에 대한 정보는 일반 투자자들이 접근하고 평가하기에 어려움이 크다. 이미 주식시장에 상장되어 거래되고 있는 기업의 주식과는 달리, 상장되기 이전의 기업의 성과와 가치에 대한 판단을 정보나 자본력이 열악한 일반 투자자가 내리기란 결코 쉬운 일이 아니다. 따라서 일반 투자자들은 최초 공개되는 기업에 대한 투자은행이 제공하는 정보에 의존하여 가치 판단을 내리게 된다.

IPO과정에서 투자은행들은 상장을 원하는 후보기업들을 모니터링하게 된다. 투자은행에게 모니터링 역할을 기대하는 이유는, 투자은행은 IPO과정에서 필요한 모든 절차에 대한 전문성을 지니고 있고, 후보기업의 성과와 가치에 대한 평가와 분석을 직접 수행하고 있으며, 투자기회를 자본시장에 제공하는 과정에서 누구보다 많은 정보를 지니고 있으므로, 후보기업을 모니터링할 수 있는 최상의 위치에 있기 때문이다. 투자자들은 투자은행이 자본시장에서 모니터링의 역할을 수행해주고 우량한 증권만을 시장에 판매해주기를 기대한다.

이러한 투자자들의 기대를 반영하듯 미국 자본시장에서 1986년부터 1995년까지 투자은행들이 IPO한 기업들은 99%의 성공을 거두었다.[1] 즉 투자은행은 자본시장에서 모니터링 역할을 충실히 수행해주었으며 투자자(주주)들에게 우량한 증권을 공개해주는 역할을 해왔다. 그러나 1990년대 중후반에 이르러 투자은행에 대한 자본시장의 기대는 허물어지기 시작했다. 1990년대 중후반에 이르러 첨단 IT 기술과 관련된 기업들의 상장이 두드러지기 시작하고, 자본시장에서

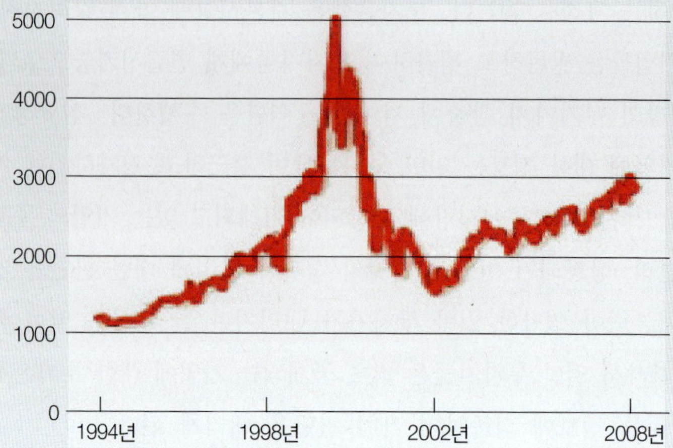

출처 : 한국경제신문생글생글, "[세계 경제사] 新산업에 대한 기대가 만든 버블… Fed 개입, 禍만 키웠다," 2014.8.25

[그림 5.2] 닷컴버블 시기 급등락한 나스닥 지수

이들 기업의 주가는 천정부지로 솟구쳤다. 투자은행들은 이를 기회로 삼아 어마어마한 수수료를 챙기며 자본시장에 수많은 첨단 IT 기술 기업들의 IPO를 진행하였다. 그러나 1998년과 2000년 사이에 IPO한 기업들의 성공률은 88%로 하락하였고, 1997년 이후에 투자은행에 의해 IPO가 진행된 닷컴기업들 중 단지 15%가 시초가 대비 수익을 발생시켰으며, 200개 이상의 기업은 시초가의 75%가 하락하여 주주에게 막대한 손실을 입혔다.[2]

사례 5.1 닷컴버블에 대한 투자은행과 애널리스트의 책임

"대체 누가 '닷컴 신기루'를 만들었을까."

주식시장 침체가 계속되는 가운데 월가에서는 닷컴붕괴에 대한 책임론 공방이 벌어지고 있다. 특히 증시에 대한 낙관론을 부풀리는 데 상당부분 기여한 애널리스트들을 바라보는 시선이 곱지 않다.

이번 달 초 한 미국인 투자자는 오도된 투자정보를 제공했다는 이유로 '닷컴 전도사'인 메릴린치의 헨리 블로짓을 고소했고, 지난 20일 파이낸셜 타임스(FT)는 사설을 통해 "애널리스트는 겸손을 배우고 본업인 분석에 충실해야 한다"고 충고했다.

이런 와중에 한 애널리스트가 닷컴붕괴 책임은 월가에 있다는 '용감한 고백'을 하고 나서면서 관심을 모으고 있다. 모건 스탠리 딘 위터(MSDW)의 미디어담당 애널리스트인 리처드 빌로티가 바로 그 주인공.

빌로티는 22일 뉴욕의 한 인터넷 컨퍼런스에 참석, "(닷컴붕괴의 핵심은) 기업들이 돈을 잃었다는 것이 아니라 '부적절하게' 자금을 모은 것"이라고 분석했다. 이와 관련 "월가는 대가를 치러야 한다"고 지적했다.

나스닥 지수가 사상 최고치 대비 62.4% 급락한 가운데 골드만삭스 인터넷 지수는 지난 1년 동안 84% 하락했다. 세계 최대 포털인 야후는 237.5달러에서 현재 14.875달러로 추락했다.

빌로티는 월가를 책망하면서 아울러 투자은행에도 비난의 화살을 퍼부었다. 그는 투자은행들이 그동안 기업공개(IPO)를 통해 돈을 벌 궁리만 했다고 지적했다. 빌로티는 투자은행은 "20세기 후반의 얼간이 중 하나"라고 혹평했다.

빌로티는 월가가 검증되지 않은 기업에 자금을 쏟아부었다며 "이는 월가의 실수"라고 평가했다. 아울러 그는 "(닷컴기업들은) 외부자금을 끌어들이지 않았어야 했다"고 밝혔다.

출처 : 머니투데이, "닷컴버블은 월가 탓 자성론 대두," 2001.3.23

애널리스트의 기능

애널리스트(analyst)란 자신이 근무하는 기업과 일반 투자자에게 투자와 관련된 전문적인 의견을 제공하는 역할을 수행한다. 애널리스트의 전통적인 업무는 기업의 이익을 예측하고, 주식을 추천하는 보고서를 기업과 일반 투자자에게 제공하는 일이다. 즉 애널리스트들은 국내외 경제상황, 산업현황 및 개별 기업 정보를 수집 · 분석하여 기업의 미래 이익을 예측한다. 또한 개별 기업의 목표주가를 제시하고 매수의견, 중립(보유)의견, 매도의견 등의 주식 추천을 한다. 애널리스트의 분석 결과는 보고서를 통해 자신이 근무하고 있는 기업 또는 일반 대중에게 전달된다.

[그림 5.3] 애널리스트의 기능

〈표 5.2〉 애널리스트의 업무

	이익 예측	주식 추천
내용	기업의 이익 예측	매수의견, 중립(보유)의견, 매도의견

애널리스트는 크게 매수측 애널리스트(Buy side Analyst)와 매도측 애널리스트(Sell side Analyst)로 나뉜다. 매수측 애널리스트는 기관투자자에게 고용되어, 기관투자자가 어떤 주식을 매수해야 하는가와 관련된 정보를 수집하고 분석한다. 따라서 관련 정보는 일반 대중에

[그림 5.4] Buy side Analysts와 Sell side Analysts

게 전달되지 않으며, 오직 기관투자자에게만 제공된다.

매도측 애널리스트는 투자은행 또는 증권사에 고용되어, 기업과 관련된 다양한 정보들을 수집하고 분석한다. 개별 기업의 영업활동, 재무활동은 물론 거시경제적 상황과 산업전망 등을 전문적으로 분석함으로써 기업의 미래 이익 및 주가를 예측하고 분석한 결과를 보고서로 작성하여 기업 및 일반 투자자에게 제공한다. 따라서 매도측 애널리스트는 기업에 대한 양질의 정보와 전문적인 분석능력을 갖추고 있으며, 관련 정보를 주식시장의 참여자들에게 제공하고 있다는 점에서 기업의 모니터링이 가능한 위치로 볼 수 있다. 따라서 본서에서는 기업지배구조적 관점에서 매도측 애널리스트의 역할에 초점을 두고 논의하고자 한다.

〈표 5.3〉 Buy side Analyst와 Sell side Analyst의 차이

	Buy side Analyst	Sell side Analyst
고용기관	기관투자자	투자은행 또는 증권사
정보 전달	기관투자자에게만 어떤 주식을 매수해야 하는가와 관련된 의견을 전달함	일반 대중에게도 분석결과를 보고서를 통해 전달함

애널리스트 보고서의 신뢰성과 관련된 이슈

애널리스트의 역할은 앞서 살펴본 바와 같이 시장 투자자에게 기업의 이익을 예측하고 목표주가를 제시하며 주식을 추천하는 일이다. 애널리스트가 기업의 이익을 추정하기 위해서는 해당기업의 영업활동, 재무활동은 물론 기업의 역량과 장기 전략, 정부 정책 방향, 환

율 변화 등 다양한 대내외 변수를 고려해야 한다. 애널리스트들은 기업과 관련된 다양한 정보들을 수집·분석하여 기업의 미래 이익을 예측한다. 애널리스트는 기업에 대한 양질의 정보와 전문적인 분석능력을 갖추고 있으며, 기업의 성과와 미래에 대한 정보를 주식시장의 참여자들에게 제공하고 있다는 점에서 기업지배구조 관점에서 기업의 감시자 중 하나로 볼 수 있다. 시장 참여자들은 애널리스트의 분석 자료를 활용하여 주식거래와 관련된 의사결정에 도움을 받을 수 있다.

많은 경우 애널리스트가 자본시장에서 효과적으로 자신의 기능을 수행하고 있지만, 때때로 애널리스트 보고서의 신뢰성에 대한 의문이 제기되기도 한다. 애널리스트 보고서의 신뢰성 문제가 발생하는 이유는 다음과 같다. 첫째, 개별 기업의 회계정보에 영향이라는 지적이 있다. 기업의 투명하지 못한 회계절차를 통해 만들어지는 재무보고의 문제로 인해 애널리스트가 정확한 예측과 추천을 하는 데 어려움을 겪기 때문이라는 것이다. 둘째, 애널리스트의 기본 역량이 부족하다는 견해도 있다. 그러나 애널리스트 보고서의 신뢰성과 관련된 가장 중요한 지적은 애널리스트가 업무수행과정에서 겪게 되는 이해상충(conflicts of interest) 문제이다.

구체적으로 애널리스트의 이익 예측의 신뢰성에 대해서 먼저 살펴보면, 애널리스트의 이익 예측치가 실제 보고이익에 비해 다소 낮게 추정되고 있는 경향이 존재한다. 즉 애널리스트가 자본시장에 이익 예측치를 보수적으로 발표하고 있다는 것이다. 이와 같은 현상이 발생하는 이유에 대해 크게 두 가지로 설명된다.

첫째, 애널리스트가 분석하고 있는 기업이 애널리스트가 좀더 보수적인 이익 예측치를 발표해주기를 기대하기 때문이다. 자본시장에 발표되는 애널리스트의 예측치는 시장의 기대치가 된다. 만약 애널리스트의 예측치를 기업이 달성하지 못했을 때 기업은 주가의 하락을 경험할 수 있고, 주주들은 이에 따른 책임을 경영진 등에게 물을 수 있다. 따라서 기업의 구성원들은 애널리스트가 이익을 예측할 때 기업이 달성 또는 초과할 수 있는 이익 예측치를 내놓기를 기대한다. 이러한 기업의 기대가 반영되어 애널리스트의 이익 예측치가 다소 보수적으로 추정되는 결과가 나타난다.

그렇다면 애널리스트는 왜 이와 같은 기업의 기대에 따라 이익 예측치를 실제보다 다소 낮게 발표하게 되는 것인가? 이는 애널리스트가 경영진이 가진 정보에 접근하기 위해서이다.

둘째, 애널리스트는 경영진이 가진 정보에 접근하기 위해서 보수적인 이익 예측을 하게 된다.[3] 앞서 논의한 바와 같이 기업에 대한 가장 많은 정보를 갖고 있는 주체는 바로 경영진이다. 경영진은 가장 중요한 기업 정보의 원천이라 볼 수 있다. 따라서 애널리스트가 분석대상기업의 경영진을 통해서 관련 정보를 얻을 수 있다면 애널리스트의 분석능력은 향상될 것이다. 따라서 애널리스트는 경영진의 기대에 따라 다소 보수적인 예측을 자본시장에 제공하고, 그 대신 양질의 정보를 경영진에게 제공받음으로써 자신의 분석능력을 유지 또는 향상시키기를 원한다. 물론 애널리스트의 다소 보수적인 예측이 약간의 예측 오차를 발생시킬 수 있지만, 이를 통해 경영진이 가진 정보의 접근성을 높임으로써 자신의 평판과 능력을 계속 유지할 수 있기 때문이다.

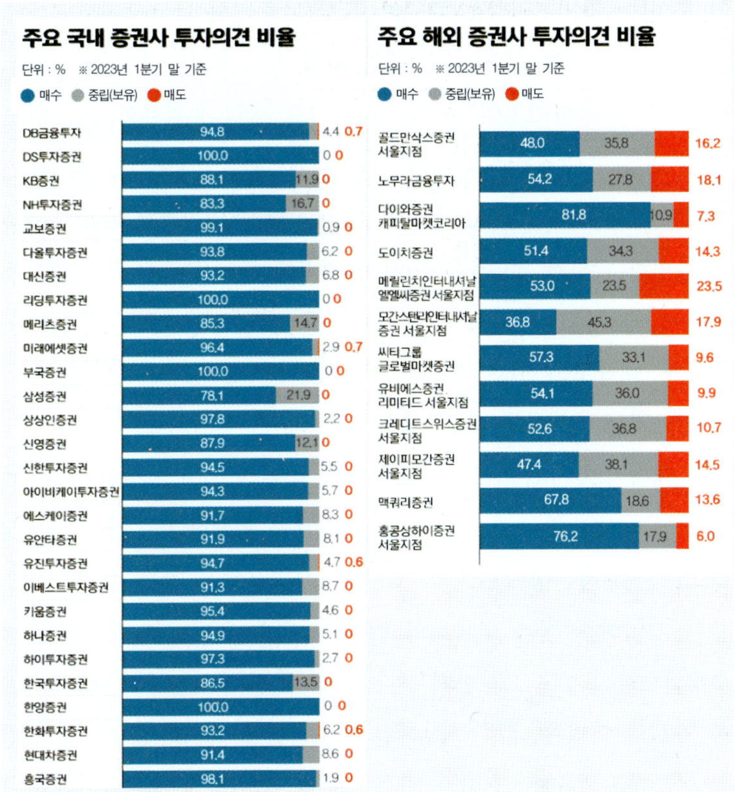

자료 : 금융투자협회

출처 : 중앙일보, "'왜 매도 리포트는 없소' 빨간줄 친 금감원," 2023.6.14

[그림 5.5] 국내 및 해외 증권사별 주식 추천 비율 비교

다음으로, 애널리스트의 주식 추천에 대한 신뢰성 문제를 살펴보면, 국내 애널리스트 보고서에서 나타나는 과도한 낙관주의 성향이 지속적으로 보고되고 있다. 에프앤가이드(2022)의 분석에 따르면, 2022년 1월부터 12월까지 발간된 국내 애널리스트 보고서 총 15,833건 중 '매도 의견'을 제시한 보고서는 단 6건(0.04%)에 불과하

였다. 이는 과거 5년간(2017~2021) 국내 증권사 보고서에서도 동일하게 확인되는 현상으로, 해당기간 전체 보고서 중 '매도 의견'의 비중은 약 0.1%에 그쳤다. 반면, 같은 기간 해외 증권사의 경우 '매도 의견' 비중이 대체로 10%에서 20% 수준으로, 국내와 비교할 때 상대적으로 높은 수치를 보이고 있다. 이러한 애널리스트의 주식 추천의 과도한 낙관적 경향이 발생하는 배경에 대해서는 다음과 같은 설명들이 제시되고 있다.

첫째, 대규모의 투자은행 업무를 수행하는 증권회사에서 애널리스트들이 겪는 이해상충 때문이라는 것이다. 즉 애널리스트가 분석기업과의 계속적인 사업관계 유지를 위하여 낙관적인 주식 추천을 제시해야 하는 이해상충(conflicts of interest) 문제가 존재한다는 것이다. 애널리스트는 투자은행에 소속되어 있다. 투자은행은 앞서 살펴본 바와 같이 기업의 주식과 회사채의 인수, 증권의 위탁매매 등의 업무를 수행함으로써 수수료를 받게 된다. 만약 특정 투자은행의 애널리스트가 자신의 기업에 대해 부정적인 매도의견을 제시하였다면, 기업은 해당 투자은행에게 더 이상 관련 업무를 의뢰하지 않을 것이다. 즉 다른 투자은행에게 고객을 뺏길 수 있고, 투자은행의 수익성을 악화시킬 수 있다. 따라서 애널리스트는 주식 추천과정에서 신뢰성과 투자은행의 수익성 간의 이해상충을 겪게 된다. 많은 경우 애널리스트는 신뢰성을 다소 낮추더라도 자신이 속한 투자은행의 수익성을 고려한 주식 추천을 수행하게 된다.

둘째, 애널리스트는 경영진이 가진 정보에 접근하기 위해서 낙관적인 주식 추천을 하게 된다. 앞서 논의한 바와 같이 기업에 대한 가장 많은 정보를 갖고 있는 주체는 바로 경영진이다. 경영진은 기업 정보의 가장 중요한 원천이라 볼 수 있다. 따라서 애널리스트가 분석대상기업의 경영진을 통해서 관련 정보를 얻을 수 있다면 애널리스트의 분석능력은 향상될 수 있다. 따라서 애널리스트는 낙관적인 주식 추천을 자본시장에 제공하고, 그 대신 양질의 정보를 경영진에게 제공받음으로써 자신의 분석능력을 유지 또는 향상시키기를 원한다. 만약 애널리스트가 부정적인 매도의견을 제시하게 되면 해당기업의 경영진은 더 이상 애널리스트에게 기업의 정보를 제공하지 않을 것이다. 따라서 애널리스트는 주식 추천의 신뢰성을 다소 감소시키더라도, 이를 통해 자신이 원하는 정보의 접근성을 높임으로써 자신의 평판과 능력을 계속 유지하고자 한다.

이러한 애널리스트의 이해상충 문제와 관련하여, 미국은 제도적 개선 노력을 지속해왔다. 미국에서는 2002년 제정된 사베인스·옥슬리법(Sarbanes-Oxley Act)을 통해 애널리스트의 독립성을 제고하기 위한 다양한 조치가 도입되었으며, 이어 2003년에는 Global Research Analyst Settlement를 통해 투자은행과 리서치 부서 간의 업무 분리를 강제하고, 애널리스트 보수체계의 투명성을 확보하는 등의 구조적 개혁이 이루어졌다. 이와 같은 규제들은 애널리스트가 이해상충 없이 독립적으로 보고서 작성을 할 수 있는 환경을 조성하고, 투자자 보호를 강화하기 위한 중요한 기반으로 볼 수 있다. 반면, 우리나라의 경우 아직까지 미국과 같은 강제력 있는 법제도는 마련되어 있지 않으며, 주로 자율규제 중심의 개선 노력이 이루어지고 있다. 이에 따라 애널리스트의 독립성과 보고서 신뢰성 확보를 위한 보다 실효성 있는 제도적 정비가 요구된다.

사례 5.2 애널리스트의 주식 추천의 신뢰성

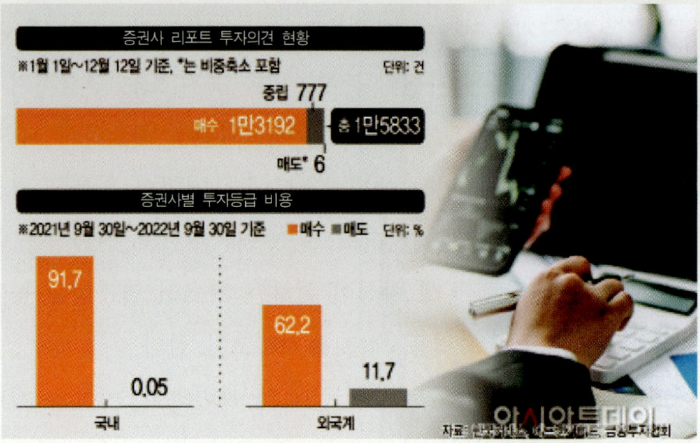

국내 증권사들의 기업분석 리포트가 여전히 제 구실을 하지 못하고 있다. 올해 증권사들이 발행한 1만 건 이상의 리포트 가운데 '매도(비중축소 포함)' 의견은 겨우 6건뿐이기 때문이다. 약세장에도 고객사인 상장기업의 눈치를 보며 '매수' 일색의 리포트를 내놓은 것이다. 투자자들의 신뢰 회복을 위해선 '장밋빛 리포트' 일색인 관행이 개선돼야 한다는 지적이 나온다.

14일 금융정보업체 에프앤가이드에 따르면 지난 1월부터 12월 12일까지 약 1년간 국내 증권사들이 발행한 리포트는 총 1만 5,833건으로 집계됐다. 주목할 대목은 '매도' 의견을 제시한 리포트가 전체의 0.04%(6건)에 불과하다는 점이다. 미래에셋증권(제주항공), DB금융투자(카카오뱅크)가 각각 3건씩 동일 종목에 대해 '매도'와 '비중축소' 의견을 냈다. 다만 금융투자협회의 '증권사별 투자등급 비율(2021년 9월 말~2022년 9월 말)'을 보면 두 증권사도 각 사 전체 리포트 가운데 '매도' 의견이 각각 1.1%, 7%에 그쳤다.

같은 기간(1월~12월 12일) 국내 증권사들의 '매수' 의견 리포트는 총 1만 3,192건에 달했고 '중립' 의견은 777건이었다. 이 기간 코스피지수는 20.6%(1월 3일 2,988.77→12월 12일 2,373.02) 떨어졌다. 하락장에도 증권사들은 투자자들에게 지속적으로 '주식을 사라'고 권한 셈이다.

반면 외국계 증권사들은 '매도' 의견 비율이 국내 증권사에 비해 높았다. 지난 9월 말을 기준으로 1년 동안 외국계 증권사 14곳의 '매수' 의견 비율은 62.2%, '매도' 의견은 11.7%를 기록했다. 특히 씨엘에스에이코리아증권(24%), 메릴린치인터내셔날엘엘씨증권 서울지점(23.3%)의 '매도' 의견 비율은 20%를 넘었다.

국내 증권사들의 '매수 일색' 리포트는 어제오늘 일이 아니다. 2017년부터 2021년까지 5년간 국내 증권사의 '매도' 리포트는 전체의 0.1%에 불과했다. 금융당국은 증권사 리포트의 신뢰도 제고를 위해 2017년과 2019년 제도 개선책을 내놨지만 실효성이 없다는 평가를 받았다. 지난 9월 정치권 일각에선 외국처럼 독립리서치를 활성화하거나 특정 투자의견 비율 조정을 권고하는 등 적극적인 대책 마련이 필요하다는 의견이 제시됐다.

매도 의견을 찾아보기 어려운 데에는 여러 이유가 존재한다. 업계 관계자들은 무엇보다 애널리스트와 고객사인 상장기업 간의 이해관계가 얽혀 있어, 적극적인 의견 개진이 쉽지 않다고 설명한다. 증권사 입장에서는 해당기업을 대상으로 IPO(기업공개)나 M&A(인수합병) 등 다양한 영업활동을 수행해야 하는 만큼, 부정적인 리포트를 내는 것이 부담으로 작용할 수밖에 없다는 것이다.

특히 매도 의견을 제시할 경우, 종목 분석을 위한 기업탐방(IR 미팅, 현장실사 등)에서 배제되거나 대출 거래 중단과 같은 불이익을 감수해야 하는 현실도 작용한다. 한 5년 차 애널리스트는 "매도 리포트를 낼 경우, 해당기업이 NDR(Non-deal Roadshow)에 초청

하지 않거나 실사 방문 자체를 거부하는 등의 불이익이 뒤따른다"고 토로했다.

또한 매도 의견에 대한 투자자들의 과도한 비난과 반발 역시 부담 요인이다. 실제로 최근 에코프로에 대해 '비중 하향' 의견을 낸 하나증권 소속 연구원은 금융감독원의 조사를 받게 되었다. 일부 투자자들이 '공매도 세력과 연계된 것 아니냐'는 민원을 집중적으로 제기했기 때문이다.

이처럼 국내 증시에서는 매도 리포트에 대한 수요 자체도 낮은 편이다. 해외와 달리 숏(하락)에 베팅하는 펀드나 투자자층이 상대적으로 얇기 때문이다.

그럼에도 불구하고, 익명을 요구한 한 증권사 리서치센터장은 "기업이 정보를 제공하지 않아 매도 리포트를 쓸 수 없다는 것은 핑계일 뿐, 결국 애널리스트의 분석 역량 문제"라고 일침을 놓았다.

출처 : 아시아투데이, "유명무실 증권사 리포트… 올해 '매도' 의견 6건 뿐," 2022.12.14 ; 중앙일보, "'왜 매도 리포트는 없소' 빨간줄 친 금감원," 2023.6.14

공정공시제도 도입과 애널리스트 보고서의 신뢰성

앞서 살펴본 바와 같이 애널리스트는 보고서의 신뢰성을 다소 감소시키더라도, 경영진으로부터 사적 정보를 제공받음으로써 자신의 분석능력을 향상시키고자 하는 유인을 지닌다. 이와 같은 상황이 발생할 수 있었던 것은 기업의 선별적인 정보제공이 가능했기 때문이다. 즉 기업의 경영자가 애널리스트, 펀드매니저, 기관투자자 등 특정인들에게 먼저 선별적인 정보제공을 해왔기 때문이다. 먼저 정보를 특권적으로 제공받은 애널리스트, 펀드매니저, 기관투자자는 이를 주식거래에 활용할 수 있었고, 이 때문에 많은 대다수의 일반 투자자들은 피해를 볼 수밖에 없었다.

이와 같은 불공정한 정보 제공과 거래 관행을 근절하고자 미국에서는 2000년 10월, 증권거래위원회(SEC)가 공정공시제도를 도입하였으며, 우리나라에서도 금융감독원이 2002년 11월부터 이를 본격적으로 시행하였다. 공정공시제도(Regulation Fair Disclosure)란 기업의 중요 정보가 특정인(애널리스트, 펀드매니저, 기관투자자 등)에게만 선별적으로 제공되는 것을 금지하고, 모든 투자자에게 동시에 공개되어야 한다는 원칙을 골자로 한다. 즉 기업과 관련된 주요 정보는 반드시 동일한 시점에 일반 대중에게 동시에 제공되어야 한다는 것이다. 이후 2005년 자본시장법 제정을 통해 이러한 공정공시의 원칙은 법제화되었으며, 상장기업의 공시의무는 명시적인 법적 근거를 갖추게 되었다. 이는 애널리스트 및 기관투자자에 대한 정보 편중을 방지하고, 일반 투자자에게도 동등한 정보 접근 기회를 보장함으로써 자본시장의 공정성과 투명성을 제고하는 데 중요한 제도적 전환점이 되었다.

공정공시제도의 도입은 향후 애널리스트의 이해상충 문제를 일정 부분 완화시킬 것으로 기대된다. 동시에, 경영진으로부터의 직접적인 정보 접근이 제한됨에 따라 애널리스트 보고서의 예측 정확성은 일정수준 감소할 가능성도 존재한다. 그러나 이는 정보의 접근성보다 공정성과 시장 신뢰를 우선시하는 규범적 접근으로 이해할 수 있으며, 애널리스트의 분석 기능이 자본시장 내 감시자 역할로 전환되는 계기를 마련하였다는 점에서 의의가 크다.

사례 5.3 애널리스트 보고서의 신뢰성

제도개선 전후 리서치보고서 공표현황

(단위 : 건, %)

구 분		제도개선 이전(2016년 9월~2017년 8월)						제도개선 이후(2017년 9월~2018년 8월)					
		내국계		외국계		전 체		내국계		외국계		전 체	
투자의견	매도	46	(−)	906	(12)	952	(2)	43	(−)	992	(13)	1,035	(2)
	매수	28,851	(78)	4,872	(63)	33,723	(76)	29,062	(79)	5,057	(63)	34,119	(76)
	중립	3,599	(10)	1,905	(24)	5,504	(12)	3,024	(8)	1,779	(22)	4,803	(11)
	미제시	4,243	(12)	106	(1)	4,349	(10)	4,622	(13)	155	(2)	4,777	(11)
대상기업	코스피	28,328	(77)	7,138	(92)	35,466	(80)	27,434	(75)	7,320	(92)	34,754	(78)
	코스닥	8,382	(23)	651	(8)	9,033	(20)	9,285	(25)	663	(8)	9,948	(22)
	코넥스	29	(−)	−	(−)	29	(−)	32	(−)	−	(−)	32	(−)
합 계		36,739	(100)	7,789	(100)	44,528	(100)	36,751	(100)	7,983	(100)	44,734	(100)

증권사 리서치 보고서의 신뢰성을 높이기 위한 금융당국의 제도개선 노력이 진행된 지 1년이 넘었지만 '매도'의견 리포트를 내지 않는 관행은 그대로인 것으로 나타났다. 증권사가 추천 주식의 목표가를 지나치게 높게 잡는 것을 막기 위해 도입된 '괴리율 공시제'의 효과도 미미했다.

20일 금융감독원에 따르면 국내에서 영업하는 증권사 47곳은 2017년 9월부터 지난해 8월까지 투자의견을 제시하는 보고서를 4만 4,734건 냈다. 이 중 매도의견은 전체의 2%(1,035건)에 그쳤다. 지난 2016년 9월부터 2017년 8월까지의 매도의견 비중도 2%로, 제도 개선 1년 후에도 수치는 동일했다.

금감원은 2017년 9월 1일부터 리서치 보고서의 객관성을 높이고 애널리스트의 독립성을 강화하기 위한 제도개선 방안을 시행중이다. 하지만 증권사들이 기업분석 보고서에서 매도의견을 내지 않는 분위기는 좀처럼 사라지지 않고 있다.

그나마 매도 보고서의 95.84%(992건)는 골드만삭스와 도이치뱅크 등 외국계 증권사 15곳이 발간한 것이었다.

32개의 국내 증권사가 매도의견을 낸 경우는 4.15%(43건)에 그쳤다. 전체 보고서 중 매도의견의 비중은 0.1%에 그쳤다.

금감원 관계자는 "국내 증권사의 매도의견 비중이 외국계 증권사에 비해 현저히 낮은 현상은 제도개선 이전 수준과 큰 변화가 없었다"고 전했다.

제도개선 전후 목표주가 괴리율 현황

(단위 : %)

구 분	제도개선 이전			제도개선 이후			차 이		
	내국계 (a)	외국계 (b)	전 체 (c)	내국계 (d)	외국계 (e)	전 체 (f)	내국계 (d–a)	외국계 (e–b)	전 체 (f–c)
평균가 기준*	△21.2	△13.3	△18.7	△21.0	△19.5	△20.6	0.2	△6.2	△1.9
최고가 기준**	△8.6	5.2	△4.2	△10.0	△7.8	△9.4	△1.4	△13.0	△5.2

* 평균가 기준 : 대상기간 중 실제 주가평균과 목표주가 간의 차이

** 최고가 기준 : 대상기간 중 실제 최고주가(매도의견은 최저주가)와 목표주가 간의 차이

목표주가 괴리율 공시제의 효과도 제한적이었다. 금감원은 제도개선 방안의 일환으로 기업분석 보고서에 목표주가와 함께 현 주가와의 차이를 표시하는 목표주가 괴리율 공시제를 도입했지만 증권사들의 목표가 부풀리기 관행이 바뀌지 않았다.

금감원에 따르면 평균가 기준 괴리율은 제도개선 이전(-18.7%)보다 제도개선 이후(-20.6%) 1.9%포인트 더 낮아졌다. 마이너스 괴리율은 실제주가가 목표주가에 미치지 못했음을 의미한다.

국내 증권사들의 주가 예측력은 외국계보다 떨어졌다. 제도개선 이전 국내 및 외국계 증권사의 목표주가 괴리율은 각각 -21.2%, -13.3%였다. 제도개선 이후에는 각각 -21.0%, -19.5%를 기록했다. 제도개선 전후 모두 국내 증권사가 외국계 증권사보다 높은 수준의 목표주가 괴리율을 보인 것이다.

목표주가 괴리율이 가장 큰 곳은 평균가 기준으로는 교보증권(-27.9%), 토러스투자증권(-26.3%), 흥국증권(-24.3%), 골든브릿지증권(-23.7%), 유화증권(-23.3%), 키움증권(-23.2%) 등의 순으로 집계됐다. 최고가 기준으로는 교보증권(-18.9%), 키움증권

(-15.9%), 이베스트투자증권(-15.9%), BNK투자증권(-12.9%), 미래에셋대우(-12.6%) 등의 순서로 적중률이 낮았다.

목표주가 괴리율이 가장 낮아 주가 적중률이 높은 증권사는 평균가 기준으로 JP모건(-11.7%), 최고가 기준으로는 도이치증권(6.6%)으로 나타났다.

증권가에서는 지난해 하반기 급격한 하락장의 영향으로 주가 변동성이 높아지면서 예측이 쉽지 않았다고 토로한다. 금감원 측은 "제도개선 이전보다 이후에 주식시장이 더 하락했기 때문"이라며 "향후 리서치 보고서 신뢰성 제고를 위해 증권사의 책임성을 강화하는 등 필요한 개선 방안을 강구할 계획"이라고 말했다.

출처 : 한국경제, "국내 증권사 '매수 일색' 보고서 여전… 1년간 매도의견 고작 0.1%," 2019.1.20

요 약

투자은행은 기업과 투자자들 사이에 정보의 흐름을 연결해주는 중개기관이다. 투자은행이 중개기관으로서의 역할을 수행함으로써 기업과 투자자 간의 연결이 발생하고, 투자가 발생하게 된다. 특히 투자은행이 자본시장에 전달하는 정보는 신규 증권이 발행되기 이전에 높은 영향력을 지니게 되며, 투자자는 관련 정보에 의존하여 의사결정을 수행하게 된다. 만약 투자은행이 제 역할을 수행하지 못한다면 투자자들은 해당증권이 어느 정도의 가치를 가지고 있는가에 대한 적절한 판단을 내릴 수 없으므로, 투자의 손실 또는 투자기회의 상실을 겪게 된다.

IPO과정에서 투자은행들은 상장을 원하는 후보기업들을 모니터링한다. 투자은행에게 모니터링 역할을 기대하는 이유는, 투자은행은 IPO과정에서 필요한 모든 절차에 대한 전문성을 지니고 있고, 후보기업의 성과와 가치에 대한 평가와 분석을 직접 수행하고 있으며, 투자기회를 자본시장에 제공하는 과정에서 누구보다 많은 정보를 지니고 있으므로, 후보기업을 모니터링할 수 있는 좋은 위치에 있기 때문이다. 따라서 투자자들은 투자은행이 자본시장에서 모니터링의 역할을 수행해주고 우량한 증권만을 시장에 판매해주기를 기대한다. 이러한 투자자들의 기대를 반영하듯 미국 자본시장에서 1986년부터 1995년까지 투자은행들이 IPO한 기업들은 99%의 성공을 거두었다. 그러나 1990년대 중후반에 이르러 첨단 IT 기술과 관련된 기업들의 상장이 두드러지기 시작하고, 자본시장에서 이들 기업의 주가는 천정부지로 솟구쳤다. 투자은행들은 이를 기회로 삼아 어마어마한 수수료를 챙기며 자본시장에 수많은 첨단 IT 기술 기업들의 IPO를 진행하였다. 그러나 1998년과 2000년 사이에 IPO한 기업들의 성공률은 88%로 하락하였고, 1997년 이후에 투자은행에 의해 IPO가 진행된 기업들 중 단지 15%가 시초가 대비 수익을 발생시켰으며, 200개 이상의 기업은 시초가의 75%가 하락하여 주주에게 막대한 손실을 입혔다.

애널리스트(analyst)는 자신이 근무하는 기업과 일반 투자자에게 투자와 관련된 전문적인 의견을 제공하는 역할을 수행한다. 애널리스트의 전통적인 업무는 기업의 이익을 예측하고, 주식을 추천하는 보고서를 기업과 일반 투자자에게 제공하는 일이다. 애널리스트는 기업에 대한 양질의 정보와 전문적인 분석능력을 갖추고 있으며, 기업의 성과와 미래에 대한 정보를 주식시장의 참여자들에게 제공하고 있다는 점에서 기업지배구조 관점에서 기업의 감시자 중 하나로 볼 수 있다. 많은 경우 애널리스트가 자본시장에서 효과적으로 자신의 기능을 수행하고 있지만, 때때로 애널리스트 보고서의 신뢰성에 대한 의문이 제기되기도 한다. 구체적으로 애널리스트의 이익 예측치가 실제 보고이익에 비해 다소 낮게 추정되고 있는 경향이 존재한다. 이는 분석대상기업의 경영자가 애널리스트가 좀더 보수적인 이익 예측을 해주기를 기대하고 있고, 애널리스트는 경영진이 가진 정보에 접근하기 위해서 기업의 기대와 같은 보수적인 이익 예측을 하고 있기 때문이다.

또한 애널리스트의 주식 추천 과정에서 발생하는 신뢰성에 대한 의문도 제기된다. 애널리스트의 주식 추천이 매우 낙관적으로 이루어지고 있는 경향이 존재한다. 이는 대규모 투자은행 업무를 동시에 수행하는 증권회사에서 근무하는 애널리스트들이 겪는 이해상충(conflicts of interest) 때문이다. 즉 애널리스트가 분석기업과의 계속적인 사업관계 유지를 위하여 낙관적인 주식 추천을 제시해야 하는 이해상충의 문제가 존재한다. 또한 이익 예측과 마찬가지로 애널리스트는 경영진이 가진 정보에 접근하기 위해서 낙관적인 주식 추천을 하게 된다.

우리나라에서는 2002년 11월에 공정공시제도를 도입하였다. 공정공시제도(fair disclosure regulations)란 기업의 정보를 애널리스트, 펀드매니저, 기관투자자 등 특정인에게 먼저 제공하는 것을 금지하는 것으로, 기업과 관련된 주요 정보는 반드시 동일한 시점에 일반 대중에게 동시에 제공되어야 한다는 것이다. 공정공시제도가 도입됨에 따라 향후 애널리스트의 이해상충 문제는 다소 감소할 것으로 보인다. 또한 경영진으로부터의 정보접근이 어려워짐에 따라 애널리스트 보고서의 정확성도 함께 감소할 것으로 보인다.

참고 1 : 공정공시제도 관련 「자본시장법」 조항

제161조(주요사항보고서의 제출) ① 사업보고서 제출대상법인은 다음 각 호의 어느 하나에 해당하는 사실이 발생한 경우에는 그 사실이 발생한 날의 다음 날까지(제6호의 경우에는 그 사실이 발생한 날부터 3일까지, 제9호의 경우에는 그 사실이 발생한 다음 날과 납입기일의 1주 전 중 먼저 도래하는 날까지로 한다) 그 내용을 기재한 보고서(이하 "주요사항보고서"라 한다)를 금융위원회에 제출하여야 한다. 이 경우 제159조 제6항 및 제7항을 준용한다. 〈개정 2008.2.29, 2013.5.28, 2014.12.30, 2016.3.29, 2025.1.21〉

1. 발행한 어음 또는 수표가 부도로 되거나 은행과의 당좌거래가 정지 또는 금지된 때
2. 영업활동의 전부 또는 중요한 일부가 정지되거나 그 정지에 관한 이사회 등의 결정이 있을 때
3. 「채무자 회생 및 파산에 관한 법률」에 따른 회생절차개시 또는 간이회생절차개시의 신청이 있은 때
4. 이 법, 「상법」, 그 밖의 법률에 따른 해산사유가 발생한 때
5. 대통령령으로 정하는 경우에 해당하는 자본 또는 부채의 변동에 관한 이사회 등의 결정이 있은 때
6. 「상법」 제360조의2, 제360조의15, 제522조 및 제530조의2에 규정된 사실이 발생한 때
7. 대통령령으로 정하는 중요한 영업 또는 자산을 양수하거나 양도할 것을 결의한 때
8. 자기주식을 취득(자기주식의 취득을 목적으로 하는 신탁계약의 체결을 포함한다) 또는 처분(자기주식의 취득을 목적으로 하는 신탁계약의 해지를 포함한다)할 것을 결의한 때
9. 전환사채, 교환사채 또는 신주인수권부사채의 발행에 관한 결정이 있

은 때. 다만, 해당 주권 관련 사채권의 발행이 증권의 모집 또는 매출에 따른 것으로서 제119조 제1항에 따라 신고서를 제출하는 경우는 제외한다.

10. 그 밖에 그 법인의 경영·재산 등에 관하여 중대한 영향을 미치는 사항으로서 대통령령으로 정하는 사실이 발생한 때

② 사업보고서 제출대상법인은 제1항에 따라 주요사항보고서를 제출하는 경우에는 제1항 각 호의 항목별로 대통령령으로 정하는 서류를 첨부하여야 한다.

③ 사업보고서 제출대상법인은 주요사항보고서를 작성함에 있어서 금융위원회가 정하여 고시하는 기재방법 및 서식에 따라야 한다. 〈개정 2008.2.29〉

④ 금융위원회는 제출된 주요사항보고서가 투자자의 투자판단에 중대한 영향을 미칠 우려가 있어 그 내용을 신속하게 알릴 필요가 있는 경우에는 대통령령으로 정하는 방법에 따라 행정기관, 그 밖의 관계기관에 대하여 필요한 정보의 제공 또는 교환을 요청할 수 있다. 이 경우 요청을 받은 기관은 특별한 사유가 없는 한 이에 협조하여야 한다. 〈개정 2008.2.29〉

⑤ 금융위원회는 제1항에 따라 주요사항보고서가 제출된 경우 이를 거래소에 지체 없이 송부하여야 한다. 〈개정 2008.2.29〉

참고 2 : 한국거래소 공정공시제도 제도해설(KRX KIND)

□ 의 의

공정공시란 상장법인이 증권시장을 통해 공시되지 아니한 중요정보를 기관투자자 등 특정인에게 선별적으로 제공하고자 하는 경우 모든 시장 참가자들이 동 정보를 알 수 있도록 그 특정인에게 제공하기 전에 증권시장을 통해 공시하도록 하는 제도입니다.

공정공시는 불공정거래의 예방, 수시공시제도의 보완, 합리적 기업분석을 유도하는 증시환경 조성 등의 기능을 담당합니다.

□ 공정공시 의무의 발생 요건

- 공정공시 대상정보를 장래계획 또는 경영계획, 매출액 등 영업실적에 대한 전망, 잠정 영업실적, 주요경영사항 등 관련 내용
- 공정공시 정보제공자가 공정공시대상 정보에 접근할 수 있는 포괄적인 지위를 가진 상장법인 임원 등과 업무상 동 정보에 대한 접근이 가능한 직원 등
- 공정공시 정보제공대상자에게 국내외 투자매매업자 · 투자중개업자, 전문투자자, 언론사 등 다른 자들에 비해 공정공시대상정보에 보다 용이하게 접근할 수 있는 자 등
- 선별적으로 제공하는 경우

□ 공시시한

원칙적으로는 정보를 선별 제공하기 전까지이나, 경미한 과실 · 착오로 제공하는 경우에는 제공 당일까지 공시하도록 하며, 정보의 선별적 제공사실을 임원이 알 수 없었음을 소명하는 경우에는 임원이 이를 알게 된 당일에 신고하면 됩니다.

□ 공정공시 의무 위반에 대한 제재

공정공시의무를 위반한 경우에는 불성실공시법인 지정, 매매거래정지, 불성실공시 사실의 공표 등 현행 수시공시의무 위반과 동일한 제재조치를 취하고 있습니다.

□ 공정공시사항 중 예측정보에 면책조항(Safe Harbor) 적용

거래소는 상장법인이 향후의 예측 또는 전망과 관련한 공정공시 의무사항에 대하여 다음의 방법으로 공정공시하는 경우 그 결과가 해당 예측 또는 전망과 일치하지 않더라도 불성실공시법인 지정에 의한 제재조치를 하지 아니할 수 있습니다.

- 해당 기재 또는 표시가 예측정보라는 사실이 명시되어 있을 것
- 예측 또는 전망과 관련된 가정 또는 판단의 근거가 명시되어 있을 것
- 해당 기재 또는 표시가 합리적 근거 또는 가정에 기초하여 성실하게 행하여졌을 것
- 해당 기재 또는 표시에 대하여 예측치와 실제 결과치가 다를 수 있다는 주의문구가 명시되어 있을 것

복습문제

(1) 상업은행과 투자은행은 어떤 차이가 있는가?

(2) 투자은행의 기능은 무엇인가?

(3) 투자은행이 기업지배구조 관점에서 감시자로 고려될 수 있는 이유는 무엇인가?

(4) 닷컴버블 시기에 발생한 투자은행에 대한 비판은 무엇인가?

(5) 애널리스트의 기능은 무엇인가?

(6) 매수측 애널리스트와 매도측 애널리스트는 어떤 차이가 있는가?

(7) 애널리스트 보고서의 신뢰성에 문제가 발생하는 원인은 무엇인가?

(8) 애널리스트의 이익 예측은 낙관적인가? 보수적인가? 그 이유는 무엇인가?

(9) 애널리스트의 주식 추천은 낙관적인가? 보수적인가? 그 이유는 무엇인가?

(10) 공정공시제도란 무엇인가?

(11) 공정공시제도 도입 이후에 애널리스트의 이해상충 문제와 보고서의 정확성은 어떻게 달라질 것으로 예상되는가? 그 이유는 무엇인가?

토론문제

01 투자은행이 IPO과정에서 모니터링을 수행할 수 있는 이유에 대해서 논의해보자.

02 투자은행은 IPO과정에서 상장을 하는 기업과 주식을 매수하는 투자자를 모두 고려해야 한다. 투자은행이 두 집단 모두를 고려하여 IPO를 진행해야 하는 이유에 대해 논의해보자.

03 애널리스트의 이익 예측 보고서를 사례로 제시하고, 실제 보고이익과의 차이가 발생했는가를 분석해보자. 이와 같은 차이가 발생한 원인에 대해 논의해보자.

04 공정공시제도 도입 이후에 애널리스트 보고서의 신뢰성에는 어떠한 변화가 발생했는가에 대해 논의해보자.

◈ 참고문헌

1 Sorkin, Andrew R.(2001), "Just Who Brought Those Duds to Market?" New York Times.

2 Kim, Kenneth A., John R. Nofsinger, and Derek J. Mohr(2009), *Corporate Governance*, Pearson.

3 Degeorge, François, Jayendu Patel, and Richard J. Zeckhauser(1999), "Earnings Managemnet to Exceed Thresholds," *Journal of Business*.

CHAPTER

6

기관투자자와 외국인투자자 : 소유구조와 기업 감시 강화

✣ 본장에서는 다음과 같은 내용을 다룬다.

- 기관투자자의 모니터링
- 기관투자자의 의결권 행사
- 스튜어드십 코드 도입
- 외국인투자자의 모니터링

기관투자자의 모니터링

본장에서는 대리인 문제 해결을 위한 기업지배구조 측면에서 기관투자자, 외국인투자자를 통한 모니터링을 검토한다. 개인투자자가 경영진에 대한 감시기능을 수행하는 데에는 한계가 존재하기 때문에, 대규모 자본을 투자하고 있는 기관투자자나 외국인투자자가 경영진에 대한 감시자로서의 역할을 수행해주기를 기대하는 시각이 있다. 기관투자자와 외국인투자자는 기업과 경영진을 감시하는 데 필요한 우월한 정보수집능력과 전문적인 분석력을 지니고, 높은 모

[그림 6.1] 개인투자자와 기관투자자

니터링 인센티브를 가지며, 높은 지분을 보유하고 있어 기업에 대한 영향력 행사가 가능하다는 점에서 경영진의 기회주의적 행동에 대한 견제기능을 수행하기에 유리한 위치에 있다. 본장에서는 외부 기업지배구조로서 기관투자자와 외국인투자자의 역할에 대해서 논의하고자 한다.

자본시장에서 투자자의 형태는 다양하게 구분된다. 투자자의 주체에 따라 개인투자자(individual investors)와 기관투자자(institutional investors)로 구분된다. 개인투자자는 개인의 자격으로 증권에 투자하는 자인 데 반해, 기관투자자는 법인(法人)의 자격으로 증권에 투자하는 자를 의미한다. 즉 기관투자자는 연금, 기금, 은행, 보험사, 증권사, 투자신탁사 등의 법인투자자이다. 또한 투자자의 국적에 따라 국내투자자(native investors)와 외국인투자자(foreign investors)로 구분된다. 우리나라는 1992년 외국인투자자에 대한 직접투자를 허용하고, IMF 이후인 1998년 5월부터 일부 예외 업종을 제외한 외국인의 투자한도를 전면 폐지함으로써 자본시장 개방을 완료했다. 투자자의 형태를 투자기간에 따라 분류하면 단기투자자(short-term investors)와 장기투자자(long-term investors)로 구분된다. 단기투자자는 기업의 미래 가치나 성장성에 관심을 두기보다는 현 시점의 가치가 저평가된 증권에 단기투자하여 주가상승 시점에 바로 처분함으로써 단기적인 시세차익을 노리는 투자자이다. 반면 장기투자자는 단기적인 주가 움직임보다는 장기적인 기업의 가치와 성장성에 보다 관심을 갖는 투자자이다. 자본시장에서 기관투자자와 외국인투자자는 투자대상기업의 보유지분이 높으면서 정보우위를 바탕으로 한 높은 수익률을 거두고 있는 것으로 알려져 있다. 또한 기관투자자나 외국인투자자가 장기적인 주식투자를 하게 될 경우에는 지속적으로 기업경영에 관심을 갖고 정보우위를 바탕으로 한 경영진 감시활동에 적극적으로 나설 가능성이 있다.

〈표 6.1〉 투자자 형태 분류

	구 분
주체에 따른 분류	개인투자자(individual investors) 기관투자자(institutional investors)
국적에 따른 분류	국내투자자(native investors) 외국인투자자(foreign investors)
투자기간에 따른 분류	단기투자자(short-term investors) 장기투자자(long-term investors)

개인투자자와 기관투자자는 경영진에 대한 모니터링을 수행하는 데 있어서 효익과 비용 면에서 큰 차이를 보인다. 개인투자자가 기업과 경영진에 대한 모니터링을 적극적으로 수행하는 데에는 한계가 있다. 가장 큰 이유는 개인투자자가 모니터링을 통해서 얻게 되는 효익(자신이 보유한 증권의 가치 상승)이 모니터링으로 발생하는 비용에 비해 매우 작기 때문이다. 기업과 경영진을 모니터링하는 데에는 막대한 비용과 시간이 발생한다. 작은 금액을 투자하고 있는 개인이 대형 기업과 그 속의 경영진을 상대로 직접적인 모니터링을 수행하는 데 발생하는 비용은 너무나 크다. 따라서 개인투자자가 기업과 경영진에 대해 적극적인 모니터링 활동에 직접 나서기란 결코 쉬운 일이 아니다. 이와 같은 이유로 개인투자자들은 대부분 기업 감시자로서의 역할에 소극적일 때가 많으며, 더 나아가 무관심적인 태도를 보일 때가 많다.

반면 기관투자자는 기업에 대규모 자본을 투자하고 있기 때문에 모니터링하는 데 발생하는 비용에 비해서 얻게 될 미래 기대 효익이 더 크다. 즉 기관투자자는 높은 보유지분과 규모의 경제로 인해 기업 감시에 필요한 비용이 상대적으로 낮다. 더구나 기관투자자는 충분한 정보력과 자본력을 지니고 있으므로 기업과 경영진에 대한 적극적인 견제기능을 수행할 역량을 지니고 있다. 따라서 기관투자자는 자신의 이익 보호를 위해 기업의 경영활동과 의사결정과정에 직접적인 영향력을 미치거나 개입할 수 있다.

기관투자자의 의결권 행사

기관투자자의 주주행동에 대해서는 상반된 관점이 양립하고 있다. 기관투자자의 주주행동이 주주의 이익을 위해서 필요한 기업지배구조적 활동이라고 보는 관점과, 기업경영에 대한 과도한 간섭을 야기하는 부작용이 더 클 수 있다는 관점이다. 먼저, 기관투자자의 주주총회에서의 주주제안과 같은 주주행동에 대해서, 해당기업의 수익개선과 기업지배구조 개선 효과를 가지고 온다는 긍정적인 시각과, 관련 행동이 장기 주식가치나 수익 개선에 아무런 영향을 주고 있지 않다는 부정적인 시각이 양립한다. 또한, 기관투자자의 의결권 반대 행사가 적극적인 주주행동이며 기업과 경영진에 대한 모니터링 효과가 있다고 보는 긍정적인 시각과, 관련 행동이 기업에는 부정적일 수 있으며 무의미하고 소모적이라는 부정적인 시각도 존재한다. 즉 기관투자자의 기업의사결정 참여가 경영진에 대한 적극적인 감시활동인지 아니면 주주이익을 훼손시키는 활동인지에 대해서는 의견이 분분하다.

과거부터 기관투자자의 의결권이 보장되어 있던 미국과 달리, 우리나라에서 기관투자자가 의결권을 보유하게 된 것은 최근의 일이다. 우리나라에서는 1997년 IMF 외환위기 이전까지는 기관투자자의 적극적 의결권 행사가 법으로 금지되어 있었다. 그러나 외환위기 이후 기업지배구조 개선을 위한 정책의 일환으로 기관투자자의 의결권 행사가 가능해졌다. 2003년부터 기관투자자의 의결권 행사가 허용되었다. 또한 2008년과 2011년에 금융감독원, 금융투자협회, 그리고 한국기업지배구조원(현 한국ESG기준원)에서 기관투자자의 의결권 행사와 관련된 가이드라인을 제정하였고, 2013년 자본시장법 개정을 통해 집합투자업자의 충실의무를 명시(제87조 제1항)하고 기관투자자의 의결권 행사 내역을 공시(제87조 제8항)하도록 하는 규정이 도입되었다. 이러한 일련의 제도적 정비는 기관투자자가 의결권 행사 책임을 보다 적극적으로 이행할 수 있는 기반을 마련한 것으로 평가된다.

이러한 기반 위에서, 2020년대 들어 자본시장법과 관련 감독규정은 기관투자자의 수탁자 책임을 더욱 명확히 하고, 의결권 행사와 관련된 공시의무를 한층 강화하는 방향으로 개정되었다. 자본시장법 제79조 제2항(혹은 제96조 제2항)은 집합투자업자(혹은 투자일임업자)에게 고객의 이익을 최우선으로 고려할 의무, 즉 수탁자로서의 충실의무(fidelity duty)를 법적으로 규정하고 있으며, 이를 위반할 경우 감독당국이 제재할 수 있는 근거를 제공하고 있다. 이는 기관투자자의 의결권 행사가 단순한 선택적 권한이 아니라, 수탁자로서 이행해야 할 법적 의무의 일환이라는 점을 분명히 한 것이다.

아울러 자본시장법 시행령에서는 일정비율, 자산규모 이상(자본시장법 시행령 제90조 제1항)의 기관투자자에 대해 의결권 행사 내역을 연 1회 이상 정기적으로 외부에 공시(자본시장법 시행령 제91조 제2항)하고, 그 세부 내역과 사유를 명확히 기재하도록 감독지침을 정비하였다. 이와 같은 공시의무는 기관투자자의 의결권 행사에 대한 외부 감시 가능성을 높이고, 그 책임성을 제고함으로써 투자대상기업에 대한 실질적인 감시 유인을 부여하는 데 목적이 있다.

그러나 이처럼 제도적으로는 다양한 법적 기반과 공시 체계가 마련되었음에도 불구하고, 기관투자자의 의결권 행사는 여전히 소극적이라는 평가가 지배적이다. 실제로 국내 기관투자자들은 제도상 주어진 권한을 활용하기보다는 관망적 태도를 유지하는 경향이 강하며, 실질적인 감시활동으로 이어지지 못하고 있는 실정이다. 우리나라의 기관투자자가 의결권 행사에 소극적인 태도를 보이는 데에는 다음과 같은 이유가 있다.[1]

첫째, 우리나라의 경우 기관투자자가 주로 재벌 또는 금융지주회사 계열에 속해 있거나, 투자대상기업과의 이해관계를 지니고 있는 경우가 많아 의결권 행사에 소극적이라는 비판이 있다. 즉 기관투자자가 투자대상기업과 퇴직연금 운용이나 증권인수 등 주요 재무적인 거래 관계에 놓여 있는 경우가 많다.

둘째, 우리나라에서는 기관투자자의 소극적인 의결권 행사가 가지고 올 책임의 범위에 대한 규정이 미비하여 의결권 행사에 대한 유인이 작다는 지적이 있다. OECD 발표에 따르면 조사대상 국가 중 절반 이상이 기관투자자들이 정기적으로 투자대상기업을 모니터링할 것을 의무화하거나 권고하는 규정을 마련하고 있다. 즉 기관투자자에게 투자대상기업에 대한 모니터링 책임을 규정하고, 기관투자자가 모니터링을 하거나 하지 않는 이유를 공개적으로 설명할 의

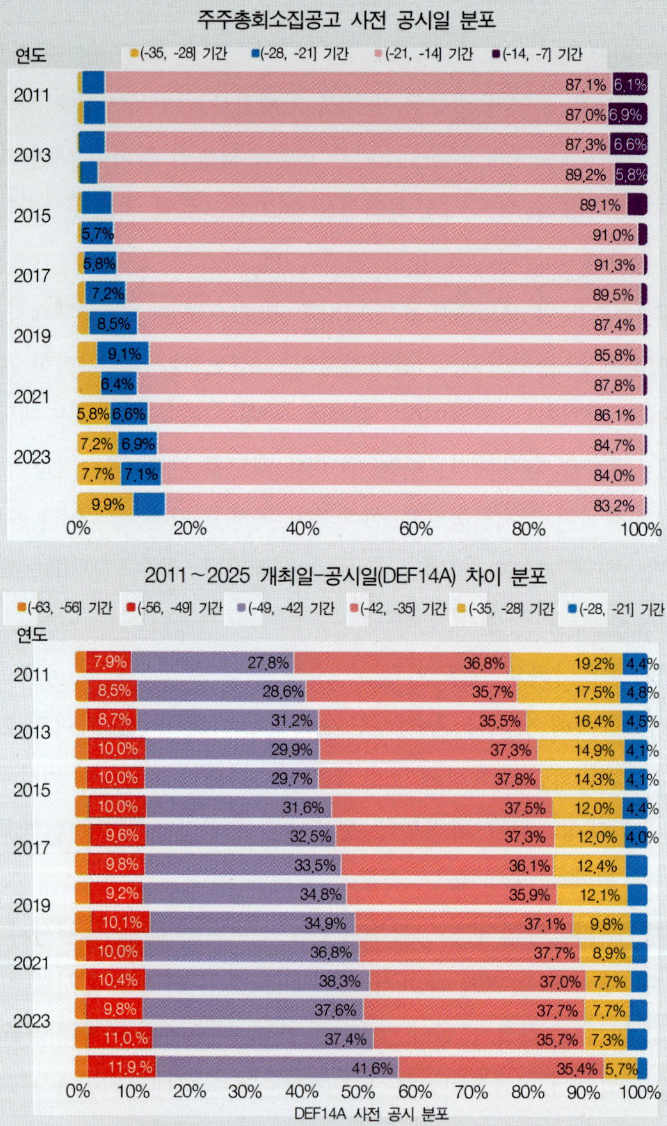

출처 : 한국ESG기준원, "2025 주주총회 리뷰(1) 정기주주총회 집중화 현상 분석," 2025.5.26

[그림 6.2] 주주총회 집중화 현상

무를 부여하고 있다.

셋째, 우리나라의 경우 주주총회 공시 및 개최 일정 등이 촉박하게 진행되어 기관투자자가 충분한 정보 수집과 안건을 분석하는 데 어려움이 있다는 비판도 있다.

[그림 6.2]에서 나타나듯이, 우리나라 기업들은 주주총회 소집공고를 주로 개최일 2~3주 전에 공시하는 경향이 있는 반면, 미국의 경우 정기주주총회 소집공고가 일반적으로 개최일 6주 전에 이루어진다. 이에 따라 미국에서는 주주들이 의결권 행사에 앞서 회의 안건을 충분히 분석하고 검토할 수 있는 시간이 제공되는 반면, 우리나라에서는 주주의 충실한 의결권 행사에 필요한 정보 접근성과 준비 시간이 상대적으로 제한되는 구조임을 알 수 있다.

넷째, 기관투자자의 의결권 행사를 지원할 수 있는 기업 내부 인

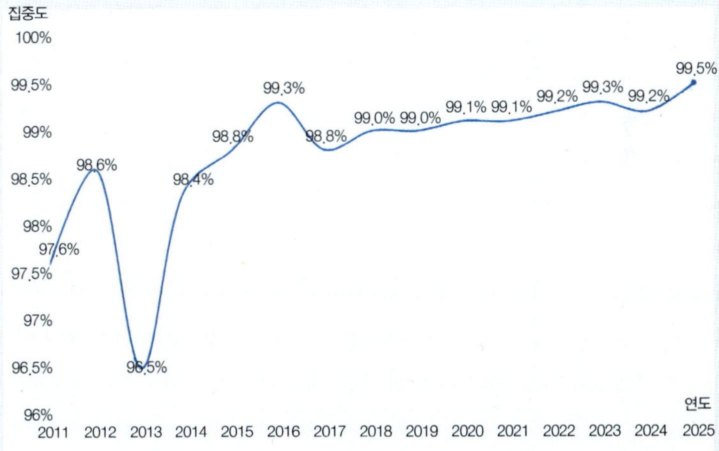

출처 : 한국ESG기준원, "2025 주주총회 리뷰(1) 정기주주총회 집중화 현상 분석," 2025.5.26

[그림 6.3] 2011-2025 우리나라 정기주주총회 3월 집중도

력, 전문성, 업무프로세스가 부족하다는 지적도 있다.

다섯째, 기관투자자가 의결권 행사를 위탁하거나 자문을 받을 수 있는 외부전문기관이 부재하다는 지적도 있다.

사례 6.1 기관투자자의 의결권 행사

정기 주주총회 시즌을 맞아 자본시장의 큰손인 국민연금 등 기관투자자들이 본격적인 의결권 행사를 예고하고 있다. 사장 선임과정에 대한 설명을 요구하거나 저배당 기업에 배당 확대 등을 제안하는 움직임이 나타나고 있다. 금융투자업계는 지난해 스튜어드십 코드를 도입한 이후 처음으로 맞는 주총에서 기관투자자들이 어떤 행보를 보일지, 그동안 받아왔던 거수기 오명을 벗을 수 있을지 주목하고 있다.

스튜어드십 코드는 연기금, 자산운용사 등 기관투자자들이 자산을 맡긴 고객을 위해 충실한 집사(스튜어드)처럼 기업을 상대로 주주권 행사를 강화하기 위해 만들어졌다. 기관투자자가 단순히 주식을 보유한 것에 그치지 않고 기업과 적극적으로 대화하며 지속가능 성장에 기여하고 고객의 이익을 극대화하도록 하며 기업의 편법 운영을 감시하고, 의결권을 적극적으로 행사하라는 지침이다.

▶ 목소리 내기 시작하는 국민연금

7일 금융투자업계에 따르면 국민연금 기금운용본부는 지난달 20일 KT&G 이사회 의장에게 공문을 보내 사장후보추천위원회 심사 내용 및 결과에 대한 설명을 요청했다. KT&G의 최대주주인 국민연금은 KT&G에 심사과정에 대한 전반적 설명과 이사회를 비롯해 산하 위원회 의사록 사본까지 요구한 것으로 알려졌다.

국민연금은 공문을 통해 백복인 현 대표이사 사장 연임과 관련, 일각에서 제기되는 분식회계 의혹과 사장후보 추천과정에 대한 문제제기를 언급하며 백 사장 연임과정을 추궁했다는 점에서 이미 반대의사를 타진한 것이란 분석도 나온다. 국민연금의 의결권 행사를 자문하는 한국기업지배구조원도 부정적 입장을 내놓은 바 있다.

국민연금은 또 올해 정기 주총에서 '배당 확대' 목소리를 적극적으로 낼 것으로 보인다. 국민연금은 지난 2016년 국내 기업의 배당 현황을 파악하고 10개 안팎의 저배당 기업 리스트를 만들고 관리하는 것으로 알려졌다. 또 국내 상장사들의 배당 현황과 배당 결정 요인, 해외 연기금의 배당정책 등을 조사하는 연구용역을 발주했다. 오는 9월까지 진행하는 이 연구를 통해 국민연금은 자체 배당 관련 정책을 내놓을 예정이다.

▶ 침묵 또는 '예스맨'으로 일관했던 기관투자자

그동안 국내 주요 상장기업의 대주주인 연기금과 기관투자자들은 의결권 행사에 소극적 모습을 보여왔다. 주총에서 침묵 또는 '예스맨'의 행보를 보이며 기업의 주총 안건에 반대의견을 거의 내지 않았다. 기업 발전을 위한 건설적 제안을 한 적도 없다.

한국기업지배구조원 의결권정보광장(VIP)에 따르면 국민연금, 사학연금, 공무원연금 등 국내 3대 연기금의 주총 안건에 대한 의결권 행사 반대율은 낮은 수준이다. 지난해 국민연금의 반대율은 16.60%, 공무원연금은 19.30%였고 사학연금은 1.71%에 불과했다.

자산운용사와 증권사 등 민간 기관투자자들의 반대율은 더 낮았다. 지난해 반대율 현황을 보면 102개 기관투자자들 중 72개사의 반대율이 1% 미만이었다. 반대율이 높은 기업의 주총에서 아예 의결권을 행사하지 않은 사례도 많다. 의결권 행사에 대한 충실도가 4점 이상인 곳은 14개사에 불과했다. 10점 만점에 4점 이상을 받아야 의결권 행사가 양호한 것으로 평가된다.

전문가들은 지난해부터 스튜어드십 코드를 본격적으로 도입하기 시작한 기관투자자들이 올해 주총에서는 적극적인 의결권을 행사할 것이라고 전망했다. 또 연기금 등 기관투자자들이 그동안 '거수기' 역할에서 벗어나 주총 안건에 적극적인 의결권을 행사하고 투자자의 수익률 극대화를 위해 주주권을 강화한다면 기업지배구조도 개선될 것이라고 기대했다.

한편 한국지배구조원에 따르면 6일 기준 스튜어드십 코드를 도입한 곳은 모두 27곳이다. 미래에셋, 한국투자신탁, KB, 트러스톤 등 PEF를 포함한 자산운용사는 25곳이 있으며 자문사는 서스틴베스트, 제브라투자자문이 참여하고 있다.

참여계획서를 제출한 기관은 모두 43곳으로 삼성자산운용과 대신자산운용 등 37개사, 보험사 2곳, 증권사 3곳, 은행 1곳 등이 있다.

현재 연기금은 참여계획서를 제출한 곳이 하나도 없지만 국민연금이 도입을 추진하고 있으며 한국교직원공제회와 지방행정공제회, 한국투자공사(KIC)가 도입을 결정하고 준비 작업을 진행중이다.

스튜어드십 코드를 도입한 기관투자자들은 공정한 '의결권 행사'를 위해 한국기업지배구조원, 서스틴베스트, 대신경제연구소 등 의결권 자문기관을 적극 활용한다는 계획이다.

출처 : 내일신문, "기관투자자들, 거수기 오명 벗을까/이사 감사선임, 배당 정책에 적극적 의결권 행사 예고," 2018.3.7

사례 6.2 기관투자자의 주주행동 활성화

올해 정기 주주총회의 주요 화두는 투명경영과 지배구조, 주주권 강화 등이 꼽힌다. 지난해 스튜어드십 코드를 도입한 이후 처음으로 맞는 주총이기 때문에 기관투자자들이 어떻게 의결권 행사를 할지에 대한 관심도 높아지고 있다.

하지만 국내 기관투자자들은 주주권 행사 경험이 거의 없다는 점이 한계로 지적된다. 인력과 전문성, 업무프로세스 등도 미비한 실정이다. 이에 전문가들은 기관투자자들의 주주권 강화를 위해서는 점진적 접근이 필요하며 주주제안 의제 확대와 의결권 자문사 규제, 일임제도 개선 등 제도정비가 필요하다고 강조했다.

▶ 걸음마 수준인 주주권 행사

8일 금융투자업계에 따르면 국내 기관투자자들은 그동안 주주권 행사 경험이 없어 주총에서 의결권을 행사하는 활동에 많은 한계가 있을 수 있다는 지적이 나왔다.

송홍선 자본시장연구원 선임연구위원은 지난달 '스튜어드십 코드와 기관투자자의 주주권 행사'라는 보고서에서 "우리나라에서는 내부 지분율이 높은 대기업 중심의 기업체제와 자본시장 성장을 제약한 은행 중심의 금융제도 특성으로 인해 기업지배구조에서 자본시장의 역할이 미미했다"며 "그동안 기관투자자들은 주주권을 제대로 행사할 경험이 없었고 전문성도 부족하다"고 밝힌 바 있다.

스튜어드십 코드는 기관투자자들의 수탁자 책임이 주주관여 활동으로 확장된 것이다. 때문에 경영진과 건설적인 대화를 하거나 문제 해결을 위해 보다 적극적인 주주제안을 하는 행위가 필요하다.

하지만 현재 우리나라의 주주제안제도는 상법과 정관 사항만으로 의제가 제한되어 있어 건설적인 주주관여전략이 활성화되기 어렵다는 비판이 나온다. 지배구조 이외의 경영전략, 환경, 노동, 공급망, 노동권 등 다양한 비재무요소에 대한 제안은 주총에 부의될 수 없다. 이는 기업과 건설적 주주관여를 지향하고, 주주권 행사의 범위를 비재무정보까지 포함하고 있는 스튜어드십 코드의 기본 방향과 상충된다. 미국의 경우 13가지 주주제안 배제요건에 해당되지 않으면 어떤 의제도 주주제안이 가능해 우리나라와는 큰 차이가 있다. 이에 송 연구원은 "일정지분 이상 보유 주주에게 부여되는 주주제안 제출 기한과 범위를 확대해 주주권 행사를 보장해야 한다"고 강조했다.

아울러 송 연구원은 "기관투자자들이 의결권 행사를 위탁할 가능성이 높은 만큼 의결권 자문사에 대한 규제를 도입해야 한다"고 제안했다. 또 "지배구조 공시와 회사의 사회·환경·노동 현안에 대한 정보공개를 강화해 주주권 행사 판단 근거를 마련하고 신탁계약에만 허용된 의결권 위임을 투자일임계약에도 허용하는 것이 필요하다"고 주장했다.

▶ 주주관여 책임, 의무 또는 권고 규정 마련해야

주주권 행사는 크게 투자대상회사에 대한 모니터링, 개선사항에 대한 건설적 대화와 의결권 행사 등이 있다. 많은 나라들이 기관투자자의 주주권 행사 정책을 다양한 방법을 통해 규율하고 있다.

OECD가 조사한 47개 국가 중 투자대상회사에 대해 기관투자자들이 주기적으로 모니터링을 할 것을 의무화하거나 권고하는 규정을 둔 나라는 26개 국가(전체의 55%)에 달했다. 스튜어드십 코드를 도입한 나라는 기관투자자에게 투자대상회사에 대한 모니터링 책임을 규정하고 있다. 코드에 가입하면 모니터링을 하거나 하지 않는 이유를 설명해야 한다.

경영진과의 건설적 대화를 규정하고 있는 나라는 47개 국가 중에서 16개 국가(전체의 34%)였다. 미국과 홍콩 등은 건설적 대화에 연방 차원의 규제 근거는 없지만 공적연금을 규율하는 미국의 주정부 차원의 법이나 규정은 존재하고 있다. 아울러, 주주권 행사를 전문기관에 위탁해도 기관투자자의 수탁자로서 책임은 그대로 유지되도록 명문으로 규정한 나라들은 23개 국가다. 의결권정책을 공시하고 주주활동 내역을 공개하는 규제는 18개 국가에서 채택하고 있다.

출처 : 내일신문, "기관투자자 주주권 활성화/기업과 건설적 대화, 주주제안 확대해야," 2018.3.8

스튜어드십 코드 도입

최근 우리나라 기관투자자의 기업지배구조적 역할 강화와 관련하여 가장 큰 화제 중 하나는 스튜어드십 코드의 도입이다. 우리나라는 2017년 금융위원회 주도로 스튜어드십 코드를 자본시장에 도입하였으며, 이후 국민연금을 비롯한 공적 연기금뿐 아니라 민간 자산운용사 및 보험사 등 다양한 기관투자자들로 그 적용이 확산되었다.

스튜어드십 코드(stewardship code)란 기관투자자의 역할이 단순한 주식 보유와 의결권 행사에 그치지 않고, 투자대상기업과의 지속적인 대화 및 관여 활동을 통해 기업의 장기적 가치 제고와 지배구조 개선을 도모함으로써, 최종 수익자인 고객의 이익을 극대화하는 것을 목적으로 하는 일종의 연성규범(soft law)이다. 이러한 스튜어드십 코드의 핵심은 수탁자로서의 책임을 단순한 투자 판단을 넘어 기업의 지배구조, 경영전략, 위험관리, 재무 및 비재무적 요소 전반에 대한 적극적인 관여 행위로 확장하는 데 있다. 특히 수탁책임의 범위가 전통적인 재무성과를 넘어 ESG(환경 · 사회 · 지배구조)와 같은 비재무적 리스크까지 포함하게 되면서, 기관투자자의 역할은 더욱 복합적이고 포괄적인 형태로 전환되고 있다.

스튜어드십 코드는 법적 강제력은 없는 하나의 원칙이다. 원칙준수 · 예외설명(comply or explain) 방식에 따라 기관투자자가 자율적으로 수용하고 이행하게 된다. 즉, 기관투자자는 각 원칙의 취지에 부합하는 방식으로 책임을 이행하되, 특정원칙의 적용이 부적절하다고 판단할 경우 그 사유를 설명하고 이행하지 않을 수 있다. 이에 따라 각 기관은 스튜어드십 코드의 수용 여부, 이행 계획 및 성과를 자본시장 참여자에게 정기적으로 공시하여야 하며, 이를 통해 시장

〈표 6.2〉 우리나라 스튜어드십 코드의 7대 원칙

구 분	내 용
원칙 1	고객, 수익자 등 타인 자산을 관리·운영하는 수탁자로서 책임을 충실히 이행하기 위한 명확한 정책을 마련해 공개해야 한다.
원칙 2	수탁자로서 책임을 이행하는 과정에서 실제 직면하거나 직면할 가능성이 있는 이해상충 문제를 어떻게 해결할지에 관해 효과적이고 명확한 정책을 마련하고 내용을 공개해야 한다.
원칙 3	투자대상회사의 중장기적인 가치를 제고하여 투자자산의 가치를 보존하고 높일 수 있도록 투자대상회사를 주기적으로 점검해야 한다.
원칙 4	투자대상회사와의 공감대 형성을 지향하되, 필요한 경우 수탁자 책임 이행을 위한 활동 전개 시기와 절차, 방법에 관한 내부지침을 마련해야 한다.
원칙 5	충실한 의결권 행사를 위한 지침·절차·세부기준을 포함한 의결권 정책을 마련해 공개해야 하며, 의결권 행사의 적정성을 파악할 수 있도록 의결권 행사의 구체적인 내용과 그 사유를 함께 공개해야 한다.
원칙 6	의결권 행사와 수탁자 책임 이행 활동에 관해 고객과 수익자에게 주기적으로 보고해야 한다.
원칙 7	수탁자 책임의 적극적이고 효과적인 이행을 위해 필요한 역량과 전문성을 갖추어야 한다.

출처 : 한국스튜어드십코드 홈페이지

참여자는 각 기관의 수탁자 책임 이행 수준을 평가하고 선택할 수 있는 정보를 제공받는다.

자본시장법은 기관투자자의 수탁자 책임 및 충실의무를 명확히 규정하였으며, 일정자산 규모 이상의 연기금 및 자산운용사에 대해서는 스튜어드십 코드의 채택 여부 및 이행 현황을 정기적으로 공시할 것을 요구하고 있다. 이러한 규범화는 기관투자자의 책임투자 활동을 시장 감시 메커니즘의 일부로 정착시키는 기반을 제공하며, 기업지배구조 개선과 자본시장의 신뢰도 제고라는 측면에서 제도적 의미가 크다. 즉 스튜어드십 코드는 기업지배구조 개선을 위한 기관투자자의 적극적인 역할을 고취시키기 위한 방안으로, 법적인 강제력은 없지만 기관투자자에게 적극적인 기업지배구조적 역할을 수행하도록 유인을 제공한다.

그러나 이와 같은 규범적 확산에도 불구하고, 실질적인 이행 수준에 대해서는 비판적 시각도 함께 존재하고 있다. 특히 많은 기관투자자들이 스튜어드십 코드의 원칙을 형식적으로 수용하고 있으나, 실질적인 기업 감시와 적극적인 의결권 행사로 이어지지 않는 경우가 많다는 지적이 제기된다. 예컨대, 대기업 지배주주와의 거래 관계 또는 퇴직연금 운용 계약 등 이해관계가 얽힌 경우, 기관투자자들이 실제 주주권 행사에 소극적인 태도를 보이거나 모호한 공시로 책임을 회피하는 경향이 나타나고 있다. 이러한 '소극적 수탁자 책임(passive stewardship)'의 관행은 스튜어드십 코드의 실효성을 훼손하는 주요 요인으로 지적된다.

반면, 스튜어드십 코드의 실질적 이행 사례로 평가받는 기관도 존재한다. 대표적인 예로, 국민연금은 주요 상장기업의 이사 선임안, 감사 선임안, 배당정책 등에 대해 찬반 입장을 공개하고 있으며, 그 판단의 근거를 구체적으로 명시하고 있다. 2020년 이후에는 각 안건별 분석 자료와 의결 기준이 정형화되었고, 이는 시장참여자들이 국민연금의 의결권 행사를 예측가능하게 이해하고 대응할 수 있는 기반이 되었다. 국민연금의 이러한 공시 관행은 다른 연기금이나 민간 운용사에도 간접적인 압력으로 작용하여, 의결권 행사 전반의 투명

〈표 6.3〉 우리나라의 스튜어드십 코드의 특징

원칙 중심 접근	• 세부사항 대신 코드 참여자가 자율적으로 이행할 원칙과 기준을 제시 • 구체적인 내용은 해설서, 법령해석집에서 참조가능
주주 · 회사 간 양방향 소통 강조	• 수탁자 책임의 이행은 일상적 경영간섭이 아니며, 회사와의 공감대 형성에 기초 • 기관투자자와 회사 간 '명확하며 건설적인 목적'을 지향하는 대화의 중요성 강조
기관투자자 · 주주 활동의 신뢰도 제고 필요성 강조	• 참여자에게 수탁자 책임의 효과적 이행을 위한 역량 · 전문성을 제고할 책임 명시 • 수탁자 등에 대한 적정보수 지급 등이 필수적임을 시장, 관계부처가 공유할 필요
코드 이행의 실효성 제고 도모	• 이행방침설명서, 수탁자 책임 · 이해상충방지 등 정책을 공개하도록 명시 • 코드 참여 · 이행 지원, 관련 시장동향 조사 기관으로서 기업지배구조원 역할 명시
자산 소유자 · 운용자 간 역할 분담 강조	• 자산소유자는 자산운용자의 적절한 선정관리감독을 통해 수탁자 책임 이행이 가능 • 역할 분담이 가능하도록 자산소유자와 자산운용자 간의 의사소통 필요성을 제시
법적 불확실성 완화를 위한 시장 · 당국의 공동노력 강조	• 기관투자자, 자문사 등 코드 참여자는 주주활동의 다양한 유형과 사례를 제시 • 당국은 법적 불확실성 최소화를 위한 유권해석 등을 제시

출처 : 한국기업지배구조원(현 한국ESG기준원)

성과 책임성을 높이는 계기로 기능하고 있다.

결국 스튜어드십 코드가 단순한 선언적 규범을 넘어 실질적인 기업지배구조 개선의 수단으로 작동하기 위해서는, 기관투자자의 주

〈표 6.4〉 기관투자자 의결권 행사 현황

의결권 행사 현황 (단위 : 안건수, %)

구 분	의결권 행사 방향				총 안건수
	찬 성	반 대	불행사	중 립	
안건수 (비중)	24,015 (82.9)	1,973 (6.8)	2,437 (8.4)	544 (1.9)	28,969 (100.0)

세부 안건별 의결권 행사 현황 (단위 : 안건수, %)

안건 분류	구 분	행 사			불행사	합 계
		찬 성	반 대	중 립		
이사의 선임 및 해임	건수	8,058	789	193	894	9,934
	(비율)	(81.1)	(7.9)	(1.9)	(9.0)	(100.0)
감사 또는 감사위원의 선임 및 해임	건수	2,833	281	72	237	3,423
	(비율)	(82.8)	(8.2)	(2.1)	(6.9)	(100.0)
정관 변경	건수	2,591	286	81	224	3,182
	(비율)	(81.4)	(9.0)	(2.5)	(7.0)	(100.0)
임원 보수	건수	5,188	436	95	595	6,314
	(비율)	(82.2)	(6.9)	(1.5)	(9.4)	(100.0)
결산 및 배당	건수	3,929	98	76	341	4,444
	(비율)	(88.4)	(2.2)	(1.7)	(7.7)	(100.0)
자본 구조 (증자 · 감자 등)	건수	563	3	10	81	657
	(비율)	(85.7)	(0.5)	(1.5)	(12.3)	(100.0)
조직 변경 (합병 · 분할 등)	건수	67	26	1	27	121
	(비율)	(55.4)	(21.5)	(0.8)	(22.3)	(100.0)
기타	건수	786	54	16	38	894
	(비율)	(87.9)	(6.0)	(1.8)	(4.3)	(100.0)
합 계		24,015	1,973	544	2,437	28,969

출처 : 금융감독원, "24년 자산운용사 의결권 행사 현황 점검 결과," 2025.6.4

주관여 활동에 대한 외부 감시와 평가 체계가 병행되어야 하며, 공시의 정확성과 투명성을 확보하는 동시에 이해상충 방지장치의 실효성도 함께 강화될 필요가 있다. 특히 형식적 보고를 넘어선 실질적 관여 내역의 공개, 의결권 행사 기준의 명문화, 독립적인 책임이행 위원회 구성 등이 향후 제도의 실효성을 좌우할 핵심 과제가 될 것이다.

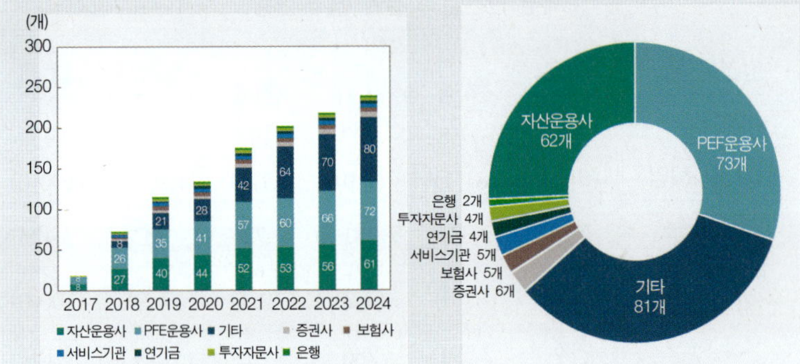

자료 : 한국ESG기준원

출처 : 자본시장연구원, "국내 상장회사의 이사회 내 위원회 설치 현황과 시사점 : 2015년부터 2022년까지," 2023.4.3

[그림 6.4] 스튜어드십 코드 도입 현황

〈표 6.5〉 스튜어드십 코드 도입 현황

연 도	합 계	연기금	보험사	자산 운용사	PEF 운용사	증권사	투자 자문사	서비스 기관	은 행	기 타
2019[1)]	114	1	5	41	35	3	2	4	2	21
2025[2)]	246	4	5	63	73	6	4	5	2	84

1) 출처 : 한국기업지배구조원(현 한국ESG기준원), 2019.11.30 기준

2) 출처 : 한국스튜어드십코드, 2025.7.8 기준

사례 6.3 기관투자자의 스튜어드십 코드 도입 후 변화

주주총회에서 '거수기'나 다름없던 기관투자자들이 스튜어드십 코드(수탁자 책임 원칙) 도입 이후 반대표를 던지는 비율이 2배 가까이 상승한 것으로 나타났다. 특히 이른바 '장하성 펀드'로 불린 한국기업지배구조펀드를 운용했던 존 리가 대표를 맡고 있는 메리츠자산운용은 다른 자산운용사보다 반대율이 3배가량 높았다.

7일 한국기업지배구조원의 의결권정보광장 포털에 따르면 2017년 코스피 상장사에 대한 의결권 행사 정보가 공개된 기관투자자 105곳 중 6곳이 지난해 스튜어드십 코드를 도입했다. 이들이 지난해 주총에서 경영진 제안 안건에 반대한 비율은 평균 10.55%로 2017년 5.90%보다 2배 뛰었다.

6개 기관투자자 중 메리츠자산운용의 반대율은 2017년 19.41%에서 6.66%포인트 상승한 26.07%로 가장 높았다. 동양자산운용은 10.54%로 1년 새 9.22%포인트, KB자산운용은 8.12%로 4.20%포인트 각각 상승했다. 신한BNP파리바자산운용의 반대율은 2017년 0%에서 지난해 8.42%로 올랐다.

최근 국민연금도 스튜어드십 코드를 채택하면서 다음 달 열리는 올해 정기 주총 시즌에는 기관투자자들이 보다 적극적으로 의결권을 행사할 것으로 전망된다. 현재까지 스튜어드십 코드를 도입한 기관투자자는 총 79곳이며 기업지배구조원에 참여계획서를 낸 참여 예정 기관도 35곳에 이른다.

기업지배구조원 관계자는 "2017년까지는 주총 반대율의 변화가 미미했지만 이후 스튜어드십 코드 도입 기관들의 반대율은 유의미한 수준으로 변했다"면서 "올해 주총에서 뚜렷한 변화가 있을 것"이라고 말했다.

출처 : 서울신문, "스튜어드십 코드 도입한 기관, 주총 반대율 2배 껑충," 2019.2.7

외국인투자자의 모니터링

우리나라는 1992년에 외국인투자자에 대한 직접투자를 허용하고, 1994년에는 채권시장을 개방하였으며, 1997년에는 코스닥증권시장에 대한 직접투자를 허용하고, IMF 이후인 1998년 5월부터 일부 예외 업종만을 제외하고 외국인투자자의 투자한도를 폐지함으로써 외국인투자자의 자본시장 참여를 적극 개방하였다. 외국인투자자가 우리나라 자본시장에서 차지하고 있는 비중은 지난 2024년 기준으로 32.22%(유가증권시장 시가총액 대비)에 달하며 계속해서 완만하게 상승하는 추세를 보이고 있다. 특히 외국인투자자의 투자 행태는 시가총액이 큰 상위 종목으로 구성하는 이른바 '바스켓 매매'를 보인다. 즉 외국인투자자는 시가총액이 큰 대형주와 상장지수펀드(ETF)를 우선으로 시장 전체를 사는 매매 행태를 보인다. 이에 따라 2024

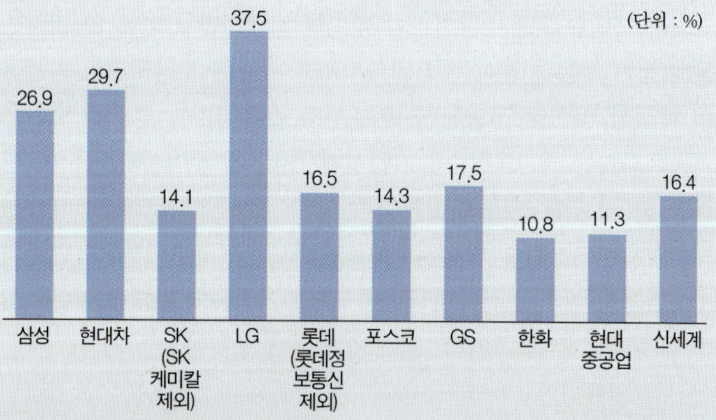

출처 : 한국거래소 (2018.11.23 기준)

[그림 6.5] 외국인투자자 지분율 현황(10대 그룹 평균 외국인 지분율)

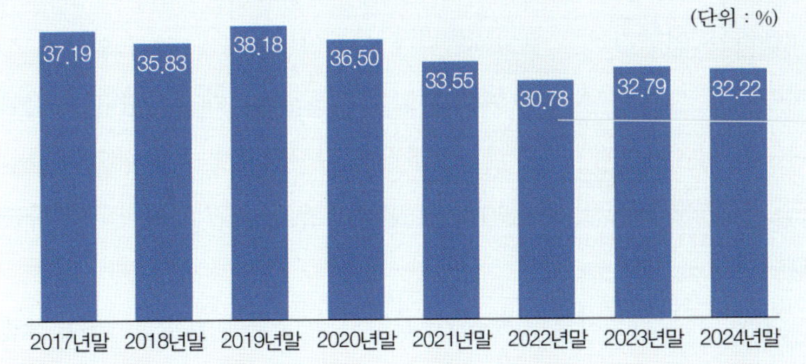

자료 : KRX 정보데이터시스템

[그림 6.6] 외국인투자자의 비중 변화 추이

년 기준 시가총액 100위 안의 대형주에 외국인투자자 비중이 36%에 달하고 있다. 이처럼 우리나라 자본시장 내에서 외국인투자자의 비중이 점차 확대됨에 따라, 외국인투자자에게 거는 외부 기업지배구조로서의 역할 또한 점차 강조되고 있다.

우리나라에서 외국인투자자에 대한 투자를 개방한 초기에는 외국인투자자가 자본시장에 미치는 영향력과 효과에 대한 기대는 매우 고무적이었다.[2] 외국인투자자를 통한 기업과 경영진의 모니터링 활동을 통해, 경영진과 외부 주주 간의 정보비대칭성이 감소되고 경영진의 사적이익 추구 현상이 줄어들 것이라는 기대가 자본시장에 형성되었다. 즉 외부 기업지배구조의 한 축으로 외국인투자자가 순기능적인 역할을 담당하면서 자본시장의 대리인 문제 감소 효과를 가져올 것으로 기대되었다.

우리나라 자본시장에서 보고되었던 외국인투자자에 대한 자본시장의 순기능은 다음과 같다.

첫째, 외국인투자자의 투자가 기업지배구조의 독립성 향상에 기여했다는 연구결과가 보고되었다.[3] 외국인투자자가 기업 외부의 감시주체로 대리인 문제를 해소하고 지배구조를 개선시켰다는 것이다. 즉 외국인투자자가 기업 경영진의 감시활동에 적극적으로 나섬으로써 지배구조 및 경영 투명성 향상에 일정부분 기여하고 있다는 것이다.

둘째, 외국인투자자의 투자가 기업가치 상승에 영향을 준다는 연구결과가 보고되었다.[4] 외국인투자자가 기업과 동반자적 투자성향을 보임으로써 장기적으로 안정적인 자본을 제공하고 기업경영활동에 선진적인 기법들을 전수한다는 것이다. 이는 외국인투자자가 장기적인 경영참여 목적으로 투자에 임할 경우, 경영감시자로서 역할을 충실히 수행함으로써 기업가치 제고에 힘쓰게 된다는 것이다.

셋째, 외국인투자자의 투자가 이루어진 기업일수록 높은 감사품질을 보인다는 연구결과가 보고되었다.[5] 이는 외국인투자자가 투자대상기업을 선정하는 과정에서 감사품질을 중요한 변수로 고려함으로써, 외국인의 투자유치를 원하는 기업은 감사품질을 향상시켜야 할 필요성이 제기된다.

넷째, 외국인투자자의 투자가 이루어진 기업일수록 재무보고이익의 질이 향상된다는 연구결과가 보고되었다.[6] 즉 경영진의 사적 이익 추구를 위한 이익조정 행위가 감소되고, 이익공시 이후의 주가표류현상이 감소된다고 보고되었다.

이와 같이 외국인투자자가 자본시장 내에서 외부감시자로서 활동함으로써 기업의 경영진을 감독하고 기업의 가치 증진에 기여한다는 연구결과들이 보고된 바 있다.

그러나 최근 들어 외국인투자자의 순기능에 대한 회의적인 시각들도 함께 제기되고 있다.

우선, 가장 큰 비판은 외국인투자자가 단기적인 투자성향을 보일 경우에 투기적으로 단기 시세차익에만 집중하여 적절한 모니터링을 수행하고 있지 않다는 것이다.[7] 외국인투자자의 비중 자체가 의미를 지니는 것이 아니라 장기적 관점에서의 투자가 이루어진 상황에서만 기업지배구조적인 역할을 기대할 수 있다는 지적이다.

둘째, 외국인투자자가 투자대상기업에게 과도한 고배당을 요구함으로써 기업의 장기적인 투자활동을 위축시키고 기업의 성장을 방해하고 있다는 것이다. 즉 외국인투자자들이 단기적인 배당이익만을 노려 투자하는 성향이 관찰된다는 것이다.[8]

셋째, 우리나라의 외국인투자자 중에는 세금회피를 목적으로 위장 중인 거짓 외국인투자자가 상당수 포함되어 있다는 것이다. 소위 '검은 머리 외국인'이 바로 그것이다. 세금회피를 목적으로 국내투자자가 외국인투자자로 둔갑한 경우가 발생하고 있다.

요약컨대, 외국인투자자의 기업지배구조로서의 모니터링 기능은 외국인투자자의 성향에 따라 결정된다. 단순히 외국인투자자가 높은 지분율을 보유하고 있는 것이 중요한 것이 아니라, 기업과 동반자적인 투자자로서 장기적 가치를 높이기 위한 목적의 투자라면 모니터링 유인이 큰 반면, 이와 달리 투자기간이 짧고 기업의 장기적인 성과와 기업가치에 관심이 없는 단기적인 시세차익에만 초점을 맞춘 투기의 경우에는 기업지배구조 역할을 기대하기 어렵다.

사례 6.4 세금회피를 목적으로 위장중인 거짓 외국인투자자

국내 증시에서 주식거래를 하는 외국인투자자 5명 중 1명은 해외 조세피난처에 법인을 설립한 투자자인 것으로 나타났다. 금융당국은 이 중 상당수가 세금회피 등을 위해 외국인으로 위장하고 해외 법인을 이용하는 '검은 머리 외국인'인 것으로 추정하고 있다.

14일 국회 정무위원회 소속 이상직 새정치민주연합 의원이 금융감독원으로부터 받은 '조세회피지역 외국인투자자 현황' 자료에 따르면 4월 현재 해외 조세피난처에 법인을 설립하고 국내에서 외국인투자자로 활동하는 개인 및 법인 투자자는 총 7,626명에 이르는 것으로 집계됐다. 이는 금감원에 등록된 외국인투자자 3만8,437명의 19.8% 수준이다. 국내 증시에 투자하는 해외법인의 경우 외국인투자자로 등록돼 1개의 법인이 1명의 외국인투자자로 분류된다.

조세피난처 가운데 외국인투자자가 가장 많은 지역은 케이맨 제도로 총 2,944명(7.7%)의 외국인투자자가 금감원에 등록돼 있었다. 룩셈부르크가 1,525명(4.0%), 홍콩이 859명(2.2%)으로 뒤를 이었다. 영국령 버진 제도와 버뮤다에 법인을 세운 것으로 파악된 외국인투자자도 각각 748명, 342명에 이르는 것으로 나타났다.

조세피난처에 법인을 둔 외국인투자자가 보유한 국내 상장주식은 4월 기준 총 46조7,000억원으로 전체 외국인투자자 보유액(424조2,000억원)의 11.0%였다. 특히 룩셈부르크(25조1,960억원)와 케이맨 제도(8조6,970억원)에 법인을 세운 외국인투자자들의 투자액이 많았다.

금융당국은 조세피난처에 법인을 세우고 활동하는 외국인투자자의 상당수가 한국인이 외국인으로 위장한 '검은 머리 외국인'인 것으로 추정하고 있다. 조세피난처에 법인을 세우고 한국에서 주식거래를 하면 금융당국에 주식 보유 현황을 보고하지 않아도 되고, 종합소득세 등 각종 납세의무로부터도 자유롭다. 이런 이유로 외국인으로 '위장'하려는 한국인 투자자가 많다는 것이다.

금감원 관계자는 "해외법인은 자본시장법상 외국인으로 분류돼 실제 소유주가 한국인이어도 국내 증시에서 외국인투자자로 활동할 수 있다"며 "지금까지 드러난 검은 머리 외국인투자자들은 모두 피난처에 법인을 세우고 활동하고 있었다"고 말했다.

한국인이 조세피난처에 법인을 세우고 외국인투자자로 국내 증시에 투자하는 것은 불법이 아니다. 문제는 이들이 한국 감독당국의 감시를 받지 않는다는 점을 악용해 주식을 서로 사고팔면서 주가를 올린 뒤 주식을 팔아 차익을 남기는 등 불공정거래를 할 가능성이 높다는 점이다. 이런 이유로 금감원은 이들에 대한 감시를 강화할 계획이라고 밝혔다. 금감원은 조세피난처에 여러 개의 법인을 세우고 이를 이용해 주식시세를 조정하는 등 불공정거래를 할 경우 과징금을 부과하거나 검찰에 고발할 방침이다. 또 국내 주식시장에서 활동하지 못하도록 투자자 자격을 박탈할 계획이다.

출처 : 동아일보, "국내 주식거래 외국인투자자 20%는 '검은 머리 외국인'," 2014.10.15

요 약

기관투자자와 외국인투자자는 기업과 경영진을 감시하는 데 필요한 우월한 정보수집능력과 전문적인 분석력을 지니고, 높은 모니터링 인센티브를 가지며, 높은 지분을 보유하고 있어 기업에 대한 영향력 행사가 가능하다는 점에서 경영진의 기회주의적 행동에 대한 견제 기능을 수행하는 데 외부 기업지배구조로서 유리한 위치에 있다.

기관투자자는 기업에 대규모 자본을 투자하고 있기 때문에 모니터링하는 데 발생하는 비용에 비해서 얻게 될 미래 기대 효익이 더 크다. 즉 기관투자자는 높은 보유지분과 규모의 경제로 인해 기업 감시에 필요한 비용이 상대적으로 낮다. 또한 1997년 외환위기 이후 기업지배구조 개선을 위한 정책의 일환으로 기관투자자의 의결권 행사가 가능해졌고, 기관투자자가 외부 기업지배구조로서 역할을 수행할 수 있는 여러 법적·제도적 장치가 마련되었다.

그럼에도 불구하고 기관투자자가 기업과 경영진을 모니터링하거나 기업경영에 관여하는 일은 여전히 매우 드물다. 즉 기관투자자는 과거부터 현재까지 기업과 경영진에 대한 모니터링 활동에 소극적인 입장을 취해 왔다. 우리나라의 경우 기관투자자가 주로 재벌 또는 금융지주회사 계열에 속해 있거나, 투자대상기업과의 재무적인 이해관계를 지니고 있는 경우가 많고, 소극적인 의결권 행사가 가져올 책임의 범위에 대한 규정이 미비하며, 기관투자자의 의결권 행사를 지원할 수 있는 기업 내부 인력, 전문성, 업무프로세스 및 외부전문기관이 부족하다는 점 등이 그 이유로 꼽힌다.

이에 우리나라는 2017년에 스튜어드십 코드를 자본시장에 도입하였다. 이는 기관투자자의 역할이 단순한 주식보유와 의결권 행사에 머무는 것이 아니라, 투자대상기업과의 적극적인 대화과정을 통해 장기적으로 투자대상기업이 지속적인 성장을 할 수 있도록 도움으로써 이를 바탕으로 고객과 수익자의 장기적인 이익을 극대화하는 것을 목적으로 하는 연성규범이다. 스튜어드십 코드는 법적인 강제력은 없지만, 향후 기관투자자에게 적극적인 기업지배구조적인 역할을 수행하도록 하는 유인을 제공할 것으로 기대된다.

우리나라에서 외국인투자자에 대한 투자를 개방한 초기에는 외국인투자자가 자본시장에 미치는 영향력과 효과에 대한 기대는 매우 고무적이었다. 외국인투자자를 통한 기업과 경영진의 모니터링 활동을 통해, 경영진과 외부 주주 간의 정보비대칭성이 감소되고 경영진의 사적이익 추구 현상이 줄어들 것이라는 기대가 자본시장에 형성되었다. 그러나 최근 들어 외국인투자자의 순기능에 대한 회의적인 시각들도 함께 제기되고 있다. 즉 외국인투자자가 단기적인 투자 성향을 보이며 단기 시세차익에만 집중하거나, 기업에게 무리한 고배당을 요구하는 등의 문제를 발생시키고 있어 기업의 장기적인 투자활동을 위축시키고 기업의 성장을 방해하고 있다는 비판도 존재한다.

외국인투자자의 기업지배구조로서의 모니터링 기능은 외국인투자자의 성향에 따라 결정된다. 단순히 외국인투자자가 높은 지분율을 보유하고 있는 것이 중요한 것이 아니라, 기업과 동반자적인 투자자로서 장기적 가치를 높이기 위한 목적의 투자라면 모니터링 유인이 큰 반면, 이와 달리 투자기간이 짧고 기업의 장기적인 성과와 기업가치에 관심이 없는 단기적인 시세차익에만 초점을 맞춘 투기의 경우에는 기업지배구조로서의 역할을 기대하기 어렵다.

참고 1 : 기관투자자의 충실의무 관련 「자본시장법」 조항

제79조(선관의무 및 충실의무) ① 집합투자업자는 투자자에 대하여 선량한 관리자의 주의로써 집합투자재산을 운용하여야 한다.

② 집합투자업자는 투자자의 이익을 보호하기 위하여 해당 업무를 충실하게 수행하여야 한다.

제96조(선관의무 및 충실의무) ① 투자자문업자는 투자자에 대하여 선량한 관리자의 주의로써 투자자문에 응하여야 하며, 투자일임업자는 투자자에 대하여 선량한 관리자의 주의로써 투자일임재산을 운용하여야 한다.

② 투자자문업자 및 투자일임업자는 투자자의 이익을 보호하기 위하여 해당 업무를 충실하게 수행하여야 한다.

참고 2 : 기관투자자의 의결권 행사 관련 「자본시장법」 조항

제87조(의결권 등) ① 집합투자업자(투자신탁이나 투자익명조합의 집합투자업자에 한한다. 이하 이 조에서 같다)는 투자자의 이익을 보호하기 위하여 집합투자재산에 속하는 주식의 의결권을 충실하게 행사하여야 한다. 〈개정 2013.5.28〉

1. 삭제 〈2013.5.28〉
2. 삭제 〈2013.5.28〉
3. 삭제 〈2013.5.28〉

② 제1항에도 불구하고 집합투자업자는 다음 각 호의 어느 하나에 해당하는 경우에는 집합투자재산에 속하는 주식을 발행한 법인의 주주총회에 참석한 주주가 소유하는 주식수에서 집합투자재산에 속하는 주식수를 뺀 주식수의 결의내용에 영향을 미치지 아니하도록 의결권을 행사하여야 한다. 〈개정 2013.5.28〉

1. 다음 각 목의 어느 하나에 해당하는 자가 그 집합투자재산에 속하는 주식을 발행한 법인을 계열회사로 편입하기 위한 경우
   가. 그 집합투자업자 및 그와 대통령령으로 정하는 이해관계가 있는 자
   나. 그 집합투자업자에 대하여 사실상의 지배력을 행사하는 자로서 대통령령으로 정하는 자
2. 그 집합투자재산에 속하는 주식을 발행한 법인이 그 집합투자업자와 다음 각 목의 어느 하나에 해당하는 관계가 있는 경우
   가. 계열회사의 관계가 있는 경우
   나. 그 집합투자업자에 대하여 사실상의 지배력을 행사하는 관계로서 대통령령으로 정하는 관계가 있는 경우
3. 그 밖에 투자자 보호 또는 집합투자재산의 적정한 운용을 해할 우려가 있는 경우로서 대통령령으로 정하는 경우

③ 제2항에도 불구하고 집합투자업자는 법인의 합병, 영업의 양도·양

수, 임원의 임면, 정관변경, 그 밖에 이에 준하는 사항으로서 투자자의 이익에 명백한 영향을 미치는 사항(이하 이 조에서 "주요의결사항"이라 한다)에 대하여 제2항의 방법에 따라 의결권을 행사하는 경우 집합투자재산에 손실을 초래할 것이 명백하게 예상되는 때에는 제1항에 따라 의결권을 행사할 수 있다. 다만, 「독점규제 및 공정거래에 관한 법률」 제31조 제1항에 따른 상호출자제한기업집단(이하 "상호출자제한기업집단"이라 한다)에 속하는 집합투자업자는 집합투자재산으로 그와 계열회사의 관계에 있는 주권상장법인이 발행한 주식을 소유하고 있는 경우에는 다음 각 호의 요건을 모두 충족하는 방법으로만 의결권을 행사할 수 있다. 〈개정 2013.5.28, 2020.12.29〉

1. 그 주권상장법인의 특수관계인(「독점규제 및 공정거래에 관한 법률」 제9조 제1항 제5호 가목에 따른 특수관계인을 말한다)이 의결권을 행사할 수 있는 주식의 수를 합하여 그 법인의 발행주식총수의 100분의 15를 초과하지 아니하도록 의결권을 행사할 것
2. 집합투자업자가 제81조 제1항 각 호 외의 부분 단서에 따라 같은 항 제1호 가목의 투자한도를 초과하여 취득한 주식은 그 주식을 발행한 법인의 주주총회에 참석한 주주가 소유한 주식수에서 집합투자재산인 주식수를 뺀 주식수의 결의내용에 영향을 미치지 아니하도록 의결권을 행사할 것

④ 집합투자업자는 제81조 제1항 및 제84조 제4항에 따른 투자한도를 초과하여 취득한 주식에 대하여는 그 주식의 의결권을 행사할 수 없다.
⑤ 집합투자업자는 제삼자와의 계약에 의하여 의결권을 교차하여 행사하는 등 제2항부터 제4항까지의 규정의 적용을 면하기 위한 행위를 하여서는 아니 된다. 〈개정 2013.5.28〉
⑥ 금융위원회는 집합투자업자가 제2항부터 제5항까지의 규정을 위반하여 집합투자재산에 속하는 주식의 의결권을 행사한 경우에는 6개월 이내의 기간을 정하여 그 주식의 처분을 명할 수 있다. 〈개정 2008.

2.29, 2013.5.28〉

⑦ 집합투자업자는 각 집합투자재산에서 대통령령으로 정하는 비율 또는 금액 이상을 소유하는 주식을 발행한 법인(이하 이 조에서 "의결권공시대상법인"이라 한다)에 대한 의결권 행사 여부 및 그 내용(의결권을 행사하지 아니한 경우에는 그 사유)을 대통령령으로 정하는 방법에 따라 기록·유지하여야 한다.

⑧ 집합투자업자는 집합투자재산에 속하는 주식 중 대통령령으로 정하는 주식(제9조 제15항 제3호 나목에 따른 주권상장법인의 경우에는 주식과 관련된 증권예탁증권을 포함한다)의 의결권 행사 내용 등을 다음 각 호의 구분에 따라 공시하여야 한다. 이 경우 공시 방법 등에 관하여 필요한 사항은 대통령령으로 정한다. 〈개정 2009.2.3, 2013.5.28〉

1. 제2항 및 제3항에 따라 주요의결사항에 대하여 의결권을 행사하는 경우 : 의결권의 구체적인 행사내용 및 그 사유
2. 의결권공시대상법인에 대하여 의결권을 행사하는 경우 : 제7항에 따른 의결권의 구체적인 행사내용 및 그 사유
3. 의결권공시대상법인에 대하여 의결권을 행사하지 아니한 경우 : 제7항에 따른 의결권을 행사하지 아니한 구체적인 사유

⑨ 집합투자업자는 제8항에 따라 의결권 행사 여부에 관한 사항 등을 공시하는 경우에는 투자자가 그 의결권 행사 여부의 적정성 등을 파악하는 데에 필요한 자료로서 대통령령으로 정하는 자료를 함께 공시하여야 한다.

참고 3 : 기관투자자의 의결권 행사 관련 「자본시장법 시행령」 조항

제90조(의결권행사내용 등의 기록유지) ① 법 제87조 제7항에서 "대통령령으로 정하는 비율 또는 금액"이란 각 집합투자기구 자산총액의 100분의 5 또는 100억원을 말한다.

② 법 제87조 제7항에서 "대통령령으로 정하는 방법"이란 법 제87조 제7항에 따른 의결권공시대상법인에 대한 의결권의 행사 여부 및 그 내용(의결권을 행사하지 아니하는 경우에는 그 사유)을 법 제90조에 따른 영업보고서에 기재하는 것을 말한다. 〈개정 2009.12.21〉

제91조(의결권행사의 공시 등) ① 법 제87조 제8항 각 호 외의 부분 전단에서 "대통령령으로 정하는 주식"이란 법 제9조 제15항 제3호 가목에 따른 주권상장법인으로서 법 제87조 제7항에 따른 의결권공시대상법인이 발행한 주식을 말한다. 〈신설 2009.2.3, 2015.10.23〉

② 법 제87조 제8항 각 호 외의 부분 후단에 따라 집합투자업자는 매년 4월 30일까지 직전 연도 4월 1일부터 1년간 행사한 의결권 행사 내용 등을 증권시장을 통하여 공시하여야 한다. 〈개정 2009.2.3, 2012.6.29, 2015.10.23〉

③ 삭제 〈2012.6.29〉

④ 법 제87조 제9항에서 "대통령령으로 정하는 자료"란 다음 각 호의 자료를 말한다. 〈개정 2009.2.3〉

1. 의결권 행사와 관련된 집합투자업자의 내부지침
2. 집합투자업자가 의결권 행사와 관련하여 집합투자기구별로 소유하고 있는 주식 수 및 증권예탁증권 수
3. 집합투자업자와 의결권 행사 대상 법인의 관계가 제89조 제1항 또는 같은 조 제2항에서 정하고 있는 관계에 해당하는지 여부

복습문제

(1) 기관투자자는 누구인가?

(2) 개인투자자와 기관투자자는 경영진을 모니터링하는 데 어떠한 차이를 보이는가?

(3) 단기투자자와 장기투자자는 경영진을 모니터링하는 데 어떠한 차이를 보이는가?

(4) 기관투자자의 주주행동에 대한 상반된 관점은 어떠한 것들이 있는가?

(5) 우리나라의 기관투자자가 의결권 행사에 소극적인 태도를 보이는 데에는 어떠한 이유가 있는가?

(6) 스튜어드십 코드란 무엇인가?

(7) 스튜어드십 코드가 지닌 특징은 무엇인가?

(8) 스튜어드십 코드가 법적인 강제력은 없지만, 기관투자자에게 적극적인 기업지배구조적인 역할을 수행하도록 유인을 제공할 수 있는 까닭은 무엇인가?

(9) 외국인투자자가 가져온 자본시장의 순기능에는 어떠한 것들이 있는가?

(10) 자본시장에서 외국인투자자의 순기능에 대한 회의적인 시각에는 어떠한 것들이 있는가?

(11) 외국인투자자에게 기업지배구조로서의 역할을 기대하기 위해서는 어떠한 부분이 갖춰져야 하겠는가?

토론문제

01 기관투자자가 적극적으로 기업경영에 관여해야 하는가? 그렇지 않아야 하는가? 각각의 입장에 대해서 논의해보자.

02 기관투자자가 적극적으로 기업경영에 관여하기 위해서는 어떠한 제도적 보완이 필요하다고 생각하는가? 그 이유는 무엇인가?

◈ 참고문헌

1 연강흠 · 이호영 · 손성규(2018), 『기업지배구조의 모든 것』, 클라우드나인.

2 Kim, InJoon, Jiyeon Eppler Kim, WiSaeng Kim, and SukJoon Byun(2010), "Foreign investors and corporate governance in Korea," *Pacific-Basin Finance Journal.*

3 Jeon, Jin Q. and Clay M. Moffett(2010), "Herding by foreign investors and emerging market equity returns : Evidence from Korea," *International Review of Economics & Finance.*

박경서 · 이은정(2006), "외국인투자자가 한국기업의 경영 및 지배구조에 미치는 영향," 『금융연구』.

4 He, Wen and Jianfeng Shen(2014), "Do foreign investors improve informational efficiency of stock prices? Evidence from Japan," *Pacific-Basin Finance Journal.*

박헌준 · 신현안 · 최완수(2004), "한국기업의 대리인비용과 기업가치 : 외국인지분의 역할," 『경영학연구』.

조정일 · 변종국(2009), "외국인투자자 지분과 기업가치의 상호 관련성," 『국제경영연구』.

강신애 · 민상기 · 설원식(2009), "외국인투자자의 대량지분 취득과 처분공시에 따른 시장반응과 기업가치," 『무역학회지』.

5 백미경 · 문상혁(2010), "투자의사결정 시 외국인투자자는 감사품질을 고려하는가?" 『국제회계연구』.

6 김문태(2004), "외국인의 지분참여가 이익관리의 크기와 방향에 미치는 영향," 『회계정보연구』.

김성혜 · 이아영 · 전성빈(2012), "외국인 투자자의 특성과 실제이익조정 – 외국인대주주의 역할을 중심으로," 『회계학연구』.

최순재 · 김영길(2013), "외국인투자자의 지분율에 따른 실물활동 이익조정과 가치평가 오류현상,"『회계학연구』.

7 김상일 · 곽지영(2013), "외국인투자자의 장 · 단기 투자성향에 따른 회계적 이익조정,"『회계정보연구』.

고윤성 · 서영미(2014), "외국인투자자의 모니터링 기능에 대한 재고-외국인투자자 투자회전율과 조세회피 성향의 관련성-,"『세무학연구』.

8 설원식 · 김수정(2006), "외국인투자자가 기업의 배당에 미치는 영향,"『한국증권학회지』.

CHAPTER

7

채권자와 금융기관 : 금융계약을 통한 외부통제

❖ 본장에서는 다음과 같은 내용을 다룬다.

- 금융시장 중심형 지배구조 시스템
- 채권자, 금융기관에 의한 모니터링
- 채권자, 금융기관의 모니터링에 대한 비판

금융시장 중심형 지배구조 시스템

본장에서는 대리인 문제 해결을 위한 기업지배구조 측면에서 채권자, 금융기관을 통한 모니터링을 검토한다. 본서는 전장까지 주로 기업지배구조가 주주의 이익을 위해서 경영자가 일하도록 하는 통제장치로서의 기능을 강조해왔다. 그러나 기업과 이해관계가 얽혀 있는 투자자는 단지 주주에 국한되어 있는 것은 아니다. 채권자 역시 기업에게 돈을 빌려준 자로 기업의 이익에 대해 항상 관심을 갖게 되며, 이자와 원금을 보전받기 위해서 기업을 모니터링해야 할

[그림 7.1] 투자자의 범위

유인을 지니게 된다. 우리나라의 경우 1997년 외환위기를 거쳐 오면서 자기자본에 의한 통제와 함께 금융기관의 통제의 필요성도 함께 강조되어 왔다. 기업지배구조에 대한 논의에 있어서 채권자, 금융기관의 외부통제기능 또한 매우 중요한 부분이다.

기업지배구조 시스템에 대한 유형은 크게 영국과 미국을 중심으로 발전해 온 자본시장 중심형 지배구조 시스템과 독일과 일본을 중심으로 발전해 온 금융기관 중심형 지배구조 시스템이 있다. 본서는 전장까지 자본시장 중심형 지배구조 시스템에 중점을 두고 논의해 왔으나, 본장에서는 금융기관 중심형 지배구조 시스템에 대해서 논의하고자 한다.

자본시장 중심형 지배구조 시스템(market-based corporate governance system)은 주식시장참여자의 견제나 기업인수합병(M&A)과 같은 자본시장의 감시통제장치에 의존하는 유형의 시스템이다. 영국과 미국 같이 경제의 유동성과 규모가 비교적 크고 회계정보의 투명성이 확보되며 투자자를 보호할 수 있는 법적・제도적 장치가 고도로 발달된 자본시장에 보다 적합한 시스템이다.

금융기관 중심형 지배구조 시스템(bank-based corporate governance system)은 금융기관이 기업과 지속적이고 안정적인 관계를 장기적으로 유지하는 가운데 감시와 통제의 기능을 수행하는 유형의 시스템이다. 독일과 일본 같이 자본시장참여자의 적극적인 견제역할이 비교적 약하고 기업인수합병(M&A)을 통한 기업경영에 대한 통제활동이 발생하기 어려운 자본시장에 보다 적합한 시스템이다. 이 경우 회계정보와 투자자 보호장치의 중요성은 상대적으로 높지 않다.

우리나라는 자본시장 중심형 지배구조와 금융기관 중심형 지배구조가 서로 혼재되어 형성된 유형이라 볼 수 있다. 즉 어느 한 방향의

〈표 7.1〉 자본시장 중심형 지배구조 시스템과 금융기관 중심형 지배구조 시스템의 차이

	자본시장 중심형 지배구조 시스템	금융기관 중심형 지배구조 시스템
대표적인 국가	미국, 영국	독일, 일본
통제방법	시장참여자의 견제와 기업인수 합병(M&A) 등에 의한 통제	금융기관에 의한 통제
회계정보와 법적·제도적 장치의 역할	회계정보의 투명성과 투자자 보호장치가 중요한 기반이 됨	회계정보와 투자자 보호 장치의 중요성이 상대적으로 높지 않음

시스템으로 완전히 치우치지 않고 두 유형의 지배구조를 서로 받아들이며 자본주의를 유지·발전시켜 가고 있다.[1]

채권자, 금융기관에 의한 모니터링

자본시장에서 금융거래가 발생했다는 그 자체가 대리인 문제를 해결하는 기능을 수행한다고 할 수 있다. 금융기관은 기업에게 대규모 자금을 공급하게 되므로 자연스럽게 기업에 대한 감시와 통제를 수행할 유인을 지니게 된다. 즉 금융기관은 대출해 준 원금과 이자를 보전받기 위해서 기업 경영진을 모니터링해야 할 유인을 갖게 된다. 또한 경영진의 입장에서도 이자 지급을 위한 노력을 기울여야 할 확정된 의무가 발생하게 된다. 만약 경영진이 정해진 이자비용을 금융기관에게 제때에 지급하지 못할 경우, 금융기관은 법원을 통해 기업을 부도처리할 수 있고, 경영진은 기업에 대한 통제권을 금융기관에

게 모두 빼앗길 수 있다. 따라서 금융거래가 발생했다는 그 자체가 금융기관에게 기업 경영진에 대한 감시와 통제의 유인을 제공하고, 동시에 기업 경영자에게 이자 지급에 대한 확정된 의무를 부여함으로써 경영진에게 노력을 유발시키고 과도한 소비를 감소시키는 유인으로 작용하게 된다.

금융기관에 의한 모니터링이 가지는 가장 큰 장점은 감시주체가 소수이며, 기업과 지속적이고 안정적인 관계를 통해서 통제가 이루어진다는 점이다. 금융기관의 통제는 모니터링 주체의 중복이나 무임승차 문제(free-rider problem)에서 보다 자유로울 수 있다.[2] 기업은

[그림 7.2] 금융거래 발생과 대리인 문제

〈표 7.2〉 금융거래 발생과 대리인 문제

	대리인 문제 해결 기능
금융기관	대규모 자금을 공급하게 되므로 금융기관에게 기업에 대한 감시와 통제를 수행할 유인을 제공함
기업(경영자)	경영자에게 이자 지급에 대한 확정된 의무를 부여함으로써 경영진에게 노력을 유발시키고 과도한 소비를 감소시키는 유인을 제공함

복수의 금융기관이 아닌 하나의 금융기관과의 지속적이고 안정적인 금융거래를 유지하기를 원한다. 기업이 하나의 금융기관과의 장기간 거래를 원하는 가장 큰 이유는 차입금에 대한 낮은 이자율을 적용받고, 유리한 대출계약조건(covenants)을 가져오기 위해서이다. 따라서 금융기관은 기업과의 장기간 신뢰관계를 유지하면서 기업을 모니터링할 수 있는 유리한 위치에 있다. 금융기관은 대출해 준 기업의 의사결정과정에 조언 및 의견을 제시하거나, 이사회 구성원 중에 금융기관에서 추천한 사람을 포함시키는 방법 등을 통해서 보다 적극적인 모니터링을 수행할 수 있다.

금융기관의 모니터링은 대리인 문제 해결에 보다 효과적인 방법일 수 있다.

첫째, 금융기관은 대출계약조건을 이용하거나, 대출금 조기 회수 요청이나 추가대출 거부, 파산과정 개입과 같은 다양하고 막강한 형태의 견제수단들을 지니고 있어 기업 경영진을 모니터링하는 데 매우 효과적일 수 있다.

둘째, 금융기관은 기업과 관련된 양질의 정보를 보유하고 있어 기업 경영진을 모니터링하는 데 매우 효과적일 수 있다. 기업은 경영에 필요한 대규모 자금을 금융기관으로부터 빌려오는 과정에서 기업과 관련된 많은 사적 정보를 제공한다. 기업은 가능한 한 낮은 이자율을 통해 자금을 차입해야 하므로, 낮은 이자율을 얻기 위해서 자신의 사업안의 가치를 증명하기 위해 매우 많은 사적 정보를 금융기관에 노출시킨다.

사례 7.1 금융기관의 모니터링

우리은행이 허위 재무자료를 통해 약 350억원의 대출 사기를 시도한 업체를 적발했다.

18일 금융권에 따르면 우리은행은 A업체가 지난해 9월 26일 시설자금대출을 받는 과정에서 제출한 자료가 허위라는 점을 확인하고 금융당국에 신고했다. 대출 사기가 발생한 금액은 356억원 규모다.

시설자금대출은 기업의 공장 및 설비 확충을 위해 소요되는 자금을 지원하는 것으로, 은행들은 대출 관리를 위해 정기적으로 재무제표 등을 받아 대출 모니터링을 한다. 예를 들어 건설사가 건물을 지을 때 서류 등을 확인한 뒤 건축 정도에 따라 대출금액이 분할돼 나가는 형태다.

우리은행은 지난해 9월 A업체에 대출을 한 이후 여신감리팀을 통해 대출 모니터링 및 관리를 해왔다. 이 과정에서 분기별 재무자료를 받게 됐고 특이점이 발견돼 최근 외부 회계사를 통해 실사를 진행했다. 실사 결과 제출한 자료가 허위임이 밝혀지면서 우리은행은 곧바로 금융당국에 신고했다.

우리은행이 지난 17일 해당 대출사기에 관한 공시를 진행하자 A업체가 대출금 전액을 상환하면서 우리은행은 사실상 피해를 입지 않았지만 10억원 이상의 금융사고는 공시하도록 하는 은행법에 따라 금융사고 발생 공시를 했다.

우리은행 관계자는 “해당업체가 재무제표를 조작해 대출을 받았지만 대출 이후에도 감리를 진행했고 실사 등을 통해 허위사실을 발견했다”고 말했다.

출처 : 뉴스웨이, “우리은행, 기업대출 모니터링으로 356억 대출사기 적발,” 2018.7.18

채권자, 금융기관의 모니터링에 대한 비판

1997년 외환위기 이전에 우리나라 기업들의 금융기관 차입금 비중이 매우 높았음에도 불구하고, 금융기관들은 기업 모니터링에 결코 적극적이지 않았다. 즉 채권자, 금융기관이 기업 경영의 감시자로 적극적인 개입을 했던 사례는 매우 드물었다.

결국 1997년 외환위기가 도래하고 기아, 대우와 같은 대기업과 수많은 중소기업들의 도산이 발생했다. 이 시기 기업들의 도산과 함께 금융기관 역시 상당수가 퇴출 또는 합병되는 수순을 밟았다. 이 과정에서 대다수의 금융기관들에 정부의 막대한 공적자금이 투입되었고, 금융기관의 수가 2/3 이상 감소되었으며, 기업대출비중도 큰 폭으로 감소되었다.

1997년 외환위기는 기업의 책임으로만 보기에는 어려움이 있다. 우리나라 기업 경영이 외환위기를 불러올 만큼 부실해진 데에는 금융기관이 적절한 모니터링을 수행하지 못했기 때문이라는 날선 비판이 존재한다. 금융기관은 기업을 모니터링하는 데 다양하고 막강한 견제수단과 양질의 정보를 가지고 있었음에도 불구하고 기업 감시에는 적극적인 입장을 취하지 못하였다.

금융기관이 경영 감시자로 적극적인 행동을 하지 못했던 이유는 다음과 같다.

첫째, 금융기관이 경영 감시자로서 행동하기보다 경영진과 동조하는 입장을 취하고 있다는 비판이 존재한다. 즉 금융기관이 기업과 장기간 지속적이고 안정적인 관계를 유지해가는 과정 속에서 경영진의 감시자로서의 독립성은 훼손되고 경영진의 동조자로 변해갔다는 것이다. 즉 금융기관과 경영진 간의 암묵적 담합이 발생했고, 주가나 경영성과를 높이기 위한 조치나 저조한 성과를 보이는 경영진의 교체를 위한 의사결정에는 적극적으로 나서지 않았다는 것이다. 이러한 사례는 일본과 독일에서 많이 관찰되고 있다.[3]

둘째, 금융기관의 대출이 담보를 중심으로 하거나 로비와 정치력에 의해 이루어지는 관행 때문에 금융기관이 모니터링에 적극적이지 않다는 비판이 존재한다. 금융기관이 전문적인 대출심사와 리스크관리, 부실채권 관리에 자신의 역량을 집중하고 대출 이후 모니터링에 적극적이기보다는, 담보에만 의존하고 로비와 정치력에 의해서 기업 대출을 해줌으로써 모니터링에 대한 유인이 크지 않다는 것이다. 즉 이러한 금융기관의 안이하고 소극적인 대출관행은 기업의 감시자로서의 역할을 크게 감소시킨다는 것이다.

셋째, 채권자의 권리는 주주의 권리에 비해 우선권(seniority)을 지니기 때문에 금융기관이 모니터링에 적극적이지 않다는 비판이 존재한다. 채권자에 대한 법적 보호는 주주의 법적 보호보다 명확하고 구체적이다. 이에 따라 채권자는 법의 적극적인 보호를 받을 수 있다. 이것은 채권, 채무가 특성상 채무자의 의무와 계약조건을 보다 명확하게 규정할 수 있다는 점에서 기인한다. 또한 채무불이행이 발생하는 상황을 증명할 수 있는 계약조건을 가지고 있고, 담보나 자산 등의 압류가 가능하며, 파산절차의 이행과 같은 법률적 행위의 집행이 보다 용이하다는 점도 그 원인이 있다. 채권자는 주주에 비해 법적 보호를 받으며 자산과 이익에 대한 우선변제를 받을 권리가 있으므로 주주보다 경영진을 감시하는 데 적극적이지 않다는 것이다.

본장에서 채권자 역시 주주와 같은 투자자로 간주하여 주주의 입장처럼 경영진을 모니터링할 수 있는 주체가 될 수 있음을 언급하였지만, 주주와 채권자는 권리뿐만 아니라 목적에 있어서도 엄연히 다르다. 주주는 경영진이 최대한의 노력을 기울여 기업의 수익 창출이 극대화되기를 원하는 반면, 채권자는 단지 원금과 이자만 보전받을 정도로 기업의 수익 창출만 이루어지면 그만이다. 따라서 주주는 수익률과 위험이 높은 사업안을 선호하는 반면, 채권자는 수익률과 위험이 낮은 사업안을 선호하게 된다.

즉 주주와 채권자의 목적과 권리가 서로 다르므로, 대리인 문제에 있어서 채권자에게 주주와 같은 입장에서의 적극적인 감시활동을 기대하기에는 한계가 있다. 따라서 금융기관들이 기업의 모니터링에 보다 적극적인 관여를 하려 하지 않을 수 있다.

사례 7.2 외환위기 이후 기업의 차입금 비중의 변화

"그때야 기업들이 은행에서 돈 빌리기 쉬운 시절이었죠. 부채비율이 800%, 1,000%가 돼도 돈이 나왔어요. 그런데 지금은 꿈도 못 꿉니다."

1996년 신입사원으로 재무팀에서 일했던 한 대기업 임원은 외환위기가 기업들의 재무지표를 '온정주의'에서 '안전주의'로 바꿨다고 회상했다. 이전까지만 해도 느슨했던 부채비율 관리가 외환위기

사태를 겪으며 엄격해졌다는 것이다. 그는 "정부와 투자자들을 비롯해 기업 내부에서도 감시하는 눈이 많아졌고 그만큼 재무건전성과 투명도가 높아졌다"고 말했다.

환란의 경험이 뼈아팠던 만큼 지난 20년간 기업들은 변했다. 이전까지 외형 키우기를 '최고 미덕'으로 여겼던 기업들은 일제히 수익성 강화와 재무건전성 확보에 집중했다. 그 결과 우리 기업의 부채비율 등 자산건전성 지표는 몰라보게 개선됐다. 한국은행이 최근 발표한 '기업경영분석'을 보면 기업들의 매출액 증가율, 매출액 영업이익률, 부채비율이 모두 개선된 것으로 나타났다. 자산 및 리스크 관리가 엄격해지고 이를 감시하는 주주들의 목소리 또한 높아진 것은 외환위기가 남긴 유산이라 할 수 있다.

출처 : 경향비즈, "외환위기 20년, 끝나지 않은 고통," 2017.11.15

요 약

자본시장에서 금융거래가 발생했다는 그 자체가 대리인 문제를 해결하는 기능을 수행한다고 할 수 있다. 금융기관은 기업에게 대규모 자금을 공급하게 되므로 자연스럽게 기업에 대한 감시와 통제를 수행할 유인을 지닌다. 또한 금융거래의 발생은 경영진에게 이자 지급을 위한 노력을 기울여야 한다는 확정된 의무를 부여한다. 따라서 금융거래가 발생했다는 그 자체가 금융기관에게 기업 경영진에 대한 감시와 통제의 유인을 제공하고, 동시에 기업 경영자에게 이자 지급에 대한 확정된 의무를 부여함으로써 경영진에게 노력을 유발시키고 과도한 소비를 감소시키는 유인으로 작용하게 된다.

금융기관에 의한 모니터링이 갖는 가장 큰 장점은 감시주체가 소수이며, 기업과 지속적이고 안정적인 관계를 통한 통제가 이루어진다는 점이다. 금융기관은 대출계약조건을 이용하거나, 대출금 조기 회수요청이나 추가대출 거부, 파산과정 개입과 같은 다양하고 막강한 형태의 견제수단들을 지니고 있고, 기업과 관련된 양질의 정보를 보유하고 있어 기업 경영진을 모니터링하는 데 매우 유리한 위치에 있다.

그러나 1997년 외환위기 이전에 우리나라 기업들의 금융기관 차입금 비중이 매우 높았음에도 불구하고, 금융기관들은 기업 모니터링에 결코 적극적이지 않았다. 즉 채권자, 금융기관이 기업 경영의 감시자로 적극적인 개입을 했던 사례는 매우 드물었다.

채권자를 주주와 같은 투자자로 경영진을 모니터링할 수 있는 하나의 주체로 간주할 수 있지만, 주주와 채권자는 권리와 목적에 있어서 엄연히 다른 입장을 취한다. 채권자는 주주에 비해 법적 보호를 받으며 자산과 이익에 대한 우선변제를 받을 권리가 있으므로 주주보다 경영진을 감시하는 데 적극적이지 않을 수 있다. 또한 주주는 경영진이 최대한의 노력을 기울여 기업의 수익 창출이 극대화되기를 원하는 반면, 채권자는 단지 원금과 이자만 보전받을 정도로 기업의 수익 창출만 이루어지면 그만이다. 즉 주주와 채권자의 목적과 권리가 서로 다르므로, 대리인 문제에 있어서 채권자에게 주주와 같은 입장에서의 적극적인 감시활동을 기대하기에는 어려움이 있다. 따라서 금융기관들이 기업의 모니터링에 적극적인 관여를 하려 하지 않을 수 있다.

복습문제

(1) 자본시장 중심형 지배구조 시스템과 금융기관 중심형 지배구조 시스템의 차이는 무엇인가?

(2) 자본시장에서 금융거래가 발생했다는 그 자체가 어떻게 대리인 문제를 해결하는 기능을 수행할 수 있는가?

(3) 금융기관에 의한 모니터링이 가지는 가장 큰 장점은 무엇인가?

(4) 기업이 복수가 아닌 하나의 금융기관과의 장기간 거래를 원하는 이유는 무엇인가?

(5) 금융기관의 모니터링이 대리인 문제 해결에 보다 효과적인 방법이 될 수 있는 이유는 무엇인가?

(6) 외환위기 이전에 금융기관들의 차입금 비중이 높았음에도 불구하고 기업의 모니터링에 적극성을 보이지 않았던 이유는 무엇인가?

(7) 외환위기 이전에 금융기관의 대출 관행에는 어떠한 문제점이 있었는가?

(8) 채권자의 권리와 주주의 권리는 어떠한 차이점을 보이는가?

(9) 채권자의 목적과 주주의 목적은 어떠한 차이점을 보이는가?

토론문제

01 외환위기의 책임은 기업만의 잘못이 아니라 금융기관에도 상당부분 책임이 있다는 주장이 있다. 이와 같은 주장이 발생한 이유에 대해 논의해보자.

02 기업의 자본조달방법에는 주식을 발행하는 방법과 부채를 조달하는 방법이 있다. 각각의 장점과 단점에는 무엇이 있을 수 있는지 논의해보자.

03 금융기관이 채권자인 동시에 주식에 투자하여 주주가 되는 경우에 어떠한 장점과 단점이 발생할 수 있는지 논의해보자.

◈ 참고문헌

1 한국금융연구원(2003), 『기업 지배구조와 금융기관의 역할』.

2 Diamond, Douglas W.(1984), "Financial Intermediation and Delegated Monitoring," *Review of Economics Studies.*

3 Macey, Jonathan R. and Geoffrey P. Miller(1997), "UNIVERSAL BANKS ARE NOT THE ANSWER TO AMERICA'S CORPORATE GOVERNANCE "PROBLEM": A LOOK AT GERMANY, JAPAN, AND THE U.S.," *Journal of Applied Corporate Finance.*

CHAPTER

8

주주행동주의와 소액주주 보호 기능

❖ 본장에서는 다음과 같은 내용을 다룬다.

- 주주행동주의
- 주주총회
- 주주소송
- 주주행동주의의 제도적 기반 강화 : 상법 및 자본시장법 개정

주주행동주의

본장에서는 대리인 문제 해결을 위해서 주주가 적극적으로 기업경영의 감시자로서의 행동에 나서는 주주행동주의에 대해 논의한다. 즉 주주가 경영진의 사적 이익추구를 감시하고 기업지배구조 개선을 위해서 적극적인 행동을 취할 수 있는 방법들에 대해 검토한다. 본서는 전장까지 기업을 둘러싼 내부 및 외부 여러 주체들을 통한 대리인 문제 해결 방안들을 검토해왔다. 내부 및 외부의 기업지배구

[그림 8.1] 주주행동주의

조 장치들이 제 역할을 수행하여 주주의 이익을 보호하는 것은 매우 중요하다. 그러나 경영진의 도덕적 해이로 인해 경영이 부실화되고 기업가치 및 주식가격 하락이 발생했을 때 가장 직접적이고 큰 피해를 보는 당사자는 바로 주주이다. 따라서 주주가 직접 기업경영의 감시자로서 적극적인 행동에 나서는 방법도 함께 고려할 필요가 있다.

주주행동주의(shareholder activism)란 주주가 기업경영 및 의사결정 과정에 적극적인 영향력을 행사하여 주주의 이익을 추구하는 행동을 의미한다. 과거 주주가 배당금수익과 시세차익에만 안주하던 모습에서 벗어나 기업지배구조 개선, 구조조정 등 폭넓게 기업경영에 적극적으로 관여하여 주주이익 극대화를 위해 힘쓰는 것이다.

주주의 이익에 반하는 행동을 한 경영진을 견제하기 위하여 주주가 취할 수 있는 적극적인 행동은 주주총회에 참석하고, 의제와 의안을 제출하며, 위임장 대결을 하고, 투표를 하는 것이다. 즉 주주들은 주주총회에 참석하여 주주의 이익에 반하는 행동을 하는 이사들을 해임하기 위한 투표를 하거나, 기업의 운영방법을 변화시키기 위해 주주총회에 의제와 의안을 제안하거나, 위임장을 모아 표 대결을 하는 방법 등을 취할 수 있다. 그리고 다른 방법으로 법을 이용하여 기업가치를 훼손시킨 경영진을 상대로 한 소송을 제기할 수 있다.

그러나 현실적으로 주주가 기업지배구조에 영향을 미치기란 결코 쉬운 일이 아니다. 첫째, 감시활동에는 막대한 비용이 발생하기 때문이다. 소액투자자가 모니터링을 통해서 얻게 되는 효익(자신이 보유한 증권의 가치 상승)이 모니터링으로 발생하는 비용에 비해 매우 작다. 따라서 큰 규모의 지분을 보유한 대주주의 경우에만 주주행동주의에 적극적일 수 있다. 둘째, 경영진 및 이사회에게 보다 유리하

〈표 8.1〉 주주제안 안건의 유형별 통과 현황

안 건	2021년	2022년	2023년
배당	91.70%	100.00%	100.00%
정관 변경	84.40%	100.00%	74.10%
사내/기타비상무이사 선임	93.90%	92.70%	72.10%
사외이사 선임	94.40%	94.90%	82.90%
감사/감사위원 선임	94.40%	93.60%	68.40%
이사/감사 보수한도	100.00%	100.00%	85.70%
이사 해임	100.00%	91.70%	54.50%
자사주 매입/소각	100.00%	100.00%	100.00%
기타	100.00%	100.00%	100.00%
전체 부결률	94.50%	94.40%	79.80%

자료 : 한국ESG기준원, "2023 주주총회 리뷰(1) 국내 주주제안 현황 분석 : 최근 3년간의 주주제안자 및 안건별 변화를 중심으로," 2023.6.26

게 되어 있는 법과 제도는 주주행동주의가 성공하기 어렵게 한다. 일례로 주주총회에서 특정이사를 해임하기를 원하는 소액주주와 유임시키기를 원하는 경영진 간의 위임장 대결(proxy fight)이 있다고 하자. 경영진은 관련 이사를 유임시키기 위해 주주들을 대상으로 기업의 인적·물적자원을 이용하여 설득에 나설 것이다. 그러나 소액주주들은 관련 이사해임을 위해서 주주들을 설득하는 과정에 자신의 시간과 비용을 소모해야 한다. 따라서 소액주주가 자신의 막대한 시간과 비용을 들여가면서 위임장 대결에 나서기란 결코 쉬운 일이 아니다.

사례 8.1 우리나라 주주행동주의 사례

1% 남짓 되는 지분으로 얼라인파트너스는 SM엔터테인먼트에 많은 변화를 끌어냈다. 이창환 얼라인파트너스 대표는 "불합리한 계약을 끊어내는 것만으로도 SM의 주식 가치가 크게 증가할 수 있다"며 감사 선임을 시작으로 이수만 전 총괄의 라이크 기획과의 계약 해지 등 지배구조 개선을 통해 SM 주가를 1년 반 만에 30% 끌어올렸다.

얼라인파트너스(이하 얼라인)는 올해 정기주주총회에서 가장 주목받은 행동주의펀드다. 특히 SM을 상대로 한 주주활동으로 '지배구조 개선과 수익성'이라는 두 마리 토끼를 모두 잡았다는 점이 관심을 모았다.

얼라인의 주주활동은 타 운용사들과 달리 다소 공격적이고 저돌적이다. 주주제안 후 서한을 공개하고, 주주 대상 설명회를 개최하는 등 사측뿐 아니라 타 주주들과도 적극적으로 소통한다.

SM의 폐쇄적 지배구조를 개선하고 이에 따른 투자수익도 거뒀다. 얼라인의 주주 제안으로 이수만 전 총괄 프로듀서가 최대주주에서 내려왔고, 전원 사외이사로 구성된 보상위원회를 구성하면서 지배구조도 개선됐다. 또한 1년 반 만에 SM 투자를 통해 원금의 80%에 달하는 수익을 내기도 했다.

▶ SM 저격수, 주가 · 지배구조 개선까지 두 마리 토끼 잡았다

얼라인은 1%의 SM 지분 확보 후 공격적인 주주활동에 나섰다. SM이 타 엔터사 대비 저평가되어 있고, 원인은 최대주주인 이수만 전 총괄 프로듀서의 내부거래 등 취약한 지배구조에 있다고 꼬집었다. 특히 SM이 음반 판매 업계 1위를 차지했으나, 하이브와 JYP보다 주가가 저평가됐다며 독립적이고 전문성 있는 감사 선임을 통해 지배구조를 개선해야 한다고 제안했다.

첫 행보로 얼라인은 지난해 2월 이사회 감시를 목적으로 SM에

곽준호 감사 후보를 추천했다. 당시 3%룰(감사위원 선임시 대주주 의결권 3%로 제한)로 이수만 최대주주의 의결권이 제한되고, 얼라인의 주주제안에 공감한 국내외 투자자문사들과 소액주주들은 곽 감사 선임에 동의했다. 얼라인으로 기울어진 분위기에 사측 감사 후보가 주총 직전 자진 사퇴하면서, 곽 감사는 지난해 정기주총에서 선임됐다.

감사 선임 이후엔 이수만 전 총괄의 개인회사인 '라이크 기획'과 SM 사이 계약해지를 요구했다. 얼라인은 SM이 라이크 기획에 10년간 매출액의 최대 6%를 매년 인세로 지급해 왔다는 사실을 파악하고, 이를 주가 저평가의 주요 요인으로 꼽았다. 6개월간 두 차례 주주서한을 보내면서 계약 해지를 요구했고, 결국 SM이 이를 받아들이게 된다.

SM은 얼라인이 요구한 12가지 지배구조 개선안도 대부분 수용했다. 사외이사와 감사만 참여하는 내부거래위원회를 설치해 계열사와 거래를 면밀하게 검토할 수 있는 장치도 마련됐고, 이수만 총괄 중심 프로듀싱도 멀티체제로 전환했다. SM 경영진이 기타비상무이사로 추천한 이창환 대표는 올해 주총에서 주주들의 지지를 받으며 선임되기도 했다.

SM 지배구조가 개선되면서 주가도 상승했다. SM 주가는 얼라인의 곽준호 감사 주주제안부터 올해 주주총회까지 근 1년간 29%가량 상승했다.

▶ JB금융에 배당확대 제안

얼라인은 올해 SM에 이어 국내 은행 지주사를 상대로 새 주주제안에 나섰다. 특히 국내 은행지주들이 충분한 자본비율, 자본이익률을 갖췄음에도 주주환원이 미흡해 시장에서 저평가됐다고 주장했다.

이에 4대 금융지주(KB금융, 신한금융, 하나금융, 우리금융)과 3

대 지방금융지주(JB금융, BNK금융, DGB금융 등) 7개사 의결권을 확보, 이를 기반으로 배당정책 수립과 배당확대를 담은 주주서한을 보냈다.

하지만 JB금융은 서한을 받은 지주사 중 유일하게 얼라인의 제안을 거부했다. 과도한 배당성향 확대가 장기 기업 가치에 손해가 될 수 있고, 주주이익을 해칠 가능성이 있다는 이유에서다.

JB금융 2대 주주인 얼라인은 배당금 확대와 사외이사 선임을 골자로 한 주주제안을 했다. 얼라인은 사측이 제안한 배당에 185원을 올린 금액을 제시하며, 과도한 배당 요구로 단기 성과 추구가 아닌 장기투자자로서 제안이라는 점을 강조했다.

그럼에도 얼라인이 제안한 2가지 안건은 모두 주주총회서 부결됐다. 주요 주주인 삼양그룹, OK저축은행, 국민연금 등 기관투자자 설득에 실패했다. 이 대표는 "JB금융이 자본배치 정책을 도입할 때까지 주주행동을 이어나갈 것"이라고 말했다.

▶ 토종행동주의펀드 성공사례 만들어

얼라인이 올해 실시한 SM과 JB금융의 주주활동은 비록 결과는 상반되지만 각각의 시사점을 주고 있다.

얼라인은 SM 주주활동으로 1% 남짓 적은 지분으로도 지배구조와 수익률이라는 두 마리 토끼를 모두 잡았다. 이로서 보유한 지분량과 상관없이 저평가된 기업에 문제점만 잘 지적한다면 주가상승과 지배구조 개선으로 연결될 수 있다는 점을 보여줬다.

특히 기타한 의결권자문사 관계자는 데일리임팩트에 "얼라인 주주활동 사례 중 이창환 얼라인파트너스 대표가 기타비상무이사로 선임된 것은 결국 모든 주주들에게 인정받았다는 의미"라며 "감사와 달리 의사결정에도 참여할 수 있다는 측면에서 영향력도 더욱 커지게 될 것"이라고 설명했다.

표결에서 패배한 JB금융 사례서도 배당확대와 같은 동일한 주주제안을 받을 수 있어 사측이 주주환원정책을 수립하고 고도화하는 과제를 남겼다는 데도 의미가 있다는 해석도 나온다.

출처 : 딜사이트, "[K-행동주의펀드⑤] 1% 기적 보여준 얼라인, '주주활동 돌풍의 주역'," 2023.5.3

주주총회

▌주주총회

주주가 기업지배구조에 영향을 미칠 수 있는 방법은 주주총회에 참석하고, 의제와 의안을 제안하거나, 위임장 대결을 하거나, 투표를 하는 것이다. 즉 주주들은 주주총회에 참석하여 주주의 이익에 반하는 행동을 하는 이사들을 해임하기 위한 투표를 하거나, 기업의 운영방법을 변화시키기 위해 주주총회에 의제와 의안을 제안하거나, 위임장을 모아 표 대결을 하는 방법을 취할 수 있다.

주주총회(shareholders' meeting)란 주식회사의 주주들이 모여 기업의 주요한 사안들을 결정하는 의사결정기관이다. 주주총회는 매년 결산기마다 정기적으로 개최하는 정기총회와, 주주총회의 결의가 필요한 경우 수시로 개최하는 임시총회가 있다. 정기총회는 배당금 규모에 대한 결의, 재무제표의 확정, 이사의 선임 및 보수 한도 승인 등을 목적으로 소집된다.

주주총회의 결의는 다수결의 원칙을 준수하며, 주주의 의결권에 의해서 결정된다. 의결권이란 주주가 주주총회에서 이루어지는 기업의 의사결정과정에 본인이 보유한 지분을 통해서 참여할 수 있는 권리를 의미한다. 의결권은 1주당 1개가 주어진다(상법 제369조 제1항). 의결권은 대리인을 통해서도 행사가능하며, 이 경우 대리권을 증명할 수 있는 서류를 서면 또는 전자문서 형태로 주주총회에 제출하여야 한다(상법 제368조 제2항).

결의방법에는 보통결의와 특별결의가 있다. 보통결의(ordinary resolution)는 출석한 주주의 의결권 과반수로 하되, 그 의결권이 발행주식총수의 4분의 1 이상이어야 한다(상법 제368조 제1항). 보통결의 사항으로는 재무제표승인, 이사 및 감사 선임, 이사의 보수 한도 승인, 주식배당 등이 해당된다. 특별결의(special resolution)는 출석한 주주의 의결권의 3분의 2 이상으로 하되, 그 의결권이 발행주식총수의 3분의 1 이상이어야 한다(상법 제434조). 특별결의 사항으로는 정관 변경, 감자(자본규모 감소), 기업의 해산과 합병, 이사 및 감사 해임 등이 해당된다. 즉 보통결의에 비해 특별결의가 기업의 중대 사안들에 대한 의사결정이 보다 필요할 경우의 결의방법이다.

주주총회의 소집은 이사회가 결의로 결정하며(상법 제362조 제1항), 대표이사는 이에 따라 일시 · 장소 · 의안을 포함한 소집 통지를 주주에게 발송한다.

주주제안

주주의 경영진 감시 및 적극적인 경영참여 방법 중의 하나가 주주제안(shareholder proposal)이다. 즉 주주가 기업경영에 영향을 미치기 위해서 주총에서 다루어졌으면 하는 의제와 의안을 직접 제출하는 것이다. 주주가 제안을 하기 위해서는, 의결권 없는 주식을 제외한 발행주식총수의 100분의 3 이상을 6개월 이상 계속 보유하고 있어야 하며, 정기주주총회의 경우에는 그 개최일 6주 전까지 제안서를 회사에 제출하여야 한다(상법 제363조의2 제1항). 주주가 자신의 이익을 위해 배당확대를 요구하거나, 자신의 이익을 대변할 수 있는 이사나 감사의 선임을 제안할 수 있다.

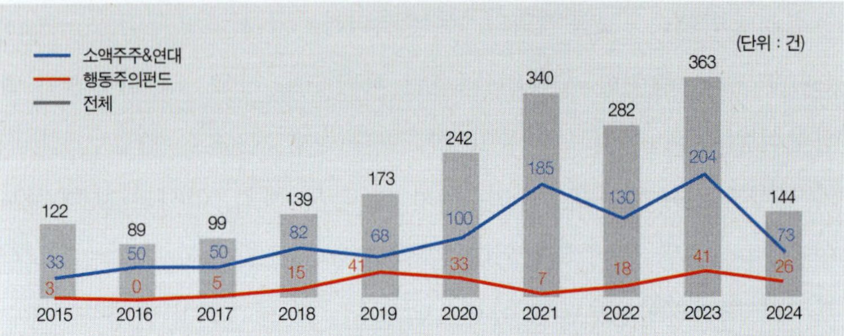

출처 : 대한상공회의소, "최근 주주행동주의 변화와 시사점 연구," 2025.3.24

[그림 8.2] 최근 10년간 소액주주 및 행동주의펀드의 주주제안 추이

사례 8.2 지배구조 개선을 위한 주주제안

1) KCGI의 오스템임플란트에 대한 주주제안

행동주의 투자자 강성부 대표가 이끄는 사모펀드 운용사 KCGI(한국기업지배구조 개선 펀드)는 오스템임플란트의 지배구조 개선을 촉구하는 주주서한을 2024년 6월 18일 회사에 전달하였다. 이는 이틀 전인 6월 16일 오스템임플란트 경영진과의 면담에서 기업가치 제고와 거버넌스 개선에 대한 논의가 이루어진 데 따른 공식적인 조치였다.

KCGI는 오스템임플란트가 글로벌 임플란트 시장에서 점유율 4위, 특히 국내와 중국 시장에서는 1위를 기록하고 있음에도 불구하고, 후진적인 지배구조로 인해 기업가치가 저평가되고 있다고 주장하였다. KCGI는 "오스템임플란트는 경쟁력을 감안할 때 현재 시가

총액(약 2조원)의 2배에서 5배 이상으로 가치 상승이 가능하며, 장기적으로는 10조원 규모도 실현가능하다"고 평가하였다.

저평가의 원인으로는 구조적 지배구조 문제가 지목되었다. 내부통제의 미비로 2,215억원에 달하는 대규모 횡령 사건이 발생하였고, 회계 오류도 반복되었다. 이 외에도 유사한 사업 목적을 지닌 종속회사에서의 막대한 손해, 임원 겸직, 경영 절차 무시 등 전반적인 경영 비효율이 드러났으며, 최대주주와의 전환사채(Call Option) 거래는 사익 추구의 가능성을 내포하고 있다고 지적되었다.

이에 대해 KCGI는 지배구조 개선책으로 독립적 이사회 구성을 제안하였다. 일반 주주가 추천하는 사외이사를 선임하고, 이들을 이사회 내 위원회 구성원으로 참여시키는 방안을 제시하였다. 아울러 최대주주에게 회사 자산이 이전되지 않도록 하고, 비효율적인 계열사 운용 및 외부 투자를 방지할 필요가 있다고 강조하였다.

보상체계의 정비도 주요 과제로 언급되었다. VIP 보험 해지, 임원 퇴직금 규정 정비, 성과 기반 인센티브 체계의 도입 등을 통해 책임경영을 강화하고, 보상위원회를 이사회 산하에 설치해야 한다는 제안도 포함되었다.

한편, KCGI는 2023년 12월부터 합자회사 에프리컷홀딩스를 통해 오스템임플란트의 지분을 지속적으로 매입하였으며, 2024년 7월 5일 기준 지분율은 6.57%로 3대 주주에 해당한다. 최대주주는 최규옥 회장과 특수관계자(20.6%), 2대 주주는 라자드에셋매니지먼트(7.18%)다.

2) 트러스톤자산운용의 태광산업에 대한 주주제안

행동주의펀드 트러스톤자산운용은 2024년 2월, 태광산업에 대해 사내외 이사 3인을 추천하는 주주제안을 공식적으로 제출하였다. 이는 2007년 장하성 펀드 이후 17년 만에 태광산업에서 이루어진 주주제안 이사 선임 사례로, 자본시장에서 보기 드문 의미 있는 개입으로 평가된다.

트러스톤은 서울대학교 김우진 교수, 회계법인 세종의 안효성 상무를 사외이사 후보로, 정안식 태광산업 영업본부장을 사내이사 후보로 각각 추천하였다. 이 중 김우진 교수는 20년 이상 기업지배구조를 연구해 온 자본시장 전문가로, 삼성 준법감시위원회 위원, 국민연금기금 투자정책 자문위원 등으로 활동한 바 있으며, 자사주 활용과 관련된 실증연구도 보유하고 있다. 트러스톤 측은 김 교수가 향후 태광산업의 이사회 지배구조 개선과 자사주 전략 수립에 실질적인 역할을 할 것으로 기대하였다.

이러한 주주제안은 2024년 3월 29일 개최된 태광산업 정기 주주총회에서 모두 받아들여졌으며, 추천된 세 명의 이사 후보 전원이 이사회에 진입하는 성과를 거두었다. 이로써 트러스톤은 이사회 구성에 실질적 영향을 미칠 수 있는 위치를 확보하게 되었고, 태광산업 또한 이사회 중심 경영 강화 의지를 외부에 공식적으로 표명하였다.

이와 함께 태광산업은 이사회를 기존 5명에서 7명으로 확대하였으며, ESG위원회 설치 및 감사위원 분리 선임을 정관에 명문화하였다. 이는 외부 주주의 감시 기능을 강화하고, 이사회 내 위원회 활동의 실효성을 높이기 위한 제도적 기반 마련으로 해석된다.

태광산업 측은 “주주들의 쇄신 요구에 대해 대주주도 상당 부분 공감하였다”며, 향후에는 일방적 통보 중심의 대외 커뮤니케이션에서 벗어나 주주와의 쌍방향 소통을 확대하겠다는 입장을 밝혔다. 또한 트러스톤의 이성원 ESG운용부문 대표는 “그동안 2대 주주로서 기업가치 제고를 위해 지속적으로 회사와 소통해왔으며, 이번 주주제안 수용은 회사와 대주주가 우리의 진정성을 인정한 결과”라고 평가하였다.

아울러, 이날 주총을 통해 성회용 경영협의회 부의장이 대표이사

사장으로 공식 취임하였으며, 오용근 지원본부장은 사내이사로 선임되었다. 기존 공동대표이사였던 조진환, 정철현 이사는 임기 만료로 퇴임하였다.

출처 : 조선비즈, "KCGI, 오스템임플란트에 주주제안… '거버넌스 개선해야'," 2023.1.20 ; 연합뉴스, "태광산업, 김우진 교수 등 트러스톤 추천 이사 3명 주총서 선임," 2024.3.29

위임장 대결

주주가 주주총회에서 불성실하고 무능한 이사를 교체하기 위해서 또는 주주가 제안한 의제와 의안이 통과하기 위해서는 위임장 대결을 해야 할 수도 있다. 위임장 대결(proxy fight)은 주주총회에서 경영진과 주주 간에 이견이 발생할 때, 다른 주주로부터 의결권 행사 위임장을 확보하여 자신의 주장을 관철하기 위한 표 대결을 벌이는 것이다. 이사의 교체를 원하는 주주들과 이를 반대하는 경영진 간의 위임장 대결이 발생한다.

개별 주주와 경영진 간의 이사 교체와 관련된 위임장 대결에서 개별 주주가 승리하기란 결코 쉬운 일이 아니다. 그 이유는 개별 주주가 다른 주주들과 소통하는 것은 매우 어렵고 비용이 많이 발생하기 때문이다. 반면 경영진은 보통 관련 이사와 유대관계를 지니고 있어, 기업의 인적·물적자원을 이용하여 다른 주주들을 설득해 나갈 것이다. 경영진이 주주제안서 반대를 위한 로비활동을 벌이는 데 기업의 인적·물적자원을 사용할 수 있는 데 반해, 개별 주주들은 다른 주주들을 설득하는 과정에 자신의 시간과 비용을 소모해야 한다. 따라서 소액주주가 자신의 막대한 시간과 비용을 들여가면서 위임장 대결에 나서기란 결코 쉬운 일이 아니다.

사례 8.3 이사 교체를 위한 위임장 대결

270억원대 횡령 · 배임과 약사법 위반 등의 혐의로 기소돼 재판중인 조양호 한진그룹 회장의 대한항공 사내이사 재선임을 막기 위해 국민연금이 '위임장 대결'(proxy fight)에 나서야 한다는 주장이 제기됐다.

위임장 대결은 주주들의 의결권을 위임받아 주주총회에서 표 대결을 벌이는 것을 말하며, 경영참여 주주권 행사로 분류된다. 국민연금 최고의사결정기구인 기금운용위원회가 대한항공에 대한 경영참여 주주권을 행사하지 않기로 결정한 터라, 위임장 대결 추진이 쉽지 않을 것이라는 전망이 제기된다.

기금운용위 산하 수탁자책임전문위원회의 주주권 행사 분과위원인 이상훈 서울사회복지공익법센터장(변호사 · 민주노총 추천)은 7일 "(국민연금이) 3년 내내 (조 회장 이사 연임) 반대 의결권을 행사했지만 결국 안 됐다. 핵심은 앉아서 표를 행사하는 게 아니라 반대 표시하는 주주들로 하여금 적극적인 표를 모아 그 의사를 관철하는 게 중요한 것"이라고 밝혔다.

이 센터장은 우선 조 회장이 이사 연임에 나설지를 확인한 뒤 위임장 대결을 추진하기 위한 행동에 나설 것으로 보인다. 이 센터장은 "(주주총회에 오를) 안건 공시는 3월로 예상하고 있다"며 "(안건 공시 이후에 가능한) 본격적인 권유행위는 아니더라도, 다른 가능한 게 뭐가 있을지 생각중"이라고 전했다. 대한항공 주주총회는 3월말 열릴 예정이다.

대한항공 주주총회에서 국민연금의 표만으로는 조 회장의 이사 연임 반대 정족수를 채울 수 없다. 대한항공 이사 연임은 정관상 주주총회 참석자의 3분의 2 이상 찬성을 얻어야 한다. 따라서 이사 연임을 막으려면 3분의 1 이상 반대표를 모으면 된다. 국민연금은 대한항공 지분 11.56%를 가진 2대 주주다. 주주총회 참석률을

70%로 본다면 국민연금은 11.6%의 추가 지분을 확보해야 한다.

앞서 수탁자 전문위 위원들은 지난달 30일 조 회장의 이사 연임을 반대하기로 공감대를 형성했다. 하지만 이를 공식화하지는 않기로 했는데, 조 회장이 연임 의지가 있는지, 없는지도 모르는 상황에서 의견을 내는 게 위법 소지가 있다고 판단했다.

또 지난 1일 기금운용위는 한진칼에 대해 정관 변경 등 경영참여 주주권을 행사하기로 했지만, 대한항공에 대해서는 10%룰(경영참여 주주권 행사시 단기매매차익반환) 등을 이유로 경영참여를 하지 않기로 결정했다. 이에 따라 수탁자 전문위 위원들의 조 회장 이사 연임 반대 공감대 기류가 경영참여 주주권 행사인 위임장 대결로 이어지기는 어려운 것 아니냐는 전망도 나온다.

이 센터장의 위임장 대결 추진에 보건복지부 관계자는 "우리는 그 내용에 대해 알지 못한다. 개인행동으로 알고 있다. 국민연금은 자체 의사결정구조를 갖고 있다"고 했고, 다른 수탁자 전문위 위원은 "수탁자 전문위원회에서는 전혀 논의된 바 없다"고 선을 그었다.

출처 : 뉴스1, "국민연금 일각서 조양호 대한항공 이사 연임 반대 위임장 대결," 2019.2.7

주주소송

주주의 이익에 반하는 행동을 한 경영진을 대상으로 주주가 취할 수 있는 적극적인 행동의 또 다른 방법은 법을 이용하여 소송을 제기하는 것이다.

주주대표소송

주주대표소송(shareholder derivative suit)은 소액주주들이 경영진의 전횡을 견제하기 위해 일정지분 이상의 의결권을 모아서 법적인 소송을 제기하는 것이다(상법 제403조).

우리나라의 주주대표소송은 1962년 상법 제정 당시 도입된 바 있으나, 소액주주가 기업을 상대로 대표소송을 제기하는 데에는 높은 비용이 발생하고, 더구나 법에서 정한 보유지분 조건을 충족시키는 데 더 큰 어려움이 있어 30년 넘게 실제적 효력이 없는 유명무실한 제도였다.

그러나 1997년 4월, 1998년 2월, 5월 등 여러 차례 증권거래법 개정을 통해서 보유지분 충족기준을 대폭 완화시키는 과정을 통해 우리나라에서도 주주대표소송이 이루어지기 시작했다. 우리나라에서 경영진을 상대로 한 주주대표소송에서 주주가 최초로 승소한 건은 1997년 제일은행 전·현직 이사들을 상대로 한 소송이다.

사례 8.4 주주대표소송

1997년 3월 7일 제일은행 주주총회장에 장하성 참여연대 경제민주화위원장과 박원순(현 서울시장) 사무처장 등이 모습을 나타냈다. 당시 제일은행은 한보그룹에 거액 대출을 제공한 이후 회수 불가능한 부실채권을 무더기로 떠안은 상황이었다. 참여연대 측은 이러한 판단을 한 제일은행에 책임을 묻기 위해 주총발언권을 요청했지만, '총회꾼'까지 동원한 제일은행은 이들에게 발언기회를 주지 않고 주총을 서둘러 마무리했다. 그러자 참여연대는 소액주주를 대상으로 대대적인 캠페인을 벌여 주주대표소송에 필요한 주식을 모았고, 4명의 제일은행 이사진을 상대로 400억원의 손해배상을 요구하는 주주대표소송을 제기했다. 이듬해인 1998년 서울지법 민사17부는 참여연대 등 소액주주 61명이 참여한 이 소송에 원고(주주) 승소판결을 내렸고, 이 판결로 피고(제일은행 이사진 4명)는 400억원을 자신들이 제직한 제일은행에 배상해야 했다(이 소송은 이후 제일은행 측의 지분 전량감자 조치로 소액주주들이 원고자격을 상실하면서 회사(제일은행)가 원고로 대신 참여, 손해배상액이 10억원으로 낮춰져 2002년 대법원 최종판결을 받았다). 1962년 상법 제정으로 도입된 주주대표소송은 30년간의 '사문화' 기간을 거쳐 이렇게 국내에 처음 모습을 나타냈다.

출처 : 이데일리, "다중대표소송은 정말 위험한 룰인가," 2017.2.14

증권집단소송

증권집단소송(securities class action)이란 소액주주들이 경영진의 주가조작 · 분식회계 · 허위공시 등으로 피해를 입었을 경우 한 사람이 소송을 제기하여 승소하면 동일한 피해를 본 다른 주주들도 동일한 보상을 받을 수 있도록 한 제도이다. 우리나라에서는 증권집단소송

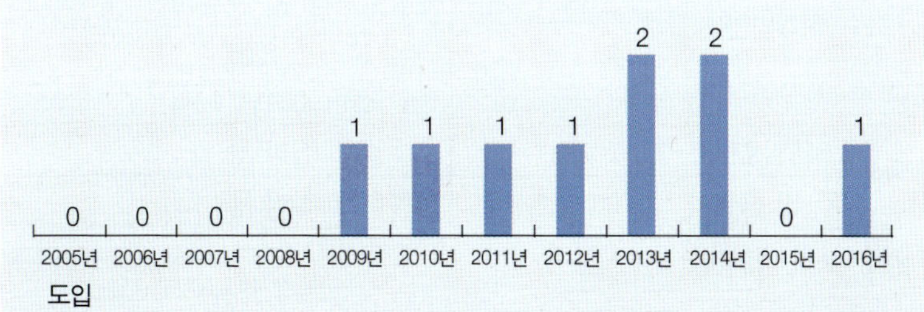

출처 : 한겨레, "증권집단소송 12년간 9건 '유명무실' 소송허가에만 51개월," 2017.1.22

[그림 8.3] 연도별 증권집단소송 건수

제도가 2004년에 제정되어 자산규모 2조원 이상 기업은 2005년 1월부터, 2조원 미만은 2007년 1월부터 도입되었다.

증권집단소송제도의 도입배경은 소액주주의 경영진에 대한 견제 기능을 강화하여 기업경영의 투명성을 높이기 위함이다. 증권집단소송제도의 도입 당시 기업과 경영진 측에서는 기업이 부담할 소송 비용이 크고, 과도한 소송으로 인해 기업경영이 위축될 수 있다는 점 등을 들어 반대를 하였다.

그러나 우리나라에 증권집단소송이 도입된 지 14년 이상의 시간이 경과하였음에도 제기된 증권집단소송은 10건 이하이다. 그중 승소한 건수는 3건에 불과하다.

사례 8.5 증권집단소송

1) STX조선해양 분식회계와 증권집단소송 각하 판결

진행 중인 증권집단소송

피 고	제기시점	진행 상황
STX조선해양 및 회계법인	2015년 3월	소송불허(1심 2021년 11월), 부분소송허가(2심 2023년 4월), 재항고기각 및 소송허가 (3심 2023년 8월), 1심 각하(2024년 12월)
오스템임플란트	2023년 1월	소송허가 심리 중
파두 및 증권사	2024년 3월	소송허가 심리 중

자료 : KDI · 대법원

2005년 제정된 「증권관련집단소송법」은 다수 투자자가 동질적 피해를 입은 경우, 대표 소송을 통해 효율적으로 손해배상을 받을 수 있도록 설계된 제도이다. 이는 시장 규율 기능 강화, 기업의 투명성 제고, 그리고 투자자 보호를 위한 핵심 장치로 도입되었으나, 실무에서의 활용은 지극히 제한적이라는 비판이 지속되어 왔다. 최근 STX조선해양의 분식회계 사태에 대한 증권집단소송 1심에서의 '각하' 판결은 이러한 제도의 구조적 한계를 다시금 드러낸 대표적 사례로 주목된다.

STX조선해양은 2013년 사업보고서에서 회계정보를 조작한 혐의로 상장폐지 절차에 들어갔으며, 이로 인해 약 2만여 명의 투자자들이 총 1,000억원대의 손실을 입은 것으로 추정된다. 이에 김모씨 등 6인은 2015년 당시 STX그룹의 강덕수 회장 등을 상대로 증권집단소송을 제기했다. 그러나 해당소송은 허가 절차만 무려 8년이 소요되었고, 최종적으로 대법원의 허가 확정 이후 본안에 들어갔으나 1심 법원은 2024년 6월, 원고가 소송 요건을 충족하지 못했다는 이유로 '각하' 판결을 내렸다.

'각하'는 본안 심리 자체를 하지 않고 소송을 종료하는 결정으로, 사실상 피해자 구제가 무산되었음을 의미한다. 이번 사건은 소송 규모, 피해자 수, 소송 기간 등 모든 면에서 한국 집단소송제도의 한계를 응축한 사례라 할 수 있다. 특히 2005년 도입 이후 20년 가까운 기간 동안 증권집단소송이 단 14건만 제기되었으며, 대부분 허가 여부만 판단하는 데 수년이 걸리는 현실은 제도의 실효성을 약화시키는 핵심 요인으로 지적된다.

전문가들은 이와 같은 사법적 절차의 비효율성이 일반 투자자의 소송 접근성과 시장의 자기규율 기능을 심각하게 저해하고 있다고 평가한다. 조성익 KDI 연구위원은 "대기업집단의 경영권 승계 및 사익편취와 같은 행위에 대해 일반 주주가 대응할 수 있는 사실상 유일한 수단은 손해배상 청구이지만, 집단소송 절차는 너무나 비현실적"이라고 지적했다. 기대이익 대비 실제 배상가능성이 현저히 낮기 때문에, 투자자는 소송 참여를 기피하고 제도는 자연스럽게 무력화된다.

향후 이 제도의 실효성을 확보하기 위해서는 집단소송의 허가 기준 완화, 소송 절차의 단축, 배상 범위의 확대 등이 병행되어야 할 것으로 보인다. 미국, 일본 등 주요국은 일정한 요건하에 소비자단체가 집단소송을 제기하거나, 피해자가 일괄적으로 참여할 수 있는 구조를 마련하고 있다. 한국도 보다 현실적인 '2단계 절차'(위법성 판단 → 손해배상 판단)와 같은 제도 개선을 모색해야 한다는 주장이 힘을 얻고 있다.

2) 증권집단소송의 제도적 한계와 글로벌 비교

최근 10년간
단 6건

최근 10년간 증권관련 집단소송 현황

사건명	법원명	피 고	• 접수일 • 진행상황
파두사태 집단소송	중앙 지법	파두, NH투자증권, 한국투자증권	• 2024.3.14 • 소 제기
오스템임플란트 집단소송	남부 지법	오스템임플란트	• 2022.12.30 • 1심 진행 중
동양증권 사태 회계법인 집단소송	서부 지법	삼일회계법인	• 2016.1.22 • 2018.12.4 소송 불허가 결정 확정
STX조선해양 분식회계 집단소송	중앙 지법	삼정회계법인, 강덕수 전 STX그룹 회장	• 2015.3.27 • 1심 진행 중
동양증권 집단소송(1)	중앙 지법	동양증권(현 유안타증권), 현재현 전 동양그룹 회장	• 2014.6.10 • 2023.7.4 소송 불허가 결정 확정
동양증권 집단소송(2)	중앙 지법	동양증권(현 유안타증권), 현재현 전 동양그룹 회장	• 2014.6.13 • 2024.2.16 원고 패소 확정

자료 : 대법원 법원행정처

국내 주식 투자 인구가 1,500만 명을 넘어서며 자본시장의 대중화가 급속히 진행되고 있지만, 이를 뒷받침하는 법적 구제수단인 증권 관련 소송제도는 20년째 정체 상태에 머물러 있다. 특히 파생상품 손실, 기업공시 위반, 공모가 조작 등 다양한 사후적 피해가 빈

번히 발생하고 있음에도, 법률적 대응 수단으로서의 증권집단소송은 실질적 역할을 하지 못하고 있다는 지적이 제기된다.

대표적 사례로는 2014년 '동양그룹 사태' 피해자들이 제기한 집단소송이 있다. 이 사건은 회사채와 기업어음(CP)의 부실 발행으로 1조 3,000억원의 투자 손실을 야기하였음에도, 법원은 2024년 2월 원고 패소 판결을 확정하였다. 증권신고서상 거짓 기재나 중요 사항의 누락이 인정되지 않는다는 것이 법원의 판단이었다. 이 외에도 오스템임플란트(2023), 파두(2024) 등의 사건이 진행 중이나, 여전히 소송 허가 단계에서 긴 시간과 높은 진입장벽에 직면하고 있다.

현재의 「증권관련집단소송법」은 ▲상장법인의 유가증권 거래 ▲증권신고서 · 사업보고서의 허위 기재 ▲시세 조종 등으로 인한 피해에만 소송을 허용하고 있다. 펀드, ELS, DLS 등 파생상품이나 사모펀드 피해는 대상에서 제외된다. 또한 사실상 '6심제'에 가까운 허가 구조가 적용되어, 본안 심리에 들어가기까지 평균 수년의 시간이 소요된다. 이에 따라 일반 투자자에게는 실질적인 배상 수단으로 기능하지 못하고 있다.

해외 사례와의 비교는 이와 같은 제도적 한계를 더욱 부각시킨다. 미국은 2021년 한 해에만 211건의 증권집단소송이 연방법원에 제기되었으며, 손해배상 청구의 범위도 넓고 실질적인 구제 성과가 도출된다. 예컨대 2015년 미국 투자자들은 폭스바겐의 배출가스 조작 사건에 대해 집단소송을 제기해 약 650억원의 손해배상을 받는 성과를 거두었다. 일본 또한 소비자단체가 중심이 되어 다양한 민사 사건에서 집단소송이 가능하며, 피해자의 개별 참여를 조건으로 실제 배상이 이루어진다.

전문가들은 한국의 집단소송제도 역시 사전 요건 중심의 소송 허가제도를 재검토하고, 피해구제 범위를 확대해야 한다고 강조한다.

최승재 변호사(법무법인 클라스한결)는 "현재 구조는 남소 방지를 명분으로 피해자의 권리를 과도하게 제한하고 있다"며, 프랑스나 일본처럼 2단계 책임확인 구조의 도입 필요성을 제기하였다.

또한 최근 정부의 '기업 밸류업' 정책과 연계하여 주주 보호제도를 강화해야 한다는 주장도 제기된다. 서울대 정준혁 교수는 "사전 규제와 함께 사후 소송이 양축으로 작동해야만 기업의 책임성과 정보공개 유인이 강화된다"고 지적하였으며, 김우진 교수는 "국내 기업들이 주주자본비용을 실질적인 비용으로 인식하고, 주주 소통을 강화해야 기업가치 제고도 가능해진다"고 강조하였다.

출처 : 아시아경제, "[Invest&Law] STX분식회계 사건도 각하… 증권집단소송 실효성 높여야," 2024.12.18 ; 중앙일보, "소송해도 돼요?" 허락받는 데 9년… 증권소송 20년째 '개점휴업', 2024.8.16

주주행동주의의 제도적 기반 강화 : 상법 및 자본시장법 개정

최근 우리나라에서는 소액주주 보호와 주주권 행사의 실효성을 제고하기 위한 상법 및 자본시장법의 개정이 연이어 이루어졌다. 이는 전통적으로 소극적이었던 국내 주주권 행사의 구조에 제도적 전환점을 제공하며, 주주행동주의(shareholder activism)의 제도적 기반을 강화하는 계기가 되었다. 특히 다중대표소송제의 도입, 전자투표제도의 확산은 소액주주의 권리 행사를 용이하게 만들고, 경영진에 대한 감시 및 견제 기능을 제고하는 방향으로 작용하고 있다.

▌상법 개정 : 다중대표소송제 도입

2020년 12월 개정된 상법은 견제 기능을 강화하는 방향으로 다중대표소송제도(multi-derivative action)를 도입하였다.

다중대표소송제도의 도입은 대기업 지배구조의 복잡성과 연계된 대리인 문제 해결에 중요한 전환점이다. 상법 제406조의2에 따르면, 일정지분(1% 이상)을 보유한 모회사 주주는 자회사의 이사에 대해서도 대표소송을 제기할 수 있는 권한을 갖게 되었다. 이는 지주회사 체제하에서 발생하는 내부거래나 사익추구 문제에 대해, 자회사의 소액주주가 아닌 모회사의 주주가 대리감시자(surrogate monitor)로 기능함으로써 통제 사각지대를 보완하려는 시도다.

▌자본시장법 및 상법 시행령 개정 : 전자투표제도 확대

전자투표제도(electronic voting system)는 시간과 공간의 제약 없이 주주가 직접 의결권을 행사할 수 있도록 하여, 특히 물리적 참여가 어려웠던 소액주주들의 참여 장벽을 대폭 완화하였다.

이와 같은 법제도의 개정은 주주행동주의의 실질적 참여 기반을 확장하고, 과거에 비해 경영진에 대한 견제와 대리인 문제 해소에 보다 적극적인 역할을 가능하게 하였다는 점에서 기업지배구조의 민주성과 투명성을 강화하는 중요한 진전으로 평가된다.

그러나 이러한 제도적 개선에도 불구하고 여전히 현실적으로 소액주주들의 적극적인 행동들이 기업지배구조를 개선시키기란 결코 쉬운 일이 아니다. 앞서 살펴본 주주행동주의의 방법들은 성공률이 매우 낮은 편이며, 막대한 비용을 발생시킨다. 즉 성공을 거두더라도 소액주주들이 주주행동주의를 위해 투입한 노력과 비용에 비해서 얻게 되는 효익이 그다지 크지 않은 경우가 많아 효과적인 감시 활동이 아닐 경우도 많다.

사례 8.6 전자투표제도의 활성화

올해 정기주총에서 한국예탁결제원 전자투표시스템(K-VOTE)을 이용한 전자투표 행사율은 최고치를 달성한 것으로 나타났다. 17일 한국예탁결제원이 발표한 전자투표 실적자료에 따르면 올해 주총에서 921개 회사가 한국예탁결제원 K-VOTE를 이용했다. 지난해(922개사) 대비 이용회사 숫자는 1개사 감소했다.

K-VOTE 이용회사 중 유가증권시장 상장회사 수는 지난해 389개사에서 올해 396개사로 7개사 증가했다. 다만 코스닥과 코넥스 시장에서는 이용회사 수가 소폭 줄었다. 코스닥 시장에서는 K-VOTE 이용회사가 지난해 477개사에서 472개사로 5개사 줄었다. 코넥스 시장에서도 지난해 6개사에서 올해 4개사로 줄었다.

반면 전자투표 행사율(주주 참여율)은 증가했다. 전체 의결권 있는 주식 522억6,000만주 중 전자투표 행사주식 수는 총 64억8,000만주로 집계됐다. 전자투표 행사율은 지난해 대비 1.4%p(포인트) 증가한 12.4%를 기록했다. 연기금, 운용사, 보험사, 개인, 법인 등 주주들의 전자투표 행사주식 참여율이 늘어난 덕택으로 보인다. 개인주주 행사주식 수는 전년 대비 11% 증가했다.

한국예탁결제원은 "전자투표제도 활성화를 위해 상장회사를 대상으로 적극적인 홍보 활동을 전개하고 있지만 기업 참여가 더욱 필요한 상황"이라며 "앞으로 기관투자자들 투표 편의성을 높이기 위해 연기금 직접 연계투표 등 기관투자자 맞춤형 서비스를 확충할 계획"이라고 말했다.

최근 3개년 K-VOTE 이용회사 수

(정기주총 기준)

구 분	유가증권	코스닥	코넥스	비상장	총 계
2023년	356개사	450개사	6개사	46개사	858개사
2024년	389개사	477개사	6개사	50개사	922개사
2025년	396개사	472개사	4개사	49개사	921개사
전년 대비	(+)7개사 (+1.8%)	(−)5개사 (−1.0%)	(−)2개사 (−33.3%)	(−)1개사 (−2.0%)	(−)1개사 (−0.1%)

출처 : 머니투데이, "한국예탁결제원, 전자투표 행사율 12.4% 달성… 기록적 수준," 2025.4.17

요 약

본서는 기업을 둘러싼 내부 및 외부의 여러 통제장치들을 통해서 대리인 문제 해결을 위한 방안들을 검토해 왔다. 앞서 살펴본 것처럼 내부 및 외부의 기업지배구조 장치들이 제 역할을 수행하여 주주의 이익을 보호하는 것이 무엇보다 중요하다. 그러나 경영진의 도덕적 해이로 인해 경영이 부실화되고 기업가치 및 주식가격 하락이 발생했을 때 가장 직접적이고 큰 피해를 보는 당사자는 바로 주주이다. 따라서 이해당사자인 주주가 직접 기업경영의 감시자로서 적극적인 행동에 나서는 방법도 하나의 대안일 수 있다. 이를 주주행동주의라 한다. 과거 주주가 배당금수익과 시세차익에만 안주하던 모습에서 벗어나 기업지배구조 개선, 구조조정 등 폭넓게 기업경영에 적극적으로 관여하여 주주이익 극대화에 스스로 힘쓰는 것이다.

주주의 이익에 반하는 행동을 한 경영진을 대상으로 주주가 취할 수 있는 적극적인 행동은 주주총회에 참석하고, 의제와 의안을 제출하며, 위임장 대결을 하고, 투표를 하는 것이다. 즉 주주들은 주주총회에 참석하여 주주의 이익에 반하는 행동을 하는 이사들을 해임하기 위한 투표를 하거나, 기업의 운영방법을 변화시키기 위해 주주총회에 의제와 의안을 제안하거나, 위임장 대결을 하는 등의 방법을 취할 수 있다. 그리고 다른 방법으로는 법을 이용하여 기업가치를 훼손시킨 경영진을 상대로 한 소송을 제기하는 것이다. 즉 주주소송과 증권집단소송은 경영진의 위법행위나 투자자 피해에 대한 사후적 책임을 묻는 제도적 장치로 기능한다.

최근에는 소액주주 보호와 주주권 행사의 실효성을 높이기 위한 제도 개정이 이루어지면서 주주행동주의의 제도적 기반도 확대되고 있다. 2020년 상법 개정을 통해 이사 해임 요건이 완화되고, 모회사가 자회사의 이사를 상대로 소송을 제기할 수 있는 다중대표소송제도가 도입되었다. 또한 자본시장법상 전자투표제도의 확산은 소액주주의 참여 장벽을 낮추고, 의결권 행사 편의성을 제고하였다. 이러한 제도들은 주주의 경영 감시 기능을 실질화하고, 기업지배구조의 투명성과 책임성을 높이기 위한 방향으로 작용하고 있다.

그러나 이러한 제도적 변화에도 불구하고 주주들의 적극적인 행동들이 기업지배구조를 개선시키기란 결코 쉬운 일이 아니다. 이러한 방법들은 성공률이 매우 낮은 편이며, 막대한 비용을 발생시킨다. 즉 성공을 거두더라도 소액주주들이 주주행동주의를 위해 투입한 노력과 비용에 비해서 얻게 되는 효익이 크지 않은 경우가 많아 효과적인 감시활동이 아닐 경우도 많다. 이에 따라 향후 주주권 행사의 실질화를 위한 보완적 제도 설계와 집행력 강화가 요구된다.

참고 1 : 주주총회 관련「상법」조항

제362조(소집의 결정) 총회의 소집은 본법에 다른 규정이 있는 경우 외에는 이사회가 이를 결정한다.

제363조(소집의 통지) ① 주주총회를 소집할 때에는 주주총회일의 2주 전에 각 주주에게 서면으로 통지를 발송하거나 각 주주의 동의를 받아 전자문서로 통지를 발송하여야 한다. 다만, 그 통지가 주주명부상 주주의 주소에 계속 3년간 도달하지 아니한 경우에는 회사는 해당 주주에게 총회의 소집을 통지하지 아니할 수 있다.

② 제1항의 통지서에는 회의의 목적사항을 적어야 한다.

③ 제1항에도 불구하고 자본금 총액이 10억원 미만인 회사가 주주총회를 소집하는 경우에는 주주총회일의 10일 전에 각 주주에게 서면으로 통지를 발송하거나 각 주주의 동의를 받아 전자문서로 통지를 발송할 수 있다. 〈개정 2014.5.20〉

④ 자본금 총액이 10억원 미만인 회사는 주주 전원의 동의가 있을 경우에는 소집절차 없이 주주총회를 개최할 수 있고, 서면에 의한 결의로써 주주총회의 결의를 갈음할 수 있다. 결의의 목적사항에 대하여 주주 전원이 서면으로 동의를 한 때에는 서면에 의한 결의가 있는 것으로 본다. 〈개정 2014.5.20〉

⑤ 제4항의 서면에 의한 결의는 주주총회의 결의와 같은 효력이 있다. 〈개정 2014.5.20〉

⑥ 서면에 의한 결의에 대하여는 주주총회에 관한 규정을 준용한다. 〈개정 2014.5.20〉

⑦ 제1항부터 제4항까지의 규정은 의결권 없는 주주에게는 적용하지 아니한다. 다만, 제1항의 통지서에 적은 회의의 목적사항에 제360조의5, 제360조의22, 제374조의2, 제522조의3 또는 제530조의11에 따라 반대

주주의 주식매수청구권이 인정되는 사항이 포함된 경우에는 그러하지 아니하다. 〈개정 2014.5.20, 2015.12.1〉

제363조의2(주주제안권) ① 의결권 없는 주식을 제외한 발행주식총수의 100분의 3 이상에 해당하는 주식을 가진 주주는 이사에게 주주총회일(정기주주총회의 경우 직전 연도의 정기주주총회일에 해당하는 그 해의 해당일. 이하 이 조에서 같다)의 6주 전에 서면 또는 전자문서로 일정한 사항을 주주총회의 목적사항으로 할 것을 제안(이하 '주주제안'이라 한다)할 수 있다. 〈개정 2009.1.30〉

② 제1항의 주주는 이사에게 주주총회일의 6주 전에 서면 또는 전자문서로 회의의 목적으로 할 사항에 추가하여 당해 주주가 제출하는 의안의 요령을 제363조에서 정하는 통지에 기재할 것을 청구할 수 있다. 〈개정 2009.1.30, 2014.5.20〉

③ 이사는 제1항에 의한 주주제안이 있는 경우에는 이를 이사회에 보고하고, 이사회는 주주제안의 내용이 법령 또는 정관을 위반하는 경우와 그 밖에 대통령령으로 정하는 경우를 제외하고는 이를 주주총회의 목적사항으로 하여야 한다. 이 경우 주주제안을 한 자의 청구가 있는 때에는 주주총회에서 당해 의안을 설명할 기회를 주어야 한다. 〈개정 2009.1.30〉 [본조신설 1998.12.28]

제368조(총회의 결의방법과 의결권 행사) ① 총회의 결의는 이 법 또는 정관에 다른 정함이 있는 경우를 제외하고는 출석한 주주의 의결권의 과반수와 발행주식총수의 4분의 1 이상의 수로써 하여야 한다.

② 주주는 대리인으로 하여금 그 의결권을 행사하게 할 수 있다. 이 경우에는 그 대리인은 대리권을 증명하는 서면 또는 전자문서를 총회에 제출하여야 한다. 〈개정 2014.5.20, 2025.7.22〉

③ 총회의 결의에 관하여 특별한 이해관계가 있는 자는 의결권을 행사

하지 못한다. 〈개정 2014.5.20〉 [제목개정 2025.7.22] [시행일 : 2027.1.1]

제368조의3(서면에 의한 의결권의 행사) ① 주주는 정관이 정한 바에 따라 총회에 출석하지 아니하고 서면에 의하여 의결권을 행사할 수 있다.

② 회사는 총회의 소집통지서에 주주가 제1항의 규정에 의한 의결권을 행사하는 데 필요한 서면과 참고자료를 첨부하여야 한다.

제369조(의결권) ① 의결권은 1주마다 1개로 한다.

② 회사가 가진 자기주식은 의결권이 없다.

③ 회사, 모회사 및 자회사 또는 자회사가 다른 회사의 발행주식의 총수의 10분의 1을 초과하는 주식을 가지고 있는 경우 그 다른 회사가 가지고 있는 회사 또는 모회사의 주식은 의결권이 없다.

참고 2 : 주주대표소송 관련 「상법」 조항

제403조(주주의 대표소송) ① 발행주식의 총수의 100분의 1 이상에 해당하는 주식을 가진 주주는 회사에 대하여 이사의 책임을 추궁할 소의 제기를 청구할 수 있다.

② 제1항의 청구는 그 이유를 기재한 서면으로 하여야 한다.

③ 회사가 전항의 청구를 받은 날로부터 30일 내에 소를 제기하지 아니한 때에는 제1항의 주주는 즉시 회사를 위하여 소를 제기할 수 있다.

④ 제3항의 기간의 경과로 인하여 회사에 회복할 수 없는 손해가 생길 염려가 있는 경우에는 전항의 규정에 불구하고 제1항의 주주는 즉시 소를 제기할 수 있다.

⑤ 제3항과 제4항의 소를 제기한 주주의 보유주식이 제소 후 발행주식 총수의 100분의 1 미만으로 감소한 경우(발행주식을 보유하지 아니하게 된 경우를 제외한다)에도 제소의 효력에는 영향이 없다.

⑥ 회사가 제1항의 청구에 따라 소를 제기하거나 주주가 제3항과 제4항의 소를 제기한 경우 당사자는 법원의 허가를 얻지 아니하고는 소의 취하, 청구의 포기 · 인락 · 화해를 할 수 없다.

⑦ 제176조 제3항, 제4항과 제186조의 규정은 본조의 소에 준용한다.

참고 3 : 전자투표제도 관련 「자본시장법 시행령」 조항

제160조(위임장 용지 등의 교부방법) 법 제152조 제1항에 따른 의결권권유자(이하 "의결권권유자"라 한다)는 같은 항에 따라 위임장 용지 및 참고서류를 다음 각 호의 어느 하나에 해당하는 방법으로 의결권 대리행사의 권유 이전이나 그 권유와 동시에 같은 항에 따른 의결권피권유자(이하 "의결권피권유자"라 한다)에게 내주어야 한다. 〈개정 2014.12.9, 2021.1.5〉

1. 의결권권유자가 의결권피권유자에게 직접 내어주는 방법
2. 우편 또는 팩스에 의한 방법
3. 전자우편을 통한 방법(의결권피권유자가 전자우편을 통하여 위임장 용지 및 참고서류를 받는다는 의사표시를 한 경우만 해당한다)
4. 주주총회 소집 통지와 함께 보내는 방법[의결권권유자가 해당 상장주권(그 상장주권과 관련된 증권예탁증권을 포함한다. 이하 이 절에서 같다)의 발행인인 경우만 해당한다]
5. 인터넷 홈페이지를 이용하는 방법

참고 4 : 전자투표제도 관련 「상법 시행령」 조항

제13조(전자적 방법에 의한 의결권의 행사) ① 법 제368조의4에 따라 주주가 의결권을 전자적 방법으로 행사(이하 이 조에서 "전자투표"라 한다)하는 경우 주주는 다음 각 호의 어느 하나에 해당하는 방법으로 주주 본인임을 확인하고, 「전자서명법」 제2조 제2호에 따른 전자서명을 통하여 전자투표를 하여야 한다. 〈개정 2020.1.29, 2020.12.8〉

1. 「전자서명법」 제8조 제2항에 따른 운영기준 준수사실의 인정을 받은 전자서명인증사업자가 제공하는 본인확인의 방법
2. 「정보통신망 이용촉진 및 정보보호 등에 관한 법률」 제23조의3에 따른 본인확인기관에서 제공하는 본인확인의 방법

② 법 제368조의4에 따라 전자적 방법으로 의결권을 행사할 수 있음을 정한 회사는 주주총회 소집의 통지나 공고에 다음 각 호의 사항을 포함하여야 한다.

1. 전자투표를 할 인터넷 주소
2. 전자투표를 할 기간(전자투표의 종료일은 주주총회 전날까지로 하여야 한다)
3. 그 밖에 주주의 전자투표에 필요한 기술적인 사항

③ 삭제 〈2020.1.29〉

④ 회사는 전자투표의 효율성 및 공정성을 확보하기 위하여 전자투표를 관리하는 기관을 지정하여 주주 확인절차 등 의결권 행사절차의 운영을 위탁할 수 있다.

⑤ 회사, 제4항에 따라 지정된 전자투표를 관리하는 기관 및 전자투표의 운영을 담당하는 자는 주주총회에서 개표가 있을 때까지 전자투표의 결과를 누설하거나 직무상 목적 외로 사용해서는 아니 된다.

⑥ 회사 또는 제4항에 따라 지정된 전자투표를 관리하는 기관은 전자투표의 종료일 3일 전까지 주주에게 전자문서로 제2항 각 호의 사항을 한 번 더 통지할 수 있다. 이 경우 주주의 동의가 있으면 전화번호 등을 이용하여 통지할 수 있다. 〈신설 2020.1.29〉

복습문제

(1) 주주행동주의란 무엇인가?

(2) 주주가 주주이익에 반하는 경영진을 견제하기 위하여 취할 수 있는 적극적인 행동에는 어떠한 것들이 있는가?

(3) 주주행동주의가 현실적으로 성공하기 어려운 이유는 무엇인가?

(4) 정기 주주총회의 안건에는 어떠한 것들이 있는가?

(5) 의결권이란 무엇인가?

(6) 주주총회에서의 결의방법에는 어떠한 것들이 있는가?

(7) 개별 주주와 경영진 간의 이사 교체와 관련된 위임장 대결에서 개별 주주가 승리하기가 어려운 이유는 무엇인가?

(8) 주주대표소송이 1962년 상법 제정 당시 도입되었으나 실제적 효력이 없었던 이유는 무엇인가?

(9) 증권집단소송이란 무엇인가?

(10) 2020년 개정 상법에서 상장회사 이사 해임 결의 요건이 어떻게 변경되었는지 설명하시오. 이러한 개정의 의미는 무엇인가?

(11) 다중대표소송제도의 주요 내용과 그 도입 배경에 대해 설명하시오. 이 제도가 기업지배구조에 미치는 효과는 무엇인가?

(12) 전자투표제도와 관련된 자본시장법 개정의 주요 내용은 무엇이며, 이 제도가 소액주주의 권리 행사에는 어떠한 영향을 미칠 것으로 예상되는가?

(13) 소액주주의 주주행동주의가 실질적인 성과로 이어지기 어려운 이유를 비용과 효익의 관점에서 설명하시오.

토론문제

01 주주행동주의가 지닌 어떠한 면이 경영진을 감시하고 견제하는 데 보다 효과적일 것이라 생각하는가? 주주행동주의가 효과적이려면 어떤 변화가 필요하다고 생각하는지 논의해보자.

02 주주행동주의는 효과가 있다고 생각하는가? 실제 사례를 제시하고, 효과를 분석하여 논의해보자.

03 우리나라에서 주주제안서는 어느 정도 채택되고 있는지 조사해보고, 왜 그러한 현상이 발생하고 있는지에 대해서 논의해보자.

04 우리나라에서 위임장 대결이 발생한 실제 사례가 있는지 조사해보고, 왜 그러한 현상이 발생하고 있는지에 대해서 논의해보자.

05 우리나라에서의 주주소송에 대한 실제 사례를 제시하고, 주주들의 주장과 경영진들의 주장이 서로 어떻게 대립하였는지에 대해서 논의해보자.

06 우리나라에서 소액투자자는 기업지배구조에 영향을 어느 정도 미치고 있다고 생각하는가? 그 이유를 설명해보자.

07 우리나라에서 소액주주들이 이사를 교체하는 일은 쉬운 일인가? 실제 사례를 제시하고, 왜 그런 현상이 발생하고 있는지에 대해서 논의해보자.

08 상법 및 자본시장법의 개정은 주주행동주의를 제도적으로 지원하는 기반을 제공하였다. 그러나 이러한 제도적 기반이 현실에서 실효성을 가지기 위해서는 어떠한 조건이 갖추어져야 하는지 논의해보자.

09 다중대표소송제도의 도입은 지배구조의 복잡성이 높은 한국 기업환경에서 중요한 전환점으로 평가된다. 이 제도가 남용되거나 역으로 기업 경영을 위축시킬 가능성은 없는지, 그 균형점을 어떻게 설계할 수 있을지 논의해보자.

10 주주행동주의는 대리인 문제를 완화하는 수단으로 주목받고 있다. 하지만 소액주주의 행동이 성공할 확률이 낮고, 비용 대비 효익이 낮은 경우가 많다는 점에서 구조적 한계도 존재한다. 이러한 현실적 제약을 보완하기 위한 정책적·제도적 접근에는 어떤 것들이 있을 수 있는지 논의해보자.

PART III

ESG와 기업지배구조의 전환

CHAPTER

9

이해관계자 자본주의와 기업지배구조의 패러다임 전환

❖ 본장에서는 다음과 같은 내용을 다룬다.

- 이해관계자 이론의 부상
- 이해관계자 이론의 학문적 기반과 제도적 진화

본장에서는 이해관계자 자본주의의 부상과 이로 인한 기업지배구조의 전환을 검토한다. 본서에서 다루고 있는 주식회사는 전통적으로 주주자본주의(shareholder capitalism)를 기반으로 형성되어 왔다. 특히 20세기 중반까지는 주주의 이익 극대화(maximization of shareholder wealth)가 기업의 궁극적인 목적으로 간주되었으며, 대부분의 기업의 의사결정 또한 주주가치 제고를 중심으로 이루어졌다. 이는 밀턴 프리드먼(Milton Friedman, 1970)의 "기업의 유일한 사회적 책임은 이윤을 증가시키는 것(The Social Responsibility of Business is to Increase its Profits)"이라는 명제로 대표되며,[1] 본서 제1장에서 다루었던 대리인 이론(agency theory)의 관점에서는 경영진(managers)이 주주의 대리인으로서 주주의 이익을 극대화할 책임과 의무를 가진다는 전제를

[그림 9.1] 밀턴 프리드먼의 기업의 사회적 책임

따르고 있다.

그러나 최근에는 주주 이익 극대화를 중심으로 한 이러한 일방향적 접근에 대한 비판이 제기되고 있다. 특히, 주주 중심의 의사결정이 다른 이해관계자들과의 이해상충(trade-offs)을 초래할 수 있다는 점에서 그 한계가 드러나고 있다. 전통적 대리인 이론은 주주를 기업의 유일한 자원(자본) 제공자로 간주하였으나, 실제로 기업 활동에는 다양한 이해관계자(stakeholders)가 존재하며, 이들 또한 중요한 자원 제공자이다. 예를 들어, 채권자(creditors)는 금융자본을 제공하며, 이는 주주의 자본과 유사한 수준의 위험을 공유한다. 임직원(employees)은 노동력과 지식 자산을 제공하고, 소비자(customers)는 기업 매출의 원천이 되는 수요를 창출하며, 제품과 서비스에 대한 피드백을 통해 혁신의 단초를 제공한다. 지역사회(local communities)와 정부(government)는 기업 활동을 가능하게 하는 인프라와 제도적 기반을 마련해주며, 기업의 외부환경을 형성한다.

〈표 9.1〉 전통적 주주자본주의 vs 이해관계자 자본주의의 비교

구 분	주주자본주의 (Shareholder Capitalism)	이해관계자 자본주의 (Stakeholder Capitalism)
의사결정 목적	주주 이익 극대화	이해관계자의 이익 조정 및 균형
주요 자원 제공자	주주(자본) 중심	다양한 이해관계자 (노동, 사회자본 등)
경영자의 의무	주주의 대리인	다수 이해관계자의 조정자
기업 책임의 범위	법적 · 계약적 책임 중심	사회적 · 윤리적 책임 포함
핵심 이론적 배경	대리인 이론 (Agency Theory)	이해관계자 이론 (Stakeholder Theory)

〈표 9.2〉 다양한 이해관계자의 제공 자원 및 기업에 대한 영향력

이해관계자	제공 자원	기업에 대한 영향력
주주	자본(Equity Capital)	소유권, 의결권 행사
채권자	금융자본(Debt Capital)	계약 조건, 신용평가 등
임직원	노동력, 지식자산	생산성, 조직문화, 혁신
고객	수요, 시장 반응	매출 창출, 제품 개선 정보
지역사회	사회적 인프라, 평판	입지 결정, 인허가 등
정부	제도 · 정책 기반	규제, 조세, 인센티브 제공

이처럼 주식회사는 다양한 이해관계자로부터 자원을 조달받고 있음에도 불구하고, 전통적인 기업지배구조 이론은 이들의 기여를 체계적으로 반영하지 못하고 있다. 이러한 한계를 보완하기 위해 최근 프리먼(Freeman, 1984)의 이해관계자 이론(stakeholder theory)[2]과 블레어와 스타우트(Blair and Stout, 1999)의 팀 생산이론(team production theory)[3] 등이 제시되고 있다. 이러한 이론들은 주식회사를 주주와 경영자 간의 단일 대리인 구조가 아닌, 복수의 이해관계자들이 상호 협력하는 계약의 집합체(contractual nexus)로 설명한다.

이해관계자 이론의 부상

전통적인 주주자본주의(shareholder capitalism) 패러다임은 오랜 기간 동안 기업의 존재 목적을 주주의 부(wealth)를 극대화하는 데 두었다. 이 관점에서 기업은 주주의 자본을 효율적으로 운용하여 최대의 경제적 수익을 창출하는 데 목적을 두고 있는 조직이며, 경영진은

[그림 9.2] 주주자본주의와 이해관계자 자본주의

주주의 대리인(agent)으로서 행동해야 한다는 대리인 이론(agency theory)에 기반한 기업지배구조 모델이 지배적이었다.[4] 이러한 패러다임은 특히 20세기 후반까지 기업 재무의 주요 이론적 기반이 되었다.

그러나 이러한 주주 중심적인 접근은 1980년대 이후 다양한 비판을 받게 된다. 그중에서도 가장 대표적인 비판은 프리먼(R. Edward Freeman, 1984)에 의해 제기된 이해관계자 이론(stakeholder theory)이다. 프리먼(Freeman)은 기업이 단순히 주주만을 위해 존재하는 조직이 아니라, 다양한 이해관계자들(stakeholders)—예를 들어 종업원, 고객, 거래처(공급자), 지역사회, 정부, 그리고 환경 등—과의 다양하

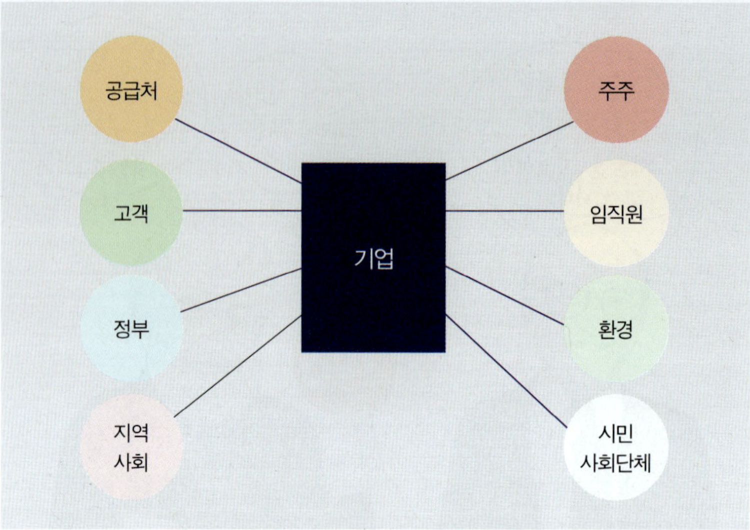

[그림 9.3] 주식회사의 이해관계자

고 복잡한 관계 속에서 형성되고 운영되는 조직이라는 것이다. 그는 기업을 '계약의 집합체(contractual nexus)'로 보았으며, 각 이해관계자가 자발적으로 자원을 제공하고 상호 의존적인 관계를 형성하며 기업의 성과를 창출한다고 보았다.

이러한 관점은 과거부터 현재까지 내려온 자본주의의 뿌리 깊은 신념과도 같은 밀턴 프리드먼(Milton Friedman, 1970)의 "기업의 유일한 사회적 책임은 이윤을 증가시키는 것"이라는 주장에 정면으로 반하는 것이다. 프리먼(Freeman)은 기업의 책임은 단순히 재무적 성과(financial performance)를 창출하는 것을 넘어, "기업 활동으로 인해 영향을 받는 모든 이해관계자의 이익을 고려하는 것"이라고 주장하였다. 이는 기업의 목적(purpose of the firm)을 새롭게 재정의하는 것이며, 기업지배구조의 기본 전제 자체를 바꾸고자 하는 패러다임의 전환이었다.

이후 이해관계자 이론은 여러 연구자들에 의해 더욱 확장되었다. 특히 블레어와 스타우트는 팀 생산이론을 통해 기업 내 여러 이해관계자들이 공동으로 가치를 창출하는 협업 구조를 설명하였다. 팀 생산이론에 따르면, 기업은 단일 대리인 구조(single agency structure)가 아닌 집합적 행위자들의 협력적인 구조이며, 각 이해관계자는 자신이 보유한 자산, 지식, 또는 노동을 제공함으로써 팀 성과(team output) 형성에 기여한다는 것이다. 이 과정에서 발생하는 잉여는 이해관계자 간 협의를 통해 분배되며, 이사회는 이 과정에서 '조정자(coordinator)' 또는 '공정한 중립적 조정자(mediating hierarch)'의 역할을 수행하게 된다. 여기서 '공정한 중립적 조정자'라는 개념은 블레어와 스타우트의 '팀 생산이론'에서 유래한 용어로, 기업을 다양한 이해관계자들이 공동으로 기여하는 '팀 생산의 장(team production setting)'으로 이해하는 관점에서 등장한다. 이 이론에서 'hierarch'는 전통적인 위계질서(hierarchy)상의 지배자 개념이 아니라, 다양한 팀 구성원들의 이해를 조정하고 충돌을 완화하며, 기여에 대한 공정한

〈표 9.3〉 대리인 이론과 이해관계자 이론의 비교

구 분	대리인 이론 (Agency Theory)	이해관계자 이론 (Stakeholder Theory)
기업 개념	주주의 이익을 위임받은 의사결정체	계약적 관계의 집합체
주요 갈등	경영자 vs 주주	이해관계자 간 이해상충
경영자의 역할	주주의 이익을 극대화	다양한 이해관계자의 이익 조정
핵심 문제	대리인 비용의 통제	정당성과 사회적 승인 확보
지배구조 장치	인센티브, 감시 메커니즘	참여, 포용성, 정당성 확보 장치

분배를 중재하는 역할을 수행하는 '공정한 위계적 조정자'에 가깝다. 따라서 이사회는 특정 이해관계자를 대변하는 존재가 아니라, 공동 창출 가치에 대한 분배와 의사결정을 공정하게 관리하는 중립적 조정자로서의 역할을 수행해야 함을 강조하는 표현이다.

이러한 이론적 전환은 단순히 기업지배구조만을 설명하는 데 그치지 않고, 회계학적 성과 측정(performance measurement) 및 정보공시(disclosure)의 범위와 방식에도 막대한 영향을 미친다. 전통적 회계학에서는 재무제표(financial statements)를 통해 주주 등의 의사결정에 유용한 정보를 제공하는 것을 주요 목적으로 삼았으나, 이해관계자 이론의 부상은 이와 같은 정보공시의 대상과 내용이 보다 광범위해져야 함을 시사한다.

구체적으로 말하면, 전통적으로는 재무상태표(statement of financial position), 손익계산서(statement of profit or loss and other comprehensive income), 현금흐름표(statement of cash flows) 등과 같

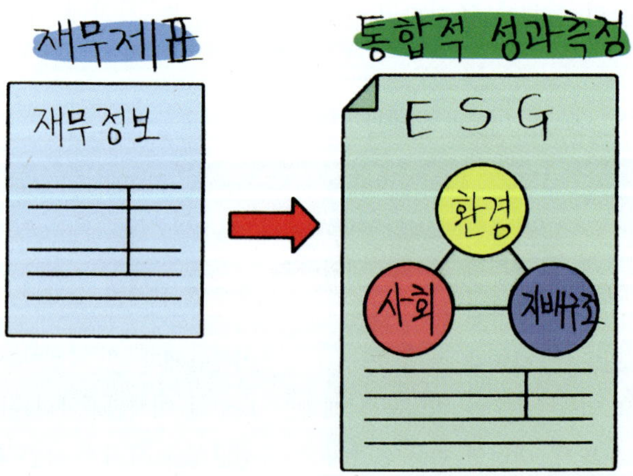

[그림 9.4] 정보공시 내용의 변화

은 재무정보(financial information)만이 정보공시 내용의 전부였다면, 최근에는 환경적 성과(environmental performance), 사회적 영향(social impact), 지배구조 지표(governance indicators) 등 비재무정보(non-financial information)를 포함한 통합적인 성과측정(integrated performance measurement)이 점점 더 중요성을 지닌다. 다시 말해 이는 ESG(Environmental, Social, Governance) 정보와 지속가능성 보고(sustainability reporting)로 연결되며, 이해관계자 중심 기업지배구조의 필수적 구성요소로 자리 잡게 된다.

또한, 이해관계자 이론의 실질적 확장은 기업지배구조의 책임(responsibility)과 의무(accountability)에도 변화를 요구한다. 전통적으로는 경영진이 이사회를 통해 주주에게 책임을 지는 구조였다면, 이해관계자 지향적 기업은 이사회가 다수 이해관계자들의 이해를 균형 있게 고려하고 반영할 수 있는 의사결정 체제를 갖추어야 한다. 이에 따라 다양한 이해관계자의 의견을 반영하는 '이해관계자 이사회(stakeholder board)'로 변모할 필요가 있다.

회계학적으로도 이러한 변화는 조직 구성원에 대한 성과평가(performance evaluation) 시스템에 대한 재설계, 보상계약(compensation contracts)의 재구조화, 그리고 내부통제 및 위험관리 시스템(risk management system)의 확장 등으로 이어진다. 예컨대, 종업원의 이직률이나 고객 만족도, 공급망의 지속가능성 지표 등이 비재무적 성과지표로 활용될 수 있으며, 이는 전통적인 재무지표인 당기순이익(Net Income), ROE(Return on Equity), EPS(Earnings per Share) 등과 함께 경영성과를 측정하는 데 주요한 역할을 수행할 수 있다.

결론적으로, 프리먼(Freeman, 1984) 이후 강조되고 있는 이해관계자 이론은 단순히 주주중심 패러다임을 대체하는 데 그치지 않고,

향후 기업이 어떻게 정의되고 어떤 방향으로 운영되어야 하는가에 대한 보다 근본적인 질문을 던지고 있다. 이는 기업지배구조 이론에 새로운 과제를 제시하며, 향후 기업이 지속가능성(sustainability) 확보를 위해 어떠한 방향으로 지배구조를 전환해야 하는가에 대한 문제 제기를 한다. 또한, 기업은 재무적 성과를 넘어서서 사회적 가치(social value) 창출과 윤리적 책임(ethical accountability)의 이행을 위한 이해관계자 중심경영을 통해 경쟁우위를 확보해나가야 함을 의미한다.

사례 9.1 유럽과 미국의 이해관계자 자본주의

다음과 같은 질문으로 시작해보자. ① 기업의 주인은 누구인가? ② 기업의 목적은 무엇인가? 많은 이들이 "① 주주 ② 이익 극대화"라고 답할 것이다. 이는 곧 "기업은 주주의 이익을 극대화하기 위해 존재한다"는 주주자본주의(shareholder capitalism)의 관점이다. 전통적 경제 · 경영학 교과서도 이 관점을 전제한다.

그러나 최근에는 주주 외에도 종업원, 소비자, 협력업체, 채권자, 지역사회 등 다양한 이해관계자가 기업의 공동 주인이라는 '이해관계자 자본주의(stakeholder capitalism)'가 힘을 얻고 있다. ESG 경영이 확산되면서, ESG 중심의 지속가능한 성장이 곧 이해관계자 자본주의를 대변한다는 시각도 빠르게 퍼지고 있다.

유럽식 이해관계자 자본주의, '공동결정제도'

사실 이해관계자 자본주의는 새로운 개념이 아니다. 유럽 대륙의 사회민주주의 체제는 오래전부터 기업의 이사회에 노동자 대표가 참여하는 '공동결정제도(co-determination)'를 운영해 왔다. 독일은 감독이사회의 절반을 노동이사가 차지하며, 스웨덴은 대기업에 3인, 중소기업에 2인의 노동이사를 두도록 법제화하고 있다.

이러한 구조는 유럽의 은행 중심 주식 소유구조에 기초한다. 자본시장이 덜 발달한 유럽에서는 기업과 은행이 서로의 주식을 보유하고 있으며, 정부는 금융 시스템을 통해 기업 지배에 영향력을 행사한다. 정부는 단기 이익보다는 장기적 지속가능성과 이해관계자의 이익 균형을 요구하게 마련이다. 이는 제도적으로 정착된 이해관계자 중심 거버넌스로 이어진다.

노동자 이사회 참여가 경영의 효율성을 저해할 것이라는 우려도 있지만, 유럽의 공동결정제도는 노사정 타협을 바탕으로 성숙하게 운영되고 있다. 노동조합은 노동이사 선출에 직접 개입하지 않으며, 전 직원의 의견을 반영해 전문성과 도덕성을 갖춘 인물을 추천하는 방식이 일반적이다.

유럽 기업들은 별도로 ESG위원회를 설치하지 않아도, 제도화된 이해관계자 자본주의 체제 속에서 이미 ESG적 가치가 내재화된 의사결정을 하고 있다.

미국 기업들도 이해관계자 중시 경영 표방

이해관계자 자본주의가 주목을 받게 된 계기는 미국 대기업들의 변화에서 찾을 수 있다. 2019년, 미국의 200대 기업 CEO 협의체인 '비즈니스라운드테이블(BRT)' 소속 181명의 CEO는 "기업의 목적을 주주가치 극대화에서 이해관계자 가치 창출로 변경한다"고 선언했다. 이들은 고객, 종업원, 협력업체, 지역사회, 주주 등 5개 이해관계자 집단에 대한 책임을 강조했다.

언론은 이를 두고 "미국도 주주자본주의를 넘어서려 한다"고 평가했지만, 실제로는 유럽식 이해관계자 자본주의와는 명백히 구별된다. 미국 CEO들의 선언은 "주주가치를 장기적으로 실현하기 위해 이해관계자와 협력하겠다"는 의지에 가깝다. 기업의 소유권이 주주로부터 이해관계자 전체로 확대되었다는 명시는 없으며, 법적으로도 미국 대부분의 주에서는 여전히 주주가 기업의 유일한 주인으로 간주된다. 공동결정제도와 같은 제도 개혁도 미국에서는 논의된 바 없다.

결론적으로, 미국은 이해관계자의 목소리를 보다 존중하는 방향으로 진화하고 있지만, 제도적 · 법적으로 이해관계자를 기업의 공동 주체로 인정하는 유럽식 모델과는 거리가 있다. 이해관계자 자본주의가 단지 '책임의 확장'을 의미한다면 미국도 그 범주에 들 수 있지만, 제도적 구조에 기반한 진정한 의미의 이해관계자 자본주의는 여전히 유럽 대륙에 뿌리를 두고 있다.

출처 : ESG경제, "[ESG의 이해] ESG는 '이해관계자 자본주의'와 같은 것인가?" 2021.1.31

사례 9.2 프리먼의 이해관계자 자본주의

국제경영 분야에서 큰 영향력을 미쳐 '올해의 존 페어웨더 저명한 학자상'을 수상한 프리먼(R. Edward Freeman) 교수는 "이해관계자 자본주의는 불확실성이 커지는 시대에 기업이 반드시 채택해야 할 가치 창출 방식"이라고 강조한다. 매일경제와의 인터뷰에서 그는 이해관계자 자본주의에 대한 철학적 배경과 실천적 과제를 조망했다.

"나는 이 개념을 창시하지 않았다"

프리먼 교수는 먼저 "이해관계자 자본주의는 내가 만든 개념이 아니다"라고 단언했다. 그는 1960년대 스탠퍼드연구소에서 이미 '기업은 주주뿐 아니라 다양한 이해관계자의 지지를 받아야 지속가능하다'는 개념이 논의됐다고 지적한다. 1980년대 와튼스쿨 박사후 연구원 시절, 그는 외부환경 문제에 직면한 기업들에 이해관계자 관점을 제안했고, 이 과정에서 실제 기업들이 긍정적인 반응을 보이며 그의 연구도 더욱 심화되었다.

"이해관계자란 누구인가?"
프리먼 교수는 이해관계자를 두 가지로 정의한다.

첫째, 기업의 운영을 가능케 하는 사람들로서 고객, 직원, 공급업체, 주주 등이 이에 속한다.

둘째, 기업과 상호 영향을 주고받는 존재들로서 언론, 지역사회, 환경운동가 등이다.

기업의 성장단계나 당면한 문제에 따라 중요 이해관계자는 달라질 수 있다. 초기 기업은 고객과 공급망이 중요하고, 이후에는 지역사회와 환경 등으로 확대된다.

"이해관계자 자본주의는 어떤 문제를 해결하는가?"
프리먼 교수에 따르면 이 개념은 세 가지 핵심 질문에 대한 해답을 제공한다.

- 자본주의의 윤리를 어떻게 설명할 것인가?
- 불확실한 환경에서 어떻게 가치를 창출할 것인가?
- 경영교육에서 무엇을 가르쳐야 하는가?

이해관계자 자본주의는 단순히 '사회책임을 강조하는 경영'이 아니라, 기업 경영의 핵심 원리로 자리잡아야 한다는 주장이다.

"기업 목적은 이익이 아니라 가치 창출이다"
그는 "이익은 목적이 아니라 결과"라고 말한다. 즉, 이해관계자들과의 관계를 얼마나 잘 구축했는지가 이익으로 드러나는 것이다. 기업의 본질적인 목적은 '이해관계자를 위한 가치 창출'이며, 이 가치의 형태는 기업의 업종과 정체성에 따라 달라진다. 예컨대, 노보노디스크는 당뇨 치료를, 홀푸드는 건강한 식품 소비를 목적으로 삼는다.

"주주가치 중심 사고는 리스크를 키운다"
프리먼 교수는 "주주만을 위한 비용 절감은 종종 다른 리스크를 수반한다"고 경고한다. 예컨대, 업무 절차를 축소해 안전성이 저하되면 단기 수익은 늘어날 수 있지만, 장기적 손실로 이어질 수 있다. 이해관계자 자본주의는 이런 트레이드오프(trade-off) 상황을 최소화하려는 경영 철학이다. 즉, 주주뿐 아니라 고객, 직원, 공급망 등 모든 이해관계자가 '함께 이기는(win-win)' 전략을 추구해야 한다.

"변화는 이미 시작되었다"

2008년 금융위기, 환경 위기, 사회적 불평등 등 복합적 문제가 겹치며 '퍼펙트 스톰'이 발생했고, 그 이후 이해관계자 자본주의에 대한 관심이 본격화됐다. 그는 "이제는 기업들도 이해관계자에 주목하지 않으면 생존이 어려운 시대"라며, 2019년 미국 비즈니스라운드테이블(BRT)의 선언을 중요한 분기점으로 꼽았다. 이 단체는 아마존, 애플, GM 등 주요 기업 CEO 200여 명이 모여 '주주 이익 극대화'에서 '이해관계자 가치 창출'로 경영 원칙을 수정하겠다고 밝혔다.

"법보다 앞선 기업 관행… 티핑포인트는 지났다"

최근 프리먼 교수가 주도한 연구에 따르면, G20 국가 중 절반은 기업법상으로 이해관계자 자본주의와 일치하고, 15개국은 관행상 이 철학을 이미 채택하고 있다. 그는 "기업은 더 이상 도망칠 수 없다"며, 언론과 시민사회가 기업의 이해관계자 무시를 끊임없이 감시하는 시대가 도래했음을 강조했다.

"오해도 있다… 모든 문제를 기업이 해결하는 게 아니다"

끝으로 그는 이해관계자 자본주의에 대한 대표적인 오해를 지적했다. 일부는 "기업이 모든 사회문제를 해결해야 한다"고 잘못 인식하고 있으며, 일부는 이를 "상류층의 위선적 사회공학"으로 오해한다. 그러나 그는 이 개념이 본질적으로 '비즈니스 모델'에 대한 새로운 사고방식임을 재확인했다.

출처 : 매일경제, “주주만 신경쓰는 회사 불확실한 세계서 ‘휘청’ 이해관계자 힘 합쳐야 안정적 기업성장 ‘쾌청’ [Cover Story],” 2024.7.10

이해관계자 이론의 학문적 기반과 제도적 진화

앞서 서술한 이해관계자 이론의 부상은 단순히 일시적인 경영 가치관의 변화나 유행 또는 기업 윤리적 이상주의로만 해석해서는 안 된다. 이는 학문적이고 이론적인 기반을 통해서 논의되고 진화되고 있는 내용이며, 제도적인 변화를 요구하는 시대적 사회적 요구로 이해하고 해석해야 한다. 기업지배구조에 있어 주주 중심적 자본주의 모델의 한계가 명확하게 나타난 현재, 기업은 다양한 사회적 기대와 제도적 요구 속에서 기업지배구조를 변화시켜야 한다.

도널드슨과 프레스턴(Donaldson and Preston, 1995)은 이해관계자 이론을 규범적(normative), 기술적(descriptive), 도구적(instrumental) 차원으로 나누어 설명한다.[5] 첫째, ‘규범적 접근’은 기업이 이해관계자 전반의 권익을 윤리적 · 도덕적 근거 위에서 보호하고 증진해야 한다는 가치 지향적 주장에 해당한다. 이는 롤스(Rawls, 1971)의 정의론[6]과 같은 사회계약적 관점으로 볼 수 있으며, 특히 기업의 존재 이유와 역할에 대한 철학적 성찰을 제공한다. 둘째, ‘기술적 접근’은 기업이 실제로 다양한 이해관계자들과 상호작용하면서 운영된다는 경험적 현실을 전제로 한다. 즉, 이해관계자들은 자본 외에도 노동, 정보, 규제, 평판, 수요 등 기업 운영에 필수적인 자원을 제공하며, 기업은 이들 이해관계자와의 관계 속에서 존속할 수 있다는 경험적 사실에 기반한다. 이러한 관점은 프리드먼(Friedman)식의 이윤 중심주의가 현실적 설명력에서 결함을 지닌다는 점을 강조하며, 기업의 운영 실태를 보다 현실에 부합하는 틀로 설명한다. 마지막으로, '도구적 접근'은 이해관계자 관리를 통해 기업이 장기적으로 보다 안정적인 재무성과와 평판을 확보할 수 있다는 실용적 차원의 설명을 제공한다. 이는 이해관계자 이론이 윤리적 이상주의에 머무르지 않고, 전략적 경영관리와 성과 달성에 있어 실질적 도구로 활용가능함을 의미한다. 특히 ESG 경영과의 연결 고리도 이 지점에서 명확히 나타난다.

이와 같은 이론적 다양화는 기업이 속한 제도적 환경과의 상호작용 속에서 구체화된다. 제도이론(institutional theory)은 기업이 단지 시장 합리성에 따라 결정되는 존재가 아니라, 사회적 규범(social norms), 문화적 가치(cultural values), 규제적 압력(regulative pressure)에 반응하여 정당성을 획득하려는 제도적 행위자(institutional actor)임을 강조한다. 디마지오와 파월(DiMaggio and Powell, 1983)은 제도적 동형화(isomorphism) 개념[7]을 통해, 기업들이 외부 환경의 규범적 기대와 유사한 방식으로 구조와 관행을 수렴시키는 현상을 설명하였다.

ESG 경영이 확산됨에 따라, 이러한 제도적 동형화는 더욱 뚜렷하게 나타난다. 기업들은 경쟁우위의 확보뿐 아니라 '사회적 승인(social approval)'이라는 상징적 자본(symbolic capital)을 확보하기 위해, ESG 정보공시, 지속가능성 보고, 이해관계자 참여 프로세스 등의 제도적 장치를 자발적으로 채택하게 된다. 이와 같은 변화는 실질적으로는 제도적 정당성을 추구하는 전략적 대응으로 해석될 수 있다.

또한, 정당성 이론(legitimacy theory)은 기업이 사회로부터의 '지속가능한 존속 권한'을 확보하는 과정에서, 다양한 이해관계자의 기대에 부응하려는 의사결정과 전략을 채택하게 됨을 설명한다. 이 이론에 따르면, 기업은 이익 극대화만으로는 정당성을 획득할 수 없으며, 기업 활동이 사회적 가치 및 윤리적 규범과 얼마나 조화를 이루는지가 결정적 기준이 된다. 이해관계자 중심의 기업지배구조는 이러한 정당성 확보의 수단으로 기능하며, ESG 보고와 같은 공시활동은 단순한 정보 제공을 넘어, 사회적 규범에의 순응(compliance)과 일치(alignment)를 선언하는 제도적 행위로 해석된다.

이러한 제도적 정당성의 획득은 회계학적 측면에서도 함의를 갖는다. 기존 재무보고 체계는 자본 제공자 중심의 정보 유용성에 초점을 맞추고 있었으나, 이제는 다양한 이해관계자—예컨대 종업원, 지역사회, 규제기관, 시민단체 등—를 고려한 포괄적 정보공시가 요구된다. 이는 회계정보의 기능이 단순한 투자자 보호를 넘어서, 사

[그림 9.5] 주주자본주의와 이해관계자 자본주의

회적 책무(accountability)를 실현하고 제도적 승인(legitimacy)을 획득하는 역할로 확장되었음을 의미한다.

특히 ESG 정보공시는 제도화된 조직환경 속에서 기업의 책임성과 정당성을 판단하는 주요한 지표로 작용하고 있다. 국제회계기준재단(IFRS Foundation)의 ISSB(International Sustainability Standards Board)는 ESG 정보의 국제 표준화를 통해, ESG 공시의 내용과 형식을 통일하고 비교가능성을 제고하려는 시도를 강화하고 있다. 이는 ESG 정보의 단순 보고를 넘어서, 제도적 신뢰성과 규범적 기대에 대한 기업의 응답(responsiveness)을 보여주는 지표로 기능하며, 제도적 정당성의 확보와 직결된다.

이처럼 이론적 다양화는 단지 학문 내 논쟁을 넘어서, 제도와 기업행위 간의 상호작용을 해석하고 예측하는 데 있어 유용한 도구로 작동한다. 이해관계자 이론은 이제 고립된 이론적 제안이 아니라, 제도이론, 정당성 이론, 신제도주의(new institutionalism), 전략적 CSR 이론(strategic CSR theory) 등과의 이론적 연계를 통해 복합적 현실을 설명할 수 있는 학제적 틀로 자리 잡고 있다.

결론적으로, 이해관계자 자본주의로의 이행은 기업이 단순히 '이윤을 창출하는 조직'을 넘어서, 다양한 제도적 맥락에서 정당성을 지속적으로 재생산해야 하는 제도적 행위자로 변모하고 있음을 보여준다. 이 과정에서 기업은 도덕적 책임, 전략적 효율성, 사회적 승인이라는 삼중 프레임을 동시에 고려해야 하며, 이에 따른 지배구조와 회계정보 시스템의 진화는 불가피하다. 기업지배구조는 이제 이해관계자들의 권익을 조정하고, 사회적 기대에 부응하여 장기적 생존과 신뢰를 확보하기 위한 핵심 메커니즘으로 자리매김하고 있으며, 회계학은 이러한 새로운 현실에 부응하기 위한 학문적 · 실무적 재구조화를 요구받고 있다.

사례 9.3 이해관계자 자본주의 관점으로 살펴 본 MBK사태

최근 홈플러스의 기업회생 신청 소식은 한국 경제계에 충격을 던졌다. 국내 2위 대형마트가 돌연 기업회생 절차에 들어가면서, 최대주주인 사모펀드 MBK파트너스에 대한 책임론이 확산하고 있다. 이번 사태를 통해 우리는 주주 중심 자본주의의 한계를 다시 한번 확인하게 되었다. 과연 기업은 누구를 위해 존재해야 하는가? 기업 경영에서 단기적 수익만을 추구하는 것이 바람직한가? 이 질문에 대한 해답을 찾기 위해 홈플러스 사례를 이해관계자 자본주의의 관점에서 분석해보자.

MBK파트너스는 2015년 홈플러스를 LBO(부채 기반 인수) 방식으로 인수했다. 이는 자기자본보다 대출을 활용하여 기업을 인수한 후, 기업의 현금흐름을 이용해 대출을 상환하는 구조다. 이러한 방식은 인수 후 대출 상환과 투자금 회수에 초점을 맞출 가능성이 크며, 장기적인 기업 성장보다는 단기 수익 창출을 우선시하는 구조적 한계를 지닌다.

▶ 기업 경쟁력 강화보다 투자금 회수 몰두한 사모펀드

홈플러스의 경우, MBK는 인수 이후 지속적인 투자를 통한 기업 경쟁력 강화보다는, 자산 매각을 통한 현금 확보에 집중했다. 경쟁사인 롯데마트와 이마트가 물류 시스템, 디지털 인프라, 신규 점포 확장 등에 적극 투자하는 동안, 홈플러스는 설비와 부동산을 매각하며 단기적인 수익 창출에 몰두했다. 이는 결국 기업의 장기적인 경쟁력을 약화시키는 결과를 초래했다.

기업은 단순히 주주 이익을 극대화하는 기계가 아니다. 고객, 직원, 협력업체, 지역사회 등 다양한 이해관계자들의 지속적 신뢰 속에서 성장해야 한다. 그러나 MBK의 홈플러스 경영 방식은 이러한 이해관계자들의 가치를 심각하게 훼손했다.

첫째, 고객 피해이다. 유통업의 핵심 경쟁력은 품질 높은 제품과 신뢰할 수 있는 서비스다. 하지만 투자가 부족한 홈플러스는 디지털 혁신과 고객 경험 개선에서 뒤처질 수밖에 없었다.

둘째, 직원 피해이다. 점포 축소와 구조조정이 이어지며, 직원들은 불안한 고용 환경 속에서 업무 강도가 높아졌다.

셋째, 협력업체 피해이다. 대형마트의 유통망을 활용하는 중소 협력업체들은 매장 축소와 거래 감소로 인해 어려움을 겪었다.

넷째, 채권자 및 투자자의 피해이다. 경영실패의 책임을 금융권에 미룸으로써 외상매출대금과 개인 투자자들의 자금 회수가 어렵게 되었다.

다섯째, 사회적 피해이다. 유통업은 국민의 생활과 밀접한 관련이 있다. 홈플러스의 경영 악화는 단순한 기업 문제가 아니라 사회적 문제로 확산될 수 있다.

이처럼 이해관계자 중심의 경영을 도외시하고 주주 이익만을 극대화하는 방식은 결국 기업의 생태계를 무너뜨리는 결과를 초래한다. 이것이 바로 주주 중심주의의 한계이자 폐해이다. 따라서 한국 경제의 기본철학은 이제 이해관계자 자본주의로 나아가야 한다.

▶ 주주중심 자본주의 넘어 '사회적 책임' 경영 펼쳐야

과거 밀턴 프리드먼의 '주주 이익 극대화' 이론은 오랫동안 세계 기업 경영의 원칙으로 자리 잡았다. 그러나 2019년, 미국의 비즈니스 라운드테이블(Business Roundtable, BRT)에 참여한 181개 글로벌 기업 CEO(최고경영자)들은 새로운 선언을 발표했다. 기업의 목적이 단순히 주주의 이익을 극대화하는 것이 아니라, 모든 이해관계자의 가치를 창출해야 한다는 것이다.

이해관계자 자본주의(Stakeholder Capitalism)는 기업이 단기적 수익만을 추구하는 것이 아니라, 지속가능한 성장을 도모하며 사회적 책임을 다해야 한다는 철학을 바탕으로 한다. 이는 단순한 이론이 아니라, 장기적으로 기업의 생존과 성과를 결정짓는 핵심 원칙이기도 하다.

이제 한국 경제도 변화해야 한다. 사모펀드와 헤지펀드가 단기 수익 창출을 위해 기업을 이용하는 시대에서 벗어나, 장기적 성장과 지속가능성을 고려하는 경영 철학을 확립해야 한다. 홈플러스의 사례는 우리가 주주 중심 자본주의의 한계를 직시하고, 이해관계자 중심의 새로운 경제 패러다임을 구축해야 함을 강력히 시사하고 있다.

출처 : 이투데이, "[시론] '이해관계자 자본주의 시대' MBK 사태의 교훈," 2025.3.25

요 약

전통적인 주주자본주의(shareholder capitalism)에서 이해관계자 자본주의(stakeholder capitalism)로의 패러다임 전환과 이에 따른 기업지배구조의 구조적 변화가 발생되었다. 기존의 기업지배구조는 대리인 이론(agency theory)에 근거하여 경영진을 주주의 대리인으로 간주하고, 기업의 유일한 목적을 주주가치 극대화로 설정해 왔다. 그러나 이러한 일방향적 접근은 다양한 이해관계자들과의 관계에서 발생하는 이해상충(trade-offs)을 체계적으로 반영하지 못하는 한계를 드러낸다.

이에 따라 본장은 프리먼(Freeman, 1984)의 이해관계자 이론(stakeholder theory), 블레어와 스타우트(Blair and Stout, 1999)의 팀 생산이론(team production theory)을 중심으로, 기업을 주주와 경영자

간 단일 대리인 구조가 아닌, 복수 이해관계자의 자발적 계약의 집합체(contractual nexus)로 재정의한다. 이러한 이론적 전환은 단지 이론에 그치지 않고, 회계학적 성과 측정, 정보공시, 그리고 경영자의 감시 및 보고 체계까지 포괄하는 변화로 연결된다.

특히 ESG(Environmental, Social, Governance) 정보공시와 지속가능성 보고는 단순한 정보의 전달을 넘어서, 기업이 사회적 기대와 윤리적 기준에 부응하고자 하는 제도적 정당성 확보의 수단으로 작동한다. 이에 따라 정보공시의 대상은 전통적인 재무제표(financial statements)를 넘어, 환경성과(environmental performance), 사회적 영향(social impact), 지배구조 지표(governance indicators) 등 비재무적 지표(non-financial metrics)를 포함한 통합적 성과측정(integrated performance measurement)으로 확장되고 있다.

또한 본장은 도널드슨과 프레스턴(Donaldson and Preston, 1995)이 제시한 이해관계자 이론의 세 가지 접근방식—규범적(normative), 기술적(descriptive), 도구적(instrumental) 관점—을 바탕으로, 기업이 단지 윤리적 이상주의가 아니라 실질적인 전략적 경영도구로서 이해관계자 관리를 활용하고 있음을 설명한다. 이러한 이론은 제도이론(institutional theory)과 정당성 이론(legitimacy theory)과도 결합되며, 기업이 ESG 경영을 통해 사회적 승인(social approval)을 획득하고, 제도적 환경과의 정합성을 강화해 나가는 과정을 분석한다.

결론적으로, 기업이 더 이상 단순한 경제적 이윤 창출의 수단이 아닌, 사회적 가치 창출과 윤리적 책무를 수행하는 제도적 행위자로서 재정의되어야 함을 강조한다. 이는 회계학적 · 제도적 관점에서 기업지배구조의 재설계 요구로 이어지며, 향후 ESG 경영과 지속가능성 보고의 핵심적 이론 기반이 된다.

복습문제

(1) 전통적인 주주자본주의(shareholder capitalism)에서 강조된 기업의 궁극적인 목적은 무엇이었으며, 이에 대한 대표적인 학자와 명제를 서술하시오.

(2) 이해관계자 이론(stakeholder theory)은 기존의 대리인 이론에 대해 어떠한 비판적 관점을 제시하며, 기업을 어떻게 재정의하고 있는가?

(3) 팀 생산이론(team production theory)의 주요 내용은 무엇이며, 이 이론에 따르면 이사회의 역할은 어떻게 변화하는가?

(4) ESG 정보공시가 이해관계자 자본주의하에서 가지는 의미는 무엇이며, 회계학적으로 어떠한 변화를 초래하는가?

(5) Donaldson과 Preston(1995)은 이해관계자 이론을 세 가지 접근방식으로 구분하였다. 각각의 접근방식과 그 의미를 설명하시오.

(6) 제도이론(institutional theory)과 정당성 이론(legitimacy theory)은 이해관계자 중심의 기업지배구조를 어떻게 설명하고 있는가?

(7) '이해관계자 이사회(stakeholder board)'의 도입 배경과 그 기능적 특징에 대해 서술하시오.

(8) 이해관계자 기반의 지배구조하에서 회계정보 시스템은 어떠한 구조적 재설계를 요구받고 있는가?

토론문제

01 Friedman(1970)의 주장인 "기업의 유일한 사회적 책임은 이윤을 증가시키는 것"과 Freeman(1984)의 이해관계자 이론은 기업의 목적에 대해 상반된 시각을 제시한다. 두 관점을 비교하고 오늘날의 기업지배구조 논의에 어떤 함의를 주는지 토론해보자.

02 ESG 정보공시와 지속가능성 보고는 단순한 정보전달을 넘어 제도적 정당성 확보의 수단으로 해석되고 있다. 이에 대한 회계학적·제도적 의미를 중심으로 비판적으로 논의해보자.

03 '공정한 중립적 조정자'로서 이사회의 역할 변화는 기업의 의사결정 구조에 어떤 영향을 미치는가? 실제 기업 사례나 제도적 규범을 기반으로 논의해보자.

04 기업이 이해관계자 중심의 지배구조를 수립하려는 시도는 단순한 지배구조의 확장인가, 아니면 패러다임의 전환인가? 제도이론과 회계학적 관점에서 비판적으로 평가해보자.

05 비재무적 성과지표(non-financial KPIs)의 도입은 기존 회계 시스템의 근본적 변화를 요구한다. 이러한 변화가 가져올 수 있는 장점과 단점에 대해 토론해보자.

◆ 참고문헌

1 Friedman, Milton(1970), "The Social Responsibility of Business is to Increase its Profits," *The New York Times Magazine*, September 13.

2 Freeman, R. Edward(1984), *Strategic Management: A Stakeholder Approach*, Boston: Pitman.

3 Blair, Margaret M. and Lynn A. Stout(1999), "A Team Production Theory of Corporate Law," *Virginia Law Review*.

4 Jensen, Michael C. and William H. Meckling(1976), "Theory of the Firm: Managerial Behavior, Agency Costs and Ownership Structure," *Journal of Financial Economics*.

Rawls, John(1971), *A Theory of Justice*, Harvard University Press.

5 Donaldson, Thomas and Lee E. Preston(1995), "The stakeholder theory of the corporation: Concepts, evidence, and implications," *Academy of Management Review*.

6 Rawls, John(1971), *A Theory of Justice*, Harvard University Press.

7 DiMaggio, Paul J. and Walter W. Powell(1983), "The iron cage revisited: Institutional isomorphism and collective rationality in organizational fields," *American Sociological Review*.

CHAPTER

10

이해관계자 중심의 기업지배구조 재구성

❖ 본장에서는 다음과 같은 내용을 다룬다.

- 이해관계자 중심의 기업지배구조로의 이행
- 이사회의 다양성
- 이사회의 독립성
- 이사회의 전문성
- 이해관계자 기업지배구조와 ESG의 통합

이해관계자 중심의 기업지배구조로의 이행

전통적인 기업지배구조 이론은 주주를 유일한 주인(principal)으로 전제하고, 경영진은 주주의 대리인(agent)으로서 주주의 이익을 극대화하는 방향으로 의사결정을 수행해야 한다는 대리인 이론(agency theory)에 근거하였다.[1] 이러한 구조는 자본시장에서의 효율성과 경영자 통제의 필요성에 이론적 정당성을 부여하였고, 기업의 존재 목적을 '주주가치의 극대화(maximization of shareholder value)'에 집중시켜 왔다.

그러나 기업 활동이 점점 복잡해지고 다양한 이해관계자들과의 상호작용이 불가피해짐에 따라, 단일 주인-대리인 모델은 한계에 봉착하고 있다. 기업은 더 이상 자본 제공자인 주주만의 이익에만 중심을 둔 의사결정 시스템을 유지할 수 없으며, 다양한 자원을 제공하고 리스크를 분담하는 복수의 이해관계자(stakeholders)를 포괄

〈표 10.1〉 단일 주인-대리인 모델과 다중 주인-대리인 모델 비교

구 분	단일 주안-대리인 모델 (Single Principal-Agent)	다중 주안-대리인 모델 (Multi–Principal Agency)
주요 이론	대리인 이론 (Agency Theory)	이해관계자 이론 (Stakeholder Theory)
주된 위임자 (principal)	주주(shareholder)	다양한 이해관계자 (stakeholders)
경영자의 책임 대상	주주 이익 극대화	이해관계자 이익의 균형
주요 의사결정 기준	주주가치 중심 (Shareholder Value)	지속가능성 및 사회적 정당성
지배구조의 특징	모니터링 중심의 이사회	조정자 역할의 이사회

하는 다중 주인-대리인 모델(multi-principal agency model)로의 전환이 요구된다.

이러한 인식은 실정법 체계 및 제도 설계 차원에서도 확인된다. 대표적인 사례로, 영국의 기업법 Companies Act 2006 제172조는 이사회가 의사결정을 수행함에 있어 주주의 이익뿐만 아니라 종업원, 공급업체(거래처), 고객, 지역사회, 환경 등의 이해관계자 이익도 함께 고려해야 함을 명시하고 있다. 이는 기존의 주주 우선주의를 보완하면서도, 기업의 지속가능성과 사회적 책임을 동시에 고려하는 '계몽된 주주가치(enlightened shareholder value)' 모델의 제도화로 해석된다.

이러한 제도적 변화는 기업지배구조에 있어 이사회(board of directors)의 역할 및 구성에 근본적인 재편을 요구하고 있다. 과거에는 이사회가 주주를 대표하여 경영진의 행위를 감시(monitoring)하고

[그림 10.1] 이사회 역할의 변화

통제(control)하는 기구로 기능하였다면, 이해관계자 중심 기업지배구조에서는 이사회가 다양한 이해관계자의 의견과 이익을 포괄적으로 반영하고 균형 있는 의사결정을 조율하는 '공정한 중립적 조정자(mediating hierarch)'의 역할을 수행해야 한다. 이는 블레어와 스타우트(Blair and Stout, 1999)의 팀 생산이론(team production theory)[2]에서도 확인되는바, 이해관계자들은 집합적으로 기업의 성과를 창출하는 구성원이며, 이사회는 그들의 조정자로서 신뢰와 공정성을 바탕으로 잉여의 분배 및 전략의 설정을 주도해야 한다.

〈표 10.2〉 전통적 이사회 vs 이해관계자 중심 이사회의 역할 변화

구 분	전통적 이사회	이해관계자 중심 이사회
주된 역할	경영진 감시 및 통제, 주주 이익에 대한 수탁자	이해관계자 중립적 조정자 및 균형자
정당성 근거	주주 이익 보호	다양한 이해관계자의 의견과 이익을 포괄적으로 반영 신뢰와 공정성을 바탕으로 잉여의 분배 및 전략의 설정
주요 구성 고려	독립성, 전문성 중심	다양성, 대표성, 포용성 포함
ESG 관련 연계	주로 G(지배구조)에 집중	E, S 요소 반영한 전략적 대응 요구

이와 같은 이론적 논의는 실증연구에서도 뒷받침된다. 하르조토 등(Harjoto et al., 2015), 아라이시 등(Arayssi et al., 2019)의 연구는 이사회 구성원의 다양성(diversity), 독립성(independence), 전문성(expertise)이 기업의 ESG 성과 혹은 정보공시의 질에 통계적으로 유의미한 영향을 미친다는 실증적 증거를 제시하였다.[3] 국내에서도 최

종원과 문승환(2024)의 연구는 이와 유사하게 이사회 구성원의 성별과 연령 및 전문성의 다양성이 ESG 성과에 영향을 미치고 있음을 보여준다.[4]

이사회의 다양성

이해관계자 이론(stakeholder theory)의 관점에서 이사회의 다양성(Board diversity)은 단지 인구통계학적 또는 경력적 이질성을 확보하는 데 그치지 않는다. 그것은 기업이 다양한 이해관계자—종업원, 고객, 거래처(공급자), 지역사회, 정부, 시민사회 등—로부터 자원을 제공받고 이들과 지속적인 상호작용을 전제로 운영된다는 현실을 전제로 할 때, 이사회의 구성 또한 이러한 사회적 다원성과 구조적 복잡성을 반영해야 함을 뜻한다. 즉, 이사회 구성원의 다양성은 단순한 조직 내 포용성 제고를 넘어, 기업 외부의 이해관계자 환경과의 정합성(consistency) 및 정당성(legitimacy)을 확보하기 위한 제도적 요구로 이해되어야 한다.

기업을 다양한 이해관계자 간 계약의 집합체(contractual nexus)로 규정하는 프리먼(Freeman, 1984)의 이론적 기반에 따르면, 이사회는 특정 이해관계자만의 대리인이 아니라, 다양한 이해관계자들과의 이익을 조정하고 상호 균형을 모색하는 '공정한 중립적 조정자'로 기능해야 한다.[5] 이사회가 이러한 역할을 효과적으로 수행하기 위해서는, 이사회 내부에 다양한 이해관계자들의 요구를 반영할 수 있는 구조적 역량이 전제되어야 하며, 이는 곧 이사회의 다양성으로 귀결된다. 다시 말해, 이사회의 다양성은 이해관계자 대표성을 실현하기

[그림 10.2] 이사회 다양성

위한 기업지배구조의 필수 조건인 셈이다.

실제로도 이사회의 다양성(board diversity)은 다양한 이해관계자들의 의견과 관점을 수렴할 수 있는 통로를 제공함으로써, 보다 포괄적이고 공정한 의사결정 구조를 가능케 한다. 예컨대, 노동 문제와 관련된 의사결정을 내릴 때 종업원의 관점을 대변할 수 있는 경험을 가진 이사가 존재할 경우, 관련 정책은 보다 실효성 있고 수용가능한 형태로 제정될 가능성이 높아진다. 마찬가지로, 지역사회와 환경 이슈에 정통한 이사의 존재는 ESG 성과와 지속가능성 관련 의사결정의 품질을 향상시킨다. 이처럼 이사회의 다양성은 다양한 이해관계자 집단의 '내면적 목소리(internalized voice)'가 이사회 의사결정 구조에 반영될 수 있도록 하는 구조적 매개기제로 기능한다.

이러한 이론적 함의는 실증연구를 통해서도 뒷받침된다. 아라이시 등(Arayssi et al., 2019)은 여성 이사의 참여가 증가할수록 사회적 책임과 투명성이 제고되어 ESG 공시가 증가하는 것을 보였다. 즉 여성 이사의 윤리적 의식과 이해관계자 대응 역량이 ESG 활동 강화에 기여하고 있음을 보였다. 하르조토 등(Harjoto et al., 2015)은 성별 다양성, 인종·국적 다양성, 연령 다양성 등이 기업의 사회적 책임 활동에 미치는 영향을 검토하였다. 특히 이사회의 인종·국적 다양성이 높을수록, 여성 이사 참여가 높을수록 기업의 CSR 성과가 유의미하게 향상된다는 점을 밝혔으며, 이는 곧 다양한 배경과 성별을 가진 이사들이 보다 광범위한 이해관계자의 요구와 기대를 반영할 수 있음을 시사한다. 국내에서도 최종원과 문승환(2024)의 연구는 이사회 다양성이 ESG 성과에 긍정적 영향을 미친다고 분석하였다. 특히 성별 다양성과 연령 다양성 및 전문성의 다양성이 확보된 기업일수록 ESG 성과가 높게 나타나는 것으로 나타났다. 이는 이사회 내에 다양한 관점을 가진 구성원이 존재할수록, 기업이 ESG 성과를 보다 전략적이고 책임 있는 방식으로 수행한다는 점을 시사한다.

결과적으로 이사회의 다양성은 단순한 상징이나 외형상의 포장이 아니라, 이해관계자 자본주의하에서 기업의 지속가능성을 위한 핵심적인 거버넌스 메커니즘이다. 이는 이사회가 내부적으로 이해관계자의 요구를 '대리'하는 구조에서 나아가, 이해관계자의 복잡한 이해관계를 실질적으로 '내면화(internalize)'할 수 있도록 하는 구조적 장치이자, 기업의 사회적 정당성(social legitimacy)을 제도적으로 구현하는 실천적 방식으로 이해되어야 한다.

사례 10.1 우리나라 이사회 성별 다양성 현황

국내 주요 기업집단의 여성 사내이사 비중이 2년여간 제자리걸음을 한 것으로 나타났다. 이사회 성 다양성의 법적 의무화도 업계의 사내이사 선임 관행에는 큰 영향을 주지 못한 것으로 풀이된다.

8일 기업분석연구소 리더스인덱스의 발표를 보면, 최근 국내 30대 그룹의 사내이사 787명 중 여성은 25명(3.2%)으로 집계됐다. 738명 중 13명(1.8%)이 여성이었던 2021년 말에 견줘 여성 비중이 1.4%포인트 늘어나는 데 그쳤다. 이는 지난해 5월 지정된 공시대상기업집단 중 공정자산 상위 30개 그룹 298개 계열사의 올해 주주총회 결과 내역 등을 분석한 결과다. 사업보고서를 공시하지 않는 계열사는 분석 대상에서 제외됐다.

여성 사내이사 수의 '제자리걸음' 현상은 그룹별로 봐도 두드러졌다. 30대 그룹 중에서 사업보고서를 공시하는 계열사에 여성 사내이사가 한 명도 없는 그룹은 2021년 말 22곳에서 최근 20곳으로 소폭 줄어드는 데 그쳤다. 포스코그룹 등이 수년째 '여성 사내이사 0명'을 유지하고 있는 것으로 나타났다.

반면 여성 사외이사 비중은 보다 큰 폭으로 증가했다. 2021년 말에는 사외이사 789명 중 86명(10.9%)이 여성이었는데, 최근에는 850명 중 174명(20.5%)이 여성인 것으로 나타났다. 10명 중 1명꼴에서 5명 중 1명꼴로 늘어난 것이다.

이는 기업이 '이사회 성 다양성 강화'라는 숙제를 사외이사에 떠넘긴 결과로 풀이된다. 2022년 8월 시행된 개정 자본시장법은 자산총액이 2조원 이상인 상장사의 경우 이사회 전원을 특정 성별로만 구성하지 못하도록 규정하고 있다. 기업 의사결정기구의 성별 대표성을 확보한다는 취지다. 그럼에도 상시적으로 회사 업무에 임하는 사내이사는 여전히 남성이 절대다수를 차지하고 있는 셈이다. 상법상 사외이사는 회사의 상무에 종사하지 않는다.

상장사에 여성 사내이사가 한 명도 없는 한 그룹 관계자는 "사내이사가 되려면 회사 경력이 25년 정도 돼야 하는데 아직 그런 여성 임직원이 많지 않아서 생긴 결과로 보고 있다"고 말했다.

2021-2024년 30대그룹 사내, 사외이사 현황

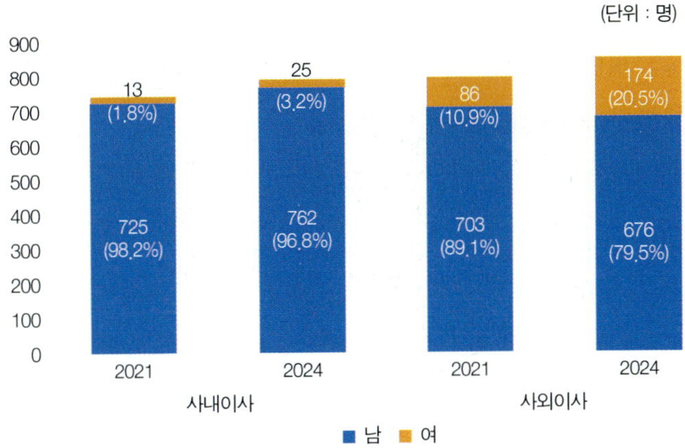

자료 : 리더스인덱스

출처 : 한겨레, "이사회 '성 다양성' 의무화… 30대 그룹, 여성 사외이사만 찔끔 늘어," 2024.5.8

이사회의 독립성

이사회의 독립성(board independence)은 전통적으로 대리인 이론(agency theory)에 기반하여, 경영진의 자의적 의사결정을 감시·통제하는 수단으로 이해되어 왔다. 특히 경영진과 사적 이해관계가 없는 독립이사(independent director)의 비율을 확대하는 것은, 이사회의 감시 기능을 제고하고 주주의 이익을 보호하기 위한 대표적 제도적 장치로 간주되어 왔다. 이러한 논의는 주주자본주의적 기업관 내에서 이사회를 경영진의 대리인을 통제하는 '감시자(monitor)'로 설정하는 데에 기초한다. 그러나 이러한 독립성 개념은 의사결정의 정당성 확보나 다양한 이해관계자의 가치 반영, 그리고 기업의 사회적 책임 수행이라는 보다 확장된 기업의 역할을 충분히 설명하기에는 한계를 지닌다.

이해관계자 이론(stakeholder theory)의 관점에서 기업은 단일한 자본 제공자인 주주만이 아니라, 종업원, 고객, 지역사회, 시민사회, 정부, 공급망 등 다양한 이해관계자들과 지속적인 계약적 관계를 유지하며 존재한다. 이러한 다원적 환경하에서 이사회의 독립성은 단지 경영진으로부터의 독립만을 의미하지 않는다. 오히려 특정 이해관계자로부터의 지나친 영향력 행사가능성을 제어하고, 다양한 이해당사자 간의 권력 균형을 조정하는 제도적 완충장치(buffer)로서 재정의되어야 한다. 이는 곧 이사회가 기업 내부 의사결정 구조에서 다양한 이해관계자의 목소리를 조율하고, 정당성과 공정성을 담보하는 중립적 조정자로 기능할 수 있게 하는 제도적 기반이 된다.

블레어와 스타우트(1999)가 제시한 팀 생산 이론(team production theory)에 따르면, 기업은 다수 이해관계자의 공동 투입(co-investment)을 통해 가치가 창출되는 조직으로 이해되며, 이사회는 이러한 공동생산 체계를 공정하고 중립적으로 관리하는 기관이다. 이사회가 이해관계자 간 이해충돌을 조정하고 협력의 균형을 유지하기 위해서는, 구성원들의 판단이 외부의 일방적인 영향에서 자유로우며, 동시에 공익성과 전략적 합리성을 균형 있게 반영할 수 있는 독립성이 필수적이다. 즉, 이사회의 독립성은 내부자(insider)와 외부자(outsider)의 이분법적 구분을 넘어서, 기업의 전략적 판단과 윤리적 책임의 중심축으로 기능하는 구조적 자율성(structural autonomy)으로 이해되어야 한다. 여기서 구조적 자율성이란, 이사회가 경영진, 지배주주, 특정 이해관계자 등의 일방적인 영향력으로부터 독립되어 제도적,

절차적, 조직적 장치를 통해 실질적 판단의 자율성을 확보한 상태를 의미한다. 이는 단순히 독립이사를 이사회에 포함시키는 형식 요건을 넘어서, 이사회 내 정보 접근성, 논의구조, 의사결정 방식, 윤리규범, 역할 분담 등 다양한 조직 구조적 요소들이 균형 잡힌 판단을 가능하게 만드는 조건을 의미한다.

제도이론(institutional theory)의 관점에서도 이사회의 독립성은 기업의 제도적 정당성(institutional legitimacy)을 확보하는 핵심 요인으로 작용한다. ESG 경영이 기업 활동의 필수적 요소로 자리 잡은 현 시점에서, NGO, 시민사회, 정부, 투자자 등 외부 이해관계자들은 이사회의 독립성을 기업 의사결정의 투명성과 공정성, 그리고 책임성의 지표로 인식한다. 실제로 지속가능성 위원회(sustainability committee), 감사위원회(audit committee), ESG 위원회 등은 독립이사를 중심으로 구성되어야 한다는 규범적 요구가 강화되고 있으며, 이는 이사회의 독립성이 단지 형식적 요건을 충족하는 데 그치지 않고, 실질적인 신뢰의 기반으로 작용함을 시사한다.

국내에서도 한국ESG기준원(KCGS), 국민연금공단, 금융감독원 등은 ESG 평가 및 스튜어드십 코드 이행 과정에서 독립이사 비율을 핵심 지표로 채택하고 있으며, 이는 이사회의 독립성이 기업의 지배구조 투명성을 대표하는 제도적 기준으로 제도화되었음을 보여준다.

실증연구 또한 이사회의 독립성이 기업의 전략적 의사결정 및 ESG 성과에 미치는 긍정적 효과를 뒷받침한다. 로젠스타인과 와이어트(Rosenstein and Wyatt, 1990), 버드와 히크먼(Byrd and Hickman, 1992)의 초기 연구는 독립이사 비율이 높을수록 주가 반응이 긍정적이며, 이사회 의사결정의 질이 향상된다고 분석하였다.[6] 최근 가르시아-토레아 등(Garcia-Torea et al., 2016)은 독립이사 비율이 높을수록 지속가능성 보고서의 투명성에 긍정적인 영향을 미친다고 보고하였다.[7] 국내 연구로 최종원과 박주형(2024)은 감사위원회의 독립이사 비율이 높은 기업일수록 ESG 정보공시의 폭과 정확성이 높다는 사실을 입증하였으며, 이는 감사위원회의 독립성이 이해관계자와의 신뢰 형성 및 정보 비대칭 해소에 실질적으로 기여함을 보여준다.[8]

이와 같은 결과는 독립이사가 외부 이해관계자의 목소리를 기업 내부에 전달하고, 외부 규범 변화에 대한 기업의 대응력을 제고하는 핵심 통로로 작용하고 있음을 시사한다. 예컨대 환경규제, 노동 기준, 소비자 안전 등 다양한 외부 리스크에 대한 기업의 민감성과 적응력은, 경영진으로부터 독립된 이사회의 감시와 판단 없이는 확보되기 어렵다.

결과적으로 이사회의 독립성은 ESG 맥락에서 단지 지배구조(governance)의 질을 평가하는 지표에 머무르지 않는다. 그것은 환경(environmental)과 사회(social) 영역에 대한 전략적 대응의 실효성을 담보하고, 기업이 다양한 이해관계자의 요구에 책임 있게 반응할 수 있는 제도적 장치로서 기능한다. 글로벌 자산운용사들(예 : BlackRock, Norges Bank Investment Management)이 이사회의 독립성 부족을 이유로 이사 선임에 반대하거나, ESG 성과 미흡을 지적하며 구조 개편을 요구하는 사례는, 이사회 독립성이 내부 감시를 넘어 글로벌 이해관계자와의 커뮤니케이션 기반으로 기능하고 있음을 보여주는 대표적 예라 할 수 있다.

결국 이사회의 독립성은 단순히 경영진으로부터의 거리 확보를 의미하는 것이 아니라, 기업의 사회적 정당성(social legitimacy)과 전략적 책임(accountability)을 동시에 실현하기 위한 핵심 거버넌스 메커니즘으로 이해되어야 한다.

사례 10.2 ESG 위원회

우리나라에서 ESG(환경·사회·지배구조) 경영이 본격화한 지 올해로 5년차를 맞고 있는 가운데 지난 4년 동안 국내 대기업 가운데 절반 이상이 ESG 위원회를 설치한 것으로 나타났다.

18일 기업분석연구소 리더스인덱스가 매출 상위 500대 기업 중 사업보고서를 제출한 361개사를 대상으로 조사한 결과, 절반이 넘는 194개 기업(53.7%)이 ESG 위원회 및 지속가능경영위원회를 운영하고 있는 것으로 조사됐다. 전년 같은 조사의 175개 기업(48.5%)에 비해 ESG 위원회 설치율이 5.2%포인트 높아졌다.

이들 194개 기업에서 지난해 열린 회의는 총 595회로, 위원회당 연평균 3.8회 열린 것으로 나타나 분기당 1회 정도였다. 회의에 상정된 안건은 총 1,361건으로 회의당 평균 2.3건 처리됐다. 이 가운데 64%인 875건은 보고하는 자리였고, 가결이 필요한 안건은 35.7%인 486건이었다.

의결 안건 486건 중 환경(E), 사회(S), 지배구조(G) 분야와 직접 관련 있는 내용은 16.3%인 79건이었다. 나머지 대부분은 기업 전략이나 주주환원 등 기타 안건이었다.

업종별 ESG 위원회 설치율을 보면 4대 금융지주를 포함한 지주사와 이동통신 3사는 100% 운영 중이었다. 이어 공기업 90%, 조선·기계·설비 76.2%, 증권 70%, 상사 및 생활용품 각 66.7%, 서비스 65.2% 등이 그 뒤를 이었다. 반면 철강(21.4%)과 제약(25.0%) 업종에서는 ESG 위원회를 운영하는 기업이 3분의 1에도 미치지 못했다.

ESG 위원회를 운영하는 194개 기업에서 활동하는 위원은 총 624명으로, 이 중 78.4%인 489명이 사외이사였다. 사내이사는

21.8%(136명)를 차지했다.

또 194개 기업 중 99곳은 위원장이 없거나 공시되지 않았다. 위원장이 있는 96곳 중 사내이사가 위원장인 곳은 5곳뿐이며, 나머지 91곳은 사외이사가 위원장을 맡았다.

출처 : ESG경제, "ESG 경영 4년… 국내 대기업 절반 이상이 ESG 위원회 설치," 2025.3.18

이사회의 전문성

이사회의 전문성(board expertise)은 전통적으로 회계, 금융, 법률, 경영 등 특정분야에 대한 지식과 경험을 갖춘 인사가 이사회에 참여함으로써, 경영진에 대한 감시 및 조언 기능을 제고하고 의사결정의 질을 향상시키는 제도적 장치로 이해되어 왔다. 이러한 개념은 주주가치 극대화를 중심으로 설계된 주주자본주의적 기업지배구조하에서 주로 강조되어 왔으며, 특히 재무정보의 해석과 내부통제의 강화, 위험관리 체계 구축 등 회계학적 영역에서 그 실효성이 집중적으로 조명되었다.

그러나 이해관계자 자본주의(stakeholder capitalism)가 확산되고 기업의 역할이 사회적 가치 창출 및 지속가능성 확보로 확장됨에 따라, 이사회의 전문성 개념 또한 기능적으로 재정의되고 있다. 이제 이사회의 전문성은 단순한 기술적 능력(technical competence)을 넘어, 기업이 직면한 복합적이고 다차원적인 이해관계자 요구에 효과적으로 대응할 수 있는 다분야적 통찰력(multidisciplinary insight)과 윤리적 감수성(ethical sensibility)을 포함하는 구조적 자산으로 이해

[그림 10.3] 이사회 전문성

된다. 이는 기업이 환경적 리스크, 사회적 책임, 지배구조 투명성 등 다양한 비재무적 이슈에 대응함에 있어 이사회의 전문성이 전략적 사고와 윤리적 판단을 가능케 하는 핵심 자원임을 시사한다.

이해관계자 이론(stakeholder theory)에 따르면, 기업은 다양한 이해관계자들과의 계약 및 상호작용을 통해 운영되는 사회적 제도로서, 이러한 다양한 이해관계자 구조하에서 이사회는 단순한 재무적 성과 중심의 통제자(controller)에 머물러서는 안 된다. 오히려 환경(Environmental), 사회(Social), 지배구조(Governance) 등 ESG의 각 영역에서 실질적인 전문성과 판단력을 갖춘 이사들이 이사회에 참여함으로써, 기업은 외부 이해관계자의 신뢰를 확보하고 제도적 정당성(institutional legitimacy)을 확보할 수 있게 된다.

따라서 현대의 이사회 전문성은 다음과 같은 다층적 요구를 포괄한다.

- **환경 전문성**(Environmental expertise) : 기후 변화 대응, 탄소회계(carbon accounting), 순배출 제로(Net Zero) 전략 등 환경 리스크에 대한 실질적 이해와 판단 능력
- **사회 분야 전문성**(Social expertise) : 인권, 노동 기준, 다양성, 지역사회 관계 등 사회적 가치와 관련된 정책적 · 실무적 식견
- **회계 및 지배구조 전문성**(Accounting and governance expertise) : 내부통제, 감사위원회 기능, ESG 정보공시 기준(IFRS S1/S2 등)에 대한 적용 능력 및 실무 역량

즉, 이사회는 더 이상 '회계, 재무 전문가'만의 조직이 아니라, 기업 외부의 복잡한 이해관계자 환경을 반영하고 다양한 요구와 규범적 기준을 해석 · 통합할 수 있는 지식 기반 조직으로서의 기능을 수행해야 한다.

이와 같은 이사회의 전문성은 실증연구를 통해서도 그 중요성이 뒷받침되고 있다. 달리왈 등(Dhaliwal et al., 2010)은 감사위원회에 SEC가 규정한 감사위원회 전문성 유형 세 가지(회계 전문성, 재무 전문성, 감독 전문성)가 모두 존재하는 경우, 재무보고의 질이 유의미하게 향상된다는 점을 실증적으로 제시하였으며, 이는 전문성이 기업의 감시기능을 강화하고 정보비대칭성을 완화하는 역할을 수행함을 시사한다.[9] 여기서 회계 전문성은 재무보고 및 회계기준에 대한 전문성, 재무 전문성은 기업재무 및 금융시장에 대한 전문성, 감독 전문성은 내부통제, 리스크관리 등 기업에 대한 모니터링 전문성을 의미한다. 또한 천 등(Chen et al., 2025)은 이사회 내 환경에 대한 전문성을 보유한 이사의 수가 많을수록 ESG 공시 품질이 높게 나타난다는 결과를 도출하였다.[10]

국내 연구에서도 최종원과 문승환(2024)은 이사회에 다양한 전문성을 갖춘 독립이사가 참여할수록 ESG 성과가 유의하게 증가한다는 점을 실증적으로 밝혔다. 이는 이사회의 전문성의 다양성은 ESG 관련 리스크 등에 대처하는 데 핵심적인 역할을 한다는 점을 뒷받침한다. 다시 말해, 이사회의 전문성은 단지 경영진의 의사결정을 감시하는 데 그치는 것이 아니라, 기업의 이해관계자 대응 역량과 지속가능경영의 실행력을 실질적으로 강화하는 구조적 기반인 것이다.

나아가 이사회의 전문성은 ESG 기업지배구조의 통합적 실행을 가능케 하는 전제조건이다. 예컨대 기후 관련 재무정보 공시(TCFD) 및 IFRS S1/S2 기준을 해석하고 이를 기업 운영에 내재화할 수 있는 전문성은, 환경 전략 수립의 실효성을 높이는 데 결정적인 역할을 한다. 또한 글로벌 공급망의 인권 리스크를 이해하고 이를 관리할 수 있는 실무경험을 갖춘 이사의 존재는, 사회적 책임 이행의 신뢰성과 지속성을 제고하는 데 기여한다. 이처럼 ESG의 전략화를 위한 이사회의 전문성은 오늘날 기업의 지속가능성 전략 전반을 관통하는 핵심 역량(core capability)으로 기능하고 있다.

더불어, 전문성의 다양성(expertise diversity)은 이사회의 다양성과도 긴밀히 연결되며, 이는 곧 이사회 전체의 의사결정 품질과 기업의 외부 환경에 대한 민감성, 이해관계자 대응 능력을 제고하는 결과로 이어진다. 이러한 점에서 이사회의 전문성은 단순한 '지식'의 문제를 넘어, 기업지배구조의 질적 수준과 사회적 수용성(social acceptability)을 결정짓는 제도적 요건으로 간주되어야 한다.

결과적으로 오늘날 이사회의 전문성은 기술적 능력의 집합에 머무르지 않는다. 그것은 기업이 복잡한 이해관계자 환경 속에서 책임 있는 판단을 내릴 수 있도록 지원하는 제도적 역량이며, 정보의 신되성과 기업의 사회적 정당성 확보를 가능케 하는 핵심 기업지배구조의 원리이다. 특히 MSCI, ISS ESG, Sustainalytics 등 글로벌 ESG 평가기관들은 이사회의 전문성을 ESG 평가의 핵심 요소로 간주하고 있으며, 관련 전문성이 부족하거나 명확히 드러나지 않는 경우 기업의 지배구조에 대한 부정적 평가로 연결된다. 이는 곧 전문성이 기업의 회계학적 실무를 넘어서, 지속가능성을 형성하고 유지하는 핵심 요소임을 의미한다.

사례 10.3 이사회 내 ESG 전문성의 필요

국내 대기업들이 지배구조의 투명성 확보를 위해 이사회 역량지표(BSM, Board Skill Matrix)를 도입하는 가운데 사외이사들의 역량별 비중이 법률·정책과 재무·회계에 쏠린 것으로 나타났다. ESG(친환경, 사회적 책임, 투명한 지배구조)분야 인사가 차지하는 비율은 극히 적었다.

이사회가 회사를 잘 이끌어나가기 위해서는 다양한 분야에 전문성을 보유하고 있는 사외이사들이 필요하다. 이사회 역량을 평가하는 BSM은 뉴욕시 연기금 등의 권고로 S&P500 소속 글로벌 기업들이 공시하기 시작했고, 호주 등은 공시를 의무화했다.

20일 기업분석연구소 리더스인덱스가 국내 30대 그룹 계열사 중 분기 보고서를 제출한 237개 기업의 사외이사 827명을 전문분야별로 분류한 결과, 법률·정책이 전체의 27%(225명) 재무·회계 24%(197명)을 차지해 특정분야에 전문 역량이 편중된 것으로 드러났다. 반면, 최근 기업 경영의 주요 이슈로 떠오른 ESG 관련 환경, 고용, 노동 분야 전문 역량 비중은 3.5%(29%)에 불과했다.

법률 정책 분야 사외이사의 비중이 가장 높은 그룹은 삼성그룹으로, 16개 계열사의 사외이사들 중 법률·정책 분야 인사의 비율이

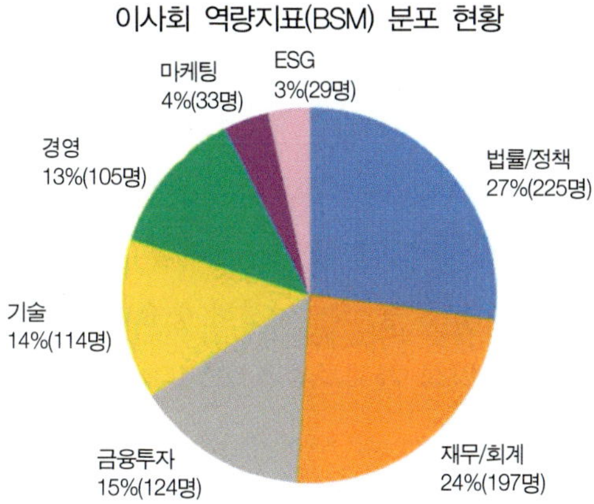

자료 : 리더스인덱스, 30대 그룹의 계열사 중 분기보고서 제출한 237개 기업

39%였다. 재무·회계 분야 비중이 가장 높은 그룹은 중흥건설, 네이버, HD현대로 그 비율은 50%였다. ESG 전문 사외이사 비중이 가장 높은 집단은 포스코(14.3%), 영풍그룹(13.3%), 카카오그룹(12.9%)이었다.

출처 : 헬스조선, "말로만 '친환경'… 국내 30대 그룹 사외이사 전문분야 중 'ESG' 가장 적어 [건강해지구]," 2024.2.20

이해관계자 기업지배구조와 ESG의 통합

ESG와 관련된 지배구조의 변화는 단지 'G(지배구조)' 영역에 국한되지 않는다. ESG의 세 축은 서로 유기적으로 연결되어 있으며, 환경과 사회적 이슈에 대한 기업의 대응 능력은 근본적으로 이사회 구조와 내부통제 시스템의 질에 의해 좌우된다. 이사회 내에 ESG 위원회(ESG committee)를 설치하고, 최고지속가능경영책임자(Chief Sustainability

Officer, CSO)를 임명하는 등의 기업지배구조의 변화는 이해관계자 중심의 기업지배구조를 구축하기 위한 변화의 대표적 사례라 할 수 있다.

이와 같은 이해관계자 지배구조로의 이행은 회계학적으로도 상당한 도전과제를 동반한다. 기업의 재무성과를 평가하던 전통적인 지표—예 : ROA, ROE, EPS 등—는 여전히 중요한 경영성과의 척도이지만, 이해관계자 기반의 가치창출을 제대로 포착하기 위해서는 비재무적 성과지표(non-financial KPIs)의 통합이 필수적이다. 예컨대, 종업원의 만족도, 이직률, 고객 충성도, 공급망의 지속가능성, 지역사회 투자 등의 지표는 ESG 경영의 실질적 성과를 반영할 수 있는 핵심적 요소이다.

이에 따라 최근 회계학계에서는 통합적 성과측정 시스템(integrated performance measurement system)과 지속가능성 회계(sustainability accounting)에 대한 연구가 활발히 이루어지고 있으며, 이는 곧 기업 내부 관리회계(management accounting) 시스템과 기업 외부 보고를 위한 재무회계(financial accounting) 시스템 모두에 구조적 재설계를 요구하게 된다. 이해관계자 지배구조는 결국 회계정보의 수집, 분석, 공시의 목적과 대상 자체를 변화시키는 촉매로 작용하고 있는 셈이다.

또한, 이러한 변화는 기업의 전략적 유연성(strategic agility)과 장기적 신뢰구축(long-term legitimacy)이라는 두 목표를 동시에 달성하기 위한 복합적 거버넌스 체계의 설계를 필요로 한다. 이해관계자 중심의 지배구조는 단지 기존의 구조에 더 많은 이해관계자들을 포함시키는 수동적 확장이 아니라, 상충되는 이해를 조율하고, 가치창출을 위한 협력 구조를 설계하는 능동적이고 동태적인 기업지배구조 모델로 나아가야 한다.

결론적으로, 이해관계자 지배구조로의 이행은 단순히 대리인 구조의 보완 차원을 넘어, 기업의 전략적 사고, 경영방식, 정보시스템 등에 이르는 전 영역에서의 패러다임 전환을 수반한다. 이러한 전환은 제도적 정당성과 이론적 다양성을 확보함으로써 가능하며, 회계학은 이러한 변화에 대응하여 새로운 기준, 측정방식, 공시시스템을 지속적으로 개발하고 변화시켜 나가야 할 것이다. 이해관계자 자본주의는 더 이상 단순한 유행이나 대안적 모델이 아니라, 국제 경제 질서와 기업지배구조의 핵심 원리로 자리 잡아가고 있으며, 이에 대한 기업과 사회, 정부 등의 대응은 지속적으로 심화되어야 한다.

사례 10.4 CSO 선임

지난해 말 현대해상은 업계 최초로 CSO(최고지속가능책임자 · Chief Sustainability Officer)를 신설했다. CSO는 지속가능한 성장과 미래 경쟁력 강화를 위한 부문급 임원 기구라는 것이 회사 측의 설명이다.

▶ 지속가능, 전략, 안전… S의 의미를 두고 벌이는 치열한 경쟁

CFO(최고재무책임자)도 아니고, CTO(최고기술책임자)도 아니고, CMO(최고마케팅책임자)도 아니고, CSO는 아직 낯설게 들릴 수 있다. 더군다나 CSO는 때때로 최고전략책임자(Chief Strategy Officer), 최고안전책임자(Chief Safety Officer)로 불리기도 한다. CSO 자체도 아직 생경한데, S의 의미를 두고도 무려 '전략', '안전'과 경쟁해야 하는 형국이다.

최근 들어 ESG라는 개념과 용어에 대해서는 여러 의견이 제기되고 있긴 하나, 지속가능성(Sustainability)의 중요성은 그 무게감을 잃지 않고 있다. 지속가능성을 정면으로 내세운 직책인 CSO를 가벼이 볼 수 없는 이유다.

전 세계적으로는 CSO가 존재감을 서서히 키우고 있는데, 국내에서는 아직 그 위상 정립이 단단하게 이뤄지지 못한 것으로 보인다. 그럼에도 지속가능경영의 파고 속에서 CSO의 필요성이 언제든 대두할 수 있기에, 회사의 전체적인 조직과 직책의 밑그림을 그려야 하는 HR이나 기획 담당자들은 CSO에 대한 입체적인 이해도를 갖고 있어야 할 것이다.

▶ CSO를 둘러싼 다양한 시각

CSO를 어떻게 규정하는지에 대해서는 꽤 넓은 스펙트럼의 시각이 존재한다. 먼저 CSO가 기업의 핵심적인 경영전략에 지속가능성을 통합시키는 역할을 수행해야 한다는 견해가 있다. 전사적인 온실가스 감축량 목표를 천명하고, 이를 기획, 재무, 인사, 법무, 홍보, 영업, 마케팅, IT 등에 유기적으로 연계하는 것이다. CSO는 다른 C레벨 리더들과 협의해 기업의 모든 의사결정에 지속가능성을 고려하고, 중장기 ESG 전략을 수립하고 실행한다.

조금 다른 결의 시선도 있다. CMO(Chief marketing Office)가 마케팅 업무에 집중하고, CCO(Chief Communication Officer)가 커뮤니케이션 업무에 집중하듯이 CSO는 지속가능성 업무에 집중해야 한다는 것이다. 즉, 지속가능성 성과를 체계적으로 측정하고 평가하며, 이를 여러 이해관계자에게 투명하게 공개하는 역할에 무게중심을 둬야 한다는 시각이다.

지속가능경영은 특정임원이 전유하는 업무가 아니라 전사적인 어젠다이므로 CSO의 역할을 각 부서가 지속가능성을 고려하고 중시하도록 돕는 조력자로 보는 관점도 있다. 물론 이때 조력의 범위는 어디까지인지, '전사적 어젠다'에 대한 책임은 누가 지는지 모호한 지점이 많다.

이미 지속가능성이라는 화두를 인사, 마케팅, 재무 등 역사가 오래된 기존 부서에서 다루고 있다는 입장도 있다. 인사 관점에서, 마케팅 관점에서, 재무 관점에서 회사의 지속가능성을 고민하고 있는데, 구태여 CSO가 필요한가에 회의적인 시선을 갖고 있다.

반면 인사, 마케팅, 재무 영역에서 인정되는 전문성이 각기 다르듯, 지속가능경영을 지휘할 수 있는 전문적 역량 또한 독립적으로 인정해야 한다는 주장도 있다. 포스코경영연구원의 리포트에서 표현을 빌리자면, '기업이 당면한 ESG 경영 이슈를 최고 경영진 수준에서 다룰 수 있는 전문성'이다.

CSO의 도입을 두고도 다층적인 논의가 전개되고 있다. 지속가능성을 핵심적인 역할로 명시한 직책을 둠으로써 회사의 ESG 내재화를 강력하게 추동할 수 있다고 긍정적으로 바라보는 이가 있는가 하면, 실질적인 변화를 수반하지 않은 채 CSO라는 그럴듯한 외피를 통해 마치 이 기업이 지속가능경영에 사력을 다하는 듯한 착시를 줄 수 있다고 경계하는 이도 있다. CSO 직책이 신설되면서 기존의 다른 임원들이 지속가능성에 대한 책임을 해태할 수 있다는 우려도 있다. 지속가능성 관련 사안을 CSO에 다 전가할 수 있기 때문이다.

▶ 자리 하나 늘어나는 것이 아니다… CSO 논의에서 중요한 것은 실질적인 운영 전략

CSO 도입을 회의적으로 보는 견해가 있는 것은 사실이지만, 그것이 CSO의 필요성과 존재 의의를 부정하는 것은 아니다. 실제로 어떻게 운영되는지가 중요하다. 역할의 모호함은 기업 자체의 지속가능성 전략이 부재해서 기인한 현상일 수 있다. 거시적인 전략을 재점검하고 CSO 조직의 역할을 명확하게 설정할 필요가 있다.

새로운 기구를 도입할 때는 당연히 섬세하고 신중한 접근이 요구된다. CSO의 역할과 직속 부서의 업무 범위를 명확히 규정하고,

지속가능성을 다루는 부서에 실질적인 권한과 자원을 부여해야 할 것이다. 사내에 지속가능성의 중요성을 인지시키고, 비재무적 성과의 측정 방법을 고도화하며, ESG 관련 데이터의 정확한 수집·분석·보고체계 구축 등 여러 과제가 산적해 있다.

지속가능경영 관련해 부서 간 유기적인 협력 메커니즘을 구축하기 위해선 성과 평가 시스템에도 이런 점을 반영해야 한다. (ESG 담당자들이 그렇게 힘들어하는 것이 '취합'이다) 조직문화도 지속가능성에 친화적인 방향으로 변화해야 한다.

기후변화, 사회적 불평등, 자원 고갈, 에너지 위기, 물가 불안정 등 기업 경영을 둘러싼 대내외 불확실성이 가중되고 있다. 필자는 CSO의 도입을 통해 회사의 지속가능경영이 탄력을 받는 것 외에도 회사의 리스크 관리, 투자자 신뢰도 제고, 각종 대외 평가지표 개선 등 중장기적인 가치 창출 효과가 크다고 생각한다. CSO는 이제 시작 단계다. 지속가능경영을 향한 건강한 논의가 필요하다. 이를 통해 회사의 지속가능성 엔진은 더욱 강화될 것이다.

출처 : 임팩트온, "[김민석의 ESG적 생각] CSO(최고지속가능책임자)에 대한 건강한 논의가 필요하다," 2024.8.12

사례 10.5 ESG 경영과 지배구조

ESG(환경·사회·지배구조)의 중요성이 강화되면서, 지속가능성과 관련한 역량이 글로벌 기업 임원 채용 및 교육의 핵심 트렌드로 자리 잡고 있다. 글로벌 인재 컨설팅 기업 이곤젠더(Egon Zehnder)에 따르면, ESG를 실천하고 조직의 지속가능한 목표를 이끌 수 있는 리더십이 기업의 핵심 역량으로 부상하고 있다. 소비자와 투자자들은 단순한 수익 창출을 넘어 이해관계자와의 조화 및 환경책임을 요구하고 있으며, 이에 따라 기업들은 ESG 위원회 설치, CSO(최고지속가능성책임자) 임명, 지속가능경영보고서 발간 등 ESG 경영 체계를 강화하고 있다.

이곤젠더는 2008년부터 지속가능성 관련 채용·자문을 제공해 왔으며, ESG에 특화된 리더를 발굴하고 개발하는 데 주력하고 있다. 이들은 ESG에 대한 의식, 사회·환경적 책임, 이해관계자 존중 태도 등을 기준으로 임원 후보자를 평가한다. ESG는 단순한 선택이 아닌 필수 역량으로 자리 잡고 있으며, 특히 다양성·포용성과도 깊은 연관이 있다고 강조한다.

이곤젠더 CEO 에딜슨 카마라(Edílson Camara)는 “ESG는 환경뿐 아니라 공정성과 포용성을 포괄하는 개념이며, 기업마다 강조점은 다를 수 있으나 ESG를 진지하게 받아들이는 사고방식이 리더 평가의 핵심”이라고 말했다. 이곤젠더는 전 세계 컨설턴트를 교육시켜 ESG 관련 역량을 면접에서 면밀히 검증하고 있으며, 이를 통해 고객사의 지속가능한 리더십 구축을 지원하고 있다.

또한 이곤젠더는 자사 이사회 구성의 절반을 여성으로 채우는 등 조직 내 다양성 실천에도 앞장서고 있다. 임원 평가시 실적뿐 아니라 다양성과 포용성에 대한 철학과 태도를 중시한다는 점에서, 글로벌 기업의 인사 트렌드가 ‘성과 중심’에서 ‘가치 중심’으로 이동하고 있음을 보여준다.

한국 기업의 이사회 구성과 관련해 그는 “이사회에 여성이 단 한 명 있는 것으로는 다양성을 확보했다고 보기 어렵다. 포용적인 토론과 관점을 확보하려면 최소 3명 이상의 여성 이사가 필요하다”고 조언했다.

끝으로, 오늘날 리더에게 요구되는 핵심 역량으로는 ‘적응력’과 ‘취약성의 인정’을 꼽았다. 전략적 사고도 여전히 중요하지만, 팬데믹과 지정학적 위기처럼 불확실성이 커진 오늘날에는 변화에 유연하게 대응하고, 상황 변화에 따라 조직의 우선순위를 조정할 수 있는 리더십이 더욱 중요해졌다고 강조했다. 그는 "리더는 더 이상 완벽한 슈퍼히어로가 아니라, 변화 앞에서 솔직하고 겸손해야 한다"고 말했다.

출처 : 매일경제, "[Cover Story] 요즘 글로벌 기업들 임원 채용 기준? OOO인재에 기업생존 달렸다!" 2023.6.7

요 약

본장에서는 이해관계자 중심의 기업지배구조로의 이행과 이에 따른 이사회의 구조적 변화, 그리고 회계학적 함의에 대해 분석하였다. 전통적인 기업지배구조 이론은 주주를 유일한 자본 제공자이자 주인(principal)으로 간주하고, 경영진은 그의 대리인(agent)으로서 주주의 이익을 극대화하는 것이 기업의 핵심 목적이라고 전제하였다. 그러나 현대 사회로 접어들면서 기업 활동 영역의 복잡성 증가와 다양한 이해관계자들의 영향력 확대로 인해 단일 주인-대리인 모델은 한계에 봉착하게 되었으며, 복수 이해관계자의 이익을 고려하는 다중 주인-대리인 모델(multi-principal agency model)로의 이론적 전환이 요구되었다.

이에 따라 본장은 이사회(board of directors)의 역할과 구성의 재정의 필요성을 강조하였다. 이사회는 더 이상 단순한 감시자(monitor)에 머무르지 않고, 이해관계자 간 이익을 조정하고 균형 잡힌 의사결정을 이끄는 '공정한 중립적 조정자'로서 기능해야 한다. 이러한 맥락에서 이사회의 다양성, 독립성, 전문성은 ESG(환경 · 사회 · 지배구조) 성과 제고 및 지속가능성 확보를 위한 기업지배구조로 재조명된다.

첫째, 이사회의 다양성은 다양한 이해관계자 집단의 관점을 반영하여 의사결정 구조에 통합하는 제도적 수단으로 기능하며, 정보의 정당성과 수용성을 제고한다. 둘째, 이사회의 독립성은 단순한 경영진으로부터의 형식적 분리를 넘어서, 외부 이해관계자의 신뢰와 사회적 정당성을 획득하기 위한 독립적 의사결정의 바탕이 된다. 셋째, 이사회의 전문성은 ESG 각 영역에서의 실질적 대응 능력을 제고하며, 전략적 판단과 윤리적 책임을 병행할 수 있는 역량으로 기능하고 있다. 특히 환경, 사회, 회계 · 지배구조 분야에서의 다양한 영역에 걸친 전문성은 ESG 공시의 질적 수준을 제고하는 데 기여한다.

결론적으로, 본장은 이해관계자 중심의 기업지배구조가 단지 주주 중심 모델의 보완 수준에 그치는 것이 아니라, 기업의 전략, 경영방식, 정보 시스템 전반에 걸친 패러다임 전환임을 강조한다. 이는 회계학적 연구와 실무의 전면적인 재구조화를 요구하는 중요한 변화이며, ESG 경영과 지속가능성 확보를 위한 학문적 기반으로 작용하게 될 것이다.

복습문제

(1) 전통적인 대리인 이론(agency theory)에 근거한 기업지배구조의 핵심 전제와 그 한계에 대해 서술하시오.

(2) '다중 주인-대리인 모델(multi-principal agency model)'의 등장 배경과 그 회계학적 · 제도적 의의를 설명하시오.

(3) 이해관계자 중심 지배구조하에서 이사회의 역할은 어떻게 변화하며, 이 변화는 어떠한 이론에 근거를 두고 있는가?

(4) 이사회의 다양성(board diversity)이 ESG 성과 및 정보공시에 미치는 영향에 대해 실증연구를 바탕으로 설명하시오.

(5) 이사회의 독립성(board independence)이 기존 대리인 이론 관점과 이해관계자 이론 관점에서 각각 어떻게 이해되는지 비교하시오.

(6) 이사회의 전문성(board expertise)의 개념은 어떻게 변화하고 있으며, ESG 관점에서 어떤 역량이 요구되는가?

토론문제

01 주주 자본주의와 이해관계자 자본주의는 기업지배구조 설계에 어떤 철학적·제도적 차이를 가져오는가? 양자 간 충돌과 조화를 중심으로 토론해보자.

02 이사회 다양성, 독립성, 전문성은 각각 어떻게 기업의 ESG 성과를 향상시키는가? 실제 사례 또는 실증연구를 바탕으로 비판적으로 논의해보자.

03 ESG 위원회 또는 최고지속가능경영책임자(CSO)의 설치가 기업의 전략적 유연성과 제도적 정당성 확보에 미치는 영향을 논의해보자.

04 이해관계자 중심 기업지배구조는 단순한 주주가치 보완인가, 아니면 전면적 패러다임 전환인가?

05 기업이 ESG 경영을 실질적으로 내재화하기 위해서는 어떤 형태의 이사회 개편이 요구되는가? '구성'과 '운영' 차원에서 구체적으로 논의해보자.

◈ 참고문헌

1 Jensen, Michael C. and William H. Meckling(1976), "Theory of the Firm: Managerial Behavior, Agency Costs and Ownership Structure," *Journal of Financial Economics.*

2 Blair, Margaret M. and Lynn A. Stout(1999), "A Team Production Theory of Corporate Law," *Virginia Law Review.*

3 Harjoto, Maretno, Indrarini Laksmana, and Robert Lee(2015), "Board diversity and corporate social responsibility," *Journal of Business Ethics.*

Arayssi, Mahmoud, Mohammad Jizi, and Hala Hussein Tabaja(2019), "The impact of board composition on the level of ESG disclosures in GCC countries," *Sustainability Accounting Management and Policy Journal.*

4 최종원 · 문승환(2024), "이사회 다양성이 ESG 성과에 미치는 영향: 사외이사의 성별 다양성, 국적 다양성, 연령 다양성, 전문성의 다양성을 중심으로," 『관리회계연구』.

5 Freeman, R. Edward(1984), *Strategic Management: A Stakeholder Approach*, Boston: Pitman.

6 Byrd, John W. and Kent A. Hickman(1992), "Do outside directors monitor managers?: Evidence from tender offer bids," *Journal of Financial Economics.*

Rosenstein, Stuart and Jeffrey G. Wyatt(1990), "Outside directors, board independence, and shareholder wealth," *Journal of Financial Economics.*

7 Garcia-Torea, Nicolas, Belen Fernandez-Feijoo, and Marta de La Cuesta(2016), "Board of director's effectiveness and the stakeholder perspective of corporate governance: Do effective boards promote

the interests of shareholders and stakeholders?" *Business Research Quarterly.*

8 최종원 · 박주형(2024), "ESG공시, 그린워싱에 대한 감사위원회의 역할," 『한국회계학회 학술발표논문집』.

9 Dhaliwal, D. S., Vic Naiker, and Farshid Navissi(2010), "The association between accruals quality and the characteristics of accounting experts and mix of expertise on audit committees," *Contemporary Accounting Research.*

10 Chen, L., A. Yusuyin, R. Zhang, and Y. Zhang(2025), "Boards' green background and corporate ESG," *International Review of Financial Analysis.*

CHAPTER

11

ESG 개념과 역사

❖ 본장에서는 다음과 같은 내용을 다룬다.

- ESG 개념
- ESG 정의
- ESG 역사

본장은 다음 장부터 다룰 ESG 관련 논의에 앞서 ESG와 관련된 개념과 정의, ESG의 역사적 흐름에 대해서 검토한다.

ESG 개념

ESG는 '환경(Environmental)', '사회(Social)', '지배구조(Governance)'의 영문 첫 글자가 조합된 단어로, 기업의 지속가능성과 비재무적 성과를 포괄하고 있다. 전통적으로 기업 평가는 재무제표에 기반한 수익성과 안정성 중심으로 이루어졌으나, ESG는 비재무적 요소들이 장기적으로 기업가치와 리스크에 중대한 영향을 미친다는 인식에서 출발하였다. 이는 특히 2000년대 이후 글로벌 금융위기, 기후위기, 사회적 불평등, 지배구조 스캔들 등 기업의 비재무적 리스크의 중요

[그림 11.1] ESG 개념

성이 부각되면서 강조되기 시작했다.

ESG는 기업의 지속가능성을 평가하는 중요한 기준으로 자리 잡았다. 단순한 윤리적 요구 또는 CSR(기업의 사회적 책임)의 연장선이 아니라, 투자자와 이해관계자들이 기업의 장기적인 성과와 리스크를 평가하는 핵심 지표로 인식되고 있다. 실제 주요 자산운용사 및 연기금은 ESG 요소를 고려한 책임투자(Responsible Investment)를 확대하고 있으며, 이는 기업의 정보 공개 및 전략 수립 방식에도 변화를 주고 있다.

'환경'은 기후변화 대응, 탄소배출 감축, 자원 효율성, 폐기물 관리 등의 이슈를 포함한다. 이는 GHG 배출량, RE100 참여 여부, 환경 리스크 관리 체계 등을 통해 측정된다. '사회'는 인권, 노동관행, 다양성, 공급망 책임, 고객 보호 등 기업이 사회와 맺는 관계의 건전성을 평가하며, 사회적 수용성과 기업 평판에 직결된다. '지배구조'는 이사회 구성, 경영진 보상, 주주권 보호, 내부통제, 회계투명성 등을 포함하며, 경영의 책임성과 투명성을 제고하기 위한 핵심 요소이다.

ESG는 회계학적으로도 중요한 함의를 지닌다. 기업의 장기적 성과와 리스크를 평가하기 위한 통합성과지표로서, 비재무적 성과의 측정과 공시에 대한 회계적 기준의 정립이 요구되며, 이를 위해 국제적으로는 ISSB, SASB, GRI, TCFD 등의 표준화 노력이 현재 활발히 진행중이다.

환경

환경(Environmental)은 ESG의 핵심적인 구성요소 중 하나로, 기업이 환경에 미치는 영향과 이에 대한 대응 역량을 평가하는 기준이다. 이는 단순히 법규 준수 차원을 넘어, 기후변화, 자원고갈, 생물다양성 훼손 등 광범위한 생태적 리스크를 기업 경영의 핵심 요소로 인식하는 프레임워크다. 오늘날 기후위기(climate crisis)는 기업 재무위험의 중요한 구성요소로 부각되고 있으며, 이에 따라 국제적으로는 TCFD(Task Force on Climate-related Financial Disclosures) 및 ISSB (International Sustainability Standards Board)를 중심으로 기후 관련 정보의 공시와 회계처리에 대한 기준이 마련되고 있다.

환경성과는 일반적으로 온실가스 배출량(GHG emissions), 에너지 사용량, 수자원 소비, 폐기물 처리, 재생에너지 사용비율 등의 지표로 측정된다. 특히 탄소배출과 관련하여는 스코프(Scope) 1, 2, 3의 구분을 통해 직접배출과 간접배출을 분리 측정하며, 이는 GHG

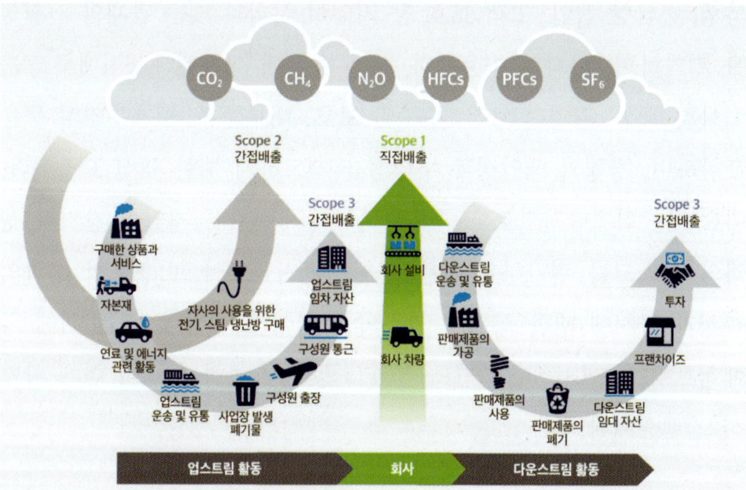

자료 : GHG Protocol(2011), Corporate Value Chain Accounting Reporting Standard

출처 : 사회적가치연구원

[그림 11.2] Scope 1, 2, 3 측정범위

Protocol 및 ISO 14064 등에 따라 표준화되고 있다. 이러한 정보는 단순한 비재무적 지표를 넘어 기업의 미래 현금흐름과 자본비용에 직접적인 영향을 미친다는 점에서 회계적 중요성을 지닌다. 환경 항목은 단순한 CSR의 영역을 넘어, 기업의 전략적 지속가능성, 규제 리스크, 평판 리스크, 공급망 안정성 등과 직결되는 고려사항으로 재정의되고 있다.

사회

사회(Social)는 기업이 내부 구성원은 물론 외부 이해관계자들과 맺는 관계의 질을 측정하는 부분으로, 기업의 사회적 책임 및 윤리적 경영의 성숙도를 평가하는 기준이다. 사회의 주된 항목은 주로 인권 보호, 노동관행, 산업안전, 다양성 · 포용성(D&I), 고객 및 공급자와의 관계, 지역사회 기여 등이다.

사회적 요소는 재무적 수치로 계량화되기 어렵지만, 장기적으로는 기업의 평판, 고객 충성도, 규제 대응력, 인적자본 축적 등에 중대한 영향을 미친다. 예를 들어, 직장 내 차별이나 산업재해, 공급망에서의 아동노동 문제가 발생할 경우, 소송 리스크, 소비자 불매운동, 투자자 이탈 등으로 연결될 수 있으며 이는 주가 및 기업가치 하락의 치명적 원인이 된다.

사회성과 측정은 일반적으로 GRI(Global Reporting Initiative)의 S항목 기준, ISO 26000 등의 사회책임 가이드라인, 혹은 S&P 및 MSCI 등의 ESG 평가기관의 지표를 통해 이루어진다. 측정지표로는 직원 이직률, 노동조합 가입률, 안전사고 발생률, 공급망 윤리감사 결과, 여성/소수자 고용비율, 인권 관련 내부 정책 수립 여부 등이 있다.

회계학적으로는 사회성과의 정보공시가 비재무보고서 혹은 통합

보고서 형태로 이루어지며, 최근에는 외부인증(external assurance)의 필요성도 제기되고 있다. 사회적 성과는 객관적 수치로 환산하기 어려운 정성적 요소가 많기 때문에, 국제적으로는 ISAE 3000이나 AA1000AS 등의 외부인증 기준이 활용되고 있다. 사회(S)는 단순히 '착한 기업'을 보여주는 도덕적 기준이 아니라, 인적자원 관리 및 이해관계자와의 신뢰 형성을 통한 기업가치의 장기적 제고 수단이라는 점에서 중요성을 지닌다.

지배구조

지배구조(Governance)는 기업의 의사결정 시스템, 내부통제 시스템, 이사회의 구성요소와 운영방법, 주주권 보호, 윤리경영 시스템 등을 포괄하는 영역으로, ESG 중에서도 가장 전통적인 관리 지표라 할 수 있다. 이는 본서에 설명한 대리인 이론(agency theory)을 기반으로, 경영자의 주주이익에 반하는 사익추구 의사결정과 이해상충 가능성을 통제하기 위한 제도적 장치로 기능한다.

지배구조 항목의 핵심은 결국 이사회(Board of Directors)의 구조와 기능에 있으며, 구체적으로는 독립이사 비율, 이사회 내 소위원회 설치(감사위원회, 보상(보수)위원회, ESG위원회 등), CEO와 의장 분리 여부, 회계투명성 등이 포함된다. 이 외에도 최고경영자의 보상체계(예 : 주식기반보상, 인센티브보상 등), 주주총회 운영, 지배주주와 소수주주 간의 이해관계 조정 장치도 주요 항목이다.

회계학적으로 지배구조는 재무보고의 질, 외부감사인의 독립성, 내부회계관리제도의 실효성 등에 중요한 영향을 미친다. 예컨대, 모니터링 역량이 강한 이사회와 감사위원회를 가진 기업일수록 이익조정(earnings management)이 적고 회계정보의 신뢰성이 높다는 다수의 실증연구 결과가 존재한다. 이는 회계정보가 자본시장에서 미치는 영향을 결정짓는 중요한 요인이다.

지배구조 정보는 의무 공시사항으로서 사업보고서 및 기업지배구조보고서를 통해 공개되며, 국내에서는 「자본시장과 금융투자업에 관한 법률」을 근거로 하고, 지배구조 제도의 운영 기반은 「상법」에 따른다. 기업지배구조보고서의 공시는 금융위원회의 「기업지배구조보고서 작성기준」과 한국거래소의 상장규정 및 시행세칙에 따라 규율된다. 특히 ESG의 세 축 중 지배구조(G)는 환경(E) 및 사회(S) 이슈에 대한 기업의 대응 역량을 근본적으로 결정한다는 점에서, 지배구조는 ESG의 컨트롤 타워로서의 위상을 가진다.

〈표 11.1〉 ESG 구성요소와 회계학적 제도적 논의

구성요소	의 미	회계학적 · 제도적 논의
환경 (Environmental)	기후변화, 탄소배출, 자원 효율성, 폐기물 관리 등 환경 리스크 요소를 포함. GHG 배출량, RE100 여부 등 지표 사용	Scope 1, 2, 3 구분, TCFD · ISSB · GHG Protocol 기준에 따라 회계적 공시 필요
사회 (Social)	인권, 노동, 다양성, 안전, 공급망 윤리 등. 정량화 어려우나 평판, 고객충성도, 인적자본 등 장기 성과에 영향	GRI, ISO 26000, ISAE 3000, AA1000AS 등 외부인증 중요
지배구조 (Governance)	이사회 구조, 내부통제, 경영진 보상, 회계투명성, 주주권 보호 등. 대리인 문제 해결을 위한 통제장치로 기능	CEO와 의장 분리, 감사위원회, 보상위원회 구성 등 공시의무 및 회계투명성 확보

ESG 정의

ESG는 정의하는 기관에 따라 다소 차이는 있으나, 공통적으로 강조되는 핵심 요소는 다음과 같다.

첫째, ESG는 기업의 재무성과와 리스크 관리에 영향을 미치는 비재무적 요인으로 인식된다. 특히 CFA Institute는 이를 "non-financial or non-quantifiable"한 요소로 규정하며 ESG의 비재무적 특성을 강조하고 있다.

둘째, 다수의 기관은 ESG가 장기적인 가치창출(long-term value creation)과 전략 실행 역량(execute strategy)에 밀접하게 연결되어 있다고 본다. 예를 들어, UN PRI와 Nasdaq, SSE Initiative 등은 ESG 요인이 기업의 지속가능한 성과 및 가치창출(create value)에 기여함을 반복적으로 언급한다.

셋째, ESG는 단순한 윤리적 요구를 넘어, 투자 의사결정과 경영전략 수립에 영향을 미치는 실질적 요인으로 간주되며, 이에 따라 위험관리(risk management) 및 재무성과(financial performance)와의 연계성이 강조된다.

요컨대, 기관마다 정의의 표현은 다르지만, ESG는 장기적 관점에서 기업의 지속가능성과 재무적 성과에 실질적으로 영향을 미치는 전략적 고려요소라는 점에서 공통된 인식이 존재한다. 각 기관별 ESG 정의를 살펴보면 〈표 11.2〉와 같다.

이들 기관들의 정의는 ESG의 본질을 다음과 같은 세 가지 측면에서 설명하고 있다.

첫째, ESG는 비재무정보이나, 재무성과 및 기업가치에 영향을 미치는 실질적 변수로 작용한다.

〈표 11.2〉 ESG의 기관별 정의

기관명	정 의	핵심 키워드
유엔 책임투자원칙 (UN PRI)	ESG를 투자자의 의사결정과정에 통합함으로써, 경영리스크를 보다 효과적으로 관리하고 지속가능한 중장기수익을 창출하기 위한 요소로 규정함	투자자 의사결정, 지속가능성 창출, 경영리스크, 중장기수익
CFA 협회 (CFA Institute)	ESG를 투자자가 기업행동의 맥락에서 고려하는 주요 비재무요소로 이해하며, 일반적으로 중장기적으로 기업가치에 영향을 미치는 특성을 지님	투자자 고려사항, 기업행동, 중장기기간, 비재무
지속가능증권거래소 이니셔티브 (Sustainable Stock Exchange Initiative)	ESG를 기업의 사업전략 실행능력과 장기적 가치창출에 영향을 미칠 수 있는 환경, 사회, 지배구조 관련 요소들의 광범위한 집합으로 정의함	환경, 사회, 지배구조, 사업전략, 가치창출, 기업역량 영향력
나스닥 (Nasdaq)	ESG를 기업의 장기적 가치창출과 사업전략 실행 역량에 영향을 미칠 수 있는 환경, 사회, 지배구조적 고려사항들의 포괄적 범주로 설명함	기업역량 영향력, 사업전략, 가치창출, 장기적
런던증권거래소 그룹 (London Stock Exchange Group)	ESG를 '지속가능성', '기업의 사회적 책임', 또는 '기업책임활동'이라는 용어로 포괄하며, 이는 ESG 관련 전략이나 활동에 해당하는 실천적 접근으로 이해함	지속가능성, 기업의 사회적 책임, 전략 혹은 활동
토론토증권거래소 (Toronto Stock Exchange)	ESG를 조직의 성과와 가치에 직·간접적으로 영향을 미칠 수 있는 세 가지 주요 범주의 요소로 정의함	성과요소, 가치
로베코SAM (RobecoSAM)	ESG를 기업과 국가가 지속가능성 측면에서 얼마나 선진화되어 있는지를 평가하기 위한 기준요소로 간주함	평가요소, 지속가능성

자료 : KRX ESG 포털

둘째, ESG는 위험관리 도구일 뿐 아니라, 전략 실행 역량과 연계된 경영요소이다.

셋째, ESG는 투자자와 기업 모두에게 장기적이고 지속가능성의 기준으로 인식된다.

이는 ESG가 단순한 윤리적 · 사회적 개념이 아닌, 투자자 의사결정, 전략적 경영, 그리고 기업성과 평가의 핵심 기준임을 시사한다.

ESG 역사

초기 개념의 기원 : 윤리적 투자에서 책임투자로

ESG라는 용어 자체는 비교적 최근에 등장하였으나, 그 철학적 기반은 20세기 초중반의 윤리적 투자(Ethical Investment)에서 시작되었

[그림 11.3] ESG 역사

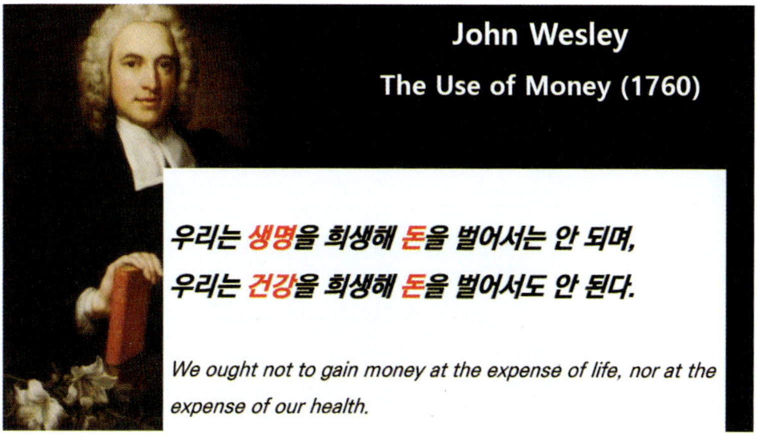

출처 : 국민일보, "코로나19 시대, 성결 운동 일으킨 '존 웨슬리'의 영성 배우자," 2021.5.23

[그림 11.4] 존 웨슬리

다. 이는 종교적 신념에 따라 무기, 도박, 담배, 알코올 기업 등에 대한 투자를 제한하려는 시도로 출발했으며, 대표적으로 기독교의 감리교 계열의 연기금이 도덕적 기준에 따라 포트폴리오를 구성했다.

1960년대와 1970년대에 들어서면서 윤리적 투자는 점차 사회책임투자(Socially Responsible Investment, SRI)라는 개념으로 진화하였다. 이는 단순한 부정적 스크리닝(negative screening)을 넘어, 인권, 노동권, 인종차별, 환경 보호 등 사회적 가치를 적극적으로 고려하는 투자 방식으로 전환되었으며, 특히 남아프리카공화국의 인종차별 정책(아파르트헤이트)에 반대하는 투자철회 운동은 SRI의 국제적 확산에 큰 영향을 주었다.

ESG 용어의 등장과 제도화(2000년대 초)

'ESG'라는 용어는 2004년 유엔(UN)의 공식 보고서인 「Who Cares Wins: Connecting Financial Markets to a Changing World」에서 처

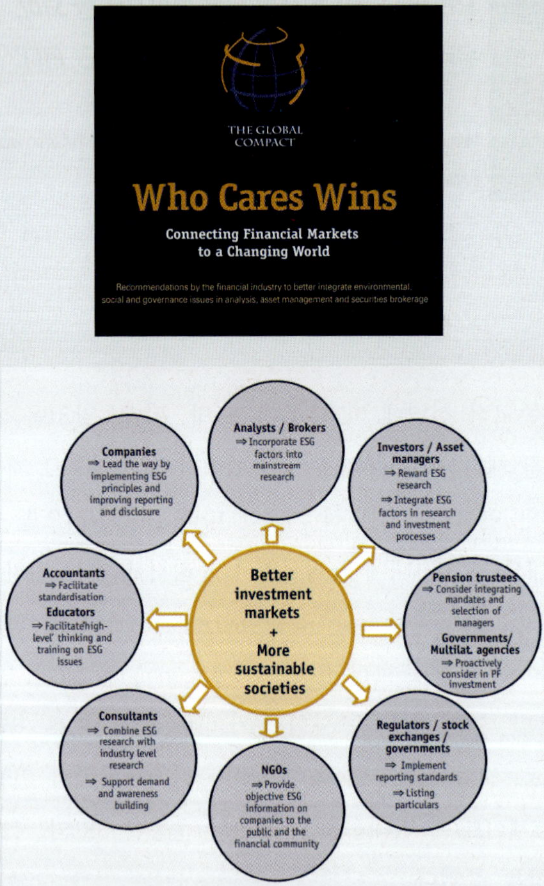

출처 : UN Global Compact(2004), Who Cares Wins: Connecting Financial Markets to a Changing World

[그림 11.5] UN Global Compact, 핵심 이해관계자별 ESG 실행 권고 사항

음 사용되었다. 당시 유엔 글로벌콤팩트(UN Global Compact)와 금융기관들이 공동 작성한 이 보고서는 기업의 재무성과를 평가할 때 환경(Environmental), 사회(Social), 지배구조(Governance) 요소를 반드시 고려해야 한다고 제안하였다. 보고서 제목인 "이기는 자는 ESG를 고려하는 자"는 ESG의 전략적 중요성을 시사한 상징적인 표현이었다(출처 : UN Global Compact(2004), Who Cares Wins: Connecting Financial Markets to a Changing World).

이후 2006년 유엔은 책임투자원칙(Principles for Responsible Investment, PRI)을 출범시키며, 기관투자자들에게 투자 의사결정에 ESG 요소를 통합할 것을 권고하였다. 초기 63개 기관에서 출발한 PRI는 2025년 기준 약 5,000개 이상의 서명 기관을 보유한 글로벌 투자 네트워크로 성장하였다. 이는 ESG가 단순한 CSR을 넘어 금융시장 주류(mainstream finance)의 원칙으로 자리 잡는 계기였다.

6대 원칙은 다음과 같습니다.

1 ESG 사안을 투자 분석 및 의사결정 절차에 통합할 것이다.

2 적극적 주주로서 활동하고 ESG 사안을 투자 보유 정책과 관행에 통합할 것이다.

3 투자 대상 기업에 ESG 사안에 대한 공시를 요구하는 길을 모색할 것이다.

4 투자산업 내에서 책임투자원칙의 수용과 실천을 촉진할 것이다.

5 책임투자원칙 실천의 효율성을 개선하기 위해 협력할 것이다.

6 책임투자원칙 실천에 관한 활동과 진척 상황을 각기 보고할 것이다.

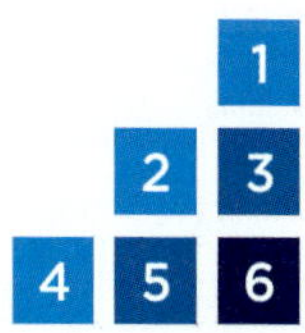

출처 : PRI(2013), 기대목표의 정립 : 운용사 선정, 지명 및 모니터링 과정에서의 요소 통합-자산 소유주를 위한 안내서

[그림 11.6] 책임투자원칙

사례 11.1 ESG 용어의 등장

ESG(환경 · 사회 · 지배구조) 개념은 유엔의 주도 아래 본격적으로 등장했다. 2004년 유엔 글로벌 콤팩트가 지속가능 금융을 위해 스위스 정부와 협력해 설립한 이니셔티브 '후 케어스 윈(Who Cares Win)'이 공개 보고서를 통해 ESG라는 단어를 처음 사용한 것이다. 이후 2006년 당시 유엔사무총장이던 코피 아난의 주도로 금융기관을 위한 책임투자원칙 이니셔티브 PRI(Principles for Responsible Investment)가 설립되었다.

2000년대 중반을 지나 유엔의 주도로 ESG에 관한 정의가 확립됐고, 금융기관이 ESG를 투자 프로세스에 어떻게 통합할지에 대해 다양한 연구가 진행되었다. 동시에 사회책임투자(Social Responsible Investment, SRI)가 아닌 책임투자(Responsible Investment, RI)라는 용어가 사용되었다. 즉, 책임투자라는 개념은 기존 사회책임투자의 기조를 이어가면서 ESG에 더욱 초점을 맞추는 경향을 반영한 용어로 볼 수 있다.

ESG와 책임투자 개념이 확산된 것은 환경, 사회, 지배구조 같은 비재무적 이슈를 기관투자자의 투자 프로세스에 맞게 변형하면서 생긴 현상이다. 즉 비재무적 이슈를 기존의 주류 기관투자자들이 반영하기 위해 투자에 적용할 수 있는 관점에서 접근하고, 정형화된 데이터를 사용할 수 있는 방향으로 진화한 결과라고 할 수 있다.

출처 : 한국경제, "유엔 주도로 ESG 개념이 탄생하다," 2021.9.15

ESG 공시와 정보 표준화의 진전(2010년대)

2010년대는 ESG가 제도화와 정보공시 표준화를 본격화하는 시기로 평가된다. 이 시기에는 다양한 국제적 이니셔티브들이 출현하여 ESG 정보의 보고체계와 측정기준을 마련하기 시작하였다.

GRI(Global Reporting Initiative)는 환경, 사회, 거버넌스 전반에 대한 비재무정보 공시 가이드라인을 제공하였으며, 기업의 지속가능성 보고서(Sustainability Report) 작성에 광범위하게 채택되었다.

SASB(Sustainability Accounting Standards Board)는 산업별로 중요한 ESG 이슈를 식별하고 이에 대한 회계적 공시기준을 제시하였다. 이는 ESG 정보를 투자자의 의사결정에 활용가능하도록 구조화하는데 기여하였다.

TCFD(Task Force on Climate-related Financial Disclosures)는 2017년 G20 산하 금융안정위원회(FSB)의 주도로 창설되어, 기업이 기후 관련 리스크 및 기회에 대해 정량·정성 정보를 보고하도록 권고하였다. 이는 ESG 중에서도 기후정보의 재무적 중요성(materiality)을 강조한 최초의 글로벌 권고안이었다.

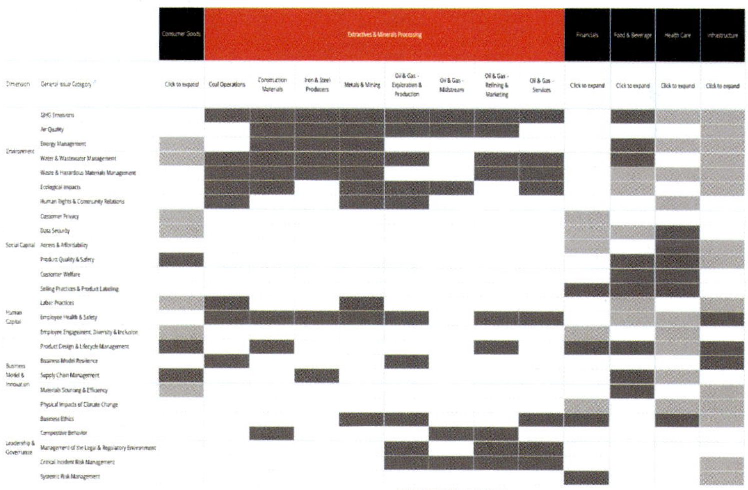

출처 : SASB 홈페이지

[그림 11.7] SASB, Materiality Map

이러한 움직임은 기업이 ESG를 단순 홍보나 마케팅 수준의 표명이 아닌, 측정과 공시, 비교가능성을 갖춘 경영지표로 전환하는 데 결정적 역할을 했다. 동시에, 글로벌 투자자들은 이 정보를 실질적 투자 분석에 활용하면서 ESG가 본격적으로 자본시장에 통합되기 시작했다.

ESG의 금융시장 내 제도적 내재화(2020년대)

2020년대에 들어서면서 ESG는 글로벌 자본시장의 규범적 표준으로 빠르게 자리 잡게 되었다. 특히 코로나19 팬데믹, 기후위기 심화, ESG 관련 회계부정 사건(예 : 독일 와이어카드, 브라질 브루마디뉴 댐 붕괴) 등을 계기로 ESG 정보의 신뢰성 확보에 대한 요구가 더욱 커졌다. 이에 따라 주요 금융감독당국과 회계기준 제정기구는 ESG 공시를 제도화하는 방향으로 전환하였다.

〈표 11.3〉 ESG 발전과정

시 기	역사적 배경 및 개념 정립	제도화 흐름 및 특징
1920~1970년대	윤리적 투자(Ethical Investment), 종교적 신념 기반 투자 배제	사회책임투자(SRI)로 발전, 인권·환경 등 적극 고려
2000년대 초반	UN 「Who Cares Wins」 보고서(2004), ESG 용어 공식 등장	ESG를 투자 판단의 핵심 요소로 인식 전환 시작
2010년대	GRI, SASB, TCFD 등의 출현 → ESG 정보공시 기준 제시	ESG 정보를 정량화·공시 가능한 기준으로 구조화
2020년대 이후	ISSB 설립, IFRS S1·S2 발표/미국 SEC, EU 공시 규제 추진	ESG 정보의 확장된 회계정보화, 자본시장 내 신뢰성과 비교가능성 확보 강조

사례 11.2 발레(Vale)의 ESG 허위 공시

미국 증권거래위원회(SEC)는 브라질 광산업체 발레(Vale)가 자사 소유 광산 안전에 대해 허위 진술을 했다며 소송을 제기했습니다. 미국 로펌 루이스 브리스보이스(Lewis Brisbois Bisgaard & Smith LLP)는 위 소송이 SEC가 ESG와 관련하여 대중을 호도할 수 있는 기업들에 대해 "적극적으로 조처할 것이라는 의도"를 보여 준다고 말했습니다.

▶ 지난 4월 28일 SEC는 전 세계 최대 철광석 생산업체인 발레(Vale SA)를 고소했음. SEC는 발레가 지난 2019년 1월에 브라질에서 발생한, 270명의 사망자를 낳은 댐 붕괴 사고 이전에 여론을 호도하는 잘못된 주장을 했다고 주장했음. SEC는 발레가 댐의 안전성과 관련하여 투자자들, 지방 정부, 기타 등을 호도했다고 말했음. 발레는 위 혐의를 부인했음.

▶ SEC는 "많은 투자자들이 충분한 정보를 얻은 후 투자 결정을 내리기 위해 발레의 연간 지속가능성 보고서와 기타 공시 제출 서류 등 ESG 공시 자료들에 의존합니다"라고 말하며, "이러한 공시정보를 조작함으로써, 발레는 비극적인 브루마지뉴 댐 붕괴 사고로 사회, 환경에 위해를 끼쳤고, 투자자들이 발레 증권 관련 리스크에 대해 평가할 수 있는 능력을 약화시켰습니다"라고 지적했음.

▶ SEC의 주장은 현 미국 증권법에 수립되어 있는 사기 방지 보고 요건에 기반하고 있음. 루이스 브리스보이스는 5월 4일 고객 뉴스레터에서 SEC는 금지명령구제나 민사 책임 벌금 등의 일반적인 구제책을 모색하고 있다고 말했음.

▶ 루이스 브리스보이스는 "일각에서는 SEC가 기후 관련 공시 규칙안과 같은 ESG 제도에 대한 법적 권한이 없다고 주장하지만, SEC가 기존 법규에 기반하여 'ESG 관련 위법 행위'에 대해 집행 조치를 취할 준비가 되어 있는 것이 분명해 보입니다"라고

말했음.

▶ SEC는 지난해 설립한 ESG 집행 태스크포스와 함께 기업들의 공시보고와 ESG 관련 진술을 더 면밀히 살피고 있음. 또한 SEC가 기후변화 관련 금융 리스크 공시 규칙의 최종안을 만들고자 고심하고 있는바, SEC의 이러한 태도는 기업들에게 추가적인 법적 리스크로 작용할 수 있음.

▶ 위 법무법인은, "최근 SEC가 제기한 소송은 SEC가 공시자료 중 ESG와 관련한 허위 진술에 대해 적극적으로 소송을 제기할 것이라는 점을 보여줍니다"라고 말하면서 "기업들은 SEC의 이러한 경고를 진지하게 받아들이고 모든 ESG 관련 공시자료, 보고서, 웨비나, 마케팅 자료, 발표 자료를 검토하여 그 정확성과 해당자료들이 완전히 관련 증권법을 준수하고 있는지를 검토해야 합니다"라고 말했음.

출처 : 법무법인 지평, "ESG Briefing - 해외 주요 뉴스(2022년 5월 3주)," 2022.5.17

주요 제도적 진전

IFRS 재단 산하에 설립된 ISSB(국제지속가능성기준위원회, 2021년 출범)는 기존의 SASB와 TCFD 기준을 통합하여 ESG 정보의 국제적 공시기준을 제정하고 있으며, 2023년 IFRS S1(지속가능정보 일반요건) 및 S2(기후관련 공시기준)를 공식 발표함으로써 ESG 정보의 재무보고 통합을 본격화하였다.

미국 SEC(증권거래위원회)는 ESG, 특히 기후관련 정보의 의무공시 규제를 2022년부터 추진하였으며, 2024년 3월 6일에는 상장기업의 Scope 1, 2 배출량, 기후리스크 관리체계 및 그 재무적 영향 등의 공시를 의무화하였다. 그러나 2024년 4월, 25개 공화당 주와 미국상

공회의소 등 총 9개 단체가 해당규정의 권한 초과 및 기업 부담을 이유로 법원에 소송을 제기했고, 같은 달 SEC는 일시적으로 해당규정의 효력을 중단(stayed)하였다. 즉 현 시점에는 정책적 재검토 가능성이 열려 있는 상태이다.

유럽연합(EU)은 CSRD(Corporate Sustainability Reporting Directive)를 통해 기존 NFRD 대비 공시 대상과 범위를 확장하였으며, ESRS(European Sustainability Reporting Standards)를 적용한 통합보고서를 2024년부터 단계적으로 의무화하고 있다.

이러한 흐름은 ESG가 단지 "비재무" 정보가 아니라, 전통적 재무정보와 동등한 수준에서 자본시장에 영향을 미치는 '확장된 회계정보(extended accounting information)'라는 점을 제도적으로 뒷받침한다.

우리나라의 ESG 제도화

우리나라는 2021년 금융위원회가 발표한 「ESG 인프라 구축방안」을 기점으로, ESG를 기업경영 및 자본시장 정책의 핵심 의제로 공식 채택하고, ESG 공시제도 및 책임투자 기준과의 연계를 점진적으로 강화해 왔다.

2023년 5월, 금융위원회는 자산총액 2조원 이상인 유가증권시장(KOSPI) 상장기업을 대상으로 2025년부터 ESG 정보공시를 의무화하고, 2030년까지 공시 대상 기업을 전체 유가증권시장 상장사로 확대하는 단계적 시행계획을 발표하였다(금융위원회, 2023).

이에 앞서 한국거래소는 2018년 12월 「유가증권시장 공시규정」을 개정하여, 제24조의2에 '기업지배구조보고서의 의무공시' 조항을 신설하였다. 이에 따라 자산총액 2조원 이상인 유가증권시장 상장기업은 2019년부터 기업지배구조보고서 공시가 의무화되었으며, 이후

자산규모 기준에 따라 공시 의무 대상이 단계적으로 확대되었다. 특히, 2025년 7월 공시규정 개정을 통해 공시 의무화 범위가 전체 유가증권시장 상장사로 확대되었다(한국거래소, 2025).

또한 한국거래소는 「기업지배구조보고서 가이드라인」(2019), 「ESG 정보공개 가이던스」(2021), 「ESG 평가정보 활용 가이드라인」(2022) 등을 제정하여, 상장기업이 자율적으로 ESG 정보를 공시할 수 있도록 유도해 왔다.

한편, 국민연금은 2015년 유엔 책임투자원칙(UN PRI)에 가입한 이후, 투자대상 기업에 대한 ESG 평가 요소를 자산운용 전략 및 주주권 행사에 반영하고 있다.

그럼에도 불구하고, 국내 ESG 공시제도는 국제 지속가능성 공시기준(예 : ISSB IFRS S1 및 S2)과 비교할 때, 공시 항목의 표준화 부족, 외부인증 체계의 미비, 정보의 신뢰성 확보 측면에서 제도적 기반이 여전히 미흡하다는 평가가 지속되고 있다.

요 약

본장에서는 ESG(환경 · 사회 · 지배구조)의 개념과 정의, 그리고 역사적 전개과정을 검토하였다.

ESG는 환경(Environmental), 사회(Social), 지배구조(Governance)의 약어로, 기업의 지속가능성과 비재무적 성과를 포괄하는 개념이다. 전통적으로 기업 평가는 재무제표 기반의 수익성과 안정성을 중심으로 이루어졌으나, ESG는 비재무적 요소가 장기적으로 기업가치와 리스크에 중대한 영향을 미친다는 인식에서 출발하였다. 특히 2000

년대 이후 글로벌 금융위기(2007~2008), 기후위기, 사회적 불평등, 지배구조 스캔들 등으로 인해 비재무 리스크의 중요성이 부각되면서, ESG는 투자자와 이해관계자의 장기적 성과 및 위험평가를 위한 핵심 지표로 자리매김하였다.

환경(E) 요소는 기후변화 대응, 탄소배출 감축, 자원 효율성, 폐기물 관리 등과 관련되며, GHG 배출량, RE100 참여 여부, 환경리스크 관리체계 등으로 측정된다. 사회(S) 요소는 인권, 노동관행, 다양성, 공급망 책임, 고객보호 등 기업과 사회 간 관계의 건전성을 평가하며, 사회적 수용성과 평판에 직결된다. 지배구조(G) 요소는 이사회 구성, 경영진 보상, 주주권 보호, 내부통제, 회계투명성 등을 포함하며, 경영의 책임성과 투명성 제고의 핵심 요인으로 작용한다.

회계학적으로 ESG는 장기적 성과와 리스크를 통합적으로 평가하는 성과지표로서 의미를 가진다. ESG 정보의 측정·공시를 위해서는 재무정보와 달리 비재무성과에 대한 새로운 회계적 기준의 정립이 필요하며, 이는 평가 속성의 다양화, 공시체계의 표준화, 외부인증의 도입 등 제도적·실무적 준비를 요구한다.

역사적으로 ESG의 개념은 1960~70년대 사회책임투자(SRI)를 출발점으로 한다. 이는 인권·환경·윤리 문제를 고려하여 특정 산업 또는 기업을 투자대상에서 배제하는 방식으로 발전하였다. 1990년대에는 ISO 14001(1996) 제정과 OECD 기업지배구조원칙(1999) 채택 등 환경·지배구조 분야의 국제기준이 마련되었다. 2000년대에는 UN 책임투자원칙(PRI, 2006년 발족)과 글로벌 리포팅 이니셔티브(GRI, 1997년 출범, 2000년 첫 가이드라인 발간)가 확산되며, ESG 공시 제도화의 기반이 형성되었다. 최근에는 국제지속가능성기준위원회(ISSB, 2021년 설립)가 2023년 6월 IFRS S1·S2를 발표하고, EU가

2022년 기업지속가능성보고지침(CSRD)을 채택, 2023년 1월 발효하였으며(공시는 2024 회계연도부터 단계적으로 적용중), 미국 SEC가 2024년 3월 기후공시 최종 규칙을 채택하는 등 글로벌 표준화가 가속화되고 있다(단, SEC 규칙 일부는 법적 절차 진행중).

결론적으로, ESG는 단순한 윤리적 요구나 CSR의 확장 개념이 아니라, 재무적 · 비재무적 성과를 아우르는 전략적 지표이자 회계정보체계의 핵심 구성요소로서, 기업의 지속가능성과 이해관계자 신뢰를 좌우하는 제도적 기반으로 자리 잡고 있다.

복습문제

(1) ESG는 정의하는 기관에 따라 다소 차이는 있으나, 공통적으로 강조되는 핵심 요소는 무엇인가?

(2) GHG 배출량을 측정할 때 사용되는 스코프(Scope) 1, 2, 3의 개념은 무엇인가? 이들이 왜 환경성과 측정에서 중요한 역할을 하는가?

(3) 사회(Social) 항목에 해당하는 ESG 성과지표 중 GRI나 ISO 26000에서 제시하는 대표적인 항목은 무엇인가?

(4) 지배구조(Governance) 항목에서 이사회의 구성과 운영이 회계정보의 신뢰성과 어떤 관계를 갖고 있는가? 관련 실증연구의 일반적 결론은 무엇인가?

토론문제

01 오늘날 '기후위기(climate crisis)'는 기업의 재무적 리스크로 간주되고 있다. 기업은 기후 관련 리스크를 어떻게 식별하고 회계정보에 반영해야 하는가? ESG 공시 의무화 논의와의 관련성도 함께 논의해보자.

02 사회적 성과는 객관적으로 수치화하기 어렵다는 점에서 외부인증의 필요성이 제기되고 있다. 회계학적 관점에서 사회성과에 대한 외부인증의 필요성과 한계를 논의해보자.

03 ESG의 세 축 중 'G(지배구조)'는 'E(환경)'와 'S(사회)' 성과 달성을 위한 기반이라는 주장이 있다. 이러한 주장의 근거에 대해 논의해보자.

04 환경, 사회, 지배구조 각각의 항목은 단순한 CSR 차원을 넘어 전략적 경영과 직결된다. ESG 요소를 기업 전략에 통합하기 위해서는 어떤 부분을 고려해야 하는지 논의해보자.

CHAPTER

12

ESG 정보의 공시

❖ 본장에서는 다음과 같은 내용을 다룬다.

- ESG 정보의 개념
- ESG 정보의 회계적 성격 : 재무정보와의 구조적 차이
- ESG 정보의 구성요소 및 분류
- 탄소배출량 공시
- 내부탄소가격 공시
- ESG 정보와 기존 회계의 비교
- ESG 정보의 국제기준과 제도적 진화

ESG 정보의 개념

전통적인 회계학은 정보이용자의 합리적 의사결정을 지원하기 위한 정보의 유용성에 초점을 맞추어 발전해왔다. 회계정보는 재무상태표, 손익계산서, 현금흐름표 등의 재무제표를 중심으로 구성되며, 이는 발생한 거래(transaction)에 대하여 측정가능하고 검증가능한 정보를 제공하는 데 초점을 두었다. 그러나 기업의 사회적 책임에 대한 요구와 환경 · 사회적 리스크가 경영성과에 미치는 영향력이 증가함에 따라, 전통적인 재무정보만으로는 기업의 실질적 가치를 온전히 측정하고 전달하기에는 어려운 시대가 도래하였다. 이러한 문제의식은 ESG(Environmental, Social, and Governance) 정보의 중요성을 부각시키고 있으며, 이에 대응하여 국제회계기준(IFRS)을 제정하는 IFRS 재단은 정보공시의 범위를 비재무적 영역까지 확장하는 제도적 노력을 본격화하고 있다.[1]

[그림 12.1] ESG 정보

ESG 정보는 본질적으로 기업의 경제적 활동이 환경, 사회, 지배구조에 미치는 영향과, 반대로 그러한 외부 요인이 기업의 지속가능성에 미치는 리스크를 포괄하는 비재무적 정보(non-financial information)이다. 이러한 정보는 전통적인 자산, 부채, 자본, 수익, 비용의 개념만으로는 온전히 전달되기 어렵고, 측정과 공시를 위한 이론적 · 실무적 기반 역시 아직 충분히 준비되어 있지 못하다. 이는 ESG 정보가 회계학적 패러다임의 근본적 재구성을 요구하는 중요한 이슈임을 의미한다.

제9장에서 논의한 바와 같이, 이해관계자 이론은 기업을 다양한 이해관계자 간 계약의 집합체로 보며, 기업은 더 이상 주주만을 위한 조직이 아니라 종업원, 고객, 지역사회, 공급망(거래처), 정부 등 다양한 이해관계자들과의 상호작용 속에서 운영되는 사회적 조직으로 이해된다.[2] 이와 같은 다양한 이해관계자 구조하에서 기업 활동—예컨대 탄소배출, 노동환경, 공급망, 인권—은 단순히 사회적 관심의 대상이 아니라, 기업의 지속가능성과 경쟁우위에 직접적인 영향을 미치는 요인이 된다.

이에 따라 ESG 정보는 단순한 윤리적 선언이 아니라, 정보이용자—즉 투자자뿐 아니라 이해관계자 전반—에게 기업의 장기적 가치와 지속가능성을 평가할 수 있는 핵심적인 정보로 기능하게 되었다. ESG 정보는 재무제표와는 구분되는 비재무정보이지만, 기업의 재무적 의사결정에 실질적으로 활용되는 중요한 정보로서, 기존 재무회계정보를 보완하는 '확장된 회계정보(extended accounting information)'로 기능하며, 기업정보 시스템의 필수적 구성요소로 자리매김하고 있다.

ESG 정보의 회계적 성격 : 재무정보와의 구조적 차이

ESG 정보는 전통적인 회계정보와 구조적 차원에서 몇 가지 본질적 차이를 지닌다. 첫째, 대부분의 ESG 정보는 거래(transaction) 중심이 아닌 사건(event) 중심의 정보를 포함한다. 예컨대 온실가스 배출량, 노동환경 만족도, 성별 임금격차, 이사회 다양성 등은 특정한 거래에 기초하기보다는 기업의 운영 전반에서 축적되는 비정형적이고 지속적인 사건과 활동의 결과이다.

둘째, ESG 정보는 불확실성(uncertainty)과 비가시성(invisibility)을 수반하는 항목이 많다. 예를 들어 기후변화 리스크는 실질적으로 존재하지만, 재무제표상 자산이나 부채와 같이 즉시 반영하기 어려운 경우가 대부분이다. 이로 인해 ESG 정보는 기존 회계의 중심 개념이었던 측정가능성(measurability)과 검증가능성(verifiability)을 충족시키기 어려울 수 있다.

셋째, ESG 정보는 정보이용자의 범위가 확대된다는 점에서 정보의 목적성(purpose-orientation) 자체를 변화시킨다. 기존의 재무제표

〈표 12.1〉 전통적 회계정보와 ESG 정보의 비교

항 목	전통적 회계정보	ESG 정보
정보의 성격	재무적, 정량적	비재무적, 정량적+정성적
주요 이용자	투자자, 채권자	이해관계자 전반
측정기준	역사적 원가, 발생주의 등	사회·환경적 영향, 지속가능성
검증가능성	비교적 높음(외부감사 등)	상대적으로 낮음(외부인증 필요성 증가)
제도화 수준	고도로 정립됨(IFRS, K-IFRS)	정립 중에 있음

가 투자자와 채권자의 의사결정에 유용한 정보를 제공하는 것을 목적으로 했다면, ESG 정보는 다양한 이해관계자들로부터의 정당성 확보와 사회적 승인(social approval)을 주요 목적으로 한다. 이는 곧 ESG 정보가 단순한 정보 제공 수단을 넘어, 제도적 승인장치(institutional approval mechanism)로서 기능함을 의미한다. 이러한 관점은 제9장에서 논의한 제도이론(institutional theory) 및 정당성 이론(legitimacy theory)과도 밀접하게 연결된다.[3]

ESG 정보는 정보로서의 기능을 수행함과 동시에, 기업이 사회적 규범(social norms)과 윤리적 기대(expectations)에 부응하고 있음을 공식적으로 표현하는 전략적 수단으로 작용한다. 다시 말해, ESG 공시는 단순한 사실의 보고(reporting of facts)가 아니라, 기업이 사회적 책무를 다하고 있음을 나타내는 상징적 선언(symbolic declaration)이며, 기업과 이해관계자 간 상호작용을 매개하는 중요한 제도적 장치로 작동한다.

이러한 제도적 승인장치는 다음과 같은 구체적 메커니즘을 통해 실현된다.

- 지속가능성보고서의 정기적 발간
- 외부인증(assurance)제도의 도입
- ESG 위원회 설치와 최고지속가능경영책임자(CSO)의 선임
- 국제공시기준(예 : ISSB, GRI 등)의 채택
- ESG 성과와 연계된 경영자 보상제도의 도입 등

이와 같은 장치를 통해 ESG 정보는 지속가능한 기업의 정체성(sustainable corporate identity)을 정립하고, 궁극적으로 지속가능한

기업 활동의 기반을 마련하는 데 핵심적인 역할을 수행한다.[4]

이는 제10장에서 논의한 바와 같이, ESG 정보공시와 이사회 지배구조 간의 연계—특히 ESG 위원회 설치 및 CSO의 선임—가 단지 기업지배구조의 형식적 장치에 그치지 않고, ESG 정보의 신뢰성과 제도적 정당성 확보를 위한 실질적 수단으로 작동하고 있음을 시사한다.

사례 12.1 ESG 정보와 회계정보

국내 회계 전문가들은 ESG(환경 · 사회 · 지배구조) 경영이 향후 재무제표에 반영될 것이란 전망에 의견을 같이했다. 다만 아직은 출발 단계이고 갈 길이 멀기에 금융당국과 회계업계, 학계, 기업이 합심해 차근차근 준비해 나가야 한다고 당부했다.

4일 서울 소공동 웨스틴 조선에서 조선비즈 주최로 열린 '2024 THE ESG 포럼'에는 금융당국과 회계업계, 학계, 기업을 대표하는 전문가들이 모여 2026년 이후 본격화할 ESG 공시에 관한 대응책을 논의했다. 전문가들은 ESG 경영이 재무제표에 어떻게 반영될 수 있는지, 그에 따른 재무적 영향은 무엇인지를 짚었다.

첫 번째 토론자로 나선 이동익 우리금융지주 회계부장은 금융업 관점에서 ESG 재무제표가 바뀌어야 할 방향을 제시했다. 그는 "실무자 입장에서 재무제표 작성, 즉 회계처리를 하려면 측정 계량화가 가능해야 한다는 어려움이 있다"면서 유관기관이 이에 관한 연구에 나서주기를 요청했다. 또한 "중요도와 기업의 비용 유입 관점도 동시에 고려돼야 하기에 구체적인 가이드라인이 필요하다"며 "재무제표에 직접적인 영향을 받는 회사부터 차례대로 변화가 이뤄질 것"이라고 했다. 그는 이어 "기업으로선 외부평가가 가장 신경 쓰일 수밖에 없는데, 방법과 기준이 일관되고 현실적으로 적용될 수 있었으면 한다"고 덧붙였다.

허규만 딜로이트 안진회계법인 회계감사부문 파트너는 "기후변화처럼 회계에서 외부효과로 인식했던 걸 내부 기회비용으로 전환해 나가는 단계"라면서 "결국 기업이 발생시킨 탄소 등이 미래 손익에 영향을 미칠 수밖에 없다"고 했다. 또한 "아직까진 재무제표를 감사할 때 ESG 부분에 대한 세밀한 감사가 체득되지 않은 상황"이라며 "회계업계에선 지속가능성 관련 인증과 방법론을 꾸준히 개발하고 이와 관련한 내부 교육도 진행하고 있다"고 설명했다.

권세원 이화여대 경영학부 교수는 ESG의 재무제표 반영에 관한 '파일럿 테스트'(시범 운영)가 필요한 시점이라고 했다. 권 교수는 "재무제표 주석에 기후변화를 언급하는 식으로 ESG 공시를 선제적으로 조금씩 적용하면 기업은 어느 부분이 힘든지 구체적으로 파악하고 준비할 수 있을 것"이라며 "다른 투자자와 기업이 ESG 공시를 어떻게 하는지 비교하고 대책을 고민해야 하는 시점"이라고 했다.

이수미 한국회계기준원 회계기준위원회 상임위원은 "지속가능성 기준 관련해선 공개 초안이 발표됐고, 200여개의 의견을 수렴해 확정 기준서에 대한 제정 작업을 진행 중"이라며 "아직까진 전통적인 회계기준과 지속가능성 기준이 구분되다 보니 ESG 관련 공시가 활발하진 않은 것 같다"고 했다. 이 상임위원은 "앞으로 더 많은 의견을 듣고, 반영해 나가겠다"고 했다.

각계 제안을 들은 정주은 금융감독원 회계감독국 금융회계팀장은 "ESG 공시 의무화를 앞두고 중장기적으로 발 빠르게 대응해야 하는 시점"이라며 "한국회계기준원 등과 협의해 (ESG가) 재무제표에 충실히 반영되도록 지원하고 대응 방안을 마련하겠다"고 했다.

출처 : 조선일보, "[2024 ESG] ESG 재무제표, 이제는 '파일럿 테스트' 준비할 때," 2024.12.4

ESG 정보의 구성요소 및 분류

〈표 12.2〉 ESG 성과측정의 주요 영역과 측정지표 예시

영 역	측정 대상	예시 지표
Environmental (E)	환경 영향, 자원 사용	Scope 1, 2, 3 탄소배출량, 에너지 사용량, 폐기물 재활용률
Social (S)	인권, 노동, 지역사회	이직률, 산업재해율, 성별 다양성, 사회공헌비용
Governance (G)	지배구조, 윤리경영	이사회 구성, 독립이사 비율, 반부패 정책, ESG 위원회 설치 여부

회계학적으로 ESG 정보는 환경(E), 사회(S), 지배구조(G) 각 영역의 특성을 반영하는 다양한 정량적 · 정성적 지표로 구성된다.

- 환경(E) : 온실가스 배출량(Scope 1, 2, 3), 에너지 사용량, 폐기물 처리, 탄소중립 전략(Net Zero), 수자원 사용 등
- 사회(S) : 노동권 보장, 종업원 이직률, 다양성 지표(성별, 인종 등), 고객만족도, 공급망 인권 이슈 등
- 지배구조(G) : 이사회 구성의 다양성 · 독립성 · 전문성, 감사위원회 기능, 반부패 정책, 이해상충 관리 체계 등

이러한 정보들은 대부분 기존 회계시스템에서 다루지 않았던 새로운 범주의 항목이며, 정보의 정의(definition)부터 기준화(standardization)까지 모든 측면에서 이론적 정교화가 요구되는 영역이다.

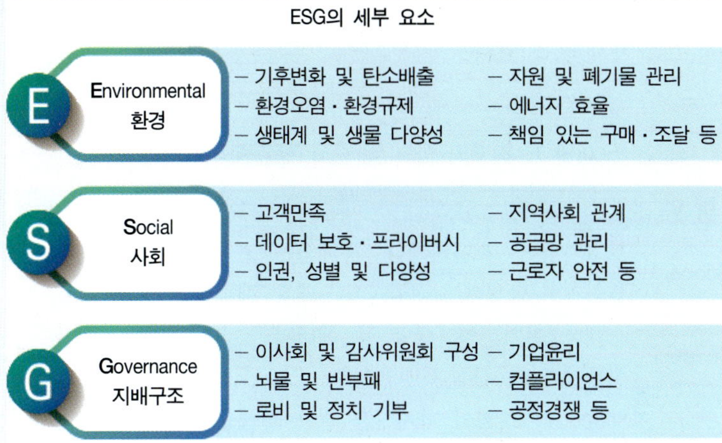

출처 : 삼정KPMG(2023), ESG 정보공시 의무화 시대, 기업은 무엇을 준비해야 하는가?

[그림 12.2] ESG 항목별 요소

탄소배출량 공시

온실가스(Greenhouse Gas, 이하 GHG) 배출은 오늘날 기업의 지속가능성과 ESG(Environmental, Social, Governance) 전략에서 핵심적인 평가 항목이며, 특히 탄소회계(carbon accounting)와 GHG 배출 정보 공시는 글로벌 규제와 시장 요구에 부응하기 위한 필수요건으로 간주된다. 이에 따라 GHG Protocol Corporate Standard(WRI/WBCSD, 2004)는 조직이 소유하거나 통제하는 원천에서 발생하는 직접배출(Scope 1), 구매 · 획득한 전기 · 열 · 냉방 사용에 따른 간접배출(Scope 2), 그리고 가치사슬 전반에서 발생하는 기타 간접배출(Scope 3)을 구분하여 GHG 인벤토리를 작성하도록 규정한다. 이 기준은

ISO 14064-1:2018, ISSB IFRS S2(2023), ESRS E1(2023) 등에서도 공통적으로 채택되고 있다.

〈표 12.3〉 Scope 1, 2, 3의 정의 및 주요 발생원

범 위	정 의	주요 발생원
Scope 1	보고기업이 소유하거나 통제하는 원천에서 발생하는 직접 GHG 배출	고정연소, 이동연소, 공정배출, 탈루배출 등
Scope 2	구매한 전기, 열, 냉방 등 에너지 사용에 따른 간접 GHG 배출	전기, 스팀, 열, 냉방사용
Scope 3	Scope 1, 2 외의 가치사슬 전반에서 발생하는 기타 간접 GHG 배출	제품사용, 폐기, 공급망, 운송, 출장 등

Scope 1은 보일러, 차량 운행, 화학공정 등 기업의 통제하에 있는 직접배출이며, 연료 전환, 고효율 설비 도입, 친환경 차량 도입이 주요 전략이다. Scope 2는 외부에서 구매한 전기, 열 등에서 기인한 배출로, 재생에너지 구매(PPA, REC), 고효율 전자기기, RE100 참여 등이 대표적 대응이다. Scope 3는 가치사슬 전반의 배출로, 공급망 탄소관리, 저탄소 제품 설계, 소비자 사용단계 효율성 개선, 출장 감축 등이 중요하다.

ISSB IFRS S2는 모든 기업에 대해 중요성(materiality) 기준에 따라 Scope 1, 2, 3의 절대 총배출량(gross)을 공시하도록 요구하며, 측정 기준은 GHG Protocol을 따른다. SEC(2024)는 Scope 1 및/또는 Scope 2를 일부 기업(LAF/AF)에 한해 조건부 공시하고, Scope 3는 최종 규칙에서 삭제되었다. EU의 ESRS E1은 기후변화 주제가 중대할 경우 Gross Scope 1, 2, 3 및 Total GHG 배출량을 공시하도록 요구한다.

최종원과 현석(2025)은 우리나라의 2023년 기준 Scope 3 배출량 공시 현황을 검토하였다. 그들에 따르면[5] KOSPI 상장기업들은 GHG 프로토콜의 분류체계에 따라 Scope 3 배출량을 개별 카테고리별로 선택적으로 공시하고 있는 것으로 나타났다. 특히 측정이 용이한 일부 항목에 한정하여 공시하는 경향이 두드러지며, 산업별로 공시 수준과 범위에 뚜렷한 차이를 보인다. 이러한 선택적 공시는 정보의 비교가능성과 완결성을 저해할 우려가 있으며, 향후 산업별 특성과 배출 영향도를 반영한 핵심 카테고리 중심의 공시 표준화가 필요하다. Scope 3는 가치사슬 전반에서 발생하는 탄소배출을 포괄하는 개념인 만큼, 보다 정교한 측정기준과 공시 지침을 마련하고, 기업들이 이에 체계적으로 대응할 수 있도록 정책적·제도적 기반을 강화할 필요가 있다.

내부탄소가격 공시

내부탄소가격의 개념과 도입 필요성

내부탄소가격(internal carbon pricing)은 기업이 자발적으로 자사의 온실가스 배출에 대해 톤당 일정수준의 금전적 가치를 설정하고, 이를 내부 투자 의사결정, 사업전략 수립, 리스크 분석 등에 반영하는 제도이다. 이는 기후변화 대응 비용을 내부화하고, 재무적 의사결정 과정에 반영함으로써 기후 리스크의 경제적 가시화를 도모하는 수단으로 활용된다.

TCFD(Task Force on Climate-related Financial Disclosures)는 2017년 보고서에서 기후변화 시나리오 분석의 일환으로 내부탄소가격의 활

용을 제안하였으며, 이는 Scope 1, 2, 3에 해당하는 온실가스 배출 리스크를 기업 재무에 반영하도록 유도하기 위한 방안으로 제시된 것이다.

대표적 글로벌 투자기관인 JPMorgan Chase는 2023년 기후보고서(Climate Report)를 통해, 2022년부터 포트폴리오의 기후 리스크 관리를 위해 내부탄소가격 도입 절차를 진행하고 있음을 명시하였다. 이처럼 내부탄소가격은 배출에 대한 금전적 가치를 부여함으로써, 기후 리스크를 재무적 요소로 통합하려는 시도로 해석된다.

기업은 내부탄소가격의 도입 여부, 산정 방식, 적용 가격 등에 대한 정보를 외부 이해관계자에게 공시함으로써, 기후변화 대응에 대한 전략적 의지를 전달하고 자본시장 참여자의 합리적 투자 판단을 지원할 수 있다.

세계은행그룹(World Bank Group)은 『2023 Progress Report on Climate Change Action Plan』에서, 2021～2025년 기후변화 실행계획의 일환으로 투자 프로젝트에 대해 shadow carbon pricing을 적용하고 있다고 밝혔다. 이는 모든 개발금융 프로젝트에 기후 리스크 요소를 체계적으로 반영하려는 노력의 일환이다. 또한 CDP(Carbon Disclosure Project)가 2022년 기준으로 집계한 바에 따르면, 전체 응답 기업 8,402개 중 1,203개 기업(약 15%)이 내부탄소가격을 도입하였고, 약 1,500개 기업(18%)이 도입을 검토중인 것으로 나타났다. 그러나 기업 간 공시기준과 가격산정 방식의 상이로 인해, 정보의 비교가능성과 투명성 측면에서는 여전히 한계가 존재한다는 지적도 있다.

최종원과 현석(2025)은 국내 대형 상장기업들이 내부탄소가격에 대한 정보공시에 다소 소극적인 경향을 보인다고 분석하였다. 이는 관련 제도적 가이드라인이 미비하고, 표준화된 산정 프레임워크가 부재한 점에 기인한다. 실제로 환경부 및 금융위원회 차원에서도 내부탄소가격에 대한 명시적 규제나 표준화 기준은 현재까지 마련되지 않았다. 이러한 상황에서 기업은 내부적으로 제도를 도입하고, 공시를 통해 시장과의 신뢰를 구축하려는 노력이 필요하다.

내부탄소가격의 산정 방식

Shadow Price(그림자 가격)는 국제기구(예 : IEA, NGFS) 또는 배출권거래제(ETS)의 시나리오 기반 예측치를 토대로 설정된 정책적 준거가격(policy-based reference price)이다. 이는 시장에서 실현된 가격이 아니라, 특정 배출 경로에 대한 장기적 사회적 비용(Social Cost of Carbon) 또는 정책 목표 달성을 위한 탄소의 내재가치를 반영한 가격이다.

다국적기업이나 글로벌 금융기관은 TCFD, CDP 등의 국제공시 기준을 충족하거나, ESG 투자자의 기대에 부응하기 위해 shadow price를 채택하는 경우가 많다. 이 방식은 기업의 장기적 전략 수립 및 정책 시나리오 대응에 유용하며, 외부 이해관계자에게 기후 리스크 인식과 대응 의지를 분명히 전달하는 데 효과적이다. 다만 실제 시장에서의 탄소배출권 거래 가격과 괴리가 발생할 수 있으며, 가격 산정을 위해 고도의 분석과 전문성이 요구된다는 한계가 있다.

Implicit Price(암묵적 가격)는 과거의 온실가스 감축 프로젝트에 투입된 실제 비용과 이로 인한 배출 저감량을 바탕으로 도출된 경험 기반의 내부 가격(signal price)이다. 주로 제조업 등에서 단기 감축 프로젝트의 투자 효율성을 평가하는 데 활용되며, 실증 데이터를 기반으로 하기 때문에 내부 자원 배분 및 투자 판단에서 유의미한 신호로 기능할 수 있다. 그러나 외부 정책 변화나 시장가격 변동성과 같은 외생 변수를 반영하기에는 한계가 존재한다.

Internal Fee(내부수수료)는 기업이 조직 내부에서 배출량 기준으로 각 부서에 탄소 비용을 부과하고, 이로부터 확보된 재원을 친환경 인프라 구축이나 저탄소 기술 투자에 재투자하는 방식이다. 특히, 탄소 배출량 측정이 용이한 제조설비, 물류, 데이터센터 등에서 적용가능성이 높다.

이 방식은 부서별 탄소감축 책임을 명확히 할 수 있다는 점에서 관리적 유인(incentive alignment)에 효과적이지만, 실질적인 비용 부담을 수반하기 때문에 부서 간 이해관계 조정 및 재무 흐름에 대한 내부 합의가 필수적이다. 현재까지 국내 대기업에서의 적용 사례는 제한적인 것으로 파악된다.

국내 도입 사례와 시사점

최종원과 현석(2025)은 국내 기업들이 배출권거래제(K-ETS)의 시장가격을 내부탄소가격 산정시 준거지표로 활용하는 경우가 많다고 지적하였다. 이 방식은 시장에서 실현되는 거래 가격을 기반으로 하므로 도입이 비교적 용이하고, 내부 의사결정에 실질적인 가격 신호를 제공할 수 있다. 그러나 K-ETS 가격은 톤당 4만원 이상까지 상승했다가 2024년 말 기준 약 1만 1천원 수준으로 하락하는 등 높은 변동성을 보이고 있어, 장기적 전략 수립의 기준으로 삼기에는 제약이 존재한다.

한편, IEA, NGFS 등 국제기구가 제시하는 시나리오 기반의 탄소가격은 보다 강력한 정책 신호를 제공할 수 있으나, 국내 정책환경과의 정합성이 낮고 현실적인 실행가능성도 제한적이다. 이에 따라 국내 기업들은 이러한 가격 정보를 전략적 참고자료 수준에서 활용하는 데 그치는 경우가 많다.

결과적으로, 내부탄소가격은 단순한 관리지표가 아니라, 기후 리스크의 정량화, 투자 의사결정의 내재화, ESG 전략의 진정성(signal credibility)을 검증하는 중요한 수단으로 기능할 수 있다. 이에 따라 국내 기업들도 장기적 기후 전략의 일환으로 내부탄소가격제도의 체계적 도입과 공시 투명성 제고가 요구된다.

ESG 정보와 기존 회계의 비교

ESG 정보는 회계정보의 질을 결정하는 전통적인 주요 특성—예 : 신뢰성(reliability), 적시성(timeliness), 비교가능성(comparability), 검증가

〈표 12.4〉 ESG 공시기준의 주요 국제 프레임워크 비교

기 준	주관기관	주요 특징
GRI	Global Reporting Initiative	이해관계자 중심, 지속가능성 전반
SASB	Sustainability Accounting Standards Board	투자자 중심, 산업별 중대성(Materiality) 평가 강조
TCFD	Task Force on Climate-related Financial Disclosures	기후위험 중심, 시나리오 분석 강조
ISSB (IFRS S1/S2)	IFRS Foundation	글로벌 일관성 지향, 통합 공시 기반
EFRAG (ESRS)	EU	EU CSRD 연계, 기업규모·부문별 차별화

능성(verifiability)—과 부분적으로 대립관계를 형성한다. 예컨대 ESG 지표는 기업마다 정의와 측정방법이 다를 수 있으며, 동일 산업 내에서도 수치 비교가 어렵고, 외부 검증가능성도 제한적인 경우가 많다. 이로 인해 ESG 정보는 "비표준화된 정보의 공시"일 수 있다.

그러나 이러한 부분은 ESG 정보의 불필요함을 입증하는 것이 아니라, 오히려 회계학이 이와 같은 비정형적 정보를 측정하고 공시할 수 있도록 정보시스템과 인식·측정 기준을 재정립해야 함을 의미한다. 즉 ESG 정보는 회계의 경계를 확장시키는 것으로 보아야 한다.

사례 12.2 ESG 공시제도 도입 흐름

ESG(환경·사회·지배구조) 공시제도의 도입이 국내외에서 속도를 내고 있다. 한국 역시 본격적인 ESG 공시 의무화가 임박한 가운데, 기후위기 대응에 친화적인 진보정권이 들어서면서 도입이 빨라질 것이란 전망이 나온다. 기업들은 단순한 정보 공개를 넘어 경영 내실화와 전략적 대응에 집중해야 할 시점이란 조언이다.

손민 삼정KPMG ESG 정보공시·인증 담당 상무는 최근 강남구 KPMG 본사에서 가진 이데일리와의 인터뷰에서 "한국은 이미 다양한 안을 두고 논의가 상당히 진전됐다. 이제는 공시기준 대응과 실질적 내실화와 전략적 대응이 중요하다"고 진단했다.

손 상무는 "한국의 ESG 공시제도는 민주당 정부에선 기후위험 대응을 강화하는 방향으로 설계될 가능성이 높다"며 "기업들이 지금까지는 자율적으로 ESG 정보를 공시해왔으나, 앞으로는 의무화와 함께 비교가능성, 신뢰성 확보가 더욱 중요해질 것"이라고 강조했다.

글로벌 ESG 공시제도는 이미 유럽연합(EU)의 기업지속가능성보고지침(CSRD)과 유럽지속가능성보고기준(ESRS), 미국 증권거래위원회(SEC)의 기후공시, 일본의 국제지속가능성기준위원회(ISSB) 기반 로드맵 등으로 빠르게 정비되고 있다. 한국 역시 ISSB를 변형한 한국형 지속가능성기준(KSSB) 도입을 준비 중이다. 다만 미국은 SEC 기후공시 시행은 제동이 걸린 상태지만 캘리포니아주 등 개별 주 차원에서 시행을 앞두고 있다.

특히 EU는 최근 중견·중소기업의 공시 의무를 일부 완화하는 '옴니버스 패키지'를 발표했다. 손 상무는 "EU 내 현지 생산법인을 보유한 한국 기업들과 1차 협력사 등 종업원 1,000명 이상인 기업들이 ESRS 적용 대상이 될 것"이라며 "일부 국내 대기업도 현지 법인 규모와 수출 실적에 따라 공시 의무가 부과될 전망"이라고 설명했다.

한국의 KSSB 도입 시점에 대해 손 상무는 "올해 중으로 로드맵이 발표될 것으로 보인다. 일본이 2026년부터 기업 시총에 따라 단계적으로 공시 의무를 부여하는 로드맵을 사실상 확정했으며, 호주도 2025년부터 의무공시를 적용하기로 했다"며 "이러한 주요 아시아 국가들의 정보공시 의무화 도입 현황을 종합적으로 고려해 KSSB 도입 시점을 최종 결정할 것"이라고 내다봤다. 다만 적용 대상 선정 기준에 따라 실제 영향을 받는 기업 수가 크게 달라질 것으로 전망했다.

손 상무는 "ESG 공시제도는 단순히 정보를 내놓는 것에 그치지 않고, 기업 내부의 전략 수립과 실행, 목표 관리, 책임 주체 명확화 등 프로세스 내재화가 핵심"이라고 강조했다. "지금까지는 자율적 공시로 인해 오류가 많았고, 내부통제 시스템도 미흡했다. 앞으로는 재무제표처럼 체계적 관리가 필요하다"고 조언했다.

특히 기후위험 공시는 이미 국제적으로 요구사항이 유사하게 정립돼 있어, 한국 기업은 KSSB, ESRS, 캘리포니아 기후공시 등 다양한 규제에 동시에 대응해야 하는 상황이다. 손 상무는 "공통된 기준부터 전략적으로 준비하는 것이 변화에 효율적으로 대응하는 길"이라고 덧붙였다.

출처 : 이데일리, "한국 ESG 공시 빨라질 듯… '공시기준 대응과 내실화가 관건'," 2025.6.9

ESG 정보의 국제기준과 제도적 진화

기업의 지속가능성을 평가하기 위한 정보의 공시는 더 이상 선택적 활동이 아니라, 제도적으로 요구되는 내용이다. ESG(Environmental, Social, and Governance) 정보는 초기에는 기업의 자발적 공시(voluntary disclosure) 영역에 속해 있었으나, 글로벌 자본시장과 규제기관은 ESG 공시를 재무정보와 유사한 수준의 신뢰성과 비교가능성을 갖춘 공적 정보(public information)로 규정하기 시작하였다. 이러한 흐름은 ESG 정보의 제도화(institutionalization)를 촉진시키며, 국제회계기준기구, 금융감독기관, 정책당국 등 다양한 제도적 행위자(institutional actors)의 개입을 통해 글로벌 수준에서의 공시기준 정합성(harmonization)을 이끌어내고 있다.

제9장에서 논의한 바와 같이, 오늘날의 기업은 단일한 자본 제공자인 주주만이 아니라, 다수의 이해관계자들과의 관계 속에서 형성된 계약의 집합체(contractual nexus)이다. 이와 같은 다원적 구조하에서 기업은 단지 수익 창출이 아닌, 사회적 정당성(institutional legitimacy)의 확보를 지속적으로 요구받는다. ESG 정보공시는 이러한 정당성을 제도적 맥락 안에서 실현하는 주요 장치로 기능한다. 즉, ESG 공시는 단지 정보이용자의 합리적 의사결정을 돕는 기능에

머무르지 않고, 기업이 사회적 규범, 윤리적 기준, 정책적 요구에 적합하게 행동하고 있음을 나타내는 장치로 볼 수 있다.

제도이론 관점에서 ESG 공시의 제도화는 전염적 제도화(isomorphic institutionalization)로 해석할 수 있다. 특히 IFRS 재단(International Financial Reporting Standards Foundation), 유럽연합(EU), 미국 증권거래위원회(SEC) 등 주요 제도 행위자들이 경쟁적으로 ESG 공시기준을 도입함으로써, 세계 각국 기업들도 자발적인 표준 채택을 넘어서 제도적 동형성(institutional isomorphism)을 경험하고 있다. ESG 공시는 이제 '선택의 문제'가 아닌 '정당성의 문제'로 전환되었으며, 이에 따라 국제기준의 형성과 확산은 기업정보 시스템과 회계학적 사고틀의 구조적 전환을 요구하고 있다.

ESG 공시 제도화의 가장 중요한 전환점 중 하나는 2021년 IFRS 재단 산하에 국제지속가능성기준위원회(International Sustainability Standards Board, ISSB)가 출범한 것이다. ISSB는 기존 IFRS 회계기준 제정의 논리와 체계를 바탕으로, 기업의 지속가능성과 관련된 공시 정보를 재무정보와 통합하여 제공할 수 있는 일관된 기준을 마련하고자 하였다.

2023년 6월 발표된 IFRS S1과 IFRS S2는 ESG 정보의 글로벌 기준으로 기능하는 최초의 공식적 문서이며, 특히 다음과 같은 구조적 특징을 지닌다.

- IFRS S1 : General Requirements for Disclosure of Sustainability-related Financial Information
  - 기업의 재무적 지속가능성에 중대한 영향을 미치는 모든 ESG 관련 정보의 공시를 요구

–기존 재무제표와 연결되는 방식의 정보통합(integrated reporting)을 지향

–"투자자 중심(material to investors)"이라는 단일 중요성(single materiality) 원칙 채택

- IFRS S2 : Climate-related Disclosures

–TCFD(Task Force on Climate-related Financial Disclosures)의 권고안을 반영

–기후 리스크의 식별, 평가, 전략, 기업지배구조, 지표 및 목표에 대한 체계적 공시 요구

–Scope 1, 2, 3 배출량 공시 요구 및 탄소중립(Net Zero) 전략 공시 항목 포함

IFRS S1 · S2는 ESG 정보가 단지 비재무적 설명의 보완이 아니라, 기업의 재무성과에 중대한 영향을 미치는 리스크 요인으로 기능함을 전제로 한다. 이는 전통적인 회계정보 시스템의 범위를 확장시키는 동시에, ESG 정보의 구조적 신뢰성 확보를 위한 계량적 기준의 필요성을 제기하고 있다.

한편, 유럽연합(EU)은 기업의 사회적 책임과 지속가능성에 대한 보다 포괄적인 접근을 강조하며, 이중 중요성(double materiality) 개념을 제도화하고 있다. 이는 단지 투자자 관점에서의 재무적 중요성(financial materiality)만이 아니라, 기업이 사회 · 환경에 미치는 영향(impact materiality) 자체도 공시의 대상으로 포함되어야 한다는 입장이다. 이러한 철학은 2023년 발효된 CSRD(Corporate Sustainability Reporting Directive)를 통해 제도적으로 구체화되었으며, 이에 따라 유럽지속가능성보고기준(European Sustainability Reporting Standards,

ESRS)이 도입되었다.

- ESRS의 특징
  - ESG 각 영역별로 상세하고 구체적인 공시 요구사항 제시
  - 이해관계자 기반의 '이중 중요성' 원칙을 기준화
  - 실질적인 사회적 · 환경적 영향에 대한 정보 제공을 기업의 책임으로 규정
  - 기업의 전략, 기업지배구조, 리스크관리, 실적 등 총체적 구조하에서 ESG 정보 제공 요구

이중 중요성 원칙은 제9장에서 논의한 이해관계자 이론(stakeholder theory)과 직접적으로 연결되며, 기업의 지속가능성 공시가 단지 자본시장 투자자의 이해관계뿐 아니라, 사회 전체의 제도적 정당성 확보 수단이라는 점을 제도적으로 제시하고 있다.

미국 증권거래위원회(SEC)는 전통적으로 재무중심의 공시 규제를 유지해 왔으나, 2020년대 초반부터 ESG, 특히 기후관련 정보(climate-related information)에 대한 공시 의무화 움직임을 본격적으로 추진한 바 있다.

2022년 SEC는 다음과 같은 공시 규제 강화를 예고하였다.

- 기업의 기후 관련 리스크 및 경영전략 공시 요구
- Scope 1 및 2 온실가스 배출량의 의무 공시, Scope 3는 조건부 공시
- 기후정보에 대한 외부인증 및 내부통제 시스템 강화 요구

이러한 접근은 기본적으로 '투자자 보호(investor protection)'라는 전통적인 SEC의 법적 권한에 기반하여 ESG 공시를 정당화하려는 시도였으며, 기후정보가 재무적 중요성을 가진 사항(material financial information)으로 간주될 수 있음을 강조하였다.

그러나 이러한 제도화 흐름은 2024년 이후 미국 내 정치 지형 변화, 특히 ESG에 대한 공화당 중심의 정치적 반발(political backlash)과 규제 완화 기조 속에서 일정부분 제약을 받고 있다. 특히 트럼프 대통령 및 보수적 주 정부들은 ESG 공시에 대한 정치적 편향성(political bias)과 비시장적 강제성(non-market coercion)을 비판하며, ESG 관련 규제를 '행정적 과잉'으로 간주하고 있다.

이에 2024년 이후 미국 연방정부와 일부 주(州) 차원에서는 다음과 같은 움직임이 나타나고 있다.

- ESG 공시 의무화 규정에 대한 법적 이의 제기 또는 이행 지연
- 주 정부 차원의 ESG 투자 제한 및 금융기관 압박(예 : 플로리다, 텍사스 등)
- SEC가 제안한 공시기준(IFR-Climate Disclosure Rule)에 대한 수정 또는 축소 논의

이러한 배경에서 미국 내 ESG 공시 정책은 제도화와 정치화 사이에서 구조적 긴장을 경험하고 있으며, 규제의 실효성 역시 불확실성이 증가하고 있다. 즉 SEC의 기준은 제도적 정합성(harmonization)을 위한 글로벌 흐름에는 참여하고 있으나, 내부 정치경제적 환경은 제도화된 공시의 후퇴 또는 지연 가능성을 내포하고 있는 것이다.

이러한 상황은 ESG 정보가 단순한 기술적 공시 항목이 아니라,

경제적 · 윤리적 · 정치적 차원이 교차하는 제도적 어젠다임을 보여주는 대표적인 사례로 볼 수 있다. 또한 이는 향후 글로벌 공시기준 간 정합성 확보에 있어, 미국식 '단일 중요성(single materiality)' 접근과 유럽식 '이중 중요성(double materiality)' 접근 간 충돌가능성을 더

〈표 12.5〉 국제기준별 ESG 공시항목

구 분	IFRS		SEC	ESRS
	ISSB S1[1)]	ISSB S2[2)]		
기후변화	●	●	●	●
환경오염(대기, 물, 토양)	●	●		●
수자원 및 해양자원	●			●
생물다양성	●	●		●
순환경제	●			●
에너지 관리	●	●		
폐기물 및 유해물질 관리	●	●		
임직원(노사관계 및 인권)	●	●		●
협력사 및 공급망	●			●
지역사회	●			●
소비자 외 기타 사회적 자본	●	●		●
사업 모형 및 혁신	●	●		
거버넌스	●	●		●

Note : 1) ISSB S1은 지속가능성에 관한 주제를 포괄한 세부 요구사항으로 관련 세부 주제가 단계적으로 발표될 예정임. 현재 논의된 다음 주제로는 생물다양성, 인적자본(다양성, 공정성, 포용성), 인권(노동권과 지역사회) 등이 고려됨

2) ISSB S2의 경우 산업기반 요구사항으로 SASB(지속가능성 회계기준위원회)를 채택하여 부분적으로 관련 기준이 요구됨(채택하는 기준에 대해서는 논의 중이나 SASB 기준의 대부분이 고려될 것으로 보임)

출처 : 삼정KPMG(2023), ESG 정보공시 의무화 시대, 기업은 무엇을 준비해야 하는가?

〈표 12.6〉 국제기준 비교

국가 및 기관	EU(EFRAG)	미국(SEC)	IFRS(ISSB)
기후공시기준	유럽 지속가능성공시기준(ESRS)	기후공시 규칙	ISSB Standard-S1, S2
적용 시점	2025년 공시	2026년 공시	2025년 공시
적용 대상	대기업 · 상장 중소기업	상장 중견 · 대기업	국가별로 상이
보고 위치	일반목적재무보고서	사업보고서	사업보고서
Scope 3 의무	○	×	○
중요성 평가	이중 중요성	재무 중요성	재무 중요성
포함된 프레임워크 및 공시기준	GRI, TCFD, ISSB	TCFD, GHD	TCFD, SASB, CDP, IIRC

자료 : 지속가능성기준위원회(2024), Teneo(2022)
출처 : 자본시장연구원(2024), 글로벌 주요국의 지속가능성 공시 의무화에 따른 영향과 과제

욱 부각시키고 있다.

ISSB, ESRS, SEC 등 주요 제도 행위자들의 기준은 각기 다른 철학과 규제 체계를 반영하고 있으며, 이는 ESG 정보의 글로벌 통합(global convergence)과 동시에 제도적 분화(institutional divergence)를 야기하고 있다.

- ISSB : 투자자 중심의 단일 중요성 원칙 → 재무성과 중심
- ESRS : 이해관계자 중심의 이중 중요성 원칙 → 사회 · 환경 영향까지 포함
- SEC : 법적 공시 범위 내에서의 투자자 보호 중심 → 기후정보 우선 도입

이러한 분화 속에서도 글로벌 ESG 정보공시 체계의 일관성을 확보하기 위한 협력은 계속되고 있으며, ISSB와 EFRAG(European Financial Reporting Advisory Group)는 공시기준의 상호 연계가능성을 모색하고 있다.

사례 12.3 ESG 정보의 국제기준의 상호운영성 강화 : ISSB 중심의 통합 흐름

지속가능성 공시의 국제적 표준화가 급진전되고 있다. 이는 단일 기준의 직접 통합이라기보다는, 주요 공시기준 간 상호운용성(interoperability) 확보를 통해 실질적 호환성을 높이는 방식으로 전개된다. 특히 국제지속가능성기준위원회(ISSB) 기준이 중심축으로 작용하며, 유럽연합(EU)의 유럽지속가능성공시기준(ESRS) 및 글로벌 리포팅 이니셔티브(GRI) 등과의 협력도 강화되고 있다.

2024년 5월, IFRS 재단과 EFRAG는 ISSB와 ESRS의 병행 적용을 지원하는 상호운용성 지침을 공동 발표하였다. 해당지침은 중대성 판단, 공시 위치, 기후 이외의 주제 등에서 양 기준 간 호환이 가능하도록 설계되었으며, 기업이 두 기준을 효율적으로 충족할 수 있는 방법을 안내한다. ISSB가 채택한 재무 중대성(financial materiality) 개념과 ESRS의 이중 중대성(double materiality) 개념 간 차이를 인정하면서도, 재무 중대성 기준으로 판별된 사안이 ESRS에도 활용될 수 있도록 연결 고리를 마련하였다.

특히 기후 관련 공시(climate disclosure)에 대해서는 IFRS S2(기후기준) 기반 정보가 ESRS 내 적절한 위치에 자동적으로 대응되도록 1:1 색인(index mapping)이 제공된다. 이는 기존 TCFD 프레임워크 기반의 정보 구조와도 정합성이 높아, 기업이 동일한 정보를 여러 기준에 적용할 수 있는 비용 효율성을 제공한다. 이에 대해 ISSB 의장은 “이번 지침은 글로벌 공시기준과 EU의 규제를 동시에 충족할 수 있는 실용적 도구"라고 평가하였으며, EU 집행위원회도 "다양한 공시 프레임워크 간 높은 수준의 정렬"이라고 강조하였다.

이와 동시에 GRI와의 협력도 확대되고 있다. 2024년 5월, IFRS 재단과 GRI는 양측 기준의 공동 활용가능성을 높이기 위한 협력 강화 방안을 발표하였다. 이미 2022년 체결된 양해각서(MOU)와 2023년의 싱가포르 파일럿 프로젝트를 바탕으로, 양 기관은 생물다양성, 인적자본 등 차세대 공시 주제에 대한 공동 개발도 검토 중이다. GRI는 2022년 기준, 글로벌 250대 기업 중 78%가 채택한 기준으로, ISSB와의 상호운용성 확보는 사실상 글로벌 표준(Global baseline)으로서의 지위를 공고히 하는 효과를 지닌다.

한국 역시 ISSB 기준을 수용하는 방향으로 제도 정비를 진행 중이다. 금융위원회는 ISSB 기준을 참조하여 국내 ESG 공시기준을 마련할 방침을 밝혔고, 이에 따라 한국회계기준원 산하 지속가능성 기준위원회(KSSB)는 ISSB 기준을 준용한 한국형 지속가능성 공시기준 공개 초안을 발표하였다. 업계에서는 ISSB 기준이 복수 공시기준 간 중복을 줄이고 비용 효율성을 높이는 공시 전략으로 주도권을 확보했다고 평가하고 있다.

출처 : 한국경제, "ESG 공시, 표준화 잰걸음… ISSB, ESRS · GRI와 기준 호환," 2024.6.5

사례 12.4 ESG 정보공시 방식

기업의 지속가능경영 수준을 외부 이해관계자에게 전달하는 ESG 공시 방식은 크게 세 가지로 구분된다.

① 지속가능성 보고서 방식

1990년대 말 유럽에서 시작되어 확산된 이 방식은, 기업이 자발적으로 환경·사회 이슈에 대한 활동을 서술하는 형식이다. 한국 대기업들도 현재 약 150개사가 이 보고서를 발간 중이다. 그러나 ESG 공시가 의무화되면서, 이 보고서는 점차 공적 공시 수단으로서의 지위를 상실하고 있다.

EU는 ESRS(유럽지속가능성공시기준) 초안을 발표하며 ESG 정보를 사업보고서에 통합 공시하도록 명시했다. 지속가능성 보고서를 내는 것은 자유지만, 이를 공식 공시로 인정하지 않겠다는 입장을 분명히 한 것이다.

② 사업보고서 통합 방식

기존 재무제표와 함께 ESG 요인이 기업에 미치는 영향을 통합적으로 공시하는 방식이다. IFRS 산하 ISSB(국제지속가능성기준위원회)가 발표한 ESG 공시기준이 대표적이며, 미국은 이 방식을 선호한다.

ISSB 기준은 ESG 요소가 기업에 미치는 영향을 공시하는 '단일 중대성(single materiality)'에 중점을 두며, EU의 ESRS는 이에 더해 기업이 사회·환경에 미치는 영향까지 포함하는 '이중 중대성(double materiality)'을 요구한다.

③ 거래소 공시 방식

ESG 정보를 증권거래소에 수시 공시하는 방식으로, 기존 사업보고서나 지속가능성 보고서 없이도 공시가 가능하다. 상대적으로 비용과 법적 부담이 작기 때문에 많은 기업들이 선호하는 방안이다.

한국의 선택 : ISSB 기준 기반의 통합 공시

한국 정부는 2025년부터 상장 대기업, 2030년까지 전 상장기업을 대상으로 ESG 공시를 의무화하기로 발표했다. 기업들은 부담이 적은 ③ 거래소 공시 방식을 기대했으나, 정부는 ② ISSB 통합공시 방식을 사실상 채택했다. 이에 따라 KSSB(한국지속가능성기준위원회)가 설립되었으며, 2025년부터 ISSB 기준을 국내에 적용할 예정이다.

이러한 결정은 이미 예견된 바 있다. 한국거래소와 산하 ESG기준원이 공시 제도 정비에서 소외된 반면, 회계기준원 중심의 논의가 활발했기 때문이다.

기업들의 우려와 제도적 함의

기업들은 ISSB 기준을 따를 경우, ESG 정보가 '자본시장법'에 근거한 사업보고서에 포함되면서 법적 책임이 커질 것을 우려하고 있다. 잘못된 공시는 손해배상 책임으로 이어질 수 있기 때문이다. 반면 거래소 공시는 처벌 수위가 상대적으로 낮다.

제도 변화에 따른 이해관계자의 손익

가장 큰 수혜자는 회계법인이다. ESG 공시가 회계 기반의 사업보고서에 통합되면서, 회계사들의 공시 검토, 감사, 인증, 컨설팅 수요가 급증할 것으로 예상된다. 이는 IFRS가 회계업계 중심의 국제기준이라는 구조적 특성과 맞닿아 있다.

반면 법무법인은 수익 기회 축소로 아쉬움을 표한다. 이들은 공시보다는 공급망 실사나 규제 대응, ESG 관련 소송이 주요 시장이 되기를 기대해왔지만, 공시 중심의 규제 흐름이 강화되면서 기대보다 역할이 줄어든 것이다. 강화된 공시는 오히려 소송 위험을 줄이는 예방 효과도 가질 수 있다.

출처 : ESG경제, "[ESG 공시 의무화] 핵심은 '사업보고서'와 통합… 회계업계가 박수치는 이유," 2023.7.16

요 약

본장에서는 ESG 정보의 개념과 회계학적 성격을 설명하고, ESG 정보가 기존 재무정보와 어떤 차이를 갖는지를 살펴보았다. 나아가 국제공시기준의 제도화 과정을 정리하고 있다.

먼저, ESG 정보는 환경(Environmental), 사회(Social), 지배구조(Governance) 이슈에 대한 기업의 대응과 관련된 비재무적 정보(non-financial information)로서, 전통적인 재무제표가 측정하지 못하는 기업의 지속가능성과 장기적 리스크를 반영한다. ESG 정보는 거래(transaction) 중심이 아닌 사건(event) 중심이며, 측정가능성(measurability)과 검증가능성(verifiability)의 확보가 어렵다는 특성을 지닌다. 또한 정보이용자의 범위가 투자자 중심에서 이해관계자 전반으로 확장되며, 이는 정보의 목적성(purpose-orientation)을 전환시킨다.

이러한 맥락에서 ESG 정보는 단순한 수치나 데이터의 나열이 아니라, 기업의 제도적 정당성(institutional legitimacy)을 확보하기 위한 전략적 도구로 기능한다. 즉, ESG 공시는 사실의 기술(description)을 넘어 사회적 승인(social approval)과 지속가능한 생존권한(license to operate)을 부여받기 위한 제도적 장치로 작동한다.

ESG 정보의 공시는 과거 자발적(discretionary) 공시의 영역이었으나, 오늘날에는 국제회계기준(IFRS), 유럽연합(EU), 미국 SEC 등 제도적 행위자들에 의해 규범화된 제도적 공시요건으로 자리잡아가고 있다. IFRS S1과 S2는 각각 일반적인 지속가능성 공시 요건과 기후 관련 정보공시기준을 제시하며, 투자자 중심의 '단일 중요성(single materiality)' 원칙을 적용한다. 이에 비해 EU는 ESRS를 통해 '이중 중요성(double materiality)' 원칙을 채택하며, 기업이 사회와 환경에 미치는 영향 자체도 공시의 대상으로 본다. 미국 SEC는 투자자 보호 논리를 바탕으로 기후정보 공시를 추진하고 있으나, 정치적 반발과 규제 후퇴가능성 등 제도화의 불확실성이 존재한다.

복습문제

(1) 다음 중 ESG 정보의 성격에 대한 설명으로 옳지 않은 것은?
  a) ESG 정보는 대부분 사건(event) 중심의 비정형적 데이터에 기반한다.
  b) ESG 정보는 측정가능성과 검증가능성이 재무정보보다 높다.
  c) ESG 정보는 다양한 이해관계자에게 사회적 정당성 확보의 수단이 된다.
  d) ESG 정보는 회계학의 인식·측정 개념에 도전하는 특성을 가진다.

(2) 다음 중 ESG 정보의 구성요소에 포함되지 않는 것은?
  a) 온실가스 배출량
  b) 내부자 거래 이슈
  c) 고객만족도
  d) 이사회 구성의 다양성

(3) '이중 중요성(double materiality)' 개념은 어떤 ESG 공시기준에서 채택하고 있는가?
  a) IFRS S1
  b) IFRS S2
  c) SEC Climate Rule
  d) ESRS(European Sustainability Reporting Standards)

(4) IFRS S1과 S2의 주요 특징을 간략히 서술하시오.

(5) 미국 증권거래위원회(SEC)의 ESG 공시 규제 접근방식의 특징을 서술하고, 유럽연합(EU)의 접근방식과 비교하시오.

(6) 내부탄소가격(internal carbon pricing)의 개념을 설명하고, 기업이 이를 도입하는 이유를 회계학적 의사결정의 맥락에서 서술하시오.

(7) 내부탄소가격 산정 방식 중 Shadow Price, Implicit Price, Internal Fee의 개념적 차이와 각 방식의 장단점을 비교하시오.

토론문제

01 ESG 정보는 "비표준화된 정보의 공시"라는 지적이 존재한다. 이러한 ESG 정보의 특성이 회계학에 주는 도전과 회계학의 대응 방향에 대해 논의해보자.

02 ESG 정보의 공시가 단순한 정보 제공을 넘어 '제도적 승인장치(institutional approval mechanism)'로 작용한다는 주장의 의미를 설명하고, 이에 대한 본인의 견해를 제시해보자.

03 ESG 공시 제도화의 글로벌 확산은 국제기준 간 철학의 차이를 드러내고 있다. ISSB의 '단일 중요성'과 ESRS의 '이중 중요성' 간의 충돌은 회계학적 측면에서 어떤 함의를 가지는가?

04 기업이 내부탄소가격 정보를 외부 이해관계자에게 공시하는 것이 자본시장에 어떤 신호(signaling effect)를 제공하는지 논의하고, 그 신호가 실제 투자자 의사결정에 어떤 영향을 미칠 수 있는지 논의해보자.

05 내부탄소가격의 산정에 있어 'Shadow Price'와 'K-ETS'는 접근방식에서 중요한 차이를 보인다. 두 방식 중 기업이 어떤 기준을 선택해야 하는지에 대해 제도적 정합성, 회계정보의 비교가능성, 전략적 실효성 측면에서 논의해보자.

◈ 참고문헌

1 IFRS(2023), IFRS S1 General Requirements for Disclosure of Sustainability-related Financial Information, IFRS Foundation.

2 Freeman, R. Edward(1984), *Strategic Management: A Stakeholder Approach*, Boston: Pitman.

3 Suchman, Mark C.(1995), "Managing legitimacy: Strategic and institutional approaches," *Academy of Management Review*.

DiMaggio, Paul J., Walter W. Powell(1983), "The iron cage revisited: Institutional isomorphism and collective rationality in organizational fields," *American Sociological Review*.

4 Reber, Beat, Agnes Gold, and Stefan Gold(2022), "ESG disclosure and idiosyncratic risk in initial public offerings," *Journal of Business Ethics*.

Jayanti, Rama K.(2018), "Sustainability based corporate identity: A study of corporate websites," *Academy of Marketing Studies Journal*.

5 최종원 · 현석(2025), "Scope 3 배출량과 내부탄소가격 공시: KOSPI 상장사의 현황 분석,"『관리회계연구』.

CHAPTER

13

ESG 공시의 신뢰성 확보와 기업지배구조와의 연계성

❖ 본장에서는 다음과 같은 내용을 다룬다.

- 측정 및 인식의 회계학적 쟁점
- ESG 성과측정의 통합
- ESG 정보의 외부인증
- 기업지배구조와의 상호작용

측정 및 인식의 회계학적 쟁점

ESG 정보는 이제 더 이상 기업의 자발적 수준의 정보 공개가 아니라, 제도적으로 요구되는 공시항목으로 점차 변화하고 있다. 이는 ESG 정보가 회계 시스템 내로 편입되어야 함을 의미하며, 곧 회계 정보로서의 인식(recognition) 및 측정(measurement) 이슈를 제기한다.[1] 그러나 ESG 항목은 전통적인 회계정보와는 전혀 다른 속성을 지니며, 자산이나 부채로서의 정의에 쉽게 부합하지 않는 경우가 많다. 이에 따라 ESG 관련 항목을 재무제표상 인식하고 측정하기 위한 이론적 · 실무적 기준이 새롭게 요구되고 있으며, 이는 회계학의 개념 틀에 대한 근본적인 재검토를 요구한다.

측정(measurement)은 회계학의 핵심 기능 중 하나이며, 이는 정보

[그림 13.1] ESG 정보의 측정

〈표 13.1〉 ESG 정보의 정량화 어려움과 회계적 인식 한계

ESG 항목	주요 내용	측정의 어려움	회계정보로서의 인식 한계
이사회의 다양성	성별, 연령, 전문성 등	정성적 속성 중심, 단일 기준 부재	재무제표 항목과의 대응 불가
노동환경	임직원 만족도, 근로 환경	설문조사 의존, 비교 불가능성	가치 평가 및 계량화 곤란
공급망 리스크	하위 공급자 위험 노출	데이터 수집 곤란, 잠재성	화폐단위로 측정 곤란, 불확실성 큼

의 객관성(objectivity) 및 검증가능성(verifiability)을 확보하기 위한 전제조건이다. 그러나 ESG 정보의 상당수는 본질적으로 정성적(qualitative) 속성을 가지며, 정량화시키기 매우 어렵거나 불가능한 경우가 많다.

예를 들어 다음과 같은 항목들은 그 중요성에도 불구하고, 측정기준의 부재로 인해 회계적으로 공시되기 어렵다.

- 이사회의 다양성 정도 : 성별 · 연령 · 전문성 등의 지표는 다양하지만, "다양성의 정도"에 대한 측정기준은 존재하지 않는다.
- 노동환경 : 임직원 만족도, 노동권 보호, 근로환경의 질 등은 계량적 지표보다는 설문이나 사례 기반의 정보로만 존재한다.
- 공급망 리스크 : 2~3차 공급자까지의 데이터 확보 자체가 어렵고, '잠재적 리스크'의 금전적 가치 평가도 불명확하다.

이러한 항목들은 정량적 공시의 구조 안에서 배제되거나 왜곡되기 쉽고, 이는 ESG 정보의 대표성의 왜곡(distorted representation) 및

공시 신뢰성 저하라는 결과로 이어질 수 있다.[2]

회계정보의 측정 속성으로는 대표적으로 역사적 원가(historical cost)와 공정가치(fair value)가 존재한다.[3] 그러나 ESG 정보는 이 두 기준 모두에 부합하기 어려운 속성을 지닌다. 다음의 사례들을 보면 그 한계가 명확히 드러난다.

- **기후 리스크의 미래 손상 가능성** : 공정가치로 평가하더라도, 미래 기후규제 또는 자연재해로 인한 자산손상 가능성은 불확실성이 매우 크다.
- **탄소배출권의 가치평가** : 탄소크레딧은 시장에서 거래되지만, 각국 정책, 시장변동성, 인증체계 등에 따라 공정가치의 신뢰성이 크게 저하된다.[4]
- **사회적 리스크에 대한 준비금 설정** : 아동노동, 인권침해 등의 리스크는 발생가능성과 금액의 측정 모두 불명확하여 회계적 충당부채 설정이 현실적으로 어렵다.[5]

이와 같이 ESG 정보는 회계의 측정 속성(measurement attribute)과 구조적 불일치를 보이며, 이로 인해 정보공시의 일관성과 비교가능성을 저해하는 요인이 된다. 이는 회계학이 새로운 평가 속성(alternative valuation model)에 대한 이론적 모색을 요구받는 지점이라 할 수 있다.

사례 13.1 기후 리스크의 회계처리

5일 한국경제신문의 취재를 종합하면 IASB는 지난달 열린 글로벌 재무제표작성자포럼(GPF)에서 넷제로 비용의 충당부채 인식기준을 마련하기 위한 논의에 돌입했다. 현행 회계제도(IAS 37)에서는 미래에 기업의 현금이 유출될 가능성이 크고, 그 금액을 추정할 수 있을 경우 충당부채로 인식해 재무제표에 기록해야 한다. 미래에 기업의 돈통에서 사라질 돈이라면 미리 부채로 인식하는 게 기업의 재무 현황을 더 정확하게 보여주는 회계처리라는 점에서다.

IASB가 제도 정비에 나선 것은 각 기업의 녹색 비용을 어떻게 부채로 인식할지에 대한 명확한 기준이 없기 때문이다. 예를 들어 2030년까지 제품 생산 과정에서 순탄소배출량을 '제로(0)'로 만들겠다고 선언한 애플의 경우 사전에 미래에 지출할 기후 비용을 부채로 인식해야 한다는 게 IASB의 판단이다. 지난달 국제지속가능성기준위원회(ISSB)가 지속가능성 공시기준을 마련해 내년부터 적용에 나서기로 한 만큼 회계기준도 이에 연동해야 한다는 점도 고려했다. 이웅희 한국회계기준원 지속가능경영지원센터장은 "녹색 비용의 충당부채 인식 문제에 대한 논의가 시작됐다"며 "내년부터 기후공시기준이 실제 적용되기 때문에 연내 결론을 내야 할 것"이라고 말했다.

▶ 삼성 · SK · KB금융 등 대규모 충당부채 쌓나?

녹색 비용을 둘러싼 국제 논의가 활발해지면서 국내 산업계도 비상이 걸렸다. 국내 기업이 감당해야 할 넷제로 비용이 천문학적으로 커질 수 있다는 점에서다. 예를 들어 RE100에 가입한 기업의 경우 전력구매 비용, 탄소배출권거래 비용, 태양광 발전소 건립 비용, 송전 비용 등을 모두 부채로 잡아야 할 수 있다. 특히 신재생에너지 인프라가 부족한 한국은 기업들의 비용 부담이 더 커질 수 있다는 우려가 제기된다.

국내 대기업 중에 대표적인 녹색 비용으로 손꼽히는 RE100에 가입한 곳은 총 27개다. SK하이닉스, 삼성전자, KB금융, 미래에셋증권, 네이버, 현대차, 기아, LG이노텍, 롯데칠성 등이 대표적이다. 이들 기업이 실제로 RE100을 이행하기 위해선 천문학적인 돈이 들어간다. 100% 재생에너지로 제품을 만들기 위해선 태양광 발전소를 반도체 공장 근처에 직접 지어야 할 수도 있다.

만약 탄소배출이 불가피하게 발생했다면, 탄소배출권을 사서 메꿔야 한다. 재생에너지 인프라가 잘 갖춰진 나라에 비해서 제품 생산 비용이 더 올라갈 수 있다는 의미다. 사내 차량을 모두 전기차로 바꾸겠다고 선언한 기업의 경우엔 차량 구매비도 미래 부채다. IASB는 이를 모두 계산해 단계적으로 재무제표에 반영해야 한다는 판단이다. 한 관계자는 "그동안 기업의 탄소중립 선언이 홍보 수단으로 활용된 측면이 있다"며 "하지만 이제부터 실질적인 재무 부담으로 반영되게 됐다"고 설명했다.

IASB는 작년에 ESG 공시기준 마련을 위한 별도 회계 기관인 ISSB를 설립했다. ISSB는 지난달 1차 지속가능성 공시기준인 S1과 S2를 발표했다. S1에 기후 관련 공시기준이 총망라됐다. ESG 공시기준은 2024년부터 적용돼 2025년부터 기업 재무제표에 반영해야 한다. 한국은 우선 간소화된 별도 ESG 기준을 연내 마련해, 상장사부터 적용한다는 방침이다. 단 한국은 국제회계기준을 국내에 전면 적용하고 있어서 ISSB 기준도 상당 부분 준용할 가능성이 크다는 평가다.

출처 : 한국경제, "[단독] 美-中 '회계전쟁' 시작됐다… '넷제로 충당부채' 놓고 대격돌," 2023.7.5

ESG 성과측정의 통합

ESG 정보의 제도화가 진전되면서, 개별적인 항목의 공시나 설명을 넘어서 통합적 관점에서의 성과측정방법 구축이 요구되고 있다. 기업의 ESG 활동이 단순한 공시 수준에 그치는 것이 아니라, 실질적 성과로 이어지고 있는지를 평가하기 위해서는 환경(E), 사회(S), 지배구조(G) 영역 전반을 포괄하고 상호 연결하는 통합된 성과측정 프레임워크가 필요하다. 이는 회계학적으로도 단일 항목의 측정을 넘어, 다양한 형태의 비재무성과 지표(non-financial performance indicators)를 일관된 원칙하에 결합하고 해석하는 능력을 요구하며, ESG 정보가 경영성과(performance)와 경영전략(strategic alignment)에 실질적으로 연결되어야 함을 시사한다.

전통적으로 ESG 정보는 환경, 사회, 지배구조라는 세 개의 축으로 나뉘어 개별적으로 측정·보고되어 왔다. 각 영역은 고유한 지표체계와 리스크 평가방식을 갖고 있으며, 측정기준도 상이하다. 예를 들어 환경 영역은 온실가스 배출량, 에너지 사용량, 폐기물 처리 등의 정량지표 중심이고, 사회 영역은 노동권 보호, 다양성, 공급망 인권 등 정성정보 중심이며, 지배구조 영역은 이사회 구성, 내부통제, 감사기구 등 조직 구조와 통제 시스템에 관한 제도적 지표 중심이다.

이러한 영역별 분절적 접근은 다음과 같은 한계를 지닌다.

- 서로 다른 측정 단위와 범위로 인해 비교가능성의 결여
- 각 영역 간 상호작용과 인과관계의 부재(예 : 기후전략 실패가 지배구조 실패에서 기인한 경우)
- 기업 전사적 전략과의 연계 부족

제10장에서 다룬 이사회 중심의 ESG 기업지배구조는 이와 같은 분절화 문제를 해소하기 위한 제도적 장치이기도 하며, 특히 ESG 위원회나 최고지속가능경영책임자(CSO)는 ESG 활동의 수평적 통합(horizontal integration)을 실질적으로 추진할 수 있는 조직적 기반을 마련한다.

ESG 성과측정의 통합이란 개별 지표의 단순 집계가 아니라, 상호 연관된 지속가능성 목표에 대한 총체적 성과관리(systemic performance management)를 의미한다. 이를 위해 다음과 같은 구성요소들이 요구된다.

- **공통 지표 체계**(Common Metrics) : 각 ESG 항목 간 정렬가능한 측정기준 정립(예 : CO_2 감축목표와 R&D 투자, 이사회의 감독 책임 연계 등)
- **가중치 기반 종합지수**(Weighted Indices) : ESG 전반에 걸쳐 우선순위에 따라 평가 가중치 설정(예 : 산업별 중요도 반영)
- **성과의 인과적 연계**(Causal Linkage) : 전략, 리스크, 지배구조, 운영지표 등 간 연결성 확인

이와 같은 통합적 성과측정은 단지 공시 목적을 넘어서 기업의 전략적 의사결정(internal decision making)과 외부 정당성 확보(institutional legitimacy) 모두에 기여하는 방식으로 재설계되어야 한다.

국제적으로 ESG 성과를 통합적으로 계량화하려는 시도가 증가하고 있으며, 대표적인 지수로는 다음과 같은 지수들이 존재한다.

- **MSCI ESG Rating** : E/S/G 각 항목에 대해 점수를 부여한 후

▣ 매출 100대 기업(2020년) 중 55개(등급비교가능기업)의 MSCI, 레피니티브(舊톰슨로이터), 기업지배구조원(KCGS) 간 평균 ESG 등급격차 1.4단계. 최대 5단계까지 격차 발생

ㅇ 기관 간 등급격차 3단계 이상 기업(***22개사***)* 각 기관 등급은 2020년 가장 최신 데이터 기준

기업명	조정등급*			등급격차			
	MSCI (7단계 등급)	Refinitiv (100점 만점)	KCGS (7단계 등급)	M-R**	M-K**	R-K**	등급 격차 평균
현대제철	CCC	AA(77)	BBB(B+)	***5단계***	***3단계***	2단계	2.2단계
기아자동차	CCC	A(62)	A(A)	***4단계***	***4단계***	0	
현대자동차	B	AA(74)	A(A)	***4단계***	***3단계***	1단계	
삼성중공업	CCC	A(64)	BBB(B+)	***4단계***	***3단계***	1단계	
한국전력공사(주)	BB	AA(73)	A(A)	***3단계***	2단계	1단계	
한국가스공사(주)	BB	AA(73)	A(A)	***3단계***	2단계	1단계	
현대글로비스(주)	BB	AA(77)	A(A)	***3단계***	2단계	1단계	
현대건설(주)	BB	AA(81)	A(A)	***3단계***	2단계	1단계	
두산중공업(주)	BB	AA(74)	A(A)	***3단계***	2단계	1단계	
에쓰-오일(주)	BB	AA(82)	AA(A+)	***3단계***	***3단계***	0	
현대모비스(주)	B	BBB(51)	A(A)	2단계	***3단계***	1단계	
롯데쇼핑(주)	B	BBB(49)	A(A)	2단계	***3단계***	1단계	
이마트	B	BB(36)	A(A)	1단계	***3단계***	2단계	
금호석유화학(주)	B	B(27)	A(A)	0	***3단계***	***3단계***	
비지에프리테일	BB	CCC(12)	A(A)	2단계	2단계	***4단계***	
에스원	BB	CCC(9)	BBB(B+)	2단계	1단계	***3단계***	
씨제이대한통운(주)	BB	B(20)	A(A)	1단계	2단계	***3단계***	
호텔신라	BB	B(21)	A(A)	1단계	2단계	***3단계***	
한국항공우주산업(주)	BB	B(22)	A(A)	1단계	2단계	***3단계***	
오뚜기	B	CCC(8)	BBB(B+)	1단계	2단계	***3단계***	
삼성전자(주)	A	AAA(91)	BBB(B+)	2단계	1단계	***3단계***	
엘지전자(주)	A	AAA(90)	BBB(B+)	2단계	1단계	***3단계***	

* 등급체계 : (MSCI) AAA, AA, A, BBB, BB, B, CCC, (KCGS) S, A+, A, B+, B, C, D, (Refinitiv) 100점 만점 점수체계를 14점 간격으로 7단계 등급으로 환산

** 약자는 M(MSCI), R(Refinitiv), K(KCGS)로 각 기관 평가등급 간 몇 등급 차이인지를 의미

구 분		MSCI (글로벌 1위 업체)	한국기업지배구조원* (샘플보고서 기준)	Refinitiv (舊 Thomson Reuter)
정의		ESG 별도 정의 없음. (ESG 투자에 대해선 지속가능투자, 사회책임투자, 미션관련투자/스크리닝으로 정의)	ESG 홈페이지에 별도 공식적인 정의 없음**	ESG 홈페이지에 별도 공식적인 정의 없음
평가기업수		8,500개 이상 글로벌 기업	908社(유가 760 코스닥 148)	10,000개 이상 글로벌 기업
평가항목	E	· 기후변화 · 천연자원 · 오염 및 폐기물 · 환경적 기회	· (환경전략), (환경조직) * 괄호는 샘플보고서 기준항목 · 환경경영 · 환경성과 · 이해관계자 대응	· 자원사용 · 배출(emissions) · 제품혁신
	S	· 인적자본 · 제조물책임 · 이해관계자(stakeholder) 반대 · 사회적 기회	· 근로자 · 협력사/경쟁사 · 소비자 · 지역사회	· 인력 · 인권 · 사회 · 제조물책임
	G	· 기업지배구조 · 기업행동	· 주주권리보호 · 이사회 · 감사기구 · 공시	· 경영(management) · 이해관계자 · CSR 전략
평가방식		37개 키 이슈에 대한 리스크 기회 메트릭스 분석 · 평가. ESG 컨트로버시(4단계) 반영	기본평가(가점). 심화평가를 통해 부정적 이슈(사건/사고) 감점	KPI 산출 후 점수화. 항목별 점수 측정 후 가중치에 따라 계산. 컨트로버시 스코어 반영
평가등급		AAA, AA, A, BBB, BB, B, CCC (7단계)	S, A+, A, B+, B, C, D (7단계, ESG등급위원회가 결정)	100~75, 75~50, 50~25, 25~0점 (만점 100, 4단계)
데이터 수집		K-10, 지속가능보고서, CSR 보고서 등 공시/공개데이터, 뉴스, 정부 · 학계자료 등 활용	공시(사업보고서, 지속가능보고서, 웹사이트) 보도, 감독기구 · 지자체 등 발표자료 (설문 병행)	공시, 웹사이트, 보도, NGO · 정부자료 등 활용 · 수집
평가피드백 절차		없음(일방적)	있음***	없음(일방적)
활용		블랙록에 제공되어 투자판단 지표 활용, EFT 구성 등 활용 * 기타 자산운용사 SSGA는 ISS, Sustainalytics 등에서 기업 ESG 등급 등 정보를 제공받음	KRX ETE 지수 종목 구성 활용, 기관투자자에 제공(국민연금 책임투자 등에 활용), 우수기업 시상(지배구조원), 기업 자가진단 등	자산운용사(펀드 구성 등) 등에 정보 제공. ESG 지수 구성

* 2021년 4월 ESG 모범규준 개정. 추후 평가기준 조정 예상됨

** 홈페이지에서는 환경경영, 사회적 책임, 투명한 지배구조, 지속가능경영을 통한 필수 경영방침, 자본조달비용 감소, 상장실익 제고, 기업이미지 · 브랜드가치 제고, 지속가능 성장이 가능하다고 표기

*** 피드백 기간 중 각사 ESG 부문별 문항답변 및 사전조사평가결과 확인 → 해당기업의 확인 및 필요시 답변수정 요청 → 기업지배구조원 평가기준 부합시 수정요청 승인, 부적합시 기각 → 최종 평가 반영

출처 : 전국경제인연합회(2021), 국내외 ESG 평가 동향과 시사점

[그림 13.2] ESG 평가기관별 등급 및 평가방법 차이

가중평균 → AAA~CCC 등급

- Sustainalytics Risk Rating : 기업의 ESG 리스크 노출과 통제력에 기반한 점수화 → 낮을수록 우수
- Bloomberg ESG Disclosure Score : 공시 항목 수, 정량성, 비교가능성 등을 기준으로 0~100 점수

이들 지수는 측정의 편의성과 비교가능성 확보에는 기여하지만, 통합적 인과모형에 기반한 평가는 부족한 실정이다. 또한 측정 주체의 가치판단, 중요성 평가기준의 차이로 인해 동일 기업이 평가기관에 따라 서로 다른 ESG 등급을 부여받는 측정의 분산성(divergence) 문제가 존재한다. 이는 ESG 정보의 신뢰성 및 실질적 의사결정 활용가능성을 저해하는 요인이다.

또한 통합적 ESG 성과측정은 궁극적으로 기업의 재무성과와의 연계성(financial connectivity)을 제시할 수 있어야 한다. 이는 기업의 지속가능성이 투자자, 이해관계자, 감독당국 등에게 실질적 정보로 기능하기 위한 필수 조건이다.

사례 13.2 ESG 평가기관 간 ESG 성과지표의 차이

ESG 평가에서 동일한 기업에 대해 평가기관마다 상이한 점수와 등급을 부여하는 사례는 빈번하다. 이는 국내 기관에만 국한된 문제가 아니며, 해외 주요 평가기관들도 유사한 차이를 보인다. 각 기관이 자체적으로 개발한 평가 체계와 지표, 가중치, 판단기준을 적용하기 때문이다.

다수의 학술연구에 따르면 평가기관 간 ESG 등급의 상관관계는 대체로 낮다. 예컨대, 한 연구에서는 6개 기관의 등급 간 평균 상관

자료 : 한국ESG평가원

계수가 0.54에 불과했고, 가장 낮은 경우 0.38이었다. 제네바대 연구팀은 7개 기관의 등급을 분석한 결과 평균 상관관계가 0.45에 그쳤으며, 환경(E) 요인이 주요한 불일치 원인으로 지목되었다.

흥미롭게도 ESG 등급 불일치는 전체 기업을 대상으로 할 때보다 최하위 10% 기업이나 고수익 기업의 경우 일치도가 더 높았다. 그러나 일부 연구는 등급 간 일치성이 U자형 분포를 따른다고 보고하였다. 즉, 최상위 및 최하위 기업에서 불일치가 크고, 중간 등급에서는 상대적으로 일치도가 높았다.

평가기관 간 차이는 주로 세 가지 요인에서 비롯된다.

첫째, 평가 범주가 다르다. 예를 들어 A기관은 '이사회 다양성'을 고려하나 B기관은 제외할 수 있다.

둘째, 측정 지표가 상이하다. 같은 항목을 평가하더라도 어떤 기관은 성별 다양성, 다른 기관은 연령 분포를 중시할 수 있으며, 정책 중심인지 결과 중심인지에 따라서도 달라진다.

셋째, 지표의 수와 가중치가 기관마다 다르다. 어떤 기관은 수십 개, 다른 기관은 수백 개의 지표를 활용하며, 그 가중치는 대부분

비공개다. 실제 주요 ESG 지수 간 지표 일치율은 35~59%에 불과했고, 공통으로 사용하는 지표는 전체의 15%에 지나지 않았다.

이 외에도 평가자의 주관, 기관의 지리적·문화적 배경 역시 영향을 미친다. 예컨대 미국 기관은 사회(S) 항목을, 유럽 기관은 환경(E) 항목을 더 중시하는 경향이 있다.

불일치는 항목별로도 차이가 있다. 여러 연구에 따르면 환경(E)보다는 거버넌스(G) 항목에서 상관관계가 더 낮게 나타났다. 일부 연구에서는 G 항목의 등급 상관계수가 0.19~0.33으로, E나 S 항목보다 훨씬 낮은 수치를 기록했다.

또한 업종별로도 편차가 존재한다. 에너지 부문은 등급 불일치가 큰 반면, 금융, 기술, 서비스 산업은 상대적으로 일치도가 높았다. 특히 내구소비재·통신산업은 E와 S 항목에서, 금융 서비스는 G 항목에서 불일치가 두드러졌다. 대기업, ESG 정보공개가 활발한 기업일수록 불일치가 높다는 연구 결과도 있는데, 이는 정보가 많을수록 평가자의 주관 개입 여지가 커지기 때문이다.

연구자들은 평가체계 간 차이를 어느 정도는 불가피한 다양성으로 인정해야 한다고 본다. 그러나 지나친 등급 불일치는 투자자 혼란과 기업의 ESG 노력 위축으로 이어질 수 있다. ESG 활동이 자본시장에 반영되지 않으면 기업의 유인도 줄어든다.

따라서 데이터의 표준화, 평가 절차의 객관화, 투명한 공개가 필요하다는 주장이 힘을 얻고 있다. 일부는 ESG 평가도 장기적으로는 신용등급처럼 표준화된 방법론에 수렴할 것으로 전망한다. 특히 각국이 추진 중인 ESG 공시 의무화가 본격 시행되면 평가 신뢰도 제고에 기여할 것으로 기대된다.

출처 : ESG경제, "평가기관마다 들쭉날쭉한 ESG 점수… 알고 쓰자," 2024.3.3

ESG 정보의 외부인증

기업의 ESG 정보는 단순히 기업의 마케팅이나 홍보 수단이 아니라, 이해관계자의 의사결정을 지원하고, 기업의 사회적 정당성(institutional legitimacy)을 구축하는 핵심 수단으로 기능을 수행해야 한다. 그러나 이러한 ESG 정보는 그 특성상 측정기준의 불명확성, 인식 요건의 불확정성, 평가자의 재량적 해석의 여지 등으로 인해 신뢰성(reliability)과 투명성(transparency) 확보에 구조적 한계를 가진다. 이러한 배경에서 ESG 정보에 대한 외부인증(external assurance)은 ESG 정보의 제도화에 필수적인 장치라 할 수 있다.[6]

최종원 등(2025)에 따르면, 우리나라에서 2016년부터 2021년까지 지속가능성 보고서를 발간한 548개 상장기업 중 약 93%가 외부인증을 받은 것으로 나타났다. 그들의 연구결과에 따르면 외부인증을 받은 기업일수록 ESG 성과와 기업가치가 상대적으로 높게 나타났다. 이는 외부인증과 공시 품질 및 정보 신뢰성 간에 일정한 관련성이 존재할 가능성을 시사한다. 그러나 대형회계법인(BIG4)에 의한 인증은 6%에 불과했고, 국제적으로 통용되는 ISAE 3000 인증기준을 적용한 기업도 14%에 그쳤다. 즉, 국내 인증시장은 여전히 대형회계법인(BIG4)이나 ISAE 3000 등 국제기준의 활용도가 낮고, 중소 인증기관 및 Accountability의 AA1000AS 등 특정기준 의존도가 높아, 국제 정합성 측면에서 구조적 한계를 노출하고 있는 것이 현실이다.

본서 제4장에서 논의한 바와 같이 재무정보는 전통적으로 공인회계사에 의해 외부감사를 받는 것을 통해 정보의 신뢰성을 확보해왔다. 반면 ESG 정보는 아직까지 법적 감사를 요구받는 항목이 아니며, 공시의 수준과 방식이 기업 자율에 위임되어 있는 경우가 많다.

- **선택적 공시(selective disclosure) 문제**: 기업이 유리한 정보만을 공시하거나, 불리한 정보는 누락
- **정성적 서술의 남용**: 실질적 데이터보다는 추상적 원칙, 목표, 비전 중심의 기술
- **측정의 임의성**: 동일 항목에 대해 기업마다 측정기준이나 단위가 상이함

첫째, 선택적 공시(selective disclosure)의 대표적 사례는 엑슨모빌(ExxonMobil)의 2021년 지속가능성 보고서에서 확인할 수 있다. 엑슨모빌은 2021년까지 지속가능성 보고서에서 Scope 3 탄소배출량을 장기간 공시하지 않다가, 투자자 및 NGO의 압력에 의해 뒤늦게 일부 데이터를 공개하였다. 이는 기업이 자사에 불리하거나 리스크로 인식될 수 있는 정보는 누락하거나 축소하고, 유리한 정보만을 선택적으로 공시하는 행태로서, 선택적 공시의 전형적인 사례로 평가된다. 이러한 공시 방식은 ESG 정보가 전면적이고 균형 있게 제공되지 않을 경우, 정보이용자가 불완전한 정보에 기반하여 의사결정을 내릴 위험을 내포하고 있음을 보여준다.

둘째, 정성적 서술(narrative disclosure)의 남용 사례는 BP(British Petroleum)의 2020년 지속가능성 보고서에서 찾아볼 수 있다. BP는 보고서 전반에 걸쳐 "탄소중립 전환을 주도하겠다", "지속가능한 미래에 대한 비전" 등의 선언적 문구를 반복적으로 강조하였으나, 이에 상응하는 구체적 감축 목표나 이행 계획은 매우 모호하게 제시되었다. 이처럼 정량적 근거 없이 추상적 원칙과 수사적 표현에 의존하는 보고 방식은, ESG 공시가 정보 제공 수단이라기보다 홍보수단으로 오용될 가능성을 보여주는 대표적 사례라 할 수 있다.

셋째, 측정의 임의성(measurement inconsistency) 문제는 테슬라(Tesla)와 GM(General Motors)의 탄소배출 공시 사례를 통해 확인할 수 있다. 테슬라는 EV 중심의 사업구조를 강조하며 탄소배출 저감 효과를 부각시키고 있지만, Scope 1 및 2는 공시하되 Scope 3 배출량은 매우 제한적으로 제시하고 있다. 반면 GM은 Scope 3 배출량까지 상대적으로 포괄적으로 공시하고 있으나, 산정 방식과 범위는 테슬라 및 다른 기업들과 상당한 차이를 보인다.

이는 동일한 항목이라 하더라도 기업마다 측정기준, 단위, 범위가 상이하여, ESG 정보의 비교가능성(comparability)이 저해되는 현실을 반영한다. 따라서 표준화된 측정기준이 부재한 상황에서는 투자자나 이해관계자가 기업 간 ESG 성과를 실질적으로 비교 · 평가하는 데 한계가 발생할 수밖에 없다.

사례 13.3 ESG 공시의 문제

(1) 선택적 공시(selective disclosure) 문제

미국 텍사스에 본사를 둔 엑슨모빌(ExxonMobil)은 기후변화에 대한 투명성 제고를 요구하는 투자자들의 압력에 대응하여, 처음으로 자사의 Scope 3 배출량 데이터를 공개하였다. Scope 3 배출량은 최종 소비자에 의한 제품 사용과 관련된 간접배출로, 일반적으로 기업의 전체 탄소배출량 중 가장 큰 비중을 차지하는 항목이다. 엑손모빌은 자사 석유제품 판매에 따른 2019년 Scope 3 배출량을 약 7억 3천만 톤(이산화탄소 환산 기준)으로 추산하였다. 이는 같은 해 기준 영국의 국가 전체 탄소배출량보다 두 배 이상 많은 수치이며, 경쟁사인 BP(3억 6천만 톤), 로열더치셸(Royal Dutch Shell, 5억 7천6백만 톤)보다도 훨씬 높은 수치다.

엑슨은 “이해관계자들이 Scope 3 데이터에 대한 관심을 점차

확대하고 있다"고 언급하며, 향후 이 데이터를 매년 업데이트할 예정임을 밝혔다.

그러나 회사는 Scope 3 배출량에 대한 보고는 Scope 1, 2(자사 활동에 따른 직접 및 간접 배출)보다 측정의 불확실성과 비일관성이 높으며, 타사와의 비교 또한 어렵다고 주장하였다.

또한 회사는 다음과 같이 경고했다.

"Scope 3 배출량은 기업의 실제 감축 노력을 제대로 반영하지 못할 수 있으며, 오히려 오해를 유발할 가능성이 있다. 예컨대, 엑손모빌이 천연가스 판매를 늘릴 경우 석탄 발전 대체로 인해 전 세계 총 배출량은 감소할 수 있으나, 공식적으로 보고되는 Scope 3 수치는 오히려 증가하게 된다."

출처 : NSENERGY, ExxonMobil publishes Scope 3 emissions data for the first time, 2021.1.6

(2) 정성적 서술의 남용

영국 석유기업 BP는 2050년까지 자사의 모든 온실가스 배출(직접 배출뿐 아니라 판매된 석유 · 가스 사용에 따른 간접배출까지)을 제거하거나 상쇄하겠다는, 업계 내 가장 야심찬 기후변화 대응 목표를 발표하였다.

그러나 구체적인 실행 계획은 거의 제시하지 않았으며, 이는 ESG 공시에서 자주 지적되는 정성적 선언의 남용을 보여주는 사례로 평가된다.

BP의 CEO 버나드 루니(Bernard Looney)는 "우리는 사회의 신뢰를 되찾기 위해 노력 중이며, 근본적으로 변화해야 한다"고 강조하였다.

하지만 환경단체들은 다음과 같은 점을 지적했다.

BP는 화석연료 탐사 중단, 기존 매장량 보유 제한 등 실질적인 행동계획 없이 선언만 반복하고 있다.

일부 단체는 "추상적인 약속만으로는 기업의 진정성을 판단할 수 없다"며 PR적 내용에 불과하다고 비판했다.

출처 : The New York Times, BP Pledges to Cut Emissions to Zero but Offers Few Details, 2020.2.12

(3) 측정의 임의성

테슬라(Tesla)뿐 아니라 다수의 자동차 제조기업들이 Scope 3 배출량 산정시 자의적 가정(assumptions)을 활용함으로써, 보다 '보기 좋은' 수치를 제시하고 있다.

이는 Scope 3 공시가 표준화되지 않은 현실을 반영하며, 기업마다 임의적 기준으로 산정된 수치 간 비교의 타당성이 결여됨을 보여준다.

예시로, Scope 3 배출량 산정에 흔히 사용되는 공식은 다음과 같다.

연간 판매량×평균 주행거리(km)×평균 연료소비율 또는 CO_2 배출계수

하지만 Volkswagen, Daimler, Volvo는 20만km, GM, Ford, Renault는 15만km, Suzuki는 13만km를 기준으로 산정하며, BMW와 Toyota는 특정지역 판매기준만 반영(전체 판매의 80~90%)하고, Piaggio는 일부 인기모델만 반영한다.

이처럼 기준, 단위, 범위, 가정이 모두 상이하여, 기업 간 수치를 비교하는 것은 왜곡된 결과를 초래할 수 있다.

또한 일부 데이터 제공업체는 기업의 자체공시 데이터를 배제하고 자체 추정치(modelled data)로 대체하는데, 이는 기업의 실제 환경성과를 제대로 반영하지 못한다는 한계도 있다.

출처 : Osmosis Investment Management, Scope 3 Reporting: Where being Green is far from Black and White, 2021.12.5

이와 같은 문제는 ESG 공시의 비교가능성(comparability), 검증가능성(verifiability), 대표성(representativeness)을 저해하며, 궁극적으로 ESG 공시 자체에 대한 신뢰성 위기(credibility crisis)를 초래할 수 있다. ESG 공시에 대한 외부인증은 이러한 한계를 극복하고, 정보의 제도적 정당성을 회복하기 위한 핵심 수단이다.

ESG 정보의 외부인증은 국제적으로 다음과 같은 기준과 제도를 기반으로 확산되고 있다.

- ISAE 3000 : 국제회계사연맹(IAASB)의 비재무정보 인증에 대한 국제기준. ESG 정보에도 적용가능하며, 인증의 목적, 범위, 자료수집 절차 등을 명시함
- AA1000AS(AccountAbility Assurance Standard) : 지속가능성 보고에 특화된 인증기준. 이해관계자 참여, 포괄성, 중요성, 대응성 등의 원칙을 중심으로 구성됨
- ISSA 5000 : IAASB가 2023년 공개한 ESG 정보 전용 인증기준의 초안. ESG 공시의 확산과 함께 회계감사와 유사한 수준의 방법론을 ESG 정보에 적용하려는 시도

또한 IFRS 재단 산하 ISSB는 지속가능성 기준(IFRS S1, S2)의 실행을 위해 외부인증의 필요성을 명시하고 있으며, 향후에는 ESG 정보에 대한 제3자 인증이 사실상 의무화되는 흐름으로 전개될 가능성이 높다.

ESG 정보의 외부인증이 제도적 신뢰성 확보에 기여하기 위해서는, 인증제공자의 독립성(independence)과 전문성(professional competence)이 확보되어야 한다. 그러나 현실적으로는 다음과 같은 쟁점이 존재

한다.

- **인증 제공자의 이해상충**: ESG 보고서를 작성한 컨설팅 회사가 동시에 인증도 제공하는 경우 존재
- **인증 기준의 비통일성**: 인증 수행 방식이 제공자마다 다르고, 어떤 항목에 대해 인증을 수행했는지 명확히 기술되지 않음
- **회계법인 vs 비회계법인 간의 역할경쟁**: 감사법인의 경우 감사 품질 기준에 익숙하나, ESG 영역의 비재무정보에 대한 전문성이 부족할 수 있음

이러한 문제는 ESG 인증 시장의 신뢰성 문제를 유발하고 있으며, 이해관계자가 정보를 어떻게 해석할지에 대한 혼란을 가중시킬 수 있다.

사례 13.4 ESG 정보의 외부인증 효과

국내 상장사의 지속가능성 공시 인증이 ESG(환경 · 사회 · 지배구조) 성과와 기업 가치에 긍정적인 영향을 미친다는 연구 결과가 발표됐다.

최종원 연세대 경영학부 교수는 지난 21일 열린 한국회계기준원 세미나에서 연구논문 '국내 상장사의 지속가능성 공시 인증 분석: 인증 현황, ESG 성과 및 기업 가치와의 관련성 연구' 결과를 발표했다.

연구는 2016년부터 2021년까지 한국공인회계사회 지속가능성 보고서 데이터베이스를 활용해 국내 상장사의 지속가능성 보고서 인증 현황을 분석하고, 인증과 ESG 성과 및 기업 가치의 관계를

실증적으로 검토했다.

분석 대상은 548개 기업・연도에 해당하며, 연구 결과 지속가능성 보고서의 외부인증이 기업에 긍정적인 영향을 미치는 것으로 나타났다. 인증을 받은 기업은 ESG 평가기관으로부터 더 높은 평가를 받았으며, 공시 신뢰성이 제고된 것으로 분석됐다.

또, 지속가능성 보고서 인증이 기업의 평판을 강화하고 주주가치를 높이는 데 기여하는 것으로 확인됐다. 특히, 환경 민감 산업에 속하거나 대형 회계법인에서 인증을 받은 기업, 혹은 복수의 인증기준을 적용한 기업의 경우 ESG 성과가 더욱 개선되는 경향을 보였다. 연구진은 이러한 결과를 바탕으로 기업들이 지속가능성 전략을 수립할 때 보고서 인증의 중요성을 고려해야 한다고 강조했다.

한국회계기준원 관계자는 "기업들이 지속가능성 전략을 수립할 때 인증의 중요성을 고려해야 하며, 정부 및 규제 당국이 지속가능성 보고서 인증을 보다 적극적으로 도입하도록 정책적 지원을 강화할 필요가 있음을 시사하는 연구 결과"라고 강조했다.

출처 : 한국경제, "'지속가능성 공시 인증'… ESG 성과・기업가치 제고 효과," 2025.2.24

사례 13.5 ESG 정보의 인증기준

미국과 EU에서 지속가능성(ESG) 공시가 의무화되면서, 이에 대한 제3자 인증(assurance) 또한 중요해지고 있다. 제3자 인증을 하기 위해서는 기업의 지속가능경영보고서 혹은 ESG 공시를 검증하는 '인증기준(표준)'이 중요한데, 이러한 인증기준을 만드는 곳은 전 세계적으로 2개 기관이 존재한다. 하나는 국제회계사연맹(IFAC)의 국제감사인증기준위원회(IAASB)에서 발행하는 'ISAE 3000'이고, 또 하나는 영국 비영리기관 어카운트빌리티(AccountAbility)에서 발행하는 'AA 1000' 시리즈다.

글로벌 지속가능성 공시기준이 바뀌었거나 바뀌고 있으니, 이러한 공시기준에 대한 외부 인증기준이 바뀌는 것은 당연한 수순이다. 이에 지금까지 사용되던 'ISAE 3000'을 대신할 새로운 인증기준(표준)이 2일 발표됐다. 일명 'ISSA 5000(International Standard on Sustainability Assuarance 5000)'이다.

책임투자 미디어를 비롯한 외신에 따르면, IAASB는 홈페이지를 통해 12월까지 관련 이해관계자 피드백을 받으며, 최종안은 2024년 말 이전에 발표할 것이라고 한다.

IAASB는 "ISSA 5000은 기업 유형, 산업과 관계없이 모든 기업에 적용될 수 있도록 고안됐다"며 "GRI, ISO, EU CSRD, 미국 SEC 기후공시, IFRS 기후 및 지속가능성 보고 기준(ISSB) 등 기업들이 활용하고 있는 글로벌 지속가능성 공시 프레임워크에 상관없이 지속가능성 관련 주제에 모두 적용된다"고 밝혔다.

현재 변화하고 있는 지속가능성 기준을 포괄적으로 검증할 수 있도록 기준을 마련했다는 것이다.

IAASB는 또 "오는 10월에는 4개의 라운드 테이블을 개최해 유럽 집행위원회(EC), 금융안정이사회(FSB), 글로벌 보고 이니셔티브(GRI), 국제기업지배구조프레임워크(ICGN), 국제증권위원회(IOSCO), 국제지속가능성기준위원회(ISSB) 및 미국증권거래위원회(SEC) 등 공시 표준제정자를 포함한 광범위한 이해관계자들의 의견을 들을 계획"이라고 덧붙였다.

ISSA 5000은 지속가능성 공시 일관성(consistency) 및 비교가능성(comparability)을 강화하기 위해 작년 9월 승인됐으며, 올 12월 1일까지 최종 협의될 예정이다.

▶ 해외에선 회계기관에서 인증기준 70% 이상 차지하지만, 국내는 정반대

국내에서는 현재 ESG 보고의 제3자 인증을 회계법인에서 할 것인지, 법무법인 혹은 다른 독립된 기관에서도 가능할지 등을 두고 각 기관 간의 알력 다툼이 벌어지고 있다. 지금까지 지속가능성(ESG) 이슈를 주로 생산성본부(KPC), 한국표준협회 등 국내 컨설팅기관에서 담당해온 데다, 회계법인과 법무법인은 최근 3~4년 사이에 시장에 진입했다. 때문에 국내의 ESG 시장 생태계는 제3자 인증기준을 적용함에 있어서, 해외와는 정반대였다.

공인회계사회 국내 ESG보고서 인증현황에 따르면, 회계법인 인증 비율은 프랑스 98.1%, 이탈리아 97.3%, 독일 93.8%에 달하며 일본(62.8%), 영국(53.5%)이지만 한국은 3%에 불과하다.

보고서 인증기준 또한 글로벌에서는 'ISAE 3000' 인증기준이 70% 이상 사용되지만, 국내에서는 수치가 정반대다. 국내기업 144곳(80.4%)이 영국 어카운터빌리티 기준인 'AA1000AS'를 사용했고, IASE 기준 적용은 6%(12곳)였다.

하지만 국내도 상황이 바뀔 것이라는 전망도 나온다. 글로벌 지속가능성 기준이 까다로워짐에 따라, 국내에서도 이에 부합하는 방향으로 갈 수밖에 없다는 분석에서다.

이번 ISSA 5000은 지속가능성 공시 품질을 검증할 수 있는 인증기관을 '회계법인 및 일정한 자격을 갖춘 독립기관'으로 정했다.

톰 세이든스타인 IAASB 의장은 "우리가 제안한 ISSA 5000은 국제증권위원회(IOSCO) 권고에 직접 대응하고, 국제회계사윤리기준위원회를 포함한 품질관리 표준을 적용한다면 모든 인증 실무자가 사용할 수 있다"고 설명했다. 윤리적 요구사항을 준수하고, ISSAB의 품질관리 시스템을 적용할 경우 인증을 할 수 있다는 의미다. 톰 의장은 "기업들이 독립적인 외부인증을 받으면 지속가능

성 공시에 잘못된 진술이 없다는 확신을 줄 것"이라고 설명했다.

하지만 글로벌 일각에서는 제3자 인증이 과연 기업 ESG 공시의 품질을 깐깐하게 검증할 수 있는지, '합법화된 그린워싱 통로는 아닌지'에 관한 회의론도 일부 제기되고 있다.

▶ 프랑스 · 독일, 지속가능성 인증 표준 이미 적용

IAASB 부의장 및 지속가능성 태스크포스의 조세핀 잭슨 의장은 "독일 감사 회사들은 현재 비재무보고의 자발적인 인증을 위해 ISAE(International Standard on Assurance Engagements) 3000을 적용하고 있다"고 설명했다.

프랑스도 지속가능성 인증 서비스를 도입했다. 프랑스 감사기구 H3C는 6월 말에 인증 서비스 제공자들을 위해 CSRD에 특화된 지침을 발표했다. 2024년에 최초로 CSRD 인증에 참여할 예정이며, 2025년부터는 본격적으로 인증 서비스를 착수할 예정이다.

인증워킹그룹 의장을 맡고 있는 H3C는 IAASB가 유럽과 글로벌 공시 프레임워크와 적절성을 이룰 수 있도록 방안을 고려할 예정이다. 지속가능성 보고에 관한 유럽 공시 표준이 없는 상황에서 인증 표준이 만들어졌기 때문이다. H3C는 인증 표준 개발을 위해 아문디, 크레딧 아그리콜, 유럽 재무보고 자문 그룹(EFRAG), 토탈 에너지를 포함한 프랑스 투자자 및 이해관계자들과의 라운드테이블을 수십 차례 진행하기도 했다. H3C는 "이번 표준은 CSRD 보고를 위해 '제한적 보증(Limited assurance)'에 참여하는 모든 실무자들이 전문적인 실무 표준개발에 기여하기 위한 것"이라고 밝혔다. 제한적 보증은 감사인의 '검토의견'과 같이 정보제공자의 신뢰가 유의미한 수준으로, 합리적 보증(예 : '감사인의 감사의견')과 같은 상당히 높은 수준의 보증보다는 약한 수준에 해당된다.

IAASB의 회장인 톰 세이든스테인(Tom Seidenstein)은 "ISAE 3000은 비재무보고에 대한 인증 표준을 제공했지만 이해관계자들은 지속가능성 보고서의 인증에 대한 보다 구체적인 지침을 요구했다"고 새로운 표준(기준)의 취지를 설명했다.

출처 : 임팩트온, "IAASB, 지속가능보고 인증기준 'ISSA 5000' 발표… 그 의미는?" 2023.8.4

기업지배구조와의 상호작용

ESG 정보의 공시 및 성과측정은 단순히 과거의 재무정보 공시 절차 관점에서 이해되어서는 안 된다. 이는 곧 기업지배구조(corporate governance) 체계 전반과 유기적인 상호작용을 가지며, ESG 공시의 질과 진정성(authenticity)에 영향을 미치는 핵심 요소로 작용한다. 제9장과 제10장에서 확인한 바와 같이, 이사회 구조, 위원회 설계, 경영진의 책임과 보상체계 등은 ESG 정보의 생성, 내부통제, 외부보고 전 과정에 관여하며, ESG 공시의 실효성과 정당성을 규정짓는 제

〈표 13.2〉 기업지배구조와 ESG 공시 신뢰성 간의 연계 메커니즘

지배구조 기제	ESG 공시 신뢰성에의 기여	예시 또는 기대 효과
이사회 내 ESG 위원회 설치	ESG 관련 전략 및 감독 기능 강화	ESG 목표 설정, 정책 연계
CSO(지속가능경영책임자) 임명	전사적 ESG 통합·보고 체계 구축	정보일관성 제고, 보고 품질 개선
내부통제제도 강화	ESG 데이터 수집과 공시 절차의 신뢰성 확보	오류 방지, 제3자 외부인증 연계 용이
감사위원회의 ESG 관련 역할 확대	ESG 공시 내용에 대한 이사회 수준의 검토가능	이해관계자 신뢰도 상승

도적 기반으로 기능한다.

ESG 정보의 제도화 과정에서 이사회의 역할(board responsibility)은 다음과 같은 축으로 구체화되고 있다

- **감시자(monitor)로서의 역할** : ESG 정보의 적정성과 투명성에 대해 감독 기능을 수행
- **전략통합자 역할** : ESG 성과를 기업의 중장기 전략과 연계하는 구조 설계
- **리스크 통제자 역할** : ESG 관련 규제 및 평판 리스크에 대한 사전적 통제 시스템 구축

특히 ESG 위원회 또는 이사회 산하 위원회 수준에서 ESG를 다루는 구조는 기업이 단순히 ESG 이슈를 보고서 차원에서 다루는 것을

[그림 13.3] ESG 성과에 기반한 보상 설계

경영진 보상에 대한 ESG 요소 반영 기업의 비중

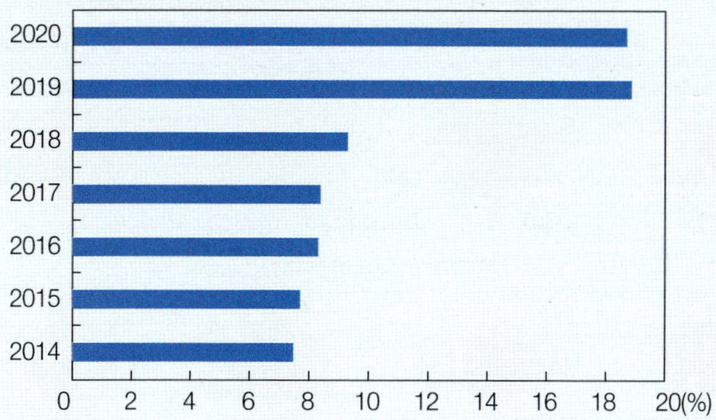

주 : E(환경)와 S(사회) 요소를 반영한 기업의 비중이며, 미국, 캐나다, EMEA, 호주, 뉴질랜드 기업 6,500개를 대상으로 조사함

자료 : ISS(2021)

기업명	경영진 보상 방법
Royal Dutch Shell	탄소배출 감축 목표 설정 : 매년 3~5년 목표를 설정하고 검토하여 반영 • 목표를 달성하면 장기 보상에 10%를 가중
PayPal 및 Equifax	임직원에 의해 야기된 명성의 손상 등을 ESG 성과에 반영
Danone	직원 참여도 및 기후 변화 완화 목표를 충족하는지 여부에 따라 보상에 반영
Siemens	탄소배출량 감소, 직원 1인당 교육 시간, 고객만족도 지수의 세 가지 지표로 구성한 '지속가능성 지수'와 연계하여 보상을 결정
Chipotle	경영진 보상 금액의 10%를 다음과 같은 세 가지 ESG 목표 달성 여부와 연결하여 평가 • 음식 및 동물 : 유기농 및 지역의 재생 농산물 구매량을 늘림(2020년 3,100만파운드 → 2021년 3,700만파운드) • 직원 : 인종 및 성별에 따른 임금 형평성을 유지하고 조직 발전을 위한 지원 프로그램 실시

	• 환경 : 2025년에 발표 예정이었던 Scope 3 배출량 공개 목표를 2021년 12월 31일까지로 앞당길 것
Unilever	장기보상계획(LTIP)에서 지속가능성 진행 지수에 따라 25%의 가중치를 부여 • 지속가능한 계획, 탄소배출량 감소, 지속가능한 팜유 사용 등의 성과에 따른 이사회 책임 및 보상위원회의 평가 보고서로 공시
Microsoft	다양성(Diversity)을 경영진 보상 계획에 포함
Nestlé	직원의 건강과 보수의 안정성을 경영진 보상 계획에 포함
BHP	경영진 보상에 기후변화, 에너지 사용의 지표를 포함
Apple	2021년부터 경영진의 현금 성과급 결정시 ESG 관련 경영성과를 반영할 계획임을 발표 • 환경, 이사회 다양성, 직원 교육, 직원 간 통합, 보안성 등 6개 요소에 대한 경영진의 노력을 평가하여 성과급 책정에 반영할 계획
SK	2019년 KPI(Key Performance Indicator)지표에 SK그룹이 창출한 사회적 가치를 측정하여 반영하는 비율을 50%까지 늘리겠다고 발표
롯데그룹	2015년 12월 ESG를 사장단 평가에 반영하겠다고 공표하고 롯데 지속성장평가지표를 반영하였으며, 2019년부터는 ESG 평가 결과를 KPI에도 반영
현대자동차	2019년부터 비재무적 요소를 계량화한 ESG 등급을 경영자 성과지표에 반영

자료 : International Corporate Governance Network, 2021, Integrating ESG into Executive Compensation Plans : Environment Energy Leader, 2021.3.5, Chipotle Links Executive Compensation to ESG Goals: Financial Times, 2021.2.13, New criteria for chiefs' bonuses : diversity and climate change : 각 기사 참조

출처 : 자본시장연구원(2021), 경영진 보상에 대한 ESG 요소 반영추세

[그림 13.4] ESG - 경영진 보상 연계 사례

[그림 13.5] CSO의 역할

넘어, 지배구조 차원에서 내재화(embedment) 하고 있다는 점에서 매우 중요하다.

ESG 공시의 신뢰성 확보는 궁극적으로 기업 내부통제 시스템(internal control systems)과 성과책임(accountability) 시스템의 설계에 달려 있다. 다음과 같은 기업지배구조가 중요한 역할을 수행한다.

- CSO(Chief Sustainability Officer) : ESG 데이터 수집 및 보고 과정의 총괄 책임자로서, 정보 흐름의 정확성과 시기성을 확보
- 감사위원회와의 연계 : ESG 정보가 재무제표와 연결성을 가질 경우, 감사위원회의 감독 범위에 포함되어야 함
- 성과보상과의 연계 : ESG 성과에 기반한 경영진 보상체계는 정보의 정확한 측정과 보고를 유도하는 인센티브 메커니즘으로 작동

이는 ESG 공시가 단순한 규제 준수의 문제가 아니라, 기업의 조직적 책임구조(accountability structure)와 밀접하게 연결되어 있음을 보여준다. 아울러 최고경영자(CEO) 역시 ESG 공시 수준의 구조적 전환을 유도하는 핵심적 요인으로 작용할 수 있다. 최종원 등(2025)은 CEO의 특성에 따라 ESG 정보공시 수준이 유의하게 달라진다는 실증 분석 결과를 제시하였다.[7] 이는 ESG 공시가 제도적 요구에 의해서만 결정되는 것이 아니라, 경영진의 전략적 선택과 리더십 의지에 따라 달라질 수 있음을 시사한다.

사례 13.6 ESG 성과와 경영자 보상 연계

전 세계 주요 상장사 10곳 중 8곳은 경영진의 보상체계에 ESG(환경·사회·지배구조) 지표를 반영하고 있는 것으로 나타났다. KPMG가 2024년 7월부터 8월 사이 미국, 영국, 중국, 유럽 등 15개국 상장기업 375곳을 대상으로 실시한 조사 결과, 전체의 78%가 지속가능성과 관련된 목표를 보상에 연계하고 있는 것으로 조사됐다.

특히 보상에 연계된 ESG 항목 가운데 88%는 온실가스 감축, 다양성 확보, 산업안전 등 각 기업의 비즈니스와 직결되는 핵심 중대 이슈를 중심으로 설정되어 있었다. ESG 성과를 경영진 인센티브에 포함하는 방식은 단순한 트렌드를 넘어, 장기적인 기업 가치 창출과 리스크 대응 수단으로 자리 잡고 있다는 분석이다.

조사에 따르면, 전체 기업의 37%는 ESG 지표를 단기 및 장기 보상에 모두 반영하고 있었으며, 23%는 장기 인센티브에만, 40%는 단기 인센티브에만 연계하고 있었다. 특히 유럽 기업은 단기와 장기 지표를 병행하는 비율이 상대적으로 높았다. 이는 중장기적 관점에서 ESG 실천을 강화하려는 거버넌스 체계가 뚜렷하다는 점에서 주목된다.

KPMG는 이번 조사를 통해 "전략적 우선순위와 지배구조 시스템이 유기적으로 연계될 때, 이해관계자에게 높은 신뢰를 줄 수 있다"고 밝혔다. 이어 "지속가능성과 보상의 연계를 효과적으로 운영하기 위해서는, 중대성(materiality)을 기반으로 각 기업이 직면한 주요 리스크와 기회를 구체적으로 반영하는 것이 핵심"이라고 강조했다.

한편 이번 조사는 각국의 시가총액 상위 25개 기업을 선정하여 총 375개사를 분석 대상으로 삼았으며, 2023년 기준 연차보고서, 지속가능경영보고서, 보상 보고서 등 공개자료를 기반으로 이뤄졌다.

출처 : 임팩트온, "[ESG 동향] 전 세계 기업 78%, 경영진 보상에 지속가능성 지표 반영," 2025.4.3

요 약

회계학적으로 ESG 정보는 전통적인 인식(recognition) 및 측정(measurement)의 개념과 충돌한다. ESG 항목 다수는 자산·부채 요건에 부합하지 않으며, 공정가치 또는 역사적 원가 기준으로 측정하기 어려운 특성을 지닌다. 예컨대, 이사회 다양성, 공급망 인권 리스크, 기후 리스크에 따른 자산손상 가능성 등은 평가 불확실성과 측정기준의 부재로 인해 회계정보화가 곤란하다. 이에 따라 회계학은 새로운 평가 속성(alternative valuation attributes)에 대한 이론적·실무적 탐색을 요구받고 있다.

ESG 성과의 측정도 기존의 영역별 분절적 보고를 넘어서, 통합적 성과측정(integrated performance measurement)으로의 전환이 요청된다. 이를 위해서는 공통 지표 체계, 가중치 기반 지수, 인과적 연계 등의 요소가 포함되어야 하며, ESG 정보가 기업의 전략 · 리스크관리 · 성과목표와 실질적으로 연동되어야 한다. 그러나 현존하는 평가체계(MSCI, Sustainalytics, Bloomberg 등)는 평가기준과 가치판단이 상이하여 결과의 분산(divergence) 문제가 발생하고 있다.

이러한 공시의 신뢰성과 정당성을 확보하기 위해, ESG 정보에 대한 외부인증(external assurance)의 필요성이 강조되고 있다. ISAE 3000, AA1000AS, ISSA 5000 등의 국제인증기준이 도입되고 있으며, ISSB는 ESG 공시 기준과 함께 외부인증의 제도화를 추진하고 있다. 그러나 현실에서는 인증기관의 이해상충, 인증기준의 다양성, 회계사와 비회계사 간 전문성 차이 등의 문제로 인해 인증시장의 신뢰성 편차(disparity of credibility)가 존재한다.

마지막으로, ESG 공시는 기업지배구조(corporate governance)와 유기적 상호작용을 가진다. ESG 정보의 신뢰성과 실효성은 이사회 구조, 내부통제 시스템, CSO의 책임, 감사위원회 및 성과보상 시스템 등과 밀접하게 연계된다. 이는 ESG 정보가 단지 공시의 문제가 아닌, 조직적 책임구조(accountability structure)의 핵심 구성요소임을 의미한다.

결론적으로, ESG 정보는 단순한 공시 항목을 넘어 회계학, 제도설계, 기업지배구조가 통합적으로 작동해야 할 새로운 회계정보 체계의 중심축으로 자리 잡고 있으며, 이에 대응한 준비가 요구된다.

복습문제

(1) 다음 중 ESG 정보의 회계학적 측정에서 나타나는 일반적 한계로 보기 어려운 것은?

a) 정성적 항목의 정량화 어려움

b) 공시 정보의 과잉표준화

c) 미래 리스크의 불확실성

d) 측정기준의 부재

(2) 다음 중 ESG 정보의 성과 측정에서 통합적 접근이 요구되는 이유로 가장 적절한 것은?

a) 기업 경영진의 개인 성과 측정과의 연계

b) 전통적인 ROE, EPS 지표의 우수성 입증

c) ESG 개별 영역 간의 인과관계 및 전략적 연계성 확보

d) 회계정보의 법적 책임소재 명확화

(3) 다음 중 ESG 정보의 외부인증 관련 설명으로 옳지 않은 것은?

a) 외부인증은 선택적 공시의 신뢰성을 높이기 위한 장치이다.

b) ISAE 3000은 ESG 정보에 대한 법적 감사기준이다.

c) AA1000AS는 이해관계자 기반의 인증 원칙을 포함한다.

d) ISSA 5000은 ESG 전용 인증기준으로 제안된 초안이다.

(4) 다음 중 ESG 성과의 통합 측정을 위해 필요한 구성요소에 해당하지 않는 것은?

a) 가중치 기반 종합지수

b) 감사위원회의 이사 선임 권한

c) 공통 지표 체계

d) 성과의 인과적 연계

(5) ESG 정보의 회계적 인식과 측정이 어려운 대표적 사례가 아닌 것은?

a) 이사회 구성의 다양성

b) 탄소배출권의 시장가치

c) 감사인의 독립성

d) 공급망의 인권 리스크

(6) ESG 정보와 관련한 회계학의 전통적인 평가 속성 두 가지를 서술하고, 이들이 ESG 정보에 적합하지 않은 이유를 각각 서술하시오.

(7) ESG 정보의 외부인증이 정보의 비교가능성과 대표성 확보에 미치는 영향을 구체적인 예를 들어 서술하시오.

(8) ESG 성과의 통합적 측정이 단순한 공시 목적을 넘어서 기업의 전략적 의사결정에 기여하기 위한 조건은 무엇인지 기술하시오.

(9) 인증 제공자의 독립성과 전문성 확보가 ESG 정보의 신뢰성에 미치는 영향을 설명하시오.

(10) ESG 공시의 제도화에 따라 회계학이 요청받는 새로운 평가 속성(alternative valuation models)의 필요성과 그 방향성에 대해 논하시오.

토론문제

01 ESG 정보는 재무제표상 인식이 어려운 경우가 많다. 기존 회계 개념틀을 유지하면서도 ESG 정보를 효과적으로 포착할 수 있는 방법에 대해 논의해보자.

02 ESG 공시의 외부인증이 정보의 신뢰성 제고를 위한 핵심 수단이라는 주장에 동의하는가? 그 한계와 제도적 보완 방안을 함께 논의해보자.

03 통합적 ESG 성과측정이 기업의 전략적 경영과 정보 공시 간의 단절을 해소할 수 있는지에 대해, 실무적 실현가능성과 한계를 중심으로 토론해보자.

04 ESG 측정 및 외부인증의 기준이 통일되지 않은 현 상황에서, 다양한 인증기관과 평가기관 간의 측정 결과 분산(divergence)이 투자자 및 이해관계자에게 미치는 영향을 분석하고, 그 해결방안을 제안해보자.

05 ESG 정보의 제도적 정당성 확보를 위해 회계학은 어떤 역할을 수행해야 하는가? 학문적 · 실무적 차원에서 회계학이 감당해야 할 영역을 중심으로 논의해보자.

◈ 참고문헌

1 IFRS(2018), Conceptual Framework for Financial Reporting, IFRS Foundation.

2 Haller, Axel, Michael Link, and Tobias Groβ(2017), "The term 'non-financial information' – a semantic analysis of a key feature of current and future corporate reporting," *Accounting in Europe*.

3 Penman, Stephen H.(2007), "Financial reporting quality: is fair value a plus or a minus?" *Accounting and Business Research*.

4 KPMG(2024), Handbook: Climate Risk in the Financial Statements.

5 Unerman, Jeffrey, Jan Bebbington, and Brendan O'Dwyer(2018), "Corporate Reporting and Accounting for Climate Change and Human Rights: A Research Agenda," *Accounting and Business Research*.

6 최종원·현석·문승환(2025), "국내 상장사의 지속가능성 공시 인증 분석: 인증 현황, ESG 성과 및 기업가치와의 관련성 연구," 『회계저널』.

7 Choi, Jong Won, Suk Hyun, and Ju Hyoung Park(2025), "CEO Turnover and Ethical Transparency: The Role of Leadership Transitions in Shaping ESG Disclosure Among KOSPI-Listed Companies," *Corporate Social Responsibility and Environmental Management*.

맺음말

본서는 기업지배구조와 ESG를 단편적으로 나누어 보기보다는, 양자 간의 상호작용과 통합적 의미에 주목하였다. 특히 우리나라에서 기업지배구조의 중요성이 본격적으로 조명되기 시작한 1997년 외환위기 이후의 제도 개혁기부터, ESG가 자본시장과 기업경영의 핵심 의제로 부상한 2020년대에 이르기까지의 제도적·담론적 흐름을 종합적으로 고찰하고자 하였다.

기업지배구조와 ESG는 더 이상 일시적 유행이나 선택적 경영전략이 아니라, 현대 자본주의 사회에서 기업의 책임성과 정당성을 평가하는 핵심 기준으로 자리매김하였다. 이들은 기업 내부의 통제시스템이자, 외부 이해관계자와의 신뢰를 형성하는 기반으로 기능하며, 궁극적으로 기업의 지속가능성과 미래 경쟁력을 좌우하는 전략적 지표라 할 수 있다.

특히 ESG의 세 축 가운데 '지배구조(G)'는 환경(E) 및 사회(S) 이슈에 대한 기업의 대응 역량을 근본적으로 좌우하는 요소로서, ESG

전략의 '컨트롤 타워(control tower)'로 기능한다. 이사회의 구성, 독립성, 전문성, 다양성, 그리고 투명한 의사결정 시스템 등은 단순한 형식적 요건이 아니라, 기업이 장기적으로 이해관계자의 신뢰를 확보하고, 기후위기나 사회적 불평등과 같은 구조적 리스크에 전략적으로 대응할 수 있는 조직 역량의 핵심 기반이 된다.

아울러 ESG 정보는 단순한 비재무적 정보(non-financial information)가 아니라, 재무적 의사결정에 실질적으로 활용되는 확장된 회계정보(extended accounting information)라는 점에서, 보다 회계학적 관점에서의 분석과 이해가 요구된다. 본서는 독자들이 ESG 정보를 이러한 관점에서 새롭게 해석할 수 있도록 안내하고자 하였다.

오늘날 기업지배구조와 ESG는 단지 기업 내부의 과제를 넘어, 자본시장과 사회 전반의 신뢰 회복, 포용적 성장의 촉진, 그리고 기후위기에 대응하는 생존 전략과도 직결되는 시대적 과제이다. 본서가 이러한 복합적 맥락 속에서 학문적 엄밀성과 실천적 유용성을 아우르는 지침서로 기능하길 바라며, 독자 여러분의 깊이 있는 이해와 비판적 성찰에 작게나마 기여하길 기대한다.

찾아보기

[기타]

저자약력

현재 연세대학교 경영학부 회계학 전공 교수로 재직 중이며, 회계학, 기업지배구조, ESG 경영 분야의 교육과 연구에 전념하고 있다. 학부, 일반대학원, MBA 과정에서 강의하며 10년 이상 '연세대학교 강의우수교수'로 선정되었고, 교육과 연구의 탁월한 성과를 인정받아 '연세대학교 우수업적교수'로도 선정되었다.

기업지배구조 및 ESG 관련 분야에서 활발한 연구를 수행하였으며, 그 성과를 인정받아 Asian-Pacific Conference의 'Best Paper Award', 한국회계학회의 '회계학 우수학위논문상', 한국공인회계사회의 '회계학 우수논문상' 등을 수상하였다. 주요 저서로는 『IFRS 회계원리』, 『관리회계원리』 등이 있으며, SSCI 등재 국제학술지에 5편, 한국연구재단 등재 국내학술지에 35편 이상의 논문을 발표하였다.

ESG 관련 실무 영역에서도 활발한 활동을 이어왔으며, 한국회계기준원, 한국ESG기준원, 환경부, 써스틴베스트, 한국회계학회 등 다양한 공공 및 민간 기관의 정책 자문 및 연구용역을 수행하였다. 또한, 국민건강보험공단, 건강보험심사평가원, 한국광해광업공단 등 주요 공공기관의 위원 및 자문 활동에도 참여하였다.

이번 저서 『기업지배구조와 ESG』는 이러한 학문적 기반과 실무적 통찰을 바탕으로, '코스피 5000'을 지향하는 한국 기업들을 위한 지속가능한 거버넌스와 ESG 전략의 방향성을 제시하고자 한다.

기업지배구조와 ESG

: 대리인 이론에서 이해관계자 자본주의까지

2025년 8월 20일 제1판 1쇄 인쇄
2025년 8월 25일 제1판 1쇄 발행

자 최 종 원
행 인 권 영 섭
행 처 (주)신영사

경기도 파주시 심학산로 12(출판문화단지)
등 록 : 1988. 5. 2 / 제406-1988-000020호
전 화 : 031-946-2894(代)
F A X : 031-946-0799
e-mail : sys28945@naver.com
홈페이지 : http://www.shinyoungsa.co.kr

정가 25,000원 ISBN 978-89-5501-899-8